**FormularBibliothek** Zivilprozess

herausgegeben von

**Dr. Ludwig Kroiß**,
Vorsitzender Richter am Landgericht

**FormularBibliothek** Zivilprozess

# Privates Baurecht

**Dr. Bernhard von Kiedrowski**, Rechtsanwalt,
VON KIEDROWSKI | MARFURT | RECHTSANWÄLTE, Berlin

Die Deutsche Bibliothek – CIP-Einheitsaufnahme

Die Deutsche Bibliothek verzeichnet diese Publikation in der Deutschen Nationalbibliografie; detaillierte bibliografische Daten sind im Internet über http://dnb.ddb.de abrufbar.

**FormularBibliothek** Zivilprozess
ISBN 3-8329-1098-0

Einzelband **Privates Baurecht**
ISBN 3-8329-1317-3

**Hinweis:**
Die Muster der FormularBibliothek Zivilprozess sollen dem Benutzer als Beispiele und Arbeitshilfen für die Erstellung eigener Schriftsätze dienen. Sie wurden mit größter Sorgfalt von den Autoren erstellt. Gleichwohl bitten Autoren und Verlag um Verständnis dafür, dass sie keinerlei Haftung für die Vollständigkeit und Richtigkeit der Muster übernehmen.

1. Auflage 2005
© Nomos Verlagsgesellschaft, Baden-Baden 2005. Printed in Germany. Alle Rechte, auch die des Nachdrucks von Auszügen, der fotomechanischen Wiedergabe und der Übersetzung, vorbehalten.

# Inhalt

Verweise erfolgen auf Randnummern

§ 1 Allgemeine Grundlagen........... 1
  A. Einleitung ..................... 1
  B. Die Übernahme eines baurechtlichen Mandats.................. 6
    I. Abfordern der wesentlichen Vertragsunterlagen........... 6
    II. Mehre Auftraggeber.......... 9
    III. Haftungsfragen bei der Bearbeitung eines baurechtlichen Mandats.................... 11
    *Muster:* Individuell ausgehandelte Haftungsbeschränkungsvereinbarung nach § 51a Abs. 1 Nr. 1 BRAO.................... 14
    IV. Grundsätzliches zur Wahl der Parteien..................... 15
      1. Wahl des Klägers........... 15
      2. Wahl des Beklagten ........ 18
    V. Beachtung von § 174 BGB bei der Vornahme einseitiger Erklärungen im vorprozessualen Bereich ................... 19
    VI. Rechtsschutzversicherung .... 23
    VII. Beachtung des Kostenrisikos.. 25
      1. Belehrung des Mandanten über das Kostenrisiko im Prozessverfahren.......... 25
      2. Prüfung der wirtschaftlichen Solvenz der Gegenseite 30
    VIII. Außergerichtliche Streitbeilegung ............... 31
  C. Unterschiedliche Baumodelle ... 33
    I. Die Beauftragung eines Generalunternehmers oder -übernehmers .................... 38
      1. Unternehmereinsatzformen 38
      2. Die Vertragsverhältnisse beim Generalunternehmer bzw. -übernehmermodell... 41
      3. Die Synchronisierung der Vertragsverhältnisse zwischen Bauherr, Haupt- und Subunternehmer.......... 45
      4. Die Beauftragung eines Nebenunternehmers ....... 47
    II. Das Bauträgermodell ......... 48
      1. Die Rechtsnatur des Bauträgervertrages......... 48
      2. Die Vertragsverhältnisse beim Erwerb einer Immobilie im Bauträgermodell ..... 49
      3. Der dingliche Eigentumserwerb...................... 51
      4. Die Abwicklung klassischer Konfliktsituationen beim Bauträgervertrag........... 52
        a) Die Sicherung des Immobilienerwerber im Fall der Insolvenz des Bauträgers 52
        b) Der Bauträger macht gegen den Erwerber Zahlungsansprüche geltend.. 56
        *Muster:* (Rest-)Vergütungsanspruch des Bauträgers gegenüber dem Erwerber................. 65
        c) Der Erwerber begehrt vom Bauträger (Insolvenzverwalter) die Auflassung oder will den Vertrag rückabwickeln................. 66
    III. Die Bauherrengemeinschaft .. 72
      1. Die Konstruktion der Bauherrengemeinschaft........ 72
      2. Die Vertragsverhältnisse bei der Bauherrengemeinschaft 74
      3. Die Einschaltung eines Baubetreuers ................. 76
    *Muster:* Werklohnklage gegen eine Bauherrengemeinschaft beim BGB-Einheitspreisvertrag ........... 78
  D. Weichenstellung: BGB-Bauvertrag oder VOB-Bauvertrag ...... 79
    I. Einbeziehungskontrolle....... 84
    II. Inhaltskontrolle............... 90

# Inhalt

  1. Die VOB/B ist als Ganzes vereinbart worden......... 90
  2. Die VOB/B ist nicht im Ganzen vereinbart worden..... 91
§ 2 **Die Ansprüche des Auftragnehmers gegen den Auftraggeber**.......... 94
 A. Vorprozessuale Situation ....... 94
  I. Werklohnansprüche für abgeschlossene (Teil-)Leistungen.. 94
   1. Beim BGB-Bauvertrag: §§ 631, 632, 641 BGB........ 94
    a) Zustandekommen eines Werkvertrages .......... 94
     aa) Abgrenzung zum Dienstvertrag.................. 97
     bb) Abgrenzung zum Kaufvertrag.................... 98
     cc) Abgrenzung zum Werklieferungsvertrag.......... 103
    b) Wirksamkeitshindernisse 104
     aa) Formnichtigkeit gemäß § 125 BGB ............... 105
     bb) Gesetzesverstoß gemäß § 134 BGB .............. 106
      (1) Verstoß gegen das Schwarzarbeitergesetz (jetzt: Gesetz zur Intensivierung der Bekämpfung der Schwarzarbeit) ...... 106
      (2) Verstoß gegen die Handwerksordnung .......... 108
      (3) Fehlen einer Baugenehmigung................... 109
      (4) Verstoß gegen § 3 Abs. 2 MaBV.................. 110
      (5) Verstoß gegen Art. 1 § 1 Abs. 1 RBerG............ 111
    c) Vergütungsvereinbarung 112
     aa) Vorliegen einer ausdrücklichen Vergütungsvereinbarung................. 113
      (1) Einheitspreisvertrag..... 114
      (2) Pauschalpreisvertrag.... 121
      (3) Stundenlohnarbeiten ... 127
     bb) Übliche Vergütung gemäß § 632 BGB .............. 129
    d) Fälligkeit des Werklohnanspruchs .............. 133
     aa) Grundsatz............... 133
      (1) Ausdrückliche Abnahme. 135
      (2) Schlüssige Abnahme .... 137
     bb) Ausnahme .............. 138
      cc) Vorliegen einer fiktiven Abnahme der Bauleistung................. 143
      (1) Fertigstellungsbescheinigung gemäß § 641a BGB. 143
      (2) Fiktive Abnahme gemäß § 640 Abs. 1 Satz 3 BGB... 144
     dd) Entbehrlichkeit einer Abnahme der Bauleistung für die Fälligkeit des Werklohnanspruchs ..... 146
     ee) Durchgriffsfälligkeit gemäß § 641 Abs. 2 BGB.. 148
    e) Vorliegen einer prüfbaren Abrechnung der erbrachten Bauleistungen....... 152
    *Muster:* Werklohnklage beim BGB-Pauschalpreisvertrag................. 155
   2. Beim VOB-Bauvertrag: §§ 631, 632 i.V.m. §§ 12, 14, 16 VOB/B.................... 156
    a) Vorliegen eines Werkvertrages bei wirksamer Einbeziehung der VOB/B ... 156
    b) Vergütungsvereinbarung 157
     aa) Vorliegen einer ausdrücklichen Vergütungsvereinbarung................. 157
      (1) Einheitspreisvertrag gemäß § 5 Nr. 1 a) VOB/A 158
      (2) Pauschalpreisvertrag gemäß § 5 Nr. 1 b) VOB/A 159
      (3) Stundenlohnarbeiten gemäß § 5 Nr. 2 VOB/A... 160
      (4) Selbstkostenerstattung gemäß § 5 Nr. 3 VOB/A... 161
     bb) Übliche Vergütung gemäß § 632 Abs. 2 BGB ......... 162
    c) Abnahme der Bauleistung als Fälligkeitsvoraussetzung des Werklohnanspruchs ................ 165
     aa) Tatsächliche Abnahme der Bauleistung ............. 166

(1) Förmliche Abnahme
  gemäß § 12 Nr. 4 VOB/B .. 167
(2) Schlüssige Abnahme..... 171
bb) Fiktive Abnahme der Bauleistung ................. 172
(1) Fiktive Abnahme gemäß
  § 12 Nr. 5 VOB/B.......... 172
(2) Fiktive Abnahme gemäß
  § 640 Abs. 1 Satz 3 BGB... 173
cc) Berechtigte Abnahmeverweigerung nach § 12 Nr. 3
  VOB/B ................. 174
*Muster:* Klage auf
  Abnahme beim VOB-Bau-
  vertrag .................. 175
d) Prüfbare Abrechnung der
  Bauleistung als Fällig-
  keitsvoraussetzung des
  Werklohnanspruchs ..... 176
aa) Vorliegen einer prüfbaren
  Abrechnung ............. 176
bb) Fälligkeit von Abschlags-
  und Schlusszahlung ..... 187
cc) Verhältnis zwischen
  Abschlags- und Schluss-
  zahlungsbegehren....... 190
*Muster:* Werklohnklage
  beim VOB-Einheitspreis-
  vertrag .................. 195
II. Werklohnansprüche bei Änderungen, Zusatzaufträgen und
  auftragslos erbrachten Leistungen...................... 196
1. Mengenänderungen ....... 198
  a) Beim Einheitspreisvertrag 198
  aa) VOB-Einheitspreisvertrag:
    § 2 Nr. 3 VOB/B .......... 199
    (1) Grundregel: § 2 Nr. 3 Abs. 1
      VOB/B ................. 199
    (2) Mengenüberschreitun-
      gen: § 2 Nr. 3 Abs. 2
      VOB/B ................. 201
    (3) Mengenunterschreitun-
      gen: § 2 Nr. 3 Abs. 3
      VOB/B ................. 203
    *Muster:* Werklohnklage
      bei Mengenänderungen
      beim VOB-Einheitspreis-
      vertrag ................. 204

bb) BGB-Einheitspreisvertrag:
  § 313 BGB ............... 205
b) Beim Pauschalpreis-
  vertrag .................. 208
2. Leistungsänderungen ...... 210
  a) Beim Einheitspreisvertrag 212
  aa) VOB-Einheitspreisvertrag:
    § 2 Nr. 5 VOB/B.......... 212
  bb) BGB-Einheitspreisvertrag:
    §§ 631, 632 BGB.......... 214
  b) Beim Pauschalpreis-
    vertrag .................. 217
  *Muster:* Werklohnklage
    bei Leistungsänderungen
    und zusätzlichen Leistun-
    gen beim VOB-Einheits-
    preisvertrag.............. 219
3. Zusätzliche Leistungen ..... 220
  a) Beim Einheitspreisvertrag 220
  aa) VOB-Einheitspreisvertrag:
    § 2 Nr. 6 VOB/B .......... 220
  bb) BGB-Einheitspreisvertrag:
    §§ 631, 632 BGB.......... 224
  b) Beim Pauschalpreis-
    vertrag .................. 226
4. Wegfall einzelner Leistungen 229
  a) VOB-Bauvertrag:
    §§ 2 Nr. 4, 8 Nr. 1 VOB/B .. 229
  b) BGB-Bauvertrag:
    § 649 BGB ............... 230
5. Auftragslos erbrachte
  Leistungen ................. 231
  a) VOB-Bauvertrag:
    § 2 Nr. 8 VOB/B sowie
    §§ 683 Satz 1, 670 BGB.... 231
  b) BGB-Bauvertrag: §§ 683
    Satz 1, 670 bzw. 812 ff. BGB 234
III. Vergütungsansprüche des Auftragnehmers beim gekündigten Bauvertrag ............... 235
1. Kündigung durch den Auftraggeber .................. 235
  a) Beim BGB-Bauvertrag .... 235
  aa) Freie Kündigung gemäß
    § 649 Satz 1 BGB ......... 235
  *Muster:* Werklohnklage
    des Auftragnehmers beim
    gekündigten BGB-Pau-
    schalpreisvertrag......... 240

- bb) Kündigung wegen wesentlicher Überschreitung eines Kostenanschlags gemäß § 650 BGB. ... 241
- cc) Kündigung aus wichtigem Grund ... 246
- b) Beim VOB-Bauvertrag ... 247
- aa) Freie Kündigung gemäß § 8 Nr. 1 VOB/B i.V.m. § 649 BGB. ... 247
- bb) Außerordentliche Kündigung gemäß § 8 Nr. 3 VOB/B. ... 248
- cc) Kündigung bei Vorliegen einer Behinderung gemäß § 6 Nr. 7 VOB/B ... 253
- 2. Kündigung durch den Auftragnehmer ... 254
- a) BGB-Bauvertrag ... 254
- aa) Kündigung wegen der Nichterbringung von Mitwirkungspflichten gemäß §§ 642, 643 BGB ... 254
- bb) Kündigung aus wichtigem Grund ... 258
- b) VOB-Bauvertrag ... 259
- aa) Außerordentliche Kündigung gemäß § 9 Nr. 1 a) VOB/B ... 259
- *Muster:* Zahlungsklage des Auftragnehmers gegen den Auftraggeber bei ausbleibender Mitwirkung (Ansprüche aus § 9 Nr. 3 VOB/B sowie § 642 BGB) ... 263
- bb) Außerordentliche Kündigung gemäß § 9 Nr. 1 b) VOB/B ... 264
- cc) Kündigung aus wichtigem Grund ... 266
- dd) Kündigung bei Vorliegen einer Behinderung gemäß § 6 Nr. 7 VOB/B ... 267
- IV. Vergütungsansprüche des Auftragnehmers bei Behinderung und höherer Gewalt ... 268
- 1. Beim VOB-Bauvertrag ... 268
- a) Werklohnanspruch des Auftragnehmers bei Behinderung gemäß § 6 Nr. 5 VOB/B ... 268
- b) Werklohnanspruch des Auftragnehmers bei höherer Gewalt gemäß § 7 Nr. 1 i.V.m. § 6 Nr. 5 VOB/B ... 273
- c) (Behinderungs-)Schadensersatzanspruch des Auftragnehmers gemäß § 6 Nr. 6 VOB/B ... 274
- d) Entschädigungsanspruch des Auftragnehmers gemäß § 642 BGB ... 284
- 2. Beim BGB-Bauvertrag ... 287
- V. Ansprüche des Unternehmers aus § 280 Abs. 1 BGB bei der Verletzung von Nebenpflichten ... 288
- VI. Ansprüche des Unternehmers aus Geschäftsführung ohne Auftrag ... 291
- VII. Ansprüche des Unternehmers aus Bereicherungsrecht ... 297
- VIII. Die Abwehr von Vergütungsansprüchen des Auftragnehmers ... 300
- 1. Einwendungen des Auftraggebers gegen den Vergütungsanspruch des Auftragnehmers ... 300
- a) Aufrechnung ... 301
- aa) Bestehen einer Aufrechnungslage ... 304
- bb) Ausschluss der Aufrechnung ... 311
- cc) Aufrechnungserklärung . 313
- b) Verrechnung ... 313a
- c) Verwirkung ... 314
- 2. Einreden des Auftraggebers gegen den Vergütungsanspruch des Auftragnehmers 316
- a) Leistungsverweigerungsrecht gemäß § 320 BGB .. 316
- b) Zurückbehaltungsrecht gemäß § 273 BGB ... 322
- *Muster:* Einwendungen des Auftraggebers: Ver-

weigerte Abnahme, Aufrechnung, Geltendmachung eines Leistungsverweigerungsrechts aus § 320 BGB ............... 323
c) Der unterlassene Vorbehalt bei der Schlusszahlung gemäß § 16 Nr. 3 Abs. 2 bis 6 VOB/B ...... 324
aa) Reichweite der Ausschlusswirkung.......... 325
bb) Vorliegen einer Schlussrechnung................ 326
cc) Erfolgte Schlusszahlung durch den Auftraggeber. . 327
dd) Schriftlicher Hinweis über die Ausschlusswirkung... 329
ee) Vorbehaltserklärung ..... 330
ff) Vorbehaltsbegründung 332
d) Einrede der Verjährung gemäß § 214 BGB ........ 336
aa) BGB-Bauvertrag ......... 337
bb) VOB-Bauvertrag ......... 339
cc) Grundsätzliches zum Verjährungsrecht ........... 342
B. Sicherung bauvertraglicher Vergütungsansprüche ............. 346
I. Das selbstständige Beweisverfahren ...................... 346
II. Die Bauhandwerkersicherungshypothek gemäß § 648 BGB.................... 353
1. Inhalt und Bedeutung der Bauhandwerkersicherungshypothek ................ 353
2. Voraussetzungen eines Anspruchs auf Eintragung einer Bauhandwerkersicherungshypothek ............ 357
a) Bestehen eines werkvertraglichen Werklohnanspruchs.................. 357
aa) Die Aktivlegitimation des Unternehmers/Auftragnehmers ............... 357
bb) Die Werklohnforderung aus dem Bauvertrag ..... 358

b) Eigentum des Bestellers/ Auftraggebers am Baugrundstück ............. 360
c) Nichtvorliegen eines vertraglich vereinbarten wirksamen Ausschlusses von § 648 BGB .......... 362
3. Verfahrensrechtliche Fragen 364
a) Das einstweilige Verfügungsverfahren.......... 365
*Muster:* Einstweilige Verfügung zur Eintragung einer Vormerkung zur Sicherung einer Bauhandwerkersicherungshypothek ................ 368
b) Das Klageverfahren ...... 371
*Muster:* Klage auf Eintragung einer Bauhandwerkersicherungshypothek .. 372
III. Bauhandwerkersicherung gemäß § 648a BGB ........... 373
1. Inhalt, Zweck und Bedeutung des § 648a BGB ....... 373
2. Voraussetzungen des § 648a BGB ................ 376
a) Der berechtigte Unternehmer/Auftragnehmer.................. 376
b) Der verpflichtete Besteller/Auftraggeber .. 377
c) Der Anspruchsinhalt ..... 379
*Muster:* Aufforderungsschreiben nach § 648a BGB .................... 382
3. Rechtsfolgen des § 648a BGB ................ 383
*Muster:* Mahnschreiben mit Kündigungsandrohung nach § 648a BGB ................ 387
4. Ausschluss des § 648a BGB 388
C. Prozess ....................... 389
I. Das Mahnverfahren........... 389
II. Das Klageverfahren........... 393
1. Zulässigkeitsfragen im Bauprozess.................... 393
a) Prüfung der Zulässigkeitsvoraussetzungen von Amts wegen ............. 393

9

# Inhalt

b) Der Einfluss einer Schiedsvereinbarung auf den Bauprozess ............ 398
c) Die Zuständigkeit des Zivilgerichts in Bausachen 401
aa) Abgrenzung von privatem und öffentlichem Baurecht .................. 401
bb) Funktionale Zuständigkeit 406
cc) Die Zuständigkeit der Kammer für Handelssachen .................. 407
d) Die örtliche Zuständigkeit 408
aa) Gerichtsstand des Erfüllungsorts ............... 408
bb) Internationale Zuständigkeit bei grenzüberschreitender Bautätigkeit ..... 412
cc) Gerichtsstandsvereinbarungen ..................... 414
e) Taktisches Verhalten bei ungeklärter Zuständigkeit 416
f) Zur subjektiven Klagehäufung im Bauprozess ..... 418
g) Aktivlegitimation und Prozessführungsbefugnis bei Mängeln am Sonder- und Gemeinschaftseigentum 421
h) Die Feststellungsklage im Bauprozess ............. 427
i) Öffentliche Zustellung gemäß § 185 ZPO ........ 429
2. Zur Streitverkündung im Bauprozess ............... 430
a) Voraussetzungen der Streitverkündung ....... 434
aa) Bestehender Rechtsstreit 434
bb) Streitverkündungsschriftsatz gemäß § 73 ZPO ................ 435
*Muster:* Klageerwiderung nebst Streitverkündung . 436
cc) Zulässigkeit der Streitverkündung gemäß § 72 ZPO ................ 437
b) Form des Beitritts durch den Streitverkündungsempfänger .............. 439

c) Wirkungen der Streitverkündung ................ 441
d) Kosten der Streitverkündung .................... 446
3. Die Klageschrift ............ 447
a) Anforderungen an einen schlüssigen Klägervortrag 447
b) Zur Darlegungslast ...... 452
c) Zur Substantiierungslast 458
4. Die Klageerwiderung ...... 460
a) Bestreiten der Anspruchsvoraussetzungen ........ 461
b) Vortrag einer Gegennorm 466
c) Die Erhebung einer Widerklage .................... 476
5. Die mündliche Verhandlung 481
a) Richterliche Maßnahmen 482
b) Verspätetes Vorbringen .. 489
aa) § 296 Abs. 1 ZPO ......... 489
bb) § 296 Abs. 2 ZPO ......... 495
D. Zwangsvollstreckung ........... 496
I. Die Zwangsvollstreckung wegen einer Geldforderung aus Bauvertrag............... 496
1. Einfache Zug um Zug Verurteilung............... 496
*Muster:* Zwangsvollstreckung .................... 501
2. Doppelte Zug um Zug Verurteilung............... 502
II. Die Zwangsvollstreckung bei der Abnahmeklage........... 504
*Muster:* Zwangsvollstreckungsantrag auf Festsetzung eines Zwangsgelds/Zwangshaft zur Vornahme einer unvertretbaren Handlung gemäß § 888 ZPO ............ 507

**§ 3 Die Ansprüche des Auftraggebers gegen den Auftragnehmer.........508**
A. Vorprozessuale Situation ........ 508
I. Der Baumangel .............. 508
1. Vorliegen eines Sachmangels .................. 509
a) Beim BGB-Bauvertrag.... 509
aa) Vorliegen eines Sachmangels bei Beschaffenheitsvereinbarung........... 509

bb) Vorliegen eines Sachmangels ohne Beschaffenheitsvereinbarung ....... 513
b) Beim VOB-Bauvertrag.... 515
c) Verletzung der Prüfungs- und Anzeigepflicht des Unternehmers / Auftragnehmers ................ 517
d) Zur Substantiierung des Sachmangels (Symptomtheorie) ................ 520
2. Vorliegen eines Rechtsmangels .................. 522
II. Der Anspruch auf Mängelbeseitigung (Nachbesserung / Neuherstellung) .............. 524
1. Beim BGB-Bauvertrag ...... 524
a) Vor der Abnahme ........ 524
b) Nach der Abnahme ...... 527
c) Umfang des (Erfüllungs-) Nacherfüllungsanspruchs 531
d) Kosten der Nachbesserung / Neuherstellung.. 536
*Muster:* Nacherfüllungsklage aus §§ 634 Nr. 1, 635 Abs.1 BGB................ 537
e) Die Selbstvornahme gemäß §§ 634 Nr. 2, 637 Abs. 1 BGB ............... 538
f) Der Kostenvorschussanspruch gemäß § 634 Nr. 2, 637 Abs. 3 BGB ........... 544
*Muster:* Klage auf Zahlung eines Kostenvorschusses zur Mängelbeseitigung gemäß §§ 634 Nr. 2, 637 Abs. 3 BGB............... 550
g) Die Abwehr der Mängelbeseitigungsklage durch den Unternehmer / Auftragnehmer.......... 551
aa) Unmögliche Mängelbeseitigung gemäß § 275 BGB............... 551
bb) Die verweigerte Nacherfüllung bei unverhältnismäßigen Kosten gemäß § 635 Abs. 3 BGB ......... 554

cc) Berücksichtigung von Sowieso-Kosten, Mitverschulden sowie der Vorteilsausgleichung ........ 555
dd) Vorbehaltslos Abnahme des Werkes gemäß § 640 Abs. 2 BGB ............... 556
*Muster:* Klageerwiderung des Auftragnehmers gegen eine Mängelbeseitigungsklage (Vorliegen einer Abnahme, Bestreiten der Mängel, Geltendmachen eines Zurückbehaltungsrechts bei Sowieso-Kosten) ......... 557
2. Beim VOB-Bauvertrag ...... 558
a) Vor der Abnahme ........ 558
aa) § 4 Nr. 6 VOB / B .......... 558
bb) § 4 Nr. 7 Satz 1 VOB / B: .... 562
b) Nach der Abnahme. ...... 572
aa) Mängelbeseitigungsanspruch gemäß § 13 Nr. 5 Abs. 1 VOB / B: ............. 572
bb) Die Selbstvornahme und der Aufwendungsersatzanspruch gemäß § 13 Nr. 5 Abs. 2 VOB / B ............ 580
3. Zur Verjährung des Mängelbeseitigungsanspruchs.. 588
a) Beim BGB-Bauvertrag .... 588
b) Beim VOB-Bauvertrag .... 592
III. Die Mängelrechte Rücktritt, Minderung und Schadensersatz ...................... 599
1. Beim BGB-Bauvertrag ...... 599
a) Rücktritt ................. 599
aa) Rücktritt gemäß §§ 634 Nr. 3, 323, 326 Abs. 5, 346 Abs. 1 BGB................ 599
bb) Rücktritt gemäß § 323 BGB bei verzögerter Bauausführung ................ 605
b) Minderung gemäß §§ 634 Nr. 3, 638 Abs. 1 BGB ...... 608
*Muster:* Klage auf Minderung gemäß §§ 634 Nr. 3, 638 Abs. 1 BGB ........... 613

11

c) Schadensersatz gemäß
§§ 634 Nr. 4, 280 ff. BGB.. 614
aa) Ersatz des Mangelfolgeschadens gemäß §§ 634
Nr. 4, 280 Abs. 1 BGB..... 615
bb) Ersatz des Mangelschadens gemäß §§ 634 Nr. 4,
280 Abs. 1 und 3, 281 BGB 618
cc) Ersatz des Verzögerungsschadens gemäß §§ 280
Abs. 1 und 2,
286 BGB ............... 624
d) Ersatz vergeblicher
Aufwendungen gemäß
§ 284 BGB.............. 625
*Muster:* Schadensersatz-
klage gemäß §§ 634 Nr. 4,
280, 281 BGB ............ 626
2. Beim VOB-Bauvertrag ..... 627
a) Rücktritt beim VOB-Bauvertrag................. 627
b) Minderung gemäß
§ 13 Nr. 6 VOB/B......... 628
*Muster:* Klage auf Minderung gemäß § 13 Nr. 6
VOB/B.................. 633
c) Schadensersatz gemäß
§ 4 Nr. 7 Satz 2 VOB/B ... 634
d) Schadensersatz gemäß
§ 13 Nr. 7 VOB/B ........ 638
aa) § 13 Nr. 7 Abs. 1 VOB/B ... 639
bb) § 13 Nr. 7 Abs. 2 VOB/B... 640
cc) § 13 Nr. 7 Abs. 3 Satz 1 VOB/
B – kleiner Schadens-
ersatz................. 641
dd) § 13 Nr. 7 Abs. 3 Satz 2
VOB/B – großer Scha-
densersatz .............. 646
*Muster:* Klage auf Scha-
densersatz gemäß § 13
Nr. 7 VOB/B ............ 649
3. Zur Verjährung der Mängelrechte.................... 650
a) Beim BGB-Bauvertrag ... 650
b) Beim VOB-Bauvertrag ... 653
IV. Weitergehende Ansprüche... 655
1. Schadensersatzanspruch
des Bestellers/Auftrag-
gebers gemäß § 280 Abs. 1
BGB bei der Verletzung von
Nebenpflichten........... 655
2. Rücktrittsrecht und Schadensersatzanspruch des
Bestellers/Auftraggebers
beim BGB-Bauvertrag vor
Abnahme................. 657
3. Ansprüche des Auftragnehmers bei verzögerte Bauausführung beim VOB-Bauver-
trag ...................... 664
4. Schadensersatzanspruch
des Bestellers/Auftrag-
gebers aus unerlaubter
Handlung gemäß § 823
Abs. 1 BGB ................ 668
B. Die Sicherung bauvertragliche
Ansprüche beim Vorliegen von
Mängeln ...................... 672
C. Prozess ...................... 677
D. Zwangsvollstreckung .......... 678
*Muster:* Zwangsvollstreckungsan-
trag auf Ermächtigung zur Ersatz-
vornahme sowie Leistung eines
Kostenvorschusses gemäß § 887
ZPO............................ 689

**§ 4 Das selbstständige Beweisverfahren 690**
A. Inhalt und Bedeutung des selbst-
ständigen Beweisverfahrens..... 690
B. Besondere Zulässigkeitsvoraussetzungen..................... 695
I. Zustimmung des Gegners
gemäß § 485 Abs. 1, 1. Alt. ZPO 696
II. Veränderungsgefahr gemäß
§ 485 Abs. 1, 2. Alt. ZPO........ 698
III. Sachverständigenbeweis
gemäß § 485 Abs. 2 ZPO ...... 701
C. Die Antragsschrift ............. 707
*Muster:* Antrag auf Durchführung
eines selbstständigen Beweisverfahrens 709
I. Die Parteien des selbstständigen Beweisverfahrens ........ 710
II. Die Streitverkündung im
selbstständigen Beweis-
verfahren .................... 713
III. Die Tatsachenbezeichnung ... 718

   IV. Die Bezeichnung der Beweismittel ........................ 719
      *Muster:* Ablehnung eines Sachverständigen ................. 721
   V. Die Glaubhaftmachung mittels eidesstattlicher Versicherung ......................... 722
D. **Zuständigkeitsfragen** ........... 723
E. **Die Beweisaufnahme** ........... 726
   I. Der Beweisbeschluss nebst Durchführung der Beweisaufnahme ....................... 726

      *Muster:* Antrag auf Ladung des Sachverständigen zur Erörterung seines Gutachtens ....... 730
   II. Rechtsbehelfe ................ 731
F. **Gegenantrag** ................... 733
      *Muster:* Gegenantrag ............ 734
G. **Ergänzungsantrag**.............. 735
      *Muster:* Ergänzungsantrag ....... 736
H. **Rechtswirkungen des selbstständigen Beweisverfahrens** ........ 737
I. **Kostenerstattung** .............. 741

## Musterverzeichnis

|  |  | Rn. |
|---|---|---|
| § 1 | **Allgemeine Grundlagen** | 1 |
| 1 | Individuell ausgehandelte Haftungsbeschränkungsvereinbarung nach § 51a Abs. 1 Nr. 1 BRAO: | 14 |
| 2 | (Rest-)Vergütungsanspruch des Bauträgers gegenüber dem Erwerber | 65 |
| 3 | Werklohnklage gegen eine Bauherrengemeinschaft beim BGB-Einheitspreisvertrag | 78 |
| § 2 | **Die Ansprüche des Auftragnehmers gegen den Auftraggeber** | 94 |
| 4 | Werklohnklage beim BGB-Pauschalpreisvertrag | 155 |
| 5 | Klage auf Abnahme beim VOB-Bauvertrag | 175 |
| 6 | Werklohnklage beim VOB-Einheitspreisvertrag | 195 |
| 7 | Werklohnklage bei Mengenänderungen beim VOB-Einheitspreisvertrag | 204 |
| 8 | Werklohnklage bei Leistungsänderungen und zusätzlichen Leistungen beim VOB-Einheitspreisvertrag | 219 |
| 9 | Werklohnklage des Auftragnehmers beim gekündigten BGB-Pauschalpreisvertrag | 240 |
| 10 | Zahlungsklage des Auftragnehmers gegen den Auftraggeber bei ausbleibender Mitwirkung (Ansprüche aus § 9 Nr. 3 VOB/B sowie § 642 BGB) | 263 |
| 11 | Einwendungen des Auftraggebers: Verweigerte Abnahme, Aufrechnung, Geltendmachung eines Leistungsverweigerungsrechts aus § 320 BGB | 323 |
| 12 | Einstweilige Verfügung zur Eintragung einer Vormerkung zur Sicherung einer Bauhandwerkersicherungshypothek | 368 |
| 13 | Klage auf Eintragung einer Bauhandwerkersicherungshypothek | 372 |
| 14 | Aufforderungsschreiben nach § 648a BGB | 382 |
| 15 | Mahnschreiben mit Kündigungsandrohung nach § 648a BGB | 387 |
| 16 | Klageerwiderung nebst Streitverkündung | 436 |
| 17 | Zwangsvollstreckung | 501 |
| 18 | Zwangsvollstreckungsantrag auf Festsetzung eines Zwangsgelds/ Zwangshaft zur Vornahme einer unvertretbaren Handlung gemäß § 888 ZPO | 507 |

## § 3 Die Ansprüche des Auftraggebers gegen den Auftragnehmer — 508

19 Nacherfüllungsklage aus §§ 634 Nr. 1, 635 Abs.1 BGB — 537

20 Klage auf Zahlung eines Kostenvorschusses zur Mängelbeseitigung gemäß §§ 634 Nr. 2, 637 Abs. 3 BGB — 550

21 Klageerwiderung des Auftragnehmers gegen eine Mängelbeseitigungsklage (Vorliegen einer Abnahme, Bestreiten der Mängel, Geltendmachen eines Zurückbehaltungsrechts bei Sowieso-Kosten) — 557

22 Klage auf Minderung gemäß §§ 634 Nr. 3, 638 Abs. 1 BGB — 613

23 Schadensersatzklage gemäß §§ 634 Nr. 4, 280, 281 BGB — 626

24 Klage auf Minderung gemäß § 13 Nr. 6 VOB/B — 633

25 Klage auf Schadensersatz gemäß § 13 Nr. 7 VOB/B — 649

26 Zwangsvollstreckungsantrag auf Ermächtigung zur Ersatzvornahme sowie Leistung eines Kostenvorschusses gemäß § 887 ZPO — 689

## § 4 Das selbstständige Beweisverfahren — 690

27 Antrag auf Durchführung eines selbstständigen Beweisverfahrens — 709

28 Ablehnung eines Sachverständigen — 721

29 Antrag auf Ladung des Sachverständigen zur Erörterung seines Gutachtens — 730

30 Gegenantrag — 734

31 Ergänzungsantrag — 736

# A. Einleitung

## § 1 Allgemeine Grundlagen

**Literatur:** Behr, Die Vollstreckung in Personengesellschaften, NJW 2000, 1137; Borgmann/Haug, Anwaltshaftung, 3. Auflage 1995; Coester-Waltjen, Parteiaussage und Parteivernehmung am Ende des 20. Jahrhunderts, ZZP 113, 269; Deggau, § 174 BGB – Eine ungenutzte Vorschrift, JZ 1982, 796; Feuerich/Weyland, Bundesrechtsanwaltsordnung, 6. Auflage 2003; Henssler/Prütting, Kommentar zur BRAO, 1997; Kraus, Zur Tätigkeit des Mediators – aufgezeigt anhand eines Falles aus der Baupraxis, in: Festschrift für Vygen (1999), S. 404; Rinsche, Die Haftung des Rechtsanwalts und Notars, 6. Auflage 1998; Roth, Die Parteivernehmung als Voraussetzung eines fairen Zivilverfahrens nach Artikel 6 I EMRK, ZEuP 1996, 484; Schlosser; EMRK und Waffengleichheit im Zivilprozess, NJW 1995, 1404; Vollkommer, Anwaltshaftungsrecht, 1989; Zugehör, Handbuch der Anwaltshaftung, 1999.

## A. Einleitung

Jede Partei und natürlich ebenso ihr Rechtsanwalt möchte den gerichtlich ausgetragenen baurechtlichen Fall siegreich beenden, was aber grundsätzlich nur einem der Beteiligten gelingen kann. Nun wird ein Bauprozess nicht immer von demjenigen gewonnen, der „auf den ersten Blick" das materielle Recht auf seiner Seite haben müsste, etwa dem Unternehmer/Auftragnehmer, der für seine Leistungen vom Besteller/Auftraggeber noch keinen Werklohn bezahlt bekommen, oder der Besteller/Auftraggeber, der vom Unternehmer/Auftragnehmer eine offensichtlich mängelbehaftete Bauleistung erhalten hat. 1

Mancher scheitert bereits daran, die spezifischen Besonderheiten des materiellen Baurechts verkannt zu haben: Bestehen eines wirksamen Bauvertrages, Ermittlung/Bestimmung des Bausolls, Vorliegen einer Abnahme, unzureichende Abrechnung, Bestehen eines Kündigungsrechts, Auswahl der Mängelrechte. Andere scheitern aus verfahrensrechtlichen Gründen: falsch gefasste Klageanträge, fehlende Substantiierung, verspätetes Vorbringen, verkannte Beweislast, unzureichende Beweisanträge, mangelhafte Berufungsbegründung. Das nimmt nicht wunder, denn sowohl das materielle Baurecht wie auch das Bauprozessrecht sind schwierig geworden, stecken voller Tücken, Gefahrenquellen und Fallen. 2

Häufig ist der Rechtsanwalt nicht in der Lage, auf schwierige bzw. plötzlich auftretende verfahrensrechtliche Situationen, die ihren Ursprung meist im materiellen Recht haben, sofort und angemessen zu reagieren. Berücksichtigt man dabei weiter, dass es nicht ausgeschlossen ist, wegen unterlassener Hinweise vom erkennenden Gericht in der ersten Instanz „überfahren" zu werden, ist die Lage des Prozessvertreters nicht immer beneidenswert. Häufig wird ihm erst im Urteil, wenn es also zu spät ist, vorgehalten, das Klage- oder Verteidigungsvorbringen sei nicht hinreichend substantiiert oder verspätet bzw. seine Beweisantritte seien nicht konkret genug gefasst gewesen. 3

Die Praxis zeigt, dass der Prozessvertreter nicht darauf bauen kann, vor dem Hintergrund des § 139 ZPO vom erkennenden Gericht ausreichend Hilfestellung zu erhalten. Das Gegenteil ist eher wahrscheinlich. Dabei wird sowohl in Prozessordnungen wie auch in der Gerichtspraxis mit zweierlei Maß gemessen. Den Parteien und ihren Pro- 4

# § 1 Allgemeine Grundlagen

zessvertretern werden Pflichten auferlegt, an deren Missachtung mitunter äußerst harte Sanktionen geknüpft sind. Dabei geht es beispielsweise um kurze Fristen zur Vornahme von Prozesshandlungen sowie die Präklusion wegen verspätetem Vorbringen. Auf der anderen Seite werden zwar auch den Gerichten korrespondierende Pflichten auferlegt, nämlich Beschleunigungsgebote, Mitwirkung- und Förderungspflichten, die Nichtbeachtung dieser Pflichten wird aber nicht sanktioniert.

5 Die nachfolgenden Ausführungen sollen dazu beitragen, vor dem Hintergrund materiell- wie auch prozessrechtlicher Grundlagen und der darauf aufbauenden Darstellung von Strategien und Gegenstrategien die Chance zu erhöhen, ihren aktuellen Baurechtsfall vor Gericht zum Erfolg zu führen. Dabei wird kein „Bilderbuch-Prozessrecht" ausgebreitet. Vielmehr soll sich die Darstellung auf grundlegende Hinweise zum materiellen Baurecht einerseits und einem sachgerechten Vorgehen im Bauprozess andererseits konzentrieren, um Gefahrenstellen und vorbeugende Gegenmaßnahmen aufzeigen. Sie bezweckt die Risikovermeidung und die Vermittlung spezieller Kenntnisse, um zu verhindern, dass die Rechtsverwirklichung an materiellrechtlichen oder prozessualen Stolpersteinen scheitert.

## B. Die Übernahme eines baurechtlichen Mandats

### I. Abfordern der wesentlichen Vertragsunterlagen

6 Um das Mandatsübernahmegespräch entsprechend vorbereiten zu können, sollte ein Standardschreiben entworfen werden, welche Unterlagen der Mandant vor Stattfinden des ersten Besprechungstermins in Kopie zu übersenden hat.

7 Dabei geht es in der Regel
- um den **schriftlichen Bauvertrag** (ggf. das Angebot nebst Annahmeerklärung) einschließlich aller etwaigen besonderen oder zusätzlichen Vertragsbedingungen, insbesondere allgemeinen Geschäftsbedingungen und dem Leistungsverzeichnis
- um ein eventuell vorhandenes **Abnahmeprotokoll**
- um eine eventuell vorhandene **Kündigungserklärung** (nebst vorbereitenden Fristsetzungen)
- um eventuell vorhandene **Schluss- bzw. Abschlagsrechnungen**
- um die einschlägige **Korrespondenz**, insbesondere die zuletzt gewechselten Schreiben
- um ein etwaig vorhandenes **Sachverständigengutachten**
- um ein etwaig vorhandenes **Sicherungsmittel**, insbesondere Bürgschaften
- im Prozessfall um die **Klageschrift** mit Ladung und Zustellungsurkunde einschließlich aller Anlagen

8 Festzuhalten bleibt, dass jedenfalls im Zeitpunkt der Erläuterung einer abschließenden anwaltlichen Einschätzung des Falles die vorgenannten Unterlagen komplett vorliegen müssen.

### II. Mehre Auftraggeber

9 Wird das Mandatsverhältnis davon geprägt, dass mehrere potenzielle Auftraggeber vorhanden sind, so ist darauf zu achten, dass die erteilte **Vollmacht** tatsächlich auch

von allen Auftraggebern unterschrieben worden ist. Andernfalls kann es später zu Differenzen darüber kommen, wer den Auftrag erteilt hat und dadurch **Gebührenschuldner** geworden ist bzw. ob die Vergütung nach § 7 RVG erhöht wird.

Insbesondere in **Wohnungseigentumssachen**,[1] in denen die Wohnungseigentümer selbst Partei sind, ist auf die Vollständigkeit der Unterschriften zu achten. Hier begehen Rechtsanwälte in Unkenntnis der Regelung in § 27 WEG immer wieder Fehler. Der Rechtsanwalt muss sich grundsätzlich von jedem einzelnen Wohnungseigentümer schriftlich bevollmächtigen lassen. Wird er vom Verwalter beauftragt, dann muss er sich auch dessen Bevollmächtigung durch die Wohnungseigentümer nachweisen lassen, weil der Verwalter nicht deren gesetzlicher Vertreter ist, § 27 Abs. 2 Nr. 5, Abs. 5 WEG.[2]

### III. Haftungsfragen bei der Bearbeitung eines baurechtlichen Mandats

Der Mandatsvertrag verpflichtet den beauftragten Rechtsanwalt, den Mandanten in jeder Richtung zu beraten und zu belehren sowie den Sachverhalt sorgfältig aufzuklären. Was ihm dabei nach dem sog. „**Prinzip des sichersten Weges**"[3] haftungsrechtlich vorgegeben wird, ist in vielen Fällen schlichtweg unerfüllbar. So soll beispielsweise der beauftragte Rechtsanwalt, um nicht selbst einer Haftung ausgesetzt zu sein, darauf achten, dass das Gericht fehlerfrei[4] arbeitet und sogar die mögliche Änderung einer Rechtsprechung einkalkulieren.[5] Dabei **verjähren** Schadensersatzansprüche der Mandanten gegenüber ihren Rechtsanwälten nunmehr nach § 195 BGB in drei Jahren. Der Lauf dieser Verjährungsfrist beginnt gemäß § 199 Abs. 1 BGB mit dem Schluss des Jahres, in dem der Anspruch entstanden ist und der Mandant von den den Anspruch begründenden Umständen und der Person des Schuldners Kenntnis erlangt hat oder ohne große Fahrlässigkeit hätte erlangen müssen. Vor diesem Hintergrund kann der Beginn der Verjährungsfrist von Ersatzansprüchen sehr weit in die Zeit nach Beendigung des Mandats verschoben werden. Die in § 199 Abs. 3 BGB enthaltene Höchstfrist (10 Jahre!) führt zudem für den Rechtsanwalt zu einer über die gesetzliche Frist des § 50 Abs. 2 BRAO hinausgehenden Aktenaufbewahrungsobliegenheit.

Dem beauftragten Rechtsanwalt muss folglich daran gelegen sein, von vornherein für Nachweise zu sorgen, die belegen, dass er sich pflichtgemäß verhalten hat. So sollte schon bei der Mandatserteilung nachweisbar klargestellt werden, welcher Auftrag erteilt worden ist, und dass alle gegenüber dem Mandanten bestehenden **Aufklärungs- und Hinweispflichten**[6] gewahrt worden sind. Zudem sollten jedenfalls bei schwierigen und kritischen Fällen sämtliche mündlichen Beratungen schriftlich zusammengefasst werden. Das verhindert spätere Auseinandersetzungen darüber, ob das Unterliegen des

---

1 Vgl. hierzu die Ausführungen unter Rn. 421 ff.
2 BGH NJW 1993, 1924; Palandt-Bassenge, § 27 WEG, Rn. 17.
3 Zugehör, Rn. 598 ff.
4 Rinsche, Rn. I 80.
5 Borgmann / Haug, Kap. IV Rn. 54.
6 So hat der Rechtsanwalt den Mandanten gemäß § 49 b Abs. 5 BRAO darüber zu belehren, dass nach Gegenstandswert abgerechnet wird. Weiterhin ist zu berücksichtigen, dass der Rechtsanwalt seine Gebühren vom Auftraggeber nur fordern kann, wenn er ihm zuvor eine ordnungsgemäße Berechnung erteilt hat (§ 10 RVG). Fehlt es an einer solchen Berechnung, ist die Vergütung nicht einklagbar wohl aber erfüllbar.

Mandanten auf eine mangelnde Beratung des Rechtsanwalts zurückzuführen ist. Schließlich ist als weitere Vorsichtsmaßnahme zu beachten, jeden Schriftsatz, insbesondere aber die Klageschrift oder die Klageerwiderungsschrift, der Partei vorab im Entwurf zu schicken und die Versendung von einer Freigabeerklärung des Mandanten abhängig zu machen. Das bewahrt vor dem nicht seltenen Vorwurf, der Rechtsanwalt habe die Informationen der Partei nicht beachtet oder falsch wiedergegeben.

13 Es ist zulässig, dass sich der beauftragte Rechtsanwalt im Bauprozess durch eine **Haftungsbeschränkung** absichert. So hat er im Rahmen des § 51a Abs. 1 BRAO die Möglichkeit, durch Vereinbarung mit dem Mandanten einen Haftungsrahmen nach oben hin festzulegen.[7]

14 Muster: Individuell ausgehandelte Haftungsbeschränkungsvereinbarung nach § 51a Abs. 1 Nr. 1 BRAO:

Haftungsbeschränkungsvereinbarung

in der Rechtsstreitigkeit XY. /. YX

Rechtsanwalt ■■■ und Herr ■■■ vereinbaren, dass die Haftung des beauftragten Rechtsanwalts für fahrlässig begangene Pflichtverletzungen bei der Bearbeitung des Mandats auf einen Gesamtbetrag von höchstens EUR 250.000,– (Mindestversicherungssumme) beschränkt wird.

Unterschriften

### IV. Grundsätzliches zur Wahl der Parteien

#### 1. Wahl des Klägers

15 Bereits unmittelbar nach Übernahme des Mandats sind Strategieüberlegungen dahingehend anzustellen, ob ein Anspruchsinhaber seinen Anspruch an den Mandanten abtritt, damit dieser sodann den Bauprozess als Kläger **aus abgetretenem Recht** gegen den Anspruchsgegner führt.[8]

16 Der Kläger hat im Regelfall die Beweislast für das Vorliegen der Voraussetzungen des von ihm gegen den Beklagten geltend gemachten Anspruchs.[9] Nicht selten verhält es sich aber so, dass nur der Anspruchsberechtigte (etwa ein unter eigenem Namen handelnder Maurermeister) und sein Vertragspartner als Anspruchsgegner überhaupt eigenes Wissen über den rechtsbegründenden Sachverhalt (nämlich beispielsweise die Ver-

---

7 § 51a Abs. 1 BRAO unterscheidet danach, ob die Haftungsbeschränkung Gegenstand einer schriftlichen Individualvereinbarung der Parteien darstellt oder aber in vorformulierten Vertragsbedingungen des Rechtsanwalts enthalten ist. Während bei Vorliegen einer individuell ausgehandelten Vereinbarung gemäß § 51a Abs. 1 Nr. 1 BRAO die Haftung des Rechtsanwalts bei Fahrlässigkeit auf die Mindestversicherungssumme (EUR 250.000,–) beschränkt werden kann, ist gemäß § 51a Abs. 1 Nr. 2 BRAO eine summenmäßige Beschränkung der Haftung für einfache Fahrlässigkeit bei einer in vorformulierten Vertragsbedingungen enthaltenen Haftungsklausel nur auf den vierfachen Betrag der Mindestversicherungssumme (EUR 1.000.000,–) zulässig.
8 Vgl. beispielsweise BGH BauR 2001, 1288.
9 Vgl. hierzu die Ausführungen unter Rn. 452 ff.

einbarung einer bestimmten Vergütung) haben. Tritt dann der Anspruchsinhaber seinen Anspruch an einen Dritten ab, der die Forderung einklagt, so ist der ursprüngliche Anspruchsinhaber prozessual unbeteiligt und kann als **Zeuge** vernommen werden.[10] Die Verteidigungsposition des Beklagten verschlechtert sich damit ganz erheblich.[11]

Eine solche Abtretung zur Beschaffung eines Zeugen kommt darüber hinaus auch dann in Betracht, wenn ein Dritter über den klagebegründenden Sachverhalt informiert ist und nach aller Voraussicht zu Gunsten des Beklagten aussagen wird. Dann dient die Abtretung gewissermaßen der Herstellung der Waffengleichheit. Dieser Gesichtspunkt veranlasst übrigens manche Gerichte, in solchen Abtretungsfällen kurzerhand den Beklagten als Partei zu vernehmen. Die Frage, ob in dieser Fallgestaltung eine Parteivernehmung zur Durchsetzung des Grundsatzes der Waffengleichheit erfolgt,[12] wird in Rechtsprechung und Lehre unterschiedlich beantwortet.[13] Im Grunde handelt es sich nur um ein Scheinproblem, da dem Gericht immer statt der Parteivernehmung nach § 448 ZPO die Anhörung der Parteien nach § 278 Abs. 2 Satz 3 ZPO freisteht und auch deren Ergebnis bei der Beweiswürdigung zu berücksichtigen ist.[14] Ein anderes Problem bei der **Zeugenbeschaffung durch Abtretung** liegt darin, dass der Beklagte die Möglichkeit bekommt, im Rechtsstreit Widerklage gegen den Zedenten zu erheben, um diesen dadurch als Zeugen zu eliminieren.[15]

### 2. Wahl des Beklagten

Darüber hinaus ist bei der Wahl des oder der Beklagten zu berücksichtigen, wie die Vollstreckung eines obsiegenden Urteils ablaufen würde. Geht es in einem Bauprozess beispielsweise um einen Vergütungsanspruch des Mandanten gegen eine **ARGE**,[16] so ist zu bedenken, dass diese als Gesellschaft bürgerlichen Rechts gemäß § 50 Abs. 1 ZPO parteifähig ist[17] und damit vor Gericht verklagt werden kann. Daneben haften aber auch die Gesellschafter persönlich für die Schulden der Gesellschaft (ARGE). Wird in diesem Fall ausschließlich die Gesellschaft (ARGE) verklagt und erweist sich diese später in der Zwangsvollstreckung als vermögenslos, dann kommt der Gläubiger vollstreckungsrechtlich nicht an das Vermögen der Einzelnen Gesellschafter heran. Der Mandant muss neu klagen, was mit weiteren erheblichen Kosten und dem Umstand verbunden ist, dass bis zum Vorliegen eines Titels gegen die einzelnen Gesellschafter wiederum viel

---

10  Häufig tritt der Fall auf, dass ein Gesamtgläubiger seinen Anspruch an den anderen Mitberechtigten abtritt und dieser allein klagt, sodass der andere als Zeuge zur Verfügung steht.
11  Kritisch zur prozesstaktisch motivierten Abtretung: Buß, JZ 1987, 694.
12  Der Grundsatz der Waffengleichheit folgt aus den „Fair Trial – Grundsatz" der Ausfluss des Rechtsstaatsprinzips (Art. 20 Abs. 3 GG) ist und in Art. 6 Abs. 1 EMRK normiert ist.
13  Unter Bezugnahme auf EGMR NJW 1995, 1413 lässt sich argumentieren, dass aus Gründen der Waffengleichheit auf der Grundlage von § 448 ZPO die in Beweisnot geratende Partei von Amts wegen zu hören ist. Im gleichen Sinne OLG Zweibrücken NJW 1998, 167; Roth, ZEuP 1996, 484; Schlosser, NJW 1995, 1404; Coester-Waltjen, ZZP 113, 291; Thomas/Putzo, § 448 ZPO, Rn. 4; a.A. OLG München NJW-RR 1996, 958; OLG Düsseldorf OLGR 1996, 274; LG Mönchengladbach NJW-RR 198, 501; Zöller-Greger, § 448 ZPO, Rn. 2a.
14  So BGH NJW 1999, 363; NJW 1980, 1071; LAG Köln MDR 1999, 1085; Zöller-Greger, § 448 ZPO, Rn. 2a.
15  Vgl. hierzu vor dem Hintergrund der Zulässigkeit einer isolierten Drittwiderklage: BGH BauR 2001, 1288.
16  Weiterführend zur Bau-ARGE: Kapellmann/Messerschmidt-Messerschmidt/Thierau, Anh. VOB/A, Rn. 118ff.; Ingenstau/Korbion-Korbion, VOB Anhang 3, Rn. 17ff.; Werner/Pastor, Rn. 1061f.
17  BGH NJW 2001, 1056.

*v. Kiedrowski*

Zeit vergeht.[18] Zur **Erweiterung der Haftungsmasse** empfiehlt der BGH deshalb, neben der Gesellschaft auch die Gesellschafter persönlich mit zu verklagen.[19] [20] Es besteht dabei eine einfache Streitgenossenschaft zwischen der BGB-Gesellschaft einerseits und ihren Gesellschaftern andererseits, da – und soweit – der Einzelne Gesamthänder die Leistung auch als Einzelperson erbringen kann.[21]

### V. Beachtung von § 174 BGB bei der Vornahme einseitiger Erklärungen im vorprozessualen Bereich

19 Ferner muss zu Beginn eines baurechtlichen Falls stets die Vorschrift des § 174 BGB im Blick behalten werden. Ein einseitiges Rechtsgeschäft, das ein Bevollmächtigter einem anderen gegenüber vornimmt, ist unwirksam, wenn der Bevollmächtigte keine **Vollmachtsurkunde im Original** vorlegt und der andere die rechtsgeschäftliche Erklärung aus diesem Grund unverzüglich[22] zurückweist. Einseitige Rechtsgeschäfte bilden den Gegensatz zu Verträgen, also den zweiseitigen Rechtsgeschäften.

20 Zu den einseitigen Rechtsgeschäften zählen etwa Kündigung, Aufrechnung, Rücktritt, Anfechtung, Ausübung eines Widerrufsrechts oder des Wahlrechts.[23] Vielfach wird die Vorschrift des § 174 BGB aber auch auf einseitige geschäftsähnliche Handlungen wie etwa Mahnung, Abmahnung, Fristsetzung, Annahme eines Vertragsangebotes und dergleichen entsprechend angewendet.[24]

21 Die Zurückweisung nach § 174 BGB ist selbst ein einseitiges Rechtsgeschäft, weil sie eine Rechtsfolge auslösen soll, nämlich die Nichtberücksichtigung der zurückgewiesenen Erklärung.[25] Hat der Andere die Erklärung unter Hinweis auf § 174 BGB zu Recht zurückgewiesen, so reicht es nicht aus, wenn der Bevollmächtigte nunmehr eine Originalvollmacht nachreicht. Da die Erklärung nach § 174 BGB ins Leere gegangen ist, muss diese unter Vorlage einer Originalvollmacht wiederholt werden.[26]

---

18 Für den Schaden, der dem Kläger durch die doppelte Prozessführung oder gar durch den Ausfall mit seiner Forderung entsteht, wird der Rechtsanwalt möglicherweise haftbar zu machen sein. Er hätte das Vollstreckungsrisiko vermeiden können, indem er von vornherein Gesellschaft und Gesellschafter gemeinsam verklagt.
19 BGH NJW 2001, 1056 (1060); Behr, NJW 2000, 1137 (1139) [für die OHG]; Zöller-Vollkommer, § 50 ZPO, Rn. 18; Kapellmann/Messerschmidt-Messerschmidt/Thierau, Anh. VOB/A, Rn. 162.
20 Zu bedenken bleibt, dass es gleichsam Aufgabe des Rechtsanwalts ist, seinen Mandanten vor vermeidbaren Kostenbelastungen zu bewahren. Werden neben der Gesellschaft auch die einzelnen Gesellschafter mitverklagt und wird die Klage schließlich abgewiesen, dann erhöht sich der prozessuale Kostenerstattungsanspruch der Gegenseite um ein Vielfaches der zu entstehenden Kosten, wenn die einzelnen Beklagten sich jeweils durch eigene Rechtsanwälte haben vertreten lassen. Es ist nicht auszuschließen, dass die Empfehlung des BGH im Falle eines Unterliegens im Prozess zu einer Haftung des Rechtsanwalts führt, da nach dem „Prinzip des sichersten Weges" eine Klage gegen mehrere Beklagte „rückwirkend betrachtet" nicht angezeigt gewesen ist.
21 Zöller-Vollkommer, § 62 ZPO, Rn. 7; Kapellmann/Messerschmidt-Messerschmidt/Thierau, Anh. VOB/A, Rn. 162.
22 Palandt-Heinrichs, § 174 BGB, Rn. 3.
23 Palandt-Heinrichs, Überbl. Vor § 104, Rn. 11.
24 BGH NJW 1983, 1542; NJW 2001, 289; OLG Bamberg NJW-RR 1990, 905; Deggau, JZ 1982, 796; Palandt-Heinrichs, § 174 BGB, Rn. 1.
25 Palandt-Heinrichs, § 111 BGB, Rn. 5.
26 Vgl. insoweit Palandt-Heinrichs, § 111 BGB, Rn. 5.

Der Rechtsanwalt wählt den **sichersten Weg**, wenn er sich auf diese Kontroverse gar nicht erst einlässt und anwaltlichen Schreiben stets eine Originalvollmacht beifügt.

### VI. Rechtsschutzversicherung
Im Baurecht hat der beauftragte Rechtsanwalt verhältnismäßig wenig mit Rechtsschutzversicherungen zu tun. Dies liegt an § 4 Abs. 1 k) der Allgemeinen Bedingungen für die Rechtsschutzversicherung (ARB), wo es heißt:

„Der Versicherungsschutz bezieht sich nicht auf die Wahrnehmung rechtlicher Interessen, die in unmittelbarem Zusammenhang mit der Planung, Errichtung oder genehmigungspflichtigen baulichen Veränderung eines im Eigentum oder Besitz des Versicherungsnehmers befindlichen oder von diesem zu erwerbenden Grundstückes, Gebäudes oder Gebäudeteiles stehen."

### VII. Beachtung des Kostenrisikos
#### 1. Belehrung des Mandanten über das Kostenrisiko im Prozessverfahren
Vor Einleitung des Prozessverfahrens ist dem Mandanten das Kostenrisiko unter Zugrundlegung der Rechtsanwaltsgebühren nach RVG aufzuzeigen. Im erstinstanzlichen Verfahren vor den Zivilgerichten[27] erhalten die Rechtsanwälte die Gebühren nach Teil 3 Abschnitt 1 VV:

Die **Verfahrensgebühr** nach Nr. 3100 VV beläuft sich auf 1,3. Bei vorzeitiger Beendigung fällte eine Gebühr von 0,8 an. Kommt es zu einer Einigung bzw. Verhandlung sowie Erörterung über nicht anhängige Gegenstände, ist eine gesonderte Verfahrensgebühr in Höhe von 0,8 anzusetzen, wobei die Gesamtsumme beider in Ansatz gebrachten Gebühren nicht höher sein darf, als der durch Addition beider Werte ermittelte Gegenstandswert und die darauf entfallende Verfahrensgebühr (Nr. 3101 Nr. 2 VV). Eine Anrechnung der Geschäftsgebühr auf die Gebühren eines nachfolgenden gerichtlichen Verfahrens erfolgt zur Hälfte und höchstens zu einem Gebührensatz von 0,75.

Die **Terminsgebühr** nach Nr. 3104 VV beläuft sich auf 1,2. Diese Gebühr erhält der Rechtsanwalt für die Teilnahme an Verhandlungs-, Erörterungs- oder Beweisaufnahmeterminen. Unerheblich ist es, ob die Gegenstände anhängig sind oder nicht. Auch bei Mitverhandeln oder Miterörtern nicht anhängiger Gegenstände wird die volle 1,2-Terminsgebühr ausgelöst, wenn ein unbedingter Klageauftrag bereits vorliegt. Auch dies bringt eine erhebliche Gebührensteigerung mit sich und soll in Verbindung mit Nr. 3101 Nr. 2 VV einen Anreiz dafür schaffen, im gerichtlichen Verfahren stets zu versuchen, eine „Gesamtbereinigung" herbeizuführen.

Im **Berufungsverfahren** beläuft sich die Verfahrensgebühr nach Nr. 3200 VV auf 1,6 (bei vorzeitiger Beendigung 1,1). Die Terminsgebühr beträgt nach Nr. 3202 VV 1,2.

---

27 Vgl. zu den Rechtsanwaltsgebühren nach RVG für das selbstständige Beweisverfahren die Ausführungen unter Rn. 1205.

29 Sind die Gegenstände gerichtlich anhängig, wozu auch die Anhängigkeit in einem Prozesskostenhilfeprüfungsverfahren zählt, reduziert sich die **Einigungsgebühr** nach Nr. 1003 VV von 1,5 auf 1,0.

### 2. Prüfung der wirtschaftlichen Solvenz der Gegenseite

30 Schließlich muss vor Durchführung eines kostenintensiven Bauprozesses die wirtschaftliche Solvenz der Gegenseite überprüft werden. Hat der Rechtsanwalt nämlich für den Mandanten lediglich einen „Titel für die Pinnwand" erstritten, hat der Mandant gutes Geld schlechten Leuten hinterher geworfen, was dann im Zweifel später – da der Erfolg ausgeblieben ist – immer dem Prozessvertreter vorgehalten werden wird.

### VIII. Außergerichtliche Streitbeilegung[28]

31 Im Baurecht ist es geradezu unerlässlich, eine außergerichtliche vergleichsweise Erledigung der Streitigkeit anzustreben. Im Regelfall kann es weder der Interessenlage des Mandanten auch der des Gegners entsprechen, einen komplizierten und umfangreichen Bauprozess in mehreren Instanzen über viele Jahre auszutragen. Gerade die Dauer des gerichtlichen Verfahrens und das enorme Kostenrisiko, das mit einem über mehrere Instanzen ausgetragenen Prozessverfahren einhergeht, zwingt die Parteien dazu, außergerichtliche Gespräche mit dem Versuch einer **außergerichtlichen Erledigung** zu suchen. So kann sich über einen Bauprozess eigentlich nur derjenige freuen, der aus Liquiditätsgründen bestrebt ist, die Angelegenheit zu verschleppen.

32 Auch für den beauftragten Rechtsanwalt ist eine außergerichtliche Erledigung der Angelegenheit **finanziell interessant**: Bei einer außergerichtlichen Streitbeilegung fällt zunächst eine Geschäftsgebühr nach Nr. 2400 VV mit einem Gebührenrahmen von 0,5 bis 2,5 an. In Bausachen dürfte – bis auf Ausnahmefälle – regelmäßig eine Gebühr von 2,0 anzusetzen sein. Baurechtliche Angelegenheiten sind grundsätzlich als schwierig im Sinne der Anmerkung zu Nr. 2400 VV anzusehen.[29] Daneben kann die Terminsgebühr nach Nr. 3104 VV mit 1,2 berechnet werden. So entsteht gemäß der Vorbemerkung 3 Abs. 3 VV die Terminsgebühr auch dann, wenn der Rechtsanwalt, der bereits Klageauftrag hat, ohne Beteiligung eines Gerichts Besprechungen zur Vermeidung oder Erledigung des Rechtsstreits führt.[30] Weiter in Ansatz zu bringen ist die Einigungsgebühr von 1,5 nach Nr. 1000 VV, wenn die Gegenstände noch nicht gerichtsanhängig sind. Damit kann der Rechtsanwalt 4,7 Gebühren abrechnen.[31]

---

28 Vgl. zur Tätigkeit des Mediators im Baurecht: Kraus, Festschrift für Vygen, S. 404 ff.

29 Bei der Frage, ob ein Rechtsgebiet als schwierig einzustufen ist, kommt es auf den Durchschnittsanwalt an. Eine Schwierigkeit kann nicht deshalb verneint werden, weil der betreffende Rechtsanwalt sich auf das Gebiet des Baurechts spezialisiert hat. Darüber hinaus dürften Bausachen, weil es sich meist um Punktesachen handelt, in aller Regel als umfangreich einzustufen sein, sodass auch dieses Begrenzungs-Kriterium nicht greifen wird.

30 Diese Gespräche müssen nicht einmal mit der Gegenpartei geführt werden; auch Besprechungen mit Dritten können ausreichen, wenn sie der Vermeidung oder Erledigung des Rechtsstreits dienen sollen.

31 Im Klageverfahren kann der Rechtsanwalt maximal auf 3,5 Gebühren (Verfahrens-, Termins und Einigungsgebühr) verdienen. Damit ist die Frage aufzuwerfen, ob der beauftragte Rechtsanwalt, der den sichersten Weg zu wählen hat, dem eigenen Mandanten überhaupt zur außergerichtlichen Streitbeilegung raten darf, wenn die Kostenlast des Mandanten bei Einschaltung der Gerichte günstiger ausfällt.

## C. Unterschiedliche Baumodelle

**Literatur:** Anker/Zumschlinge, Die „VOB/B als Ganzes" eine unpraktikable Rechtsfigur?, BauR 1995, 325; Basty, Der Bauträgervertrag, 4. Auflage 2002; Blomeyer, Augen auf beim Wohnungskauf – Die Risiken des Käufers nach der Makler- und Bauträgerverordnung, NJW 1999, 472; Brych, Die Bevollmächtigung des Treuhänders im Bauherrenmodell, in: Festschrift für Korbion, S. 1; Brych/Pause, Bauträgerkauf und Baumodelle, 3. Auflage 1999; Bunte, Die Begrenzung des Kompensationseinwandes bei der richterlichen Vertragskontrolle, in: Festschrift für Korbion S. 18; Crezelius, Zivilrechtliche Beziehungen beim Bauherren-Modell, JuS 1981, 494; Doerry, Die Rechtsprechung des BGH zur Gewährleistung beim Haus- und Wohnungsbau unter besonderer Berücksichtigung von Bauträgerschaft und Baubetreuung, ZfBR 1982, 189; Heinrichs, Die Entwicklung des Rechts der allgemeinen Geschäftsbedingungen im Jahre 1996, NJW 1997, 1407; Hochstein, Werkvertragliche Gewährleistung bei der Veräußerung „gebrauchter" oder für den privaten Eigenbedarf errichteter Immobilien?, in: Festschrift für Locher, S. 77; Hochstein/Jagenburg, Der Arbeitsgemeinschaftsvertrag, 1974; Jagenburg, Die Entwicklung des Baubetreuungs-, Bauträger- und Wohnungseigentumsrechts seit 1995, NJW 1997, 2362; Jagenburg, Der Einfluss des AGB-Gesetzes auf das private Baurecht, BauR Sonderheft 1977; Kaiser, Aktuelle Rechtsfragen im Privaten Baurecht Teil 1, ZfBR 1985, 1; Klassen/Eiermann, Das Mandat in WEG-Sachen, 1999; Klumpp, AGB-Gewährleistungsausschluss für „alte" Neubauten, NJW 1993, 372; Kniffka, Rechtliche Probleme des Generalunternehmervertrages, ZfBR 1992, 1; Koeble, Rechtshandbuch Immobilien; Locher, AGB-Gesetz und Subunternehmerverträge, NJW 1979, 2235; Kraus, Der Diskussionsentwurf eines Schuldrechtsmodernisierungsgesetzes, BauR 2001, 1; Kraus/Vygen/Oppler, Ergänzungsentwurf, Zum Entwurf eines Gesetzes zur Beschleunigung fälliger Zahlungen der Fraktionen der SPD und Bündnis 90/Die Grünen, BauR 1999, 967; Locher, Das private Baurecht, 6. Auflage 1996; Marcks, Makler- und Bauträgerverordnung, 6. Auflage 1998; Maser, Bauherrenmodelle im Spiegel der neuen Gesetzgebung und Rechtsprechung, NJW 1980, 961; Mehrings, Papier ist geduldig – Zur Verjährungsfrist des § 13 Nr. 4 VOB/B, MDR 1998, 78; Nicklisch, Rechtsfragen des Subunternehmervertrages bei Bau- und Anlageobjekten im In- und Auslandsgeschäft, NJW 1985, 2631; Pauly, Zum Verhältnis von VOB/B und AGBG, BauR 1996, 328; Pause, Die Entwicklung des Bauträgerrechts und der Baumodelle seit 1998, NZBau 2001, 603 und 661; Quack, Gilt die kurze VOB-Verjährung noch für Verbraucherverträge?, BauR 1997, 24; Recken, Streitfragen zur Einwirkung des AGBG auf das Bauvertragsrecht, BauR 1978, 418; Ramming, Überlegungen zur Ausgestaltung von Nachunternehmerverträgen durch AGB, BB 1994, 518; Schlünder, Gestaltung von Nachunternehmerverträgen in der Praxis, NJW 1995, 1057; Schmid; Der Bauträgervertrag vor dem Aus?, BauR 2001, 866; Schulze-Hagen, Aktuelle Probleme des Bauträgervertrages, BauR 1992, 320; Siegburg, VOB/B und AGB-Gesetz, in: Festschrift für Locher, S. 349; Siegburg, Zum AGB-Charakter der VOB und deren Privilegierung durch das AGB-Gesetz, BauR 1993, 9; Sturmberg, Die Veräußerung selbst genutzter oder leerstehender Häuser und Eigentumswohnungen – werkvertragliche Gewährleistung ohne Ende?, NJW 1989, 1832; von Westphalen, Subunternehmer-Verträge bei internationalen Bauverträgen –

# § 1 Allgemeine Grundlagen

Unangemessenheitskriterium nach § 9 AGB-Gesetz, in: Festschrift für Locher, S. 375; Vygen, Rechtliche Beratungs- und Hinweispflichten des Architekten beim Abschluss von Bauverträgen und bei der Vertragsabwicklung unter besonderer Berücksichtigung einer Vertragsstrafenvereinbarung im Bauvertrag, BauR 1984, 245.

33 Im Zuge der Mandatsbearbeitung im Baurecht ist immer wieder festzustellen, dass gerade private Bauherrn[32] auf der Grundlage **nebulöser Vertragsbeziehungen** von „angeblichen" bauvertraglichen Ansprüchen gegenüber Generalunternehmern oder -übernehmern bzw. Sub- oder Nebenunternehmern sprechen sowie Abwicklungsfragen für die unterschiedlichsten Baumodelle in den Raum stellen.

34 Um nicht Gefahr zu laufen, mit dem Mandanten lange Gespräche über die Voraussetzungen und den Inhalt bauvertraglicher Ansprüche gegenüber potenziellen Anspruchsgegnern zu führen, und dann später feststellen zu müssen, dass die Vertragsbeziehungen des Mandanten in ganz anderer Richtung ausgestaltet sind, sollten zu Beginn der Bearbeitung eines bauvertraglichen Mandates die unterschiedlichen Vertragsbeziehungen der am Bau Beteiligten unter Beachtung der in Betracht kommenden **Baumodelle** lokalisiert werden.

35 Selbstverständlich hat es der Bauherr in der Hand, bei Durchführung eines Bauvorhabens als Besteller/Auftraggeber mit allen am Bau Beteiligten (also Bauunternehmern, Architekten und Sonderfachleuten) einzelne Vertragsverhältnisse zu begründen. Aufgrund des Vorliegens zahlreicher unterschiedlich ausgeformter Vertragsverhältnisse leuchtet es ein, dass in diesem Fall auf der einen Seite die Vergütungsansprüche der Unternehmer/Auftragnehmer und auf der anderen Seite Mängelansprüche des Bestellers/Auftraggebers für jedes einzelne Vertragsverhältnis getrennt zu behandeln sind.

36 Gerade der Bauherr, der nicht ständig Bauvorhaben durchführt, wird aber bemüht sein, die im Zusammenhang mit den unterschiedlichen Vertragsverhältnissen zwangsläufig entstehenden **Koordinierungsarbeiten und -probleme** zu vermeiden. Aus diesem Grund wird sein Bestreben darauf gerichtet sein, ausschließlich mit einem Vertragspartner einen Vertrag mit dem Inhalt abzuschließen, gegen Zahlung einer zuvor vereinbarten Summe einen **schlüsselfertigen Bau** übergeben zu bekommen.

37 In Verwirklichung dieser Vorgabe wird der Bauherr entweder mit einem **Alleinunternehmer**[33] oder aber mit einem so genannten Generalunternehmer bzw. Generalüber-

---

32 Kennzeichnend für einen Bauherrn ist, dass er das Realisierungs-, Verwendungs- und Finanzierungsrisiko trägt. Regelmäßig ist der Bauherr gleichzeitig Eigentümer des zu bebauenden Grundstücks. Ist dies nicht der Fall, sollte nicht mehr von einem Bauherrn, sondern vielmehr von einem Besteller/Auftraggeber gesprochen werden, der im eigenen Namen Bauverträge mit den am Bau Beteiligten abschließt, Kapellmann/Messerschmidt-Messerschmidt/Thierau, Anh. VOB/A, Rn. 2.

33 Insoweit erbringt dieser eine Vertragpartner regelmäßig die gesamten Planungs- und Bauerrichtungsleistungen und kann deshalb als sog. Total- oder aber Alleinunternehmer bezeichnet werden, Kapellmann/Messerschmidt-Messerschmidt/Thierau, Anh. VOB/A, Rn. 8; Ingenstau/Korbion-Korbion, VOB Anhang 3, Rn. 3. Da der Totalunternehmer mitunter weitere Leistungen zu erbringen hat, die über die reine Bautätigkeit hinausgehen (bspw. die Übernahme aller nach Errichtung und Abnahme zur Eröffnung eines „Drive-in" Restaurants zu erbringenden Leistungen), handelt es sich um keinen reinen Werkvertrag, sondern vielmehr um einen gemischten Vertrag mit unterschiedlichen Elementen.

nehmer einen Bauvertrag abschließen, in dem dieser von dem Bauherrn mit sämtlichen zu einem Bauwerk gehörenden Leistungen beauftragt wird.

### I. Die Beauftragung eines Generalunternehmers oder -übernehmers

#### 1. Unternehmereinsatzformen

Der Vertrag mit dem Generalunternehmer und dem Generalübernehmer entspricht im Hinblick auf die rechtlichen Strukturen dem klassischen Bauvertrag. Die Besonderheiten dieses Vertrages ergeben sich aus dem geschuldeten Leistungserfolg: Sowohl bei dem Generalunternehmervertrag als auch einem Generalübernehmervertrag schuldet der Unternehmer/Auftragnehmer sämtliche Bauarbeiten, die erforderlich sind, um das vereinbarte Bauwerk zur bestimmungsgemäßen Nutzung gebrauchsfertig herzustellen. Diese umfassende Leistungspflicht schließt ein, dass der Generalunternehmer bzw. Generalübernehmer gleichzeitig auch die Stellung eines Hauptunternehmers hat.[34]

Der Unterschied zwischen einem Generalunternehmer oder -übernehmer und einem **Alleinunternehmer** besteht also darin, dass der Alleinunternehmer die Bauleistung selbst erbringen muss,[35] während der Generalunternehmer oder -übernehmer als Hauptunternehmer die einzelnen Bauleistungen an Dritte (so genannte Subunternehmer) delegieren kann.[36]

Der **Generalunternehmer- und der Generalübernehmervertrag** unterscheiden sich dadurch, dass der Generalunternehmer einen (Groß-)Teil der Bauleistungen (mehrerer Gewerke) selbst erbringt,[37] während der Generalübernehmer sämtliche Leistungen an Nachunternehmer als so genannte Subunternehmer weiter gibt.[38]

#### 2. Die Vertragsverhältnisse beim Generalunternehmer bzw. -übernehmermodell

Der Subunternehmer wird von dem Generalunternehmer oder -übernehmer beauftragt und steht damit nur zu diesem in einem Vertragsverhältnis. Zwischen dem Subunternehmer und dem eigentlichen Bauherrn (Besteller/Auftraggeber) selbst bestehen keine rechtlichen Beziehungen.[39, 40] Der Subunternehmer ist dem Besteller/Auftraggeber

---

34 Nicklisch/Weick, Einl. Rn. 62; Ingenstau/Korbion-Korbion, VOB Anhang 3, Rn. 148; Staudinger-Peters, § 631 BGB, Rn. 31;Kleine-Möller/Merl/Oelmaier-Kleine-Möller, § 3 Rn. 4, 5.
35 Nicklisch/Weick, Einl. Rn. 61; Ingenstau/Korbion-Korbion, VOB Anhang 3, Rn. 148, 150.
36 Kniffka/Koeble, Kompendium 5. Teil, Rn. 8; Ingenstau/Korbion-Korbion, VOB Anhang 3, Rn. 148, 150; Werner/Pastor, Rn. 1050.
37 Kleine-Möller/Merl/Oelmaier, § 3 Rn. 5; Kapellmann/Messerschmidt-Messerschmidt/Thierau, Anh. VOB/B, Rn. 10; Kniffka/Koeble, Kompendium 5. Teil, Rn. 8.
38 Kapellmann/Messerschmidt-Messerschmidt/Thierau, Anh. VOB/B, Rn. 9; Kleine-Möller/Merl/Oelmaier-Kleine-Möller, § 3 Rn. 5; Ingenstau/Korbion-Korbion, VOB Anhang 3, Rn. 148; Kniffka/Koeble, Kompendium 5. Teil, Rn. 8.
39 BGH BauR 1974, 134; SchlHOLG OLGR 1998, 310; Ingenstau/Korbion-Korbion, VOB Anhang 3, Rn. 142f., 150; Staudinger-Peters, § 631 BGB, Rn. 3"; Kleine-Möller/Merl/Oelmaier-Kleine-Möller, § 3 Rn. 7; Werner/Pastor, 1051.
40 Von einem Vertragsverhältnis zwischen Bauherrn und Subunternehmer ist allerdings dann auszugehen, wenn der Generalübernehmer den Subunternehmer im Namen des Bauherrn beauftragt hat; vgl. zur Vollmacht des Generalübernehmers zum Abschluss von Subunternehmerverträgen durch den Bauherrn (Auftraggeber): LG Dresden BauR 2001, 1917.

gegenüber als Erfüllungsgehilfe des Hauptunternehmers anzusehen.[41] Daneben ist der Bauherr als Besteller/Auftraggeber des Generalunternehmers oder -übernehmers nicht dessen Erfüllungsgehilfe gegenüber dem Subunternehmer.[42]

42 Beim **BGB-Bauvertrag** ist der Unternehmer/Auftragnehmer auch ohne ausdrückliche Einwilligung des Bestellers/Auftraggebers berechtigt, einen Subunternehmer einzuschalten, da das BGB-Werkvertragsrecht keine persönliche Leistungsverpflichtung des Unternehmers/Auftragnehmers kennt.[43]

43 Für den **VOB-Bauvertrag** gibt § 4 Nr. 8 VOB/B die Voraussetzungen vor, unter denen der Hauptunternehmer einen Subunternehmer beauftragen darf. Danach kann ein Subunternehmer grundsätzlich nur mit schriftlicher Zustimmung des Auftraggebers eingeschaltet werden.[44] Die Zustimmung entfällt lediglich bei Leistungen, auf die der Betrieb des Auftragnehmers nicht eingerichtet ist.[45] Im Übrigen hat der Hauptunternehmer bei Weitergabe von Bauleistungen an einen Subunternehmer die VOB Teile B und C zugrunde zu legen und auf Wunsch des Auftraggebers diesem den Subunternehmer mit Namen und Anschrift bekannt zu geben.[46] Bei Zuwiderhandlungen hat der Auftraggeber ein **Kündigungsrecht** aus § 8 Nr. 3 VOB/B.[47]

44 Hervorzuheben bleibt, dass die beiden Vertragsverhältnisse, nämlich zwischen Bauherr (Auftraggeber) und Generalunternehmer oder -übernehmer einerseits und Generalunternehmer oder -übernehmer und Subunternehmer andererseits, selbstständig zu beurteilen sind.[48] Nur innerhalb der jeweiligen Vertragsverhältnisse können Erfüllungs-, Vergütungs- und Mängelansprüche geltend gemacht werden.[49] Dabei sind sowohl die Haftungsgrundlagen wie auch der Haftungsumfang aus der Sicht des jeweiligen Vertragsverhältnisse isoliert zu betrachten. Unterschiedliche Rechtsfolgen sind dabei keine Seltenheit.

---

41 BGH BauR 1976, 131; BauR 1979, 324; BauR 1981, 383; Kapellmann/Messerschmidt-Messerschmidt/Thierau, Anh. VOB/B, Rn. 11, Staudinger-Peters, § 631 BGB, Rn. 36. Zu beachten bleibt, dass der Subunternehmer zwar Erfüllungs- nicht aber Verrichtungsgehilfe des Hauptunternehmers ist, BGH BauR 1994, 780; Kleine-Möller/Merl/Oelmaier-Kleine-Möller, § 3 Rn. 9.
42 Staudinger-Peters, § 631 BGB, Rn. 39; Werner/Pastor, Rn. 1052; Ingenstau/Korbion-Oppler, § 4 Nr. 8 VOB/B, Rn. 8.
43 Kapellmann/Messerschmidt-Merkens, § 4 VOB/B, Rn. 190 f.; Beck'scher VOB-Kommentar-Hofmann, § 4 Nr. 8 VOB/B, Rn. 2; Kleine-Möller/Merl/Oelmaier-Kleine-Möller, § 3 Rn. 11; a.A. Staudinger-Peters, § 631 BGB, Rn. 34.
44 Die Zustimmung (§ 182 BGB) kann in Form der vorangehenden Einwilligung (§ 183 BGB) sowie nachfolgenden Genehmigung (§ 184 BGB) erfolgen: Ingenstau/Korbion-Oppler, § 4 Nr. 8 VOB/B, Rn. 8 ff.; Kleine-Möller/Merl/Oelmaier-Kleine-Möller, § 2 Rn. 330; Kapellmann/Messerschmidt-Merkens, § 4 VOB/B, Rn. 191.
45 Aufgrund des in § 4 Nr. 8 Abs. 1 Satz 1 VOB/B geregelten Grundsatzes der Selbstausführung ist § 4 Nr. 8 Abs. 1 Satz 3 VOB/B eng auszulegen: Kapellmann/Messerschmidt-Merkens, § 4 VOB/B, Rn. 194; Nicklisch/Weick, § 4 VOB/B, Rn. 119.
46 Kapellmann/Messerschmidt-Merkens, § 4 VOB/B, Rn. 205; Nicklisch/Weick, § 4 VOB/B, Rn. 121; Beck'scher VOB-Kommentar-Hofmann, § 4 Nr. 8 VOB/B, Rn. 59.
47 Kapellmann/Messerschmidt-Merkens, § 4 VOB/B, Rn. 188, 195 ff.; Ingenstau/Korbion-Oppler, § 4 Nr. 8 VOB/B, Rn. 17. Vgl. hierzu auch die Ausführungen unter Rn. 235 ff.
48 Kniffka, ZfBR 1992, 1 (8).
49 Grundlegend: OLG Düsseldorf NJW-RR 1997, 83.

## 3. Die Synchronisierung der Vertragsverhältnisse zwischen Bauherr, Haupt- und Subunternehmer

Aus der Sicht des Hauptunternehmers besteht das Bedürfnis, die Regelungen des Generalunternehmer- oder -übernehmervertrages und des Subunternehmervertrages weitestgehend parallel zu schalten, damit sich der Hauptunternehmer gegenüber dem Subunternehmer keiner schlechteren Rechtsposition ausgesetzt fühlt als im Verhältnis zum Bauherrn (Auftraggeber).[50]

Das Bestreben des Hauptunternehmers nach Parallelisierung der einzelnen Vertragsverhältnisse bezieht sich in der Regel auf die Problemkreise: Zahlungseingang,[51] [52] Abnahmezeitpunkt,[53] Mängelrechte/Verjährungsfristen,[54] Vertragsstrafe[55] sowie die Frage der Kündigung (sowie deren Folgen)[56] des Bauvertrages.[57] Einem **pauschalen Gleichstellen** der Vertragsbedingungen von Hauptunternehmer- und Subunternehmervertrag sind in der Praxis vor dem Hintergrund der Einbeziehungs- und Inhaltskontrolle bei der Verwendung von Allgemeinen Geschäftsbedingungen und dem Umstand, dass zwei selbstständige Vertragsverhältnisse betroffen sind, regelmäßig Grenzen gesetzt.[58] Wird der Hauptunternehmer nämlich von einem privaten Bauherrn (als Verbraucher im Sinne des § 13 BGB) beauftragt, sind im Hinblick auf die **Einbeziehung der VOB/B sowie VOB/C** die Voraussetzungen des § 305 Abs. 2 BGB und bei der **Inhaltskontrolle** die speziellen Klauselverbote aus §§ 308, 309 BGB zu beachten, während sich die Einbeziehungskontrolle beim Subunternehmervertrag (da sowohl der Haupt- wie auch der Subunternehmer regelmäßig Unternehmer im Sinne des § 14 BGB sind) nach den §§ 145 ff. BGB und die Inhaltskontrolle nur nach § 307 BGB richtet. Zudem werden vertragliche Regelungen des Hauptunternehmervertrages häufig **individuell ausgehandelt**. Gerade in diesem Fall wird ein reines Durchreichen der Vor-

---

50 Ingenstau/Korbion-Korbion, VOB Anhang 3, Rn. 188.
51 Kleine-Möller/Merl/Oelmaier-Kleine-Möller, § 3 Rn. 33, 34.
52 Vgl. zu Klauseln, die die Fälligkeit des Werklohnanspruchs im Nachunternehmervertrag regeln: Ingenstau/Korbion-Korbion, VOB Anhang 3, Rn. 201.
53 Vgl. hierzu BGH BauR 1989, 322; OLG Düsseldorf BauR 1995, 111; Kapellmann/Messerschmidt-Messerschmidt/Thierau, Anh. VOB/A, Rn. 19; Ingenstau/Korbion-Korbion, VOB Anhang 3, Rn. 198. So ist ein Durchreichen des Abnahmezeitpunktes aus dem Generalunternehmer- bzw. -übernehmervertrag auf den Nachunternehmervertrag unwirksam.
54 Vgl. hierzu OLG Düsseldorf BauR 1995, 111; Kleine-Möller/Merl/Oelmaier-Kleine-Möller, § 3 Rn. 35 ff.; Ingenstau/Korbion-Korbion, VOB Anhang 3, Rn. 207.
55 Ingenstau/Korbion-Korbion, VOB Anhang 3, Rn. 190 (insoweit ist ein Durchreichen einer Vertragsstrafe nur zulässig, wenn der Nachunternehmer die Bauverzögerung verursacht und verschuldet hat und dem Hauptunternehmer ein Schaden entstanden ist [so auch BGH BauR 1998, 330]). A.A. OLG Köln SFH § 640 BGB, Nr. 29.
56 Unwirksam ist der Ausschluss des Vergütungsanspruchs im Nachunternehmervertrag bei einer Kündigung des Generalunternehmer- bzw. -übernehmers aus § 649 Satz 1 BGB/§ 8 Nr. 1 VOB/B (wenn der Bauherr gegenüber dem Hauptunternehmer das vertragliche Recht hat, einzelne Leistungen vergütungsfolgenlos streichen zu können), Kapellmann/Messerschmidt-Messerschmidt/Thierau, Anh. VOB/A, Rn. 22.
57 Kleine-Möller/Merl/Oelmaier-Kleine-Möller, § 3 Rn. 26 ff.; Kapellmann/Messerschmidt-Messerschmidt/Thierau, Anh. VOB/A, Rn. 22.
58 Kapellmann/Messerschmidt-Messerschmidt/Thierau, Anh. VOB/B, Rn. 15 sowie 18 ff.

schriften des Hauptunternehmervertrages auf den Subunternehmervertrag in der Regel gegen § 307 Abs. 2 Nr. 1 BGB verstoßen.[59]

#### 4. Die Beauftragung eines Nebenunternehmers

47 Schließlich bleibt darauf hinzuweisen, dass ein Nebenunternehmer nicht mit einem Subunternehmer gleichzusetzen ist. Ein Nebenunternehmer hat unter der Leitung des Hauptunternehmers Teile des Werkes selbst zu erstellen, wobei er neben dem Hauptunternehmer unmittelbarer Vertragspartner des Bauherrn (Auftraggebers) ist.[60] Dabei übt der Hauptunternehmer gegenüber dem Bauherrn (Auftraggeber) eine Doppelfunktion aus. Zum einen schuldet er diesem gegenüber die Bauleistung, zu anderen hat er als Beauftragter des Bauherrn (Auftraggeber) die Leistungen des Nebenunternehmers zu überwachen hat.[61]

### II. Das Bauträgermodell

#### 1. Die Rechtsnatur des Bauträgervertrages

48 Der Bauträger führt als gewerbetreibender Bauherr im eigenen Namen und für eigene Rechnung auf eigenem Boden das Bauvorhaben durch.[62, 63] Der Bauträgervertrag ist ein **Vertrag eigener Art**,[64] der neben werkvertrags- und werklieferungsvertraglichen Elementen auch – bzgl. des Grundstückserwerbs – kaufrechtliche Element enthält.[65, 66]

---

59 Locher, NJW 1979, 2235; von Westphalen, Festschrift für Locher, S. 375 ff.; Nicklisch NJW 1985, 2631; Kapellmann/Messerschmidt-Messerschmidt/Thierau, Anh. VOB/B, Rn. 15; Staudinger/Peters, § 631 BGB, Rn. 38.
60 Weiterführend: Zeiger, Der Nebenunternehmervertrag, 1963.
61 Werner/Pastor, Rn. 1060; Hochstein/Jagenburg, S. 5.
62 Jagenburg, NJW 1997, 2363 ff.; Ingenstau/Korbion-Korbion, VOB Anhang 3, Rn. 287.
63 Will er Vermögenswerte von Erwerbern, Mietern, Pächtern oder sonstigen Nutzungsberechtigten verwenden, bedarf er gemäß § 34c Abs. 1 Nr. 2 a) GewO einer Erlaubnis zum Tätigwerden. Gleichzeitig unterliegt er dann der auf der Grundlage von § 34c GewO erlassenen Makler- und Bauträgerverordnung (MaBV). Die MaBV enthält Vorschriften über die Buchführung des Bauträgers, über die Überwachung durch die Gewerbeaufsichtsämter sowie zwingende Regeln über die Organisation des Bauträgers, die Vertragsgestaltung und Vertragsdurchführung. Der Normadressat der MaBV ist ausschließlich der Bauträger, die Vorschriften dienen dem Schutz des Erwerbers und der Allgemeinheit, BGH BauR 2001, 391.
64 BGH BauR 1986, 208; NJW 1984, 2573; NJW 1979, 1406; Werner/Pastor, Rn. 997; Kapellmann/Messerschmidt-Messerschmidt/Thierau, Anh. VOB/A, Rn. 85; Ingenstau/Korbion-Korbion, VOB Anhang 3, Rn. 287.
65 BGH NJW 1984, 2573; BauR 1986, 208; Kapellmann/Messerschmidt-Messerschmidt/Thierau, Anh. VOB/A, Rn. 85; Koeble, Rechtshandbuch Immobilien, Kap. 15, Rn. 53 ff.; Hochstein, Festschrift für Locher, S. 77 ff.; Brych, Festschrift für Locher, S. 1 ff.; Doerry, ZfBR 1982, 189 (190); Sturmberg, NJW 1989, 1832; Klumpp, NJW 1993, 372.
66 Der BGH hat den Bauträgervertrag in ständiger Rechtsprechung als Vertrag über den Erwerb von Grundstückseigentum und über die Bauerrichtung mit einheitlicher Leistungsverpflichtung beider Parteien eingeordnet. Der Bauträger schuldet als komplexe einheitliche Leistung die Errichtung des versprochenen Werkes und die lastenfreie Eigentumsverschaffung an dem Grundstück, BGH BauR 1979, 337; BauR 1987, 686; BauR 1989, 597. Der werkvertragliche Charakter des Bauträgervertrages prägt vorrangig die Rechtsnatur des Vertrages, weil nach der Interessenlage und dem jeweiligen Risiko der Parteien das werkvertragliche Gewährleistungs- und Mangelrisiko die anderen Elemente dominiert. Die Parteien eines Bauträgervertrags können nicht wirksam vereinbaren, dass der Vertrag insgesamt den Regeln des Kaufrechts unterliegt, weil für die Zuordnung des Vertrages zu einem gesetzlichen Vertragstyp nicht die Bezeichnung des Vertrages als Kaufvertrag, sondern der tatsächlich gewollte Regelungsgehalt des Vertrages maßgeblich ist, BGHZ 101, 350; BGHZ 108, 164.

Gleichsam können in dem Bauträgervertrag auch Bestandteile aus Auftrags- und Geschäftsbesorgungsrecht zu finden sein.[67]

### 2. Die Vertragsverhältnisse beim Erwerb einer Immobilie im Bauträgermodell

Beim Bauträgermodell gibt es hinsichtlich der Bauleistungen ausschließlich Vertragsbeziehungen zwischen dem Erwerber und dem Bauträger einerseits sowie zwischen dem Bauträger und den am Bau Beteiligten sowie Architekten und Ingenieuren andererseits.[68]

Es bestehen also keine direkten Vertragsbeziehungen zwischen dem Erwerber und den am Bau Beteiligten. Die am Bau Beteiligten haben also keine direkten Vergütungsansprüche gegen den Erwerber. Umgekehrt stehen dem Erwerber allerdings gegenüber dem am Bau Beteiligten auch keine Erfüllungs- und Mängelrechte zu.[69]

### 3. Der dingliche Eigentumserwerb

In dinglicher Hinsicht ist für das Bauträgermodell charakteristisch, dass das Eigentum bis zur vollständigen Bezahlung des Erwerbspreises beim Bauträger verbleibt. Erst nach Zahlung erfolgen die Auflassung und Eintragung im Grundbuch.[70]

### 4. Die Abwicklung klassischer Konfliktsituationen beim Bauträgervertrag

#### a) Die Sicherung des Immobilienerwerber im Fall der Insolvenz des Bauträgers

Zahlreiche Schwierigkeiten und Probleme ergeben sich im Fall der Insolvenz des Bauträgers. Zwei davon hat der Gesetz- bzw. Verordnungsgeber gelöst:[71]

Nach § 3 Abs. 1 Nr. 2 MaBV darf der Bauträger einen Vermögenswert des Erwerbers zur Ausführung des Auftrages erst dann entgegennehmen, wenn zugunsten des Erwerbers eine Auflassungsvormerkung im Grundbuch eingetragen worden ist.[72, 73] Die Auf-

---

67 In Abgrenzung zur sog. Baubetreuung baut der Bauträger auf einem in seinem Eigentum stehenden Grundstück mit Mitteln des Erwerbers, um diesem sodann das Grundstück nebst errichteten Bauwerk zu übertragen, Ingenstau/Korbion-Korbion, VOB Anhang 3, Rn. 287.
68 Kniffka/Koeble, Kompendium 8. Teil, Rn. 5.
69 Ingenstau/Korbion-Korbion, VOB Anhang 3, Rn. 287; Werner/Pastor, Rn. 996.
70 Kniffka/Koeble, Kompendium 8. Teil, Rn. 6; Ingenstau/Korbion-Korbion, VOB Anhang 3, Rn. 287.
71 Die Entgegennahmeverbote des § 3 und des § 7 MaBV sollen zum Schutz des Erwerbers gewährleisten, dass die Höhe der Abschlagszahlungen dem Wert der tatsächlich erreichten Bautenständen entspricht (sog. Äquivalenzprinzip).
72 Kapellmann/Messerschmidt-Messerschmidt/Thierau, Anh. VOB/A, Rn. 95.
73 Das dargestellte Modell des Bauträgervertrages mit der sog. Vormerkungslösung, verbunden mit der Abschlagszahlungsvereinbarung gemäß § 3 Abs. 2 MaBV, begründet im Falle der Insolvenz des Bauträgers für den Erwerber erhebliche Risiken, weil der Erwerber an den Bauträger sog. Raten zahlen muss, ohne dass er für den Fall der Bau- und Zahlungsunfähigkeit oder der Insolvenz des Bauträgers über eine Sicherheit verfügt. Entschließt sich der Erwerber, den Erwerbervertrag mit Hilfe einer der Gestaltungsrechte rück abzuwickeln, sieht das Modell des Bauträgervertrages keine Sicherungen des Erwerbers für den Fall vor, dass der Bauträger in die Insolvenz gerät (Blomeyer, NJW 1999, 472 (473)). Mit der Ausübung eines Gestaltungsrechts durch den Erwerber fällt nämlich der Eigentumsverschaffungsanspruch und die akzessorische Vormerkung in Wegfall. Damit bleibt festzuhalten, dass die Vormerkungslösung den Anspruch des Erwerbers auf den Erwerb des lastenfreien Eigentums nur dann sichert, wenn der Erwerber den Vertrag durchführt. Diese faktischen Beschränkungen der Rechte der Erwerber bieten hinreichenden Anlass zu Zweifeln daran, ob die Vormerkungslösung einer Inhaltskontrolle standhält. Dies wird zu verneinen sein, da die Vormerkungslösung faktisch auf einen Ausschluss des Rücktrittsrechts hinausläuft. Vor dem Hintergrund, dass nach der Rechtsprechung des BGH beim Bauträgervertrag das Rücktrittsrecht nicht wirksam ausgeschlossen werden kann (BGH BauR 2002, 310), würde dies zwangsläufig auf die Unwirksamkeit der Vormerkungslösung zur Folge haben.

*v. Kiedrowski*

# § 1 Allgemeine Grundlagen

lassungsvormerkung ist dabei insolvenzbeständig. Der Insolvenzverwalter hat folglich kein Wahlrecht nach § 103 InsO. Er kann nach § 106 InsO die Erfüllung des Bauträgervertrages nicht ablehnen. Trotz einer Insolvenz des Bauträgers wird der Vertrag demnach abgewickelt. Das Problem, dass die Vormerkung gegenüber Globalgrundpfandrecht nachrangig ist, hat § 3 Abs. 1 Nr. 3 MaBV mit der Freistellungserklärung durch die Grundpfandgläubiger gelöst. Die Banken, denen regelmäßig vorrangige Grundschulden zustehen, verzichten also zugunsten des Vormerkungsberechtigten auf die Möglichkeit, wegen der Grundschulden die Zwangsvollstreckung in das Wohnungseigentum zu betreiben und geben die Grundschuld insoweit auf.

**54** Eine Ausnahme zu den in § 3 Abs. 1 Nr. 2 MaBV geregelten Fälligkeitsvoraussetzungen enthält **§ 7 MaBV**,[74] wenn der Bauträger Sicherheit für alle etwaigen Ansprüche des Erwerbers auf Rückgewähr oder Auszahlung seiner Vermögenswerte geleistet hat. In diesem Fall ist der Bauträger berechtigt, unabhängig von den Voraussetzungen des § 3 MaBV Abschläge – nach Bautenstand –[75] verlangen zu können. Die vorbenannte Sicherheit muss durch Übergabe einer Bürgschaft eines Kreditinstitutes an den Erwerber erbracht werden.[76] Dabei muss die Bürgschaft nach § 7 Abs. 1 MaBV neben den Ansprüchen auf Rückgewähr der Vorauszahlung auch Ansprüche auf Ersatz von Aufwendungen für Mängelbeseitigung und Schadensersatz aus Nichterfüllung abdecken.[77]

**55** Weicht die vertragliche Vereinbarung von den zwingenden Vorgaben der §§ 3 und 7 MaBV zu Lasten des Erwerbers ab, dann ist sie gemäß § 12 MaBV i.V.m. § 134 BGB nichtig. An die Stelle der nichtigen Vereinbarung tritt nicht die Regelung der MaBV sondern das dispositive Gesetzesrecht.[78]

### b) Der Bauträger macht gegen den Erwerber Zahlungsansprüche geltend

**56** Gemäß § 3 Abs. 1 MaBV müssen zunächst die **allgemeinen Fälligkeitsvoraussetzungen** vorliegen, damit der Zahlungsanspruch des Bauträgers fällig werden kann. Voraussetzung ist insoweit die Wirksamkeit des Bauträgervertrages, die Sicherstellung des Eigentumserwerbs (durch Auflassungsvormerkung), die Sicherung der Lastenfreistellung (durch Freistellungserklärung der Bank des Bauträgers) sowie Vorliegen einen gültigen Baugenehmigung.[79]

---

74 § 7 MaBV räumt dem Bauträger, vorbehaltlich einer wirksamen vertraglichen Vereinbarung, die Möglichkeit ein, vor der Fälligkeit der Raten ohne die in § 3 MaBV vorgesehenen Sicherungen und abweichend von dem Ratenplan des § 3 MaBV Zahlungen des Erwerbers entgegenzunehmen. Ob er eine Vorauszahlung ohne entsprechende Bautenstände vereinbaren kann, regelt die MaBV nicht, diese AGB-Problematik ist bisher höchstrichterlich nicht abschließend geklärt.
75 Beachte die inzwischen rechtskräftige Entscheidung des OLG Karlsruhe, BauR 2001, 1630, wonach die in AGB enthaltene Klausel „Vorauszahlung ohne entsprechende Bautenstände" unwirksam ist. In der Revisionsinstanz hat der Vorsitzende des VII. Zivilsenats am 22.12.2004 die Streitparteien darauf hingewiesen, dass in Abweichung des Beschlusses vom 02.05.2002, BauR 2002, 1390, der Senat nunmehr aufgrund der veröffentlichten Stellungnahmen und ergangenen Entscheidungen anderer Senate des BGH erwägt, die Vorauszahlungsklausel für unwirksam zu halten. Daraufhin hat der Revisionskläger die Revision zurückgenommen.
76 Marcks, § 7 Rn. 8 ff.
77 BGH BauR 2002, 1547; Kapellmann/Messerschmidt-Messerschmidt/Thierau, Anh. VOB/A, Rn. 100.
78 BGH BauR 2001, 391.
79 Kapellmann/Messerschmidt-Messerschmidt/Thierau, Anh. VOB/B, Rn. 99.

Weiterhin ist zu prüfen, ob die konkret begehrte Zahlungsrate auf der Grundlage des konkreten **Zahlungsplans** überhaupt fällig ist. 57

Die Zahlungen erfolgen beim Erwerb einer noch zu errichtenden Eigentumswohnung vom Bauträger ratenweise nach Baufortschritt. § 3 Abs. 2 MaBV legt die in Prozentpunkten des Preises ausgedrückten Raten zwingend fest.[80] Diese Beträge werden regelmäßig vom Notar in den konkreten Erwerbsvertrag übernommen. 58

Sofern einzelne der in § 3 Abs. 2 Satz 2 Nr. 2 MaBV genannten Leistungen nicht anfallen, wird der jeweilige Vomhundertsatz anteilig auf die übrigen Raten verteilt. Betrifft das Bauvorhaben einen Altbau, so gelten die Sätze 1 und 2 mit der Maßgabe entsprechend, dass der hiernach zu errechnende Teilbetrag für schon erbrachte Leistungen mit Vorliegen der Voraussetzungen des § 3 Abs. 1 MaBV entgegengenommen werden kann. 59

Hervorzuheben bleibt, dass 12 % des Restpreises nach **Bezugsfertigkeit Zug um Zug gegen Besitzübergabe des Objekts** fällig werden. Das errichtete Objekt ist bezugsfertig, wenn dem Erwerber der Bezug nach der Verkehrsanschauung zumutbar ist. Wohn- und Geschäftsräume müssen unter Berücksichtigung üblicher Nutzungsverhältnisse ohne Gefahr für die Sicherheit und die Gesundheit der Nutzer dauerhaft verwendungsfähig sein.[81] Mängel stehen der Bezugsfertigkeit des Objekts nur dann entgegen, wenn sie die Funktionsfähigkeit der Wohn- und Geschäftsräume nennenswert einschränken.[82] 60

Die **letzte Zahlungsrate** in Höhe von 5 % des Restpreises muss gemäß § 3 Abs. 2 MaBV erst nach vollständiger (mangelfreier) Fertigstellung erbracht werden; meist ist dies der Zeitpunkt der mangelfreien Übergabe der Nebenanlagen, Garagen und Außenanlagen.[83] Von einer vollständigen Fertigstellung des Objekts kann nur dann gesprochen werden, wenn sämtliche vertraglich geschuldeten Leistungen für das Bauvorhaben erbracht sind. Vor allem müssen auch die Nebenanlagen, Garagen und Außenanlagen funktionsgerecht erstellt sein. Dabei ist zu beachten, dass die Fälligkeit der letzten Rate erst dann eintritt, wenn sämtliche Mängel behoben worden sind.[84] Auch verhältnismäßig geringfügige Mängel können demnach die Fertigstellung hindern, es sei denn, die Mängel sind nach ihrer Art, ihrem Umfang und ihren Auswirkungen derart unbedeutend, dass das Interesse des Erwerbers im Hinblick auf die Mängelbeseitigung nicht schützenswert erscheint.[85] 61

---

80 Beachte zum Verhältnis von § 3 Abs. 2 MaBV zu Regelung über Abschlagszahlungen nach § 632a BGB: BGH NJW 2001, 818. Der BGH geht davon aus, dass die MaBV lediglich öffentlich-rechtliche, an den Bauträger gerichtete Ge- und Verbote enthalte und deshalb die zivilrechtlich bindende Bestimmung nicht verändern könne. Schließlich hat das BMJ am 23.05.2001 eine auf § 27a AGBG (nunmehr Art. 244 EGBGB) gestützte Verordnung erlassen, wonach in Bauträgerverträgen die Ratenzahlungen des § 3 Abs. 2 MaBV zulässig sind. Die Verordnung gilt auch für Verträge, die zwischen dem 01.05.2000 und dem 29.05.2001 abgeschlossen worden sind.
81 Kapellmann/Messerschmidt-Messerschmidt/Thierau, Anh. VOB/B, Rn. 101;
82 Basty, Rn. 123; Kapellmann/Messerschmidt-Messerschmidt/Thierau, Anh. VOB/B, Rn. 101.
83 Brych/Pause, Rn. 154 ff.; Kapellmann/Messerschmidt-Messerschmidt/Thierau, Anh. VOB/B, Rn. 102.
84 OLG Hamm OLGR 1994, 63; OLG Köln BauR 1978, 355; a.A. Schulze-Hagen, BauR 1992, 320 (324).
85 OLG Hamm BauR 2002, 641.

# § 1 Allgemeine Grundlagen

**62** Weicht in einem Bauträgervertrag der Zahlungsplan von den Vorgaben des § 3 Abs. 2 MaBV ab, so ist die Abschlagszahlungsvereinbarung gemäß § 134 BGB nichtig.[86] An die Stelle der nichtigen Abschlagszahlungsvereinbarung tritt nicht mehr die Regelung des § 3 Abs. 2 MaBV, da dies eine unzulässige geltungserhaltende Reduktion begründen würde. Vielmehr kommt das Werkvertragsrecht und damit die Vorschrift des § 641 BGB als Fälligkeitsregelung zur Anwendung.[87]

**63** Sind **Mängel am Sondereigentum** des Erwerbers festzustellen, so ist darüber nachzudenken, ob der Erwerber gegen den Restkaufpreiszahlungsanspruch die Aufrechnung mit einem Gegenanspruch aus §§ 634 Nr. 2, 637 Abs.1, 3 BGB (Kosten der Ersatzvornahme, Vorschussanspruch)[88] erklären kann.[89] Ist die Aufrechnung im Bauträgervertrag ausgeschlossen, steht dem Erwerber jedenfalls gemäß §§ 273, 320 BGB ein Zurückbehaltungsrecht zu.[90] Das Leistungsverweigerungsrecht kann in Bauträgerverträgen gem. § 309 Nr. 2 BGB nicht ausgeschlossen oder eingeschränkt werden.[91] Der Käufer ist gemäß § 641 Abs. 3 BGB berechtigt, dass Dreifache des zur Mängelbeseitigung voraussichtlich erforderlichen Betrages zurückzuhalten, bis der Bauträger seiner Nachbesserungsverpflichtung nachgekommen ist.[92]

**64** Beziehen sich die **Mängel auf das Gemeinschaftseigentum**, ist im Hinblick auf das Leistungsverweigerungsrecht zu beachten, dass der Erwerber nur mit einem Bruchteil an der gesamten Wohnanlage beteiligt ist. Der Erwerber kann das Leistungsverweigerungsrecht – wenn sich andere Wohnungseigentümer gleichsam auf ein Leistungsverweigerungsrecht berufen – nur für die auf ihn entfallende Anteilsquote, also für seinen Miteigentumsanteil an der Wohnungseigentümergemeinschaft, ausüben.[93]

**65** Muster: (Rest-)Vergütungsanspruch des Bauträgers gegenüber dem Erwerber

Landgericht ■■■

Klage

■■■ GmbH,■■■,

Klägerin

Prozessbevollmächtigte: ■■■

gegen

■■■

Beklagten

---

86 BGH BauR 2001, 391; Blomeyer, NJW 1999, 472; Kapellmann/Messerschmidt-Messerschmidt/Thierau, Anh. VOB/B, Rn. 98; Ingenstau/Korbion-Korbion, VOB Anhang 3, Rn. 298. Dies gilt dann nicht, wenn der Bauträger zugunsten des Erwerbers von § 3 Abs. 2 MaBV abweicht: OLG Saarbrücken NZBau 2000, 429.
87 BGH BauR 2001, 391; vgl. dazu die Lehre: Schmid, BauR 2001, 866; Pause, NZBau 2001, 181.
88 Vgl. hierzu die Ausführungen unter Rn. 301ff.
89 Beachte auch die Ausführungen zur Verrechnung in Rn. 313a.
90 Kapellmann/Messerschmidt-Messerschmidt/Thierau, Anh. VOB/B, Rn. 104.
91 Kapellmann/Messerschmidt-Messerschmidt/Thierau, Anh. VOB/B, Rn. 104.
92 BGH BauR 1992, 622 (626); Kapellmann/Messerschmidt-Messerschmidt/Thierau, Anh. VOB/B, Rn. 104.
93 Werner/Pastor, Rn. 482; Klassen/Eiermann, Rn. 248.

wegen: (Rest-)Vergütungsanspruch aus Bauträgervertrag,

Streitwert: EUR 19.880,–.

Namens und in Vollmacht der Klägerin erheben wir gegen den Beklagten Klage und werden im Termin zur mündlichen Verhandlung beantragen:

Der Beklagte wird verurteilt, an die ▄▄▄ Bank AG (BLZ ▄▄▄, Kontonummer: ▄▄▄) EUR 19.880,– nebst Zinsen in Höhe von fünf Prozentpunkten über dem Basiszinssatz hieraus seit dem 30. Januar 2005 zu bezahlen.

Falls das Gericht ein schriftliches Vorverfahren anordnet, wird schon jetzt für den Fall, dass der Beklagte nicht rechtzeitig seine Verteidigungsabsicht erklärt, der Erlass eines Versäumnisurteils im schriftlichen Verfahren beantragt.

Begründung:

Zwischen den Parteien besteht ein Bauträgervertrag. Mit der vorliegenden Klage wird seitens der Klägerin ein der ▄▄▄ Bank AG zustehender fälliger Zahlungsanspruch gegen den Beklagten geltend gemacht.

Die Klägerin errichtete als Bauträgerin in ▄▄▄ eine Reihenhaussiedlung.

Die Parteien haben am 26. September 2004 vor dem Notar ▄▄▄ zur Urkundenrolle Z 2615 / 04 einen notariell beurkundeten Bauträgervertrag abgeschlossen.

Beweis: notarieller Bauträgervertrag zur Urkundenrolle Z 2615/04 vom 26. September 2004 – Anlage K1.

Nach diesem Vertrag hat sich die Klägerin gegenüber dem Beklagten verpflichtet, ein schlüsselfertiges Reihenhaus in der ▄▄▄ in ▄▄▄ zu errichten und an den Beklagten nebst Grundstück zu übereignen. Wegen der von der Klägerin geschuldeten Leistungen wird auf die im notariellen Bauträgervertrag mitbeurkundete Baubeschreibung sowie weitergehende Anlagen (Pläne) verwiesen. Der vom Beklagten zu zahlende Kaufpreis beläuft sich laut notariellem Bauträgervertrag auf EUR 568.000,–.

Beweis: wie vor.

Dabei wird nicht verschwiegen, dass die Klägerin nicht mehr Inhaberin des gegen den Beklagten bestehenden (Rest-)Zahlungsanspruchs ist. Der Vergütungsanspruch ist von der Klägerin an die ▄▄▄ Bank AG, die das Bauvorhaben für die Klägerin finanziert hat, am 26. September 2004 abgetreten worden. Mit der Zahlung seitens des Beklagten wird die Darlehensverpflichtung der Klägerin gegenüber der finanzierenden ▄▄▄ Bank AG zurückgeführt. Eine Anzeige der Abtretung gemäß § 409 BGB ist bereits im Bauträgervertrag vom 26. September 2004 enthalten. Die Klägerin ist berechtigt, den der ▄▄▄ Bank AG zustehenden Vergütungsanspruch auf der Grundlage einer gewillkürten Prozessstandschaft geltend zu machen. Mit Schreiben vom 10. Dezember 2004 hat die ▄▄▄ Bank AG die Klägerin ermächtigt, den ihr zustehenden (Rest-)Vergütungsanspruch gegenüber dem Beklagten klageweise geltend zu machen. Da eine Einziehungsermächtigung seitens der ▄▄▄ Bank AG nicht erteilt worden ist, wird mit dem Klageantrag die Zahlung durch den Beklagten an die ▄▄▄ Bank AG beantragt. Ein eigenes wirtschaftliches Interesse der Klägerin ist zu bejahen, da durch die Zahlung seitens des Beklagten an die ▄▄▄ Bank AG die Darlehensverpflichtungen der Klägerin gegenüber der vorbenannten Bank zurückgeführt werden.

# § 1 Allgemeine Grundlagen

Beweis: Schreiben vom 10. Dezember 2004 – Anlage K2.

Der ▬▬▬ Bank AG steht gegenüber dem Beklagten ein (Rest-)Vergütungsanspruch in Höhe von EUR 19.880,– zu. Wegen der Abtretung kann auf die vorstehenden Ausführungen verwiesen werden. Der Restvergütungsanspruch ist auch fällig.

Gemäß § 3 Abs. 1 MaBV sind die allgemeinen Fälligkeitsvoraussetzungen gegeben. Eine Bestätigung des Notars ▬▬▬, wonach der Bauträgervertrag wirksam ist, liegt vor. Zudem ist zu Gunsten des Beklagten eine Auflassungsvormerkung am Vertragsgrundstück eingetragen worden auch die Lastenfreistellungserklärung der ▬▬▬ Bank AG liegt vor. Zudem besteht eine gültige Baugenehmigung.

Beweis: Notarbestätigung vom 11. Dezember 2004, Auflassungsvormerkung in Kopie, Lastenfreistellungserklärung vom 28. September 2004 sowie Baugenehmigung vom 10. Juli 2004 – Anlagenkonvolut K3.

Weiterhin sieht der notarielle Bauträgervertrag vom 26. September 2004 vor, dass der Vergütungsanspruch der Klägerin nach dem Ratenzahlungsplan gemäß § 3 Abs. 2 MaBV fällig wird. Die letzte Rate in Höhe von 3,5 % der Gesamtvergütung ist danach nach vollständiger Fertigstellung des Objektes geschuldet.

Beweis: notarieller Bauträgervertrag vom 26. September 2004 – Anlage K1.

Das Objekt ist inzwischen vollständig fertiggestellt. Damit ist die Fälligkeit der Fertigstellungsrate gegeben. Sämtliche Restarbeiten sind ausgeführt worden. Bestehende vor Abnahme gerügte Mängel sind durch die Klägerin behoben worden. Eine Abnahme des Reihenhauses ist durch den Beklagten am 11. Januar 2005 erfolgt. Darüber hinaus erfolgte auch eine Abnahme der Außenanlagen am 16. Januar 2005.

Beweis: Abnahmeprotokoll betreffend des Hauses des Beklagten vom 11. Januar 2005 – Anlage K4 – sowie Abnahmeprotokoll betreffend der Außenanlagen vom 16. Januar 2005 – Anlage K5.

Der Beklagte befindet sich seit dem 30. Januar 2005 im Schuldnerverzug. Gemäß Ziffer 6 des notariellen Bauträgervertrages hat der Beklagte die einzelnen Raten innerhalb von 14 Tagen ab Zugang der Baufortschrittsmitteilung des Bauleiters der Klägerin zu zahlen, wobei die Fälligkeitsmitteilung des Notars bezüglich der allgemeinen Fälligkeitsvoraussetzungen des § 3 Abs. 1 MaBV bei Zugang der Mitteilung des Baufortschritts vorliegen muss. Ziffer 6 des Vertrages enthält eine kalendermäßige Zeitbestimmung im Sinne des § 286 Abs. 2 BGB. Die Fälligkeitsmitteilung der Klägerin vom 14. Januar 2005 ist dem Beklagten am 15. Januar 2005 zugegangen. Seit dem 30. Januar 2005 befindet sich der Beklagte mit der Zahlung der letzten Rate folglich im Schuldnerverzug.

Beweis: Einwurfeinschreiben der Klägerin vom 14. Januar 2005 – Anlage K6.

Rechtsanwalt

c) Der Erwerber begehrt vom Bauträger (Insolvenzverwalter) die Auflassung oder will den Vertrag rückabwickeln

66   Probleme in der praktischen Abwicklung gibt es zudem immer dadurch, dass der Erwerber entweder gegen den Bauträger oder gegen den Insolvenzverwalter am Ende

um die **Auflassung** kämpfen muss. So wird im Bauträgervertrag regelmäßig vereinbart, dass der Bauträger die Eigentumsumschreibung erst dann schuldet, wenn der Erwerbspreis vollständig bezahlt ist. Stützt sich der Erwerber auf vorhandene Mängel und bezahlt deshalb den Erwerbspreis nicht vollständig, so wird der Bauträger bzw. der Insolvenzverwalter regelmäßig versuchen, eine Eigentumsumschreibung zu blockieren.

Notarielle Verträge treffen entweder die Regelung, dass der Bauträger die Auflassung nach der Zahlung des Restpreises gesondert erklärt, oder dass die Auflassung zwar zugleich mit dem Bauträgervertrag beurkundet wird, der Notar die Auflassungserklärung aber erst nach der Freigabeerklärung des Bauträgers an das zuständige Grundbuchamt weiterleiten darf.[94]

67

Ist die Auflassung bereits erklärt und fehlt nur noch die Freigabe durch den Bauträger, muss nur gegenüber dem Notar nachgewiesen werden, dass der Erwerbspreis vollständig durch Aufrechnung erfüllt ist, damit der Notar die Auflassung dem Grundbuchamt vorlegt. Dieser Nachweis erfolgt durch Vorlage der Aufrechnungserklärung und der Zahlungsnachweise für die Restfertigstellung sowie des Abnahmeprotokolls des Verwalters für das Gemeinschaftseigentum.[95]

68

Wenn die Auflassung noch nicht erklärt ist, muss der Bauträger nach der Tilgung der Restpreisraten durch Aufrechnung mit Ersatzvornahmekosten zur Erklärung der Auflassung aufgefordert werden. Ist der Bauträger noch greifbar aber nicht mitwirkungswillig, ist der Erwerber auf eine Auflassungsklage zu verweisen.[96]

69

Ist eine Aufrechnung im Bauträgervertrag ausgeschlossen, muss versucht werden, die dem Bauträger zustehende Einrede des nichterfüllten Vertrages aus § 320 BGB (Auflassung erst bei vollständiger Zahlung des Kaufpreises) abzuschneiden. In diesem Fall muss sich der Erwerber auf **§ 320 Abs. 2 BGB** stützen und vortragen, dass die Leistungsverweigerung des Bauträgers wegen unverhältnismäßiger Geringfügigkeit des rückständigen Teils gegen Treu und Glauben verstößt.[97]

70

Bei einem Verstoß des Bauträgers gegen die Verpflichtung, das Objekt fristgerecht fertig zu stellen, kann der Erwerber nach § 323 Abs. 1 BGB vom Vertrag **zurücktreten**.[98] Weiter kommt auch eine **Teilkündigung** in Betracht, um für den Erwerber die Möglichkeit zu realisieren, nach Übereignung des Grundstücks das Bauvorhaben selbst weiter zu realisieren.[99] Ein formularmäßiger Ausschluss des Wandlungs- oder aber Rücktrittsrechts des Erwerbers ist nach § 309 Nr. 8b BGB unwirksam.[100]

71

---

94 Vgl. hierzu Klaßen/Eiermann, Rn. 246. Nach dem Urteil des OLG Hamm vom 12.10.2004 – 21 W 34/04, IBR 2005, 125 wird der Streitwert dieses Klageverfahrens (Vollzug der Auflassung) nunmehr – wie beim Fall der noch nicht im Erwerbsvertrag enthaltenen Auflassung – durch die Höhe des Erwerbspreises bestimmt.
95 Vgl. hierzu Klassen/Eiermann, Rn. 246.
96 Vgl. hierzu Klassen/Eiermann, Rn. 246.
97 BGH WM 1974, 369; LG Heilbronn BauR 2002, 107; Werner/Pastor, Rn. 2529.
98 BGH NZBau 2001, 446; Kapellmann/Messerschmidt-Messerschmidt/Thierau, Anh. VOB/B, Rn. 109.
99 KG BauR 2000, 114.
100 BGH NZBau 2002, 89; OLG Hamm NJW-RR 1998, 1031 (1032); OLG Koblenz NJW-RR 1995, 1104; Kapellmann/Messerschmidt-Messerschmidt/Thierau, Anh. VOB/B, Rn. 113.

# § 1 Allgemeine Grundlagen

## III. Die Bauherrengemeinschaft

### 1. Die Konstruktion der Bauherrengemeinschaft

72 Bei der Bauherrengemeinschaft schließen sich mehrere Bauherren als Gesellschaft bürgerlichen Rechts zusammen, um nach gemeinschaftlichem Erwerb eines geeigneten Grundstücks das Bauvorhaben gemeinsam durchzuführen. Nach Fertigstellung soll dann in der Regel eine Aufteilung des Objekts in Wohnungseigentum erfolgen.[101]

73 In dinglicher Hinsicht ist das Bauherrenmodell anders konstruiert als der Bauträgervertrag. Die Bauherren erwerben vor Baubeginn Eigentum und bezahlen auch den auf Grund und Boden entfallenden Anteil im Voraus. Das gibt ihnen in dinglicher Hinsicht gegenüber dem Bauträgermodell eine stabilere Position.[102]

### 2. Die Vertragsverhältnisse bei der Bauherrengemeinschaft

74 Die an der Bauherrengemeinschaft Beteiligten treten als BGB-Gesellschaft hinsichtlich der Bauleistung grundsätzlich in direkte Vertragsbeziehung mit den am Bau Beteiligten.[103]

75 Obwohl die Bauherren als BGB-Gesellschaft nach außen auftreten, haften sie den am Bau Beteiligten entgegen § 427 BGB grundsätzlich nicht als **Gesamtschuldner**, sondern nur anteilig, wobei die Höhe des Anteils nach den jeweiligen Umständen und der Interessenlage zu bestimmen ist.[104] Der BGH begründet dies damit, dass die am Bau Beteiligten erkennen können, dass jeder Bauherr eine eigene Einheit (Wohnung) erwirbt und sein Wille, sich nur insoweit verpflichten zu wollen, deutlich ist.[105] Dem entgegen verbleibt es bei der gesamtschuldnerischen Haftung einer Bauherrengesellschaft, die beispielsweise ein Geschäftshaus errichtet. In diesem Fall können die Bauherren die Haftung gegenüber den am Bau Beteiligten wirksam auf das Vermögen der Bauherrengesellschaft begrenzen.[106]

### 3. Die Einschaltung eines Baubetreuers

76 Häufig wird ein steuerlich begünstigtes Bauherrenmodell durch einen Baubetreuer initiiert. Der Baubetreuer leistet gegen eine Vergütung in fremden Namen und auf fremde Rechnung, nämlich des anderen Bauherrn, auf fremdem Grundstück die planerisch – organisatorische und wirtschaftliche – finanzielle Gestaltung, Durchführung, Beaufsichtigung und Abrechnung des Bauvorhabens.[107] Es handelt sich um einen **Geschäftsbesorgungsvertrag** mit Werkvertragscharakter, wenn er die Planung und Durchführung des Bauvorhabens als Erfolg schuldet, mit Dienstvertragscharakter, wenn er lediglich die organisatorische und wirtschaftlich-finanzielle Betreuung ohne Planung und technischer Leitung schuldet.[108]

---

101 Kniffka/Koeble, Kompendium 8. Teil, Rn. 7.
102 Kniffka/Koeble, Kompendium 8. Teil, Rn. 7; Maser, NJW 1980, 961 ff.; Crezelius, JuS 1981, 494 ff.
103 BGH BauR 1977, 58; BauR 1989, 213; Werner/Pastor, Rn. 1037.
104 BGH BauR 1980, 262 (266); SFH, Nr. 6 zu § 164 BGB; Werner/Pastor, Rn. 1038.
105 BGH BauR 1980, 262 (266).
106 BGH BauR 1989, 213; Werner/Pastor, Rn. 1038.
107 Ingenstau/Korbion-Korbion, VOB Anhang 3, Rn. 277; Staudinger-Peters, Vorbem zu §§ 631 ff. BGB.
108 Staudinger-Peters, Vorbem zu §§ 631 ff. BGB, Rn. 133 ff.; Kniffka/Koeble, Kompendium 5. Teil, Rn. 4; Ingenstau/Korbion-Korbion, VOB Anhang 3, Rn. 282; MünchKomm-Busche, § 631 BGB, Rn. 224.

In diesem Fall stellt sich die Frage, wer Vertragspartner der am Bau Beteiligten Bauhandwerker wird, wenn der Baubetreuer für die Bauherrengemeinschaft tätig wird und die Mitglieder der Bauherrengemeinschaft noch nicht abschließend feststehen. Nach der Rechtsprechung des BGH handelt der Baubetreuer bei der Auftragsvergabe im Namen der von ihm betreuten Bauherren, sodass diese auch Vertragspartner werden. Dies soll auch dann gelten, wenn die an der Bauherrengemeinschaft Beteiligten noch nicht namentlich feststehen.[109]

Muster: Werklohnklage gegen eine Bauherrengemeinschaft beim BGB-Einheitspreisvertrag

Landgericht ▄▄▄

Klage

des ▄▄▄,▄▄▄,

Klägers

Prozessbevollmächtigte: ▄▄▄

gegen
1. ▄▄▄, ▄▄▄,
2. ▄▄▄, ▄▄▄,
3. ▄▄▄, ▄▄▄,
4. ▄▄▄, ▄▄▄,

Beklagte

wegen: Werklohnanspruch aus Bauvertrag,

Streitwert: EUR 15.243,67.

Namens und in Vollmacht des Klägers erheben wir gegen die Beklagten Klage und werden im Termin zur mündlichen Verhandlung beantragen:
1. Der Beklagte zu 1) wird verurteilt, an den Kläger EUR 2.438,99 nebst Zinsen in Höhe von 5 Prozentpunkten über dem Basiszinssatz hieraus seit dem 03. Juni 2005 zu zahlen.
2. Die Beklagte zu 2) wird verurteilt, an den Kläger EUR 4.268,23 nebst Zinsen in Höhe von 5 Prozentpunkten über dem Basiszinssatz hieraus seit dem 03. Juni 2005 zu zahlen.
3. Der Beklagte zu 3) wird verurteilt, an den Kläger EUR 3.201,17 nebst Zinsen in Höhe von 5 Prozentpunkten über dem Basiszinssatz hieraus seit dem 03. Juni 2005 zu zahlen.
4. Der Beklagte zu 4) wird verurteilt, an den Kläger EUR 5.335,28 nebst Zinsen in Höhe von 5 Prozentpunkten über dem Basiszinssatz hieraus seit dem 03. Juni 2005 zu zahlen.

Falls das Gericht ein schriftliches Vorverfahren anordnet, wird schon jetzt für den Fall, dass die Beklagten nicht rechtzeitig ihre Verteidigungsabsicht erklären, der Erlass eines Versäumnisurteils im schriftlichen Verfahren beantragt.

Begründung:

Die Beklagten haben sich in der Rechtsform der Gesellschaft bürgerlichen Rechts zu einer Bauherrengemeinschaft zum Zwecke der Errichtung eines in Wohnungseigentum aufgeteilten Mehrfamilienhauses in ▄▄▄ zusammengeschlossen.

---

[109] BGH BauR 1977, 58; BauR 1989, 164 (166); NJW-RR 1987, 1233; Werner/Pastor, Rn. 1037.

# § 1 Allgemeine Grundlagen

Die Parteien haben am 13. September 2004 einen schriftlichen Einheitspreisbauvertrag über die Erbringung von Maurerarbeiten abgeschlossen. Die VOB / B ist nicht zur Grundlage des Vertrages erklärt worden. Das auf Einheitspreisbasis abgegeben Angebot der Klägerin belief sich auf EUR 26.317,65.

Beweis: Bauvertrag vom 13. September 2004 nebst Leistungsbeschreibung mit Leistungsverzeichnis – Anlage K1.

In der Zeit vom 05.November 2004 bis zum 03. Februar 2005 hat der Kläger die geschuldeten Maurerarbeiten vertragsgerecht durchgeführt. Eine Abnahme der Leistungen des Klägers ist am 03. April 2005 erfolgt.

Beweis: Abnahmeprotokoll vom 05. April 2005 – Anlage K2.

Mit Schlussrechnung vom 03. Mai 2005 rechnete der Kläger unter Berücksichtigung geleisteter Abschlagszahlungen seine Leistungen endgültig ab.

Beweis: Schlussrechnung vom 03. Mai 2005 – Anlagenkonvolut K3.

Die vertragliche vereinbarte Gewährleistungssicherheit in Höhe von 5 % hat der Kläger am 03. Mai 2005 durch Übergabe einer unbefristeten Bankbürgschaft der Berliner Bank AG geleistet

Beweis: Bankbürgschaft der ▪▪▪ Bank AG vom 03. Mai 2005 – Anlage K4.

Die Schlussrechnung ist den Beklagten am 04. Mai 2005 zugegangen. Die Restforderung in Höhe von EUR 15.243,67 ist demnach fällig. Zahlungen unterblieben ohne jeden Kommentar.

Der Kläger hat die Miteigentumsanteile der Beklagten am Gemeinschaftseigentum beim Grundbuchamt ▪▪▪ wie nachstehende wiedergegeben ermittelt. Insoweit wird die offene Werklohnforderung gegenüber den Beklagten im Verhältnis ihrer jeweiligen Miteigentumsanteile am Grundstück geltend gemacht:

Beklagter zu 1) mit 16 / 100 von EUR 15.243,67 = EUR 2.438,99,

Beklagte zu 2) mit 28 / 100 von EUR 15.243,67 = EUR 4.268,23,

Beklagte zu 3) mit 21 / 100 von EUR 15.243,67 = EUR 3.201,17,

Beklagte zu 4) mit 35 / 100 von EUR 15.243,67 = EUR 5.335,28.

Mit Einwurfeinschreiben vom 21. Mai 2005 mahnte der Kläger die Beklagten und setzte eine Nachfrist zur Bezahlung des offenen Rechnungsbetrages bis zum 02. Juni 2005.

Beweis: Schreiben des Klägers vom 21. Mai 2005 – Anlage K5.

Die Nachfrist ist fruchtlos verstrichen. Bis zum heutigen Tage haben die Beklagten auf die Schlussrechnung keine Zahlungen erbracht. Seit dem 03. Juni 2005 müssen die Beklagten nach §§ 280 Abs. 1, 2; 286 Abs. 2, 288 Abs. 1 BGB Zinsen bezahlen.

Rechtsanwalt

## D. Weichenstellung: BGB-Bauvertrag oder VOB-Bauvertrag

79  Wenn geklärt ist, welches Baumodell dem konkreten Bauvorhaben zugrunde liegt und die einzelnen Vertragsverhältnisse lokalisiert sind, geht es nunmehr darum, mit Blick auf das konkret in Streit stehende Vertragsverhältnis die nächste fallentscheidende Weichenstellung vorzunehmen.

## D. Weichenstellung: BGB-Bauvertrag oder VOB-Bauvertrag

Dabei geht es um die Frage, ob es sich bei dem anspruchsbegründenden Vertragsverhältnis um einen Bauvertrag handelt, der auf der Grundlage der von der Konzeption her für die handwerkliche Herstellung oder Bearbeitung abstrakt gefassten Regelungen des **Werkvertragsrechts** (§§ 631 ff. **BGB**) abgewickelt wird, oder aber von den Parteien das auf die speziellen Bedürfnisse des Bauvertrages zugeschnittene Regelwerk der **VOB**[110, 111] in den Vertrag einbezogen worden ist.

Wie schon die offizielle Bezeichnung „Allgemeine Vertragsbedingungen für die Ausführungen von Bauleistungen" zeigt, handelt es sich bei der VOB/B sowie VOB/C um standarisierte **Allgemeine Geschäftsbedingungen**.[112] Während normalerweise Allgemeine Geschäftsbedingungen nur einseitige für den Verwender nützliche Änderungen vom dispositiven Recht beinhalten, besteht die Besonderheit der VOB/B darin, dass es

---

110 Grundlage der nachfolgenden Ausführungen bildet die Vergabe und Vertragsordnung für Bauleistungen (VOB) aus dem Jahr 2002.
111 Die VOB ist in die Teile A, B und C untergliedert. Die VOB Teil A enthält die allgemeinen Bestimmungen für die Vergabe von Bauleistungen und hat grundsätzlich nur Bedeutung für Bauvergaben öffentlicher Auftraggeber. Es ist aber durchaus möglich, dass auch private Auftraggeber sich gegenüber ihren Verhandlungspartnern zu Beginn von Vertragsverhandlungen zur Einhaltung der Vergabebestimmung des Teil A, soweit im jeweiligen Fall einschlägig, verpflichten. Eine solche Verpflichtung muss aber völlig eindeutig und zweifelsfrei erfolgen. Die Vorschriften der VOB Teil A sind im Jahr 2002 nicht geändert worden. Geändert wurden die Anhänge der VOB Teil A in den Abschnitten 2 – 4. Diese Änderungen sind Folge der Änderung der EG Baukoordinierungsrichtlinie und der EG-Sektorenrichtlinie durch die Richtlinie 2002/78/EG vom 09.08.2003 über die Verwendung von Standardformularen. Die Details der Änderungen sind in der Ausgabe 202 des Bundesanzeigers Seite 24057 und der Beilage 202a abgedruckt. Die VOB Teil B beinhaltet die allgemeinen Vertragsbedingungen für die Ausführung von Bauleistungen nach Vertragsschluss. Hier werden also die rechtlichen Beziehungen der Beteiligten und deren Rechte und Pflichten nach Vertragsabschluss behandelt. In der VOB Teil B sind insbesondere Regelungen für Fälle getroffen worden, die bei Bauverträgen erfahrungsgemäß häufig wiederkehrende Abweichungen den vorausgesetzten normalen Geschehensablauf beinhalten und Handlungen oder Unterlassungen darstellen, die grundsätzlich als Verletzung auferlegter Pflichten oder eingeräumter Rechte aufgefasst werden müssen. Die VOB Teil C erfasst die allgemeinen technischen Vertragsbedingungen für Bauleistungen. Gemäß § 1 Nr. 1 Satz 2 VOB/B sind diese Bestimmungen Gegenstand eines VOB-Bauvertrages. Hier ist jedoch zu beachten, dass es sich bei der VOB/C um Allgemeine Geschäftsbedingungen handelt, die nur dann Geltung haben, wenn die VOB/B wirksam in den Bauvertrag einbezogen worden ist, BGH BauR 2004, 1438. Die VOB Teil C ist insbesondere für die Entscheidungen von Gerichten und Sachverständigen von Bedeutung, die die Frage beantworten müssen, ob ein Werk den anerkannten Regeln der Technik entspricht. Zu beachten bleibt, dass die VOB/C keineswegs nur „neutrale" technische Bestimmungen enthält. Vielmehr regelt die VOB/C in erheblichem Umfang materielles Vertragsrecht. Beispielsweise sind Aufmaßregeln mittelbare Preisbestimmungen, die Bestimmungen über Nebenleistungen und Besondere Leistungen sind Vermutungen zur Leistungsbeschreibung. Auch die angeblich ausschließlich technischen Regelungen sind, wenn man sie als verbindlichen Vertragsinhalt versteht, in erheblichem Umfang geeignet, vertragliche Qualitätsstandards zu formulieren oder auch zu beschränken. Soweit sie Vertragsrecht enthält – und das ist wie gezeigt in erheblichem Maße der Fall – enthält die VOB/C Allgemeine Geschäftsbedingungen und unterliegt die VOB/C deshalb selbstverständlich auch den Bestimmungen die Inhaltskontrolle. Das ist vor allem für die Einbeziehungsfragen, daneben aber auch für die Inhaltskontrolle von Bedeutung, BGH BauR 2004, 1438.
112 BGH BauR 1983, 161; BauR 1997, 1027; Kapellmann/Messerschmidt-von Rintelen, Einl. VOB/B, Rn. 38; Beck'scher VOB-Kommentar-Ganten, Einl. II VOB/B, Rn. 5; Nicklisch/Weick, Einl. Rn. 52; Kaiser, ZfBR 1985, 1 (2); Locher, Rn. 80; Recken, BauR 1978, 418; Vygen, Rn. 133; Pauly, BauR 1996, 328 (329); a.A. Jagenburg, BauR Sonderheft 1977, S. 3 ff.; zuletzt Siegburg, Festschrift für Locher, S. 349 und BauR 1993, 9 ff.; Bunte, Festschrift für Korbion S. 18; Anker/Zumschlinge, BauR 1995, 325; Schlünder, NJW 1995, 1057; Kraus, BauR, Beilage zu Heft 4/1977; Kraus/Vygen/Oppler BauR 1999, 967; Kraus, BauR 2001, 1 (10).

sich um ein im Wesentlichen für beide Vertragsparteien gleichermaßen ausgewogenes auf die Besonderheiten des Bauvertrages zugeschnittene Regelwerk besonderer Art handelt.[113]

82 Damit bleibt festzuhalten, dass die Parteien es beim Abschluss eines Bauvertrages in der Hand haben, zwischen zwei unterschiedlichen und jeweils einem gerechten Interessenausgleich zu dienen bestimmten Regelungswerken, nämlich den werkvertraglichen Regelungen der §§ 631ff. BGB einerseits und den auf die Besonderheiten eines Bauvertrages zugeschnittenen Regelungen der VOB/B andererseits, zu wählen. Jedes Regelwerk ist, soweit es im Ganzen zur Anwendung kommt, für sich aufgrund seiner Ausgewogenheit einer Inhaltskontrolle entzogen.

83 Bei der Prüfung, ob die VOB/B sowie VOB/C wirksamer Bestandteil des konkreten Bauvertrages geworden ist, muss zwischen der Einbeziehungs- und der Inhaltskontrolle unterschieden werden:

### I. Einbeziehungskontrolle

84 Die für den Bauvertrag maßgebende VOB/B sowie VOB/C ist weder Rechtsnorm noch Niederschlagung eines Handelsbrauchs. Es handelt sich um Allgemeine Geschäftsbedingungen.[114] Demgemäß sind die §§ 305ff. BGB auf die VOB/B sowie VOB/C anwendbar, unabhängig davon, ob sie insgesamt oder nur in einzelnen Regelungen in den Vertrag einbezogen werden sollte.[115] Die VOB/B sowie VOB/C wird also nur dann Vertragsbestandteil, wenn sie Gegenstand einer Vereinbarung der Parteien bildet.[116]

85 Es sind insbesondere folgende Besonderheiten hervorzuheben:

86 Die AGB-Kontrolle gemäß §§ 305ff. BGB findet keine Anwendung, wenn die VOB/B sowie VOB/C **nach dem Willen beider Vertragsparteien** zur Grundlage des Bauvertrages gemacht worden ist. In diesem Fall gibt es nämlich keinen Verwender, der die vorformulierten Vertragsbedingungen beim Abschluss des Vertrages „stellt".[117]

87 Ist der Vertragspartner **kein Unternehmer** bzw. juristische Person des öffentlichen Rechts, so richtet sich die Einbeziehungskontrolle nach § 305 Abs. 2 BGB. Dementsprechend muss der Verwender in Bezug auf die Einbeziehung der VOB/B und die gemäß § 1 Nr. 1 VOB/B einhergehende automatische Vereinbarung der VOB/C als Allgemeine Geschäftsbedingungen einen Hinweis erteilen. Zudem muss der Vertragspart-

---

[113] Kapellmann/Messerschmidt-von Rintelen, Einl. VOB/B, Rn. 47.
[114] Vgl. hierzu die Nachweise in Fn. 112.
[115] BGHZ 101, 369; ZfBR 1987, 199.
[116] Werner/Pastor, Rn. 1003; Kapellmann/Messerschmidt-von Rintelen, Einl. VOB/B, Rn. 47.
[117] Ramming, BB 1994, 518 (520); Pauly, BauR 1996, 328 (330); Nicklisch/Weick, Einl. Rn. 56f.; Werner/Pastor, Rn. 1007.

ner die Möglichkeit der Kenntnisnahme um die VOB/B sowie VOB/C haben.[118, 119] Schließlich muss der Vertragspartner mit der Geltung der VOB/B einverstanden sein.[120]

Gegenüber einem im Baubereich nicht bewanderten Vertragspartner, der kein Unternehmer im Sinne des § 14 BGB ist, kann die VOB/B sowie VOB/C deshalb nicht durch bloßen Hinweis auf ihre Geltung in den Vertrag einbezogen werden.[121] Es ist zwar nicht erforderlich, dass der Text der VOB/B ausgehändigt wird. Ausreichend ist es, wenn die VOB/B nur ausgeliehen oder in vollem Umfang zur Einsicht gestellt wird. Dies gilt gleichermaßen für die VOB/C.[122]

Ist der Vertragspartner des Verwenders der VOB/B **Unternehmer** und gehört der Vertrag zum Betrieb seines Handelsgewerbes, findet gemäß § 310 Abs. 1 Satz 1 BGB der § 305 Abs. 2 BGB keine Anwendung, sodass hier auf der Grundlage der §§ 145 ff. BGB der bloße Hinweis auf die VOB/B ausreicht. Die Einbeziehung der VOB/B hängt dann vom Vorliegen einer Akzeptanz des Vertragspartners ab.[123]

## II. Inhaltskontrolle

### 1. Die VOB/B ist als Ganzes vereinbart worden

Haben die Parteien die VOB/B als Ganzes vereinbart, ist sie dahingehend **privilegiert**, dass fingierte Erklärungen entgegen § 308 Nr. 5 BGB und Erleichterungen der Verjährung entgegen § 309 Nr. 8 b) ff) BGB gelten. Die VOB/B gilt also insoweit uneingeschränkt, **ohne dass eine Inhaltskontrolle** nach den §§ 307 ff. BGB stattfindet. Dies hat seinen Grund darin, dass die VOB/B als eine im Wesentlichen ausgewogene Regelung angesehen wird.[124]

### 2. Die VOB/B ist nicht im Ganzen vereinbart worden

Der Privilegierungsgrundsatz gilt nur dann, wenn die **VOB/B als Ganzes** ohne Einschränkungen zwischen den Parteien vereinbart worden ist. Ist die VOB/B nicht als Ganzes vereinbart, unterliegt sie zu Lasten des Verwenders der Inhaltskontrolle. Das ist gerechtfertigt, weil der Verwender des Vertragswerks dem Vertrag in diesem Fall nicht das einigermaßen ausgewogene Regelwerk der VOB/B zugrunde legen will, sondern ein Regelwerk, dessen Ausgewogenheit gestört ist. Die VOB/B ist nach der älteren Rechtsprechung des Bundesgerichtshofs nicht als Ganzes vereinbart, wenn sie durch

---

118 BGH BauR 1999, 1186 (1187); BauR 1994, 617; BauR 1990, 205; Werner/Pastor, Rn. 1012; Beck'scher VOB-Kommentar-Ganten, Einl. II VOB/B, Rn. 25; Heiermann, DB 1997, 1733; Kapellmann/Messerschmidt-von Rintelen, Einl. VOB/B, Rn. 84.
119 Auch wenn der private Bauherr im Baugewerbe nicht bewandert ist, gelten die vorgenannten Grundsätze dann auch, wenn er bei Vertragsschluss durch einen Architekten vertreten ist. Hier ist der bloße Hinweis auf die VOB/B ausreichend; OLG Düsseldorf BauR 1997, 647 (648); OLG Hamm BauR 1989, 480; Pauly, BauR 1996, 328 (331); Vygen, BauR 1984, 245 (247); Kapellmann/Messerschmidt-von Rintelen, Einl. VOB/B, Rn. 87.
120 OLG Köln BauR 1995, 100; Werner/Pastor, Rn. 1008, 1010, 1015.
121 BGH NJW 1990, 715; BauR 1992, 503; Kapellmann/Messerschmidt-von Rintelen, Einl. VOB/B, Rn. 82.
122 Werner/Pastor, Rn. 1026.
123 BGH BauR 1989, 87; BauR 1983, 161; Werner/Pastor, Rn. 1009; Kapellmann/Messerschmidt-von Rintelen, Einl. VOB/B, Rn. 83.
124 Gegen die Wirksamkeit dieser Regelung sind im Hinblick auf die Verbraucherverträge Bedenken angemeldet worden: Quack, BauR 1997, 24; Heinrichs, NJW 1997, 1407 (1414); Mehrings, MDR 1998, 78.

den Verwender mit vorrangigen vertraglichen Regelungen in ihrem Kernbereich verändert wird.[125] Diese Rechtsprechung hat der Bundesgerichtshof jedoch modifiziert. Danach kommt es für die Frage, ob die VOB/B als Ganzes vereinbart worden ist, nicht mehr darauf an, ob ein Eingriff in den Kernbereich der VOB/B vorliegt oder welchen Gewicht der Eingriff in die VOB/B hat.

92 Damit ist die Inhaltskontrolle auch dann eröffnet, wenn nur geringfügige inhaltliche Abweichungen von der VOB/B vorliegen und auch unabhängig davon, ob eventuell benachteiligende Regelungen im vorrangigen Vertragswerk möglicherweise durch andere Regelungen „ausgeglichen" werden.[126]

93 Fraglich bleibt, ob eine inhaltliche Abweichung von der VOB/B – mit der Konsequenz der Eröffnung der Inhaltskontrolle gemäß der §§ 307ff. BGB – auch dann vorliegt, wenn die Parteien eine Vereinbarung im Rahmen einer in der VOB/B enthaltenen Öffnungsklausel (bspw. § 13 Nr. 4 VOB/B „soweit nicht Anderes vereinbart ist") getroffen haben. Da die VOB/B in diesen Bereichen den Parteien ausdrücklich das Recht zu einer vertraglichen Modifikation einräumt, ist davon auszugehen, dass die entsprechende Bestimmung der VOB/B lediglich Auffangregelungen darstellen, mithin die Inhaltskontrolle bei Vorliegen einer dementsprechenden Vereinbarung nicht eröffnet ist.[127]

93a Inhaltliche Änderungen sind auch nicht sprachliche Modifizierungen, ohne Abweichung vom Regelungsgehalt (z.B. die Verwendung des Wortes „Muster" statt „Anforderung" in § 17 Nr. 4 VOB/B).[128]

---

125 Vgl. insoweit Kapellmann/Messerschmidt-von Rintelen, Einl. VOB/B, Rn. 76.
126 BGH BauR 2004, 668.
127 Werner/Pastor, Rn. 1021; Gehlen, NZBau 2004, 267; Wittchen, BauR 2004, 251 (253).
128 BGH BauR 2004, 668.

# § 2 Die Ansprüche des Auftragnehmers gegen den Auftraggeber

## A. Vorprozessuale Situation

### I. Werklohnansprüche für abgeschlossene (Teil-)Leistungen

**Literatur:** Biermann, Die „kreative" Angebotskalkulation: Mengenspekulationen und ihre Auswirkungen auf Nachträge, in: Festschrift für Vygen, S. 134; Brambring, Schuldrechtsreform und Grundstückskaufvertrag, DNotZ 2001, 904; Canaris, Anmerkung zum Urteil des BGH vom 20.12.1984 – VIII ZR 388/83, NJW 1985, 2404; Heiermann, Der Pauschalvertrag im Bauwesen, BB 1975, 991; Heinze, Praxisvorschläge zur Bewältigung des Gesetzes zur Beschleunigung fälliger Zahlungen, NZBau 2001, 237; Hertel, Bauvertrag und Bauträgervertrag nach der Schuldrechtsreform, DNotZ 2002, 6; Kirberger, Die Beschleunigungsregelungen unter rechtsdogmatischem und praxisbezogenen Blickwinkel, BauR 2001, 492; Kniffka, Das Gesetz zur Beschleunigung fälliger Zahlungen – Neuregelung des Bauvertragsrechts und seine Folgen –, ZfBR 2000, 227; Kraus, Der Diskussionsentwurf eines Schuldrechtsmodernisierungsgesetzes, BauR 2001, 1; Litzenburger, Das neue Schuldrecht und der Bauträgervertrag, RNotZ 2002, 23; Motzke, Abschlagszahlung, Abnahme und Gutachterverfahren nach dem Beschleunigungsgesetz, NZBau 2000, 489; Motzko-Schreiber, Verweigerung der Bauabnahme bei einer Vielzahl kleiner Mängel – Möglichkeiten einer baubetrieblichen Bewertung, BauR 1999, 24; Pause, Verstoßen Zahlungspläne gem. § 3 Abs. 2 MaBV gegen geltendes Recht?, NZBau 2001, 181; Putzier, Der Pauschalpreisvertrag (2000); Rodemann, § 632a BGB: Regelungsbedarf für Unternehmer, BauR 2002, 863; Schmid, Der Bauträgervertrag vor dem Aus?, BauR 2001, 866; Stapenhorst, Das Gesetz zur Beschleunigung fälliger Zahlungen, DB 2000, 909; Thode, Die wichtigsten Änderungen im BGB-Werkvertragsrecht: Schuldrechtsmodernisierungsgesetz und erste Probleme – Teil 1, NZBau 2002, 297; Thode, Werkleistung und Erfüllung im Bau- und Architektenvertrag, ZfBR 1999, 116; Voppel, Abschlagszahlungen im Baurecht und § 632a BGB, BauR 2001, 1165; von Craushaar, Die Regelung des Gesetzes zur Beschleunigung fälliger Zahlungen im Überblick, BauR 2001, 471; Vygen, Die funktionale Leistungsbeschreibung, Festschrift für Mantscheff, S. 459; Vygen, Der Vergütungsanspruch beim Pauschalvertrag, BauR 1979, 375; Vygen, Der Pauschalvertrag – Abgrenzungsfragen zu anderen Vertragstypen im Baugewerbe, ZfBR 1979, 133.

#### 1. Beim BGB-Bauvertrag: §§ 631, 632, 641 BGB

##### a) Zustandekommen eines Werkvertrages

Der zwischen dem Unternehmer als Auftragnehmer und dem Besteller als Auftraggeber geschlossene Bauvertrag ist ein Werkvertrag im Sinne der §§ 631 ff. BGB. Unter einem **Bauwerk** versteht der Gesetzgeber in Übereinstimmung mit der Rechtsprechung eine unbewegliche, durch Verwendung von Arbeit und Material in Verbindung mit dem Erdboden hergestellte Sache. Es kommt dabei auf die sachenrechtliche Zuordnung nicht an. Es ist deshalb unerheblich, ob die Leistungen zu wesentlichen Bestandteilen,

94

mit dem Gebäude fest verbundenen einfachen Bestandteilen, zu Scheinbestandteilen oder zum Zubehör nach sachenrechtlichen Maßstäben führen. Maßgeblich ist allein die funktionelle Einheit als Bauwerk.[129]

95 Der Bauvertrag wird zwischen den Parteien durch **Angebot und Annahme** im Sinne der §§ 145 ff. BGB geschlossen. Zu bedenken bleibt, dass öffentliche Besteller in der Regel verpflichtet sind, Bauleistungen nach dem **förmlichen Verfahren der VOB/A** zu vergeben.[130] In diesem Fall erfolgt die Annahme des Angebots gemäß § 28 VOB/A durch den Zuschlag. Der Zuschlag ist möglichst bald, mindestens aber so rechtzeitig zu erteilen, dass dem Bieter die Erklärung noch vor Ablauf der Zuschlagsfrist zugeht, § 28 Nr. 1 VOB/A. Nach § 28 Nr. 2 Abs. 1 VOB/A ist nach allgemeinen Rechtsgrundsätzen der Vertrag mit Erteilung des Zuschlags geschlossen, wenn dieser auf ein Angebot rechtzeitig und ohne Abänderung erteilt wird. Das gilt auch dann, wenn eine spätere urkundliche Festlegung vorgesehen ist.

96 Nach § 631 Abs. 1 BGB wird der Unternehmer/Auftragnehmer zur Herstellung des versprochenen Werkes und der Besteller/Auftraggeber zur Entrichtung der vereinbarten Vergütung verpflichtet. Wichtigstes Merkmal des Werkvertrages ist somit, dass der Unternehmer/Auftragnehmer gegenüber dem Besteller/Auftraggeber einen **Werkerfolg** schuldet.[131]

97 *aa) Abgrenzung zum Dienstvertrag:* Der Werkvertrag hat mit dem Dienstvertrag (§ 611 BGB) gemeinsam, dass jeweils eine entgeltliche Arbeitsleistung zu erbringen ist. Beim Dienstvertrag schuldet der Dienstverpflichtete allerdings nur die vertragsgemäße **Bemühung um den Erfolg**, während der Unternehmer/Auftragnehmer beim Werkvertrag das konkrete Ergebnis seiner Tätigkeit, nämlich den Erfolg selbst, schuldet.[132]

98 *bb) Abgrenzung zum Kaufvertrag:* Anders als beim Werkvertrag ist beim Kaufvertrag (§ 433 BGB) die Herstellung der zu liefernden Sache nicht Gegenstand des Vertrages. Der Kaufvertrag ist somit auf die **Übereignung einer fertigen Sache** ausgerichtet.[133] Beim Werkvertrag steht hingegen die Schöpfung des Werkes selbst im Mittelpunkt der vertraglichen Beziehung.

99 Schwierig ist die Abgrenzung zwischen Kauf- und Werkvertrag vor dem Hintergrund, dass es auch einen **Kaufvertrag mit sog. Montageverpflichtung gibt** (vgl. insoweit § 434 Abs. 3 BGB).[134] Nach der Rechtsprechung des BGH ist insoweit zur Abgrenzung zwischen Kaufvertrag (mit Montageverpflichtung) und Werkvertrag auf die Art des zu liefernden Gegenstandes, das Wertverhältnis von Lieferung und Montage sowie auf die Besonderheiten des geschuldeten Ergebnisses abzustellen.[135]

---

[129] BGH BauR 2001, 621; MünchKomm-Busche, § 631 BGB, Rn. 114; Staudinger-Peters, Vorbm zu § 631 BGB, Rn. 69 f. und § 634a BGB, Rn. 18.
[130] Staudinger-Peters, Vorbm zu § 631 BGB, Rn 90 ff.; MünchKomm-Busche, § 631 BGB, Rn. 126, 138 ff.
[131] MünchKomm-Busche, § 631 BGB, Rn. 1.
[132] MünchKomm-Busche, § 631 BGB, Rn. 8 ff.; Staudinger-Peters, Vorbm zu § 631 BGB, Rn. 19 ff.
[133] MünchKomm-Busche, § 631 BGB, Rn. 7; Staudinger-Peters, Vorbm zu § 631 BGB, Rn. 13 ff.
[134] Staudinger-Peters, § 651 BGB, Rn. 13; MünchKomm-Busche, § 651 BGB, Rn. 7.
[135] BGH BauR 2004, 882; Staudinger-Peters, § 651 BGB, Rn. 13; MünchKomm-Busche, § 651 BGB, Rn. 7.

# A. Vorprozessuale Situation

Maßgebliche Auswirkungen hat die unterschiedliche Einordnung des Vertragsverhältnisses im Hinblick auf Abschlagszahlungen (die der Verkäufer nicht verlangen kann), die Anwendung der §§ 648, 648a BGB (die der Verkäufer nicht verlangen kann), die Rechte des Bestellers/Auftraggebers aus § 634 Nr. 2, 637 BGB (die der Käufer nicht geltend machen kann) sowie die §§ 377, 381 HGB (die im Werkrecht nicht zur Anwendung kommen).

Schließlich bleibt festzuhalten, dass die Rechtsprechung[136] auf der Grundlage des Bürgerlichen Gesetzbuches in der bis zum 31. Dezember 2001 geltenden Fassung beim Erwerb von neuen Häusern bzw. Eigentumswohnungen auf der Grundlage eines **Bauträgervertrages** regelmäßig **Werkvertragsrecht** angewendet hat.[137] Maßgeblich war dabei, dass sich aus dem Inhalt, Zweck und wirtschaftlichen Bedeutung des Vertrages sowie aus der Interessenlage der Parteien eine Verpflichtung des Veräußerers zur mangelfreien Erstellung des Bauwerkes ergab. Unter Zugrundelegung des Werkvertragsrechts kam sodann die Sachmängelhaftung der §§ 633 ff. BGB a.F. (= § 634 BGB n.F.) und die fünfjährige Verjährungsfrist gemäß § 638 BGB a.F. (= § 634a Abs. 1 Nr. 2 BGB) zur Anwendung.

Mit Blick auf das Bürgerliche Gesetzbuch in der seit dem 01. Januar 2002 geltenden Fassung, stellt sich die Frage, ob diese Rechtsprechung aufrechterhalten bleibt. So kommt es auf die Aktivierung der fünfjährigen Verjährungsfrist nicht mehr an, da die Verjährung für Mängelansprüche beim Kauf eines Bauwerks jetzt gemäß § 438 Abs. 1 Nr. 2 BGB gleichermaßen 5 Jahre beträgt und folglich an die werkvertragliche Verjährungsregelung des § 634a Abs. 1 Nr. 2 BGB angeglichen worden ist. Aus diesem Grund wird in der Lehre die Auffassung vertreten, dass beim Erwerb eines bereits errichteten Objektes künftig Kaufrecht anzuwenden ist.[138] Gegen diese Auffassung spricht, dass auch nach neuem Recht die werkvertraglichen Mängelansprüche für den „Käufer" Vorteile gegenüber der kaufrechtlichen Mängelhaftung haben. Anders als im Kaufrecht kann nämlich der Besteller/Auftraggeber bei einem Mangel diesen gemäß §§ 634 Nr. 2, 637 BGB selbst beseitigen lassen und hierfür vom Unternehmer/Auftragnehmer einen Vorschuss (§ 637 Abs. 3 BGB) verlangen. Es ist demnach davon auszugehen, dass sich an der bestehenden Rechtsprechung deshalb nichts ändern wird.[139]

*cc) Abgrenzung zum Werklieferungsvertrag:* Wie beim Werkvertrag geht es auch beim Werklieferungsvertrag (§ 651 BGB) um die Herstellung eines körperlichen Arbeitserfolges. Während beim Werkvertrag die Schöpfung des Werkes für den Besteller/Auftraggeber im Vordergrund steht, geht es dem Unternehmer/Auftragnehmer beim

---

136 BGH BauR 1997, 1030; BGHZ 68, 372; 74, 204 (206); 87, 112, (117).
137 Beim Erwerb eines Fertighauses kommt dem entgegen Kaufrecht zur Anwendung, wenn der Hersteller – ohne die Montage des Hauses selbst zu übernehmen – nur die einzelnen Bauteile liefert. Übernimmt der Hersteller auch die Errichtungsverpflichtung, so ist Werkvertragsrecht anzuwenden.
138 Staudinger-Peters, Vorbem zu §§ 631 ff. BGB, Rn. 129; Brambring, DNotZ 2001, 904 (906); Hertel, DNotZ 2002, 6 (18); Heinemann, ZfBR 2002, 167 (168); Litzenburger, RNotZ 2002, 23 (24).
139 Vgl. auch Thode, NZBau 2002, 297 (299); Ingenstau/Korbion-Korbion, VOB Anhang 3, Rn. 288; Werner/Pastor, Rn. 1445.

Werklieferungsvertrag um die mit dem Warenumsatz verbundene Übertragung von Eigentum und Besitz an einer beweglichen Sache.[140]

### b) Wirksamkeitshindernisse

**104** Geht es um Nichtigkeitsgründe, die der Wirksamkeit eines Bauvertrages entgegenstehen können, sind zum einen die Formnichtigkeit gemäß § 125 BGB und zum anderen eine Nichtigkeit wegen Gesetzesverstoß gemäß § 134 BGB hervorzuheben.

**105** *aa) Formnichtigkeit gemäß § 125 BGB:* Eine Formnichtigkeit im Sinne des § 311b Abs. 1 Satz 1 BGB ist regelmäßig dann zu problematisieren, wenn der Bauvertrag an den Abschluss eines Grundstückskaufvertrages angekoppelt worden ist. Nach der Rechtsprechung des BGH bedarf der gesondert abgeschlossene Bau-, Bauträger- oder Treuhändervertrag dann der notariellen Beurkundung, wenn er mit dem Grundstückskaufvertrag eine **rechtliche Einheit** bildet.[141] Von einer rechtlichen Einheit kann nur dann gesprochen werden, wenn die Vereinbarung der Parteien derart voneinander abhängig sind, dass sie mit einander stehen und fallen sollen. Der eine Vertrag darf also nicht ohne den anderen abgeschlossen worden sein. Nicht ausreichend ist nur ein bestehender wirtschaftlicher Zusammenhang.[142] Zudem begründet die Niederlegung in mehreren Vertragsurkunden eine gegen den rechtlichen Zusammenhang sprechende Vermutung. Hervorzuheben bleibt, dass die Formnichtigkeit im Sinne des § 311b Abs. 1 Satz 2 BGB durch eine später erfolgte Auflassung und Eintragung in das Grundbuch geheilt wird.

**106** *bb) Gesetzesverstoß gemäß § 134 BGB: (1) Verstoß gegen das Schwarzarbeitergesetz (jetzt: Gesetz zur Intensivierung der Bekämpfung der Schwarzarbeit)*[143]*:* Ist ein beidseitiger bewusster Verstoß gegen das Schwarzarbeitsgesetz gegeben, so ist der Vertrag gemäß § 134 BGB nichtig.[144] Der Schwarzarbeiter hat **keine Werklohn-**, der Besteller/Auftraggeber **keine Mängelansprüche**. Zu beachten bleibt, dass nach der Rechtsprechung der vorzuleistende Schwarzarbeiter einen Wertersatzanspruch gemäß § 812 BGB gegen den Besteller haben kann. Dem in diesem Fall normalerweise sperrende Einwendungstatbestand des § 817 BGB kann nämlich § 242 BGB (Treu und Glauben) entgegenstehen.[145]

**107** Liegt ein einseitiger bewusster Verstoß des Unternehmers/Auftragnehmers gegen das Schwarzarbeitsgesetz vor, so werden unterschiedliche Auffassungen vertreten: **Teile der Rechtsprechung** bejahen in diesem Fall eine Teilnichtigkeit des Vertrages. Aufgrund dieser (Teil-)Nichtigkeit des Vertrages sollen dem Unternehmer/Auftragnehmer

---

140 MünchKomm-Busche, § 651 BGB, Rn. 8.
141 BGH BauR 2002, 1541; BGHZ 78, 346; MünchKomm-Busche, § 631 BGB, Rn. 52; Staudinger-Peters, Vorbm zu § 631 BGB, Rn. 75.
142 MünchKomm-Busche, § 631 BGB, Rn. 52; Staudinger-Peters, Vorbm zu § 631 BGB, Rn. 75.
143 Das Schwarzarbeitergesetz ist durch das Gesetz zur Intensivierung der Bekämpfung der Schwarzarbeit und damit zusammenhängender Steuerhinterziehung vom 23. Juli 2004 abgelöst worden (BGBl. 2004 I 1842), durch das die Tatbestände der Schwarzarbeit erheblich erweitert worden sind.
144 BGH BauR 1983, 66; Staudinger-Peters, § 631 BGB, Rn. 74; MünchKomm-Busche, § 631 BGB, Rn. 53. Mit der Erweiterung der Tatbestände der Schwarzarbeit im Gesetz zur Intensivierung der Bekämpfung der Schwarzarbeit und damit zusammenhängender Steuerhinterziehung vom 23. Juli 2004 wird sich an der Nichtigkeit des Bauvertrages nach aller Wahrscheinlichkeit nichts ändern.
145 BGHZ 111, 308; Staudinger-Peters, § 631 BGB, Rn. 74; a.A. OLG Köln NJW-RR 1990, 251.

keine Vergütungsansprüche zustehen. Dem Besteller/Auftraggeber, der nicht bewusst gegen das Schwarzarbeitsgesetz verstoßen hat, kann, weil der Vertrag insoweit nicht nichtig ist, weiterhin Erfüllungs- und Mängelansprüche gegenüber dem schwarzarbeitenden Unternehmer/Auftragnehmer geltend machen.[146] Die **Gegenauffassung** geht dagegen davon aus, dass bei einem dem Besteller/Auftraggeber zum Zeitpunkt des Vertragsabschlusses unbekannten Verstoß des Werkunternehmers gegen das Gesetz zur Bekämpfung der Schwarzarbeit der Werkvertrag nicht gemäß § 134 BGB ganz oder – bezogen auf den Werklohnanspruch – teilweise nichtig ist.[147] Unterbleibt in diesem Fall eine Anfechtung durch den Besteller/Auftraggeber, steht dem Unter-nehmer/Auftragnehmer ein Werklohnanspruch gemäß §§ 631, 632, 641 BGB zu.

*(2) Verstoß gegen die Handwerksordnung:* Ist der Unternehmer/Auftragnehmer nicht in die Handwerksrolle eingetragen, so führt ein Verstoß gegen § 1 der HandwO **nicht** dazu, dass der Bauvertrag deshalb **nichtig** wäre.[148] Für den Besteller/Auftraggeber ist es in diesem Fall allerdings möglich, den Werkvertrag auf der Grundlage von § 119 Abs. 2 BGB anzufechten.[149]

108

*(3) Fehlen einer Baugenehmigung:* Das Fehlen einer Baugenehmigung führt **nicht zur Nichtigkeit** des Vertrages gemäß § 134 BGB.[150]

109

*(4) Verstoß gegen § 3 Abs. 2 MaBV:* Weicht in einem Bauträgervertrag der Zahlungsplan von den Vorgaben des § 3 Abs. 2 MaBV ab, so ist die Abschlagszahlungsvereinbarung gemäß § 134 BGB **nichtig**.[151] An die Stelle der nichtigen Abschlagszahlungsvereinbarung tritt nach der Rechtsprechung des BGH[152] nicht mehr die Regelung des § 3 Abs. 2 MaBV, da dies eine unzulässige geltungserhaltende Reduktion begründen würde. Vielmehr kommt das Werkvertragsrecht und damit die Vorschrift des § 641 BGB als Fälligkeitsregelung zur Anwendung.

110

*(5) Verstoß gegen Art. 1 § 1 Abs. 1 RBerG:* Nach der Rechtsprechung des BGH bedarf derjenige, der ausschließlich oder hauptsächlich die rechtliche Abwicklung eines Grundstückserwerbs im Rahmen eines Bauträgermodells für den Erwerber besorgt, der Erlaubnis nach Art. 1 § 1 RBerG. Ein ohne diese Erlaubnis abgeschlossener Geschäftsbesorgungsvertrag ist nichtig.[153] Die Nichtigkeit des Treuhandvertrags erfasst auch die dem Treuhänder zur Ausführung des Vertrags erteilte Abschlussvollmacht.[154]

111

### c) Vergütungsvereinbarung

Geht es um den Werklohnanspruch des Unternehmers/Auftragnehmers, so ist in erster Linie auf die zwischen den Parteien abgeschlossene ausdrückliche Vergütungsvereinba-

112

---

146 Canaris NJW 1985, 2404f.; Staudinger-Peters, § 631 BGB, Rn. 74; MünchKomm-Busche, § 631 BGB, Rn. 53; LG Mainz NJW-RR 1998, 448; LG Bonn NJW-RR 1991, 180.
147 OLG Nürnberg BauR 2000, 1494 (BGH, Beschluss vom 25.01.2001 – Revision nicht angenommen).
148 BGH NJW 1984, 230; LG Görlitz NJW-RR 94, 117; Staudinger-Peters, § 631 BGB, Rn. 80.
149 OLG Hamm NJW-RR 1990, 523.
150 BGH BauR 1976, 128.
151 BauR 2001, 391.
152 BGH BauR 2001, 391; vgl. dazu die Lehre: Schmid, BauR 2001, 866; Pause, NZBau 2001, 181.
153 BGHZ 145, 265 (269ff.); BGH WM 2001, 2113 (2114f.), BGH WM 2002, 1273 (1274); BGH WM 2001, 2260 (2261).
154 BGH BauR 2003, 1269.

rung zurückzugreifen. In diesem Fall haben die Parteien mit der Vereinbarung eines Einheitspreis- bzw. eines Pauschalpreisvertrages entweder einen **Leistungsvertrag** oder mit der Vereinbarung eines Stundenlohn- bzw. Selbstkostenerstattungsvertrages einen **Aufwandsvertrag** abgeschlossen. Haben die Parteien keine ausdrückliche Vergütungsvereinbarung abgeschlossen, so kann der Unternehmer/Auftragnehmer seinen Vergütungsanspruch auf die in § 632 BGB enthaltenen Vermutung des Bestehens einer stillschweigenden Einigung über die Entgeltlichkeit stützen.

113 *aa) Vorliegen einer ausdrücklichen Vergütungsvereinbarung:* Stützt der Unternehmer/Auftragnehmer seinen Werklohnanspruch auf § 631 BGB, so muss er neben dem Abschluss eines Bauvertrages im Einzelnen darlegen und gegebenenfalls beweisen, dass zwischen den Parteien ausdrücklich eine bestimmte Vergütungsabrede (Vereinbarung eines Einheitspreis- bzw. eines Pauschalpreisvertrages oder Vereinbarung eines Stundenlohn- bzw. Selbstkostenerstattungsvertrages) abgeschlossen worden ist.

114 *(1) Einheitspreisvertrag:*[155] Bei der Vereinbarung eines Einheitspreisvertrages zerlegt der Besteller/Auftraggeber das vertraglich zu erstellende Werk in einem vorbereiteten Angebotsblankett nach Fertigungsgesichtspunkten in isolierte, nicht zwingend funktional zusammenhängende technische **Teilleistungen** (vgl. §§ 5 Nr. 1 a); 9 Nr. 6 VOB/A), die in einem **Leistungsverzeichnis** nach Ordnungszahlen (vgl. § 21 Nr. 1 Abs. 3 VOB/A) zusammengefasst werden. Hat der Besteller/Auftraggeber einen Architekten beauftragt, so handelt dieser bei der in der Leistungsphase 6 geschuldeten Ermittlung der Mengen und Aufstellung von Leistungsverzeichnissen als Erfüllungsgehilfe des Bestellers/Auftraggebers.

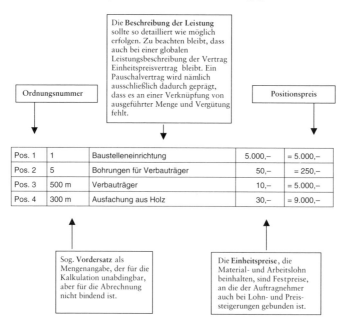

---

155 Weiterführend: Werner/Pastor, Rn. 1162 ff.; Kapellmann/Messerschmidt-Kapellmann, § 5 VOB/A, Rn. 10 ff.; Ingenstau/Korbion-Keldungs, § 5 VOB/A, Rn. 8 ff.; Staudinger-Peters, § 632 BGB, Rn. 4 f.

Auf der Grundlage des vom Besteller/Auftraggeber bzw. dessen Architekten als Erfüllungsgehilfe vorbereiteten Leistungsverzeichnisses kalkuliert der Unternehmer/Auftragnehmer die jeweiligen **Einheitspreise**. Die in dem Angebotsblankett vom Unternehmer/Auftragnehmer eingesetzten Einheitspreise, die von dem Besteller/Auftraggeber mit der Auftragsvergabe akzeptiert werden, sind grundsätzlich Festpreise, an die der Unternehmer/Auftragnehmer auch bei Lohn- und Preissteigerungen gebunden ist.[156]

Nachdem der Unternehmer/Auftragnehmer die vertraglich geschuldete Werkleistung erbracht hat, werden durch eine Aufmaßnahme die tatsächlich ausgeführten Mengen und Massen (sog. Vordersätze) ermittelt. Das BGB enthält, anders als die VOB/B,[157] keine besonderen Regelungen zum **Aufmaß**. Maßgeblich sind die vertraglichen Vereinbarungen. Diese finden sich häufig in den Allgemeinen Geschäftsbedingungen des Bestellers/Auftraggebers.

Auch wenn keine vertragliche Vereinbarung vorliegt, kann jede Partei ein gemeinsames Aufmaß verlangen. So dient ein gemeinsam genommenes Aufmaß der Klärung der Abrechnungsgrundlagen bei gleichzeitiger Vermeidung von Streitigkeiten.[158] Nach der Rechtsprechung des BGH kann der Unternehmer/Auftragnehmer jedenfalls dann das gemeinsame Aufmaß verlangen, wenn er eine Abnahme fordern kann.

Wird durch die Parteien ein **gemeinsames Aufmaß** genommen, stellt sich die Frage, ob die Parteien an die getroffenen Feststellungen gebunden sind. Haben die Parteien eine dementsprechende Bindungswirkung vereinbart, so ist die Rechtslage klar. Liegt keine Vereinbarung vor, so wird nach der Rechtsprechung der Instanzgerichte dann, wenn ein gemeinsames Aufmaß vereinbart wird oder wenn dem Verlangen der Gegenpartei nach gemeinsamer Aufmaßnahme nachgekommen wird, den Feststellungen eine Bindungswirkung wie bei einem **deklaratorischen Schuldanerkenntnis** zuerkannt.[159] Die Bindungswirkung kann in diesem Fall dann aber dennoch entfallen, wenn der Vertragspartner, der sich an ein gemeinsames Aufmaß nicht gebunden fühlt, im Einzelnen

---

156 Hat der Unternehmer/Auftragnehmer bei der Auswertung der ihm überreichten Angebotsunterlagen Fehleinschätzungen im Hinblick auf die prognostizierten Mengenangaben ermittelt, so wird er bestrebt sein, diese Schwachstellen in seiner Preisbildung positiv einfließen zulassen. Einer „kreativen" Angebotskalkulation kommt somit eine gewisse Schlüsselrolle im Bieterverfahren zu. Weiterführend: Biermann, Festschrift für Vygen, S. 134 ff.
157 Ist die VOB/B vereinbart, gilt gemäß § 1 Nr. 1 VOB/B gleichermaßen auch die VOB/C mit ihren technischen Vertragsbedingungen. Dazu gehören für die einzelnen Gewerke auch Aufmaßregelungen. Im Grundsatz gilt, dass die Leistung aus Zeichnungen zu ermitteln ist, sofern diese vorhanden sind, VOB/C DIN 18299 Abschnitt 5. Die für die Abrechnung erforderlichen Feststellungen sind auch beim BGB-Vertrag nach den DIN-Normen (VOB/C DIN 18299 Abschnitt 5) vorzunehmen, so weit diese der Verkehrssitte entsprechen; OLG Saarbrücken BauR 2000, 1322.
158 BGH BauR 2003, 1207.
159 OLG Düsseldorf OLGR 1994, 190; OLG Hamm BauR 1992, 242; KG OLGR 1995, 184; OLG Braunschweig BauR 2001, 413; MünchKomm-Busche, § 631 BGB, Rn. 121; Ingenstau/Korbion-Locher, § 14 Nr. 2 VOB/B, Rn. 9. Unstreitig wird man die Bindungswirkung in den Fällen bejahen, bei denen nach dem Bewusstsein der Parteien das Aufmaß später nicht mehr überprüfbar ist, etwa weil überbaut wird oder nach einer Kündigung weiter gebaut wird.

darlegt und beweist, dass ihm die die Unrichtigkeit begründenden Tatsachen erst nach dem gemeinsamen Aufmaß bekannt geworden sind.

119 In den Fällen, in denen eine deklaratorische Wirkung nicht bejaht werden kann, kommt eine Beweiswirkung in Betracht.[160] Diese Beweiswirkung hat der BGH auch angenommen, wenn der Besteller/Auftraggeber sich einem berechtigten Verlangen nach einem gemeinsamen Aufmaß widersetzt. Dem Unternehmer/Auftragnehmer bleibt dann nichts anderes übrig als ein **einseitiges Aufmaß** zu nehmen. Dessen Richtigkeit muss er im Prozess grundsätzlich nachweisen.[161] Ist dieser Nachweis jedoch nicht zu führen, weil die Überprüfung nicht mehr möglich ist (etwa durch Über- oder Weiterbau) hat der Besteller/Auftraggeber vorzutragen und zu beweisen, welche Massen zutreffend oder dass die vom Unternehmer/Auftragnehmer angesetzten Massen unzutreffend sind.[162]

120 Auf der Grundlage der tatsächlich angefallenen Mengen können nunmehr die einzelnen **Positionspreise** ermittelt werden. Der Positionspreis wie auch der Gesamtpreis des Angebots sind folglich nicht bindend. Das Risiko einer Mengenmehrung trägt somit der Besteller/Auftraggeber, das Risiko eines verminderten Mengenanfalls dem entgegen der Unternehmer/Auftragnehmer.

121 *(2) Pauschalpreisvertrag:*[163] Das Wesen eines Pauschalpreisvertrages wird in Abgrenzung zum Einheitspreisvertrag dadurch geprägt, dass es an einer **Verknüpfung von tatsächlich ausgeführter Menge und dem darauf aufbauend berechneten (Positions-)Preis** fehlt. Die vertraglich vorgesehene Leistung[164] ist also grundsätzlich zu dem vereinbarten Pauschalpreis zu erbringen, unabhängig davon, welchen tatsächlichen Aufwand sie für den Unternehmer/Auftragnehmer verursacht hat.[165]

122 Beim **Detailpauschalvertrag** wird der Umfang der vom Unternehmer/Auftragnehmer geschuldeten Leistungen unter Bezugnahme auf ein zur Grundlage des Vertrages gemachtes Leistungsverzeichnis festgelegt.[166] Dabei sind die einzelnen im Leistungsverzeichnis in Ansatz gebrachten Mengen mit dem festgelegten Positionspreis pauschal abgegolten. Spätere Mengenänderungen (im Beispielsfall bei der Pos. 3: 560 m anstelle von 500 m) führen demnach – anders als beim Einheitspreisvertrag – nicht dazu, dass die einzelnen Positionspreise anzupassen sind.[167] Eine Aufmaß wird nach Leistungserbringung nicht genommen.

---

160 BGH BauR 1974, 210; BauR 1975, 211; KG OLGR 1995, 184.
161 MünchKomm-Busche, § 631 BGB, Rn. 121.
162 BGH BauR 2003, 1207; BauR 2003, 1892; OLG Celle BauR 2002, 1863.
163 Weiterführend: Werner/Pastor, Rn. 1179 ff.; Kapellmann/Messerschmidt-Kapellmann, § 5 VOB/A, Rn. 28 ff.; Ingenstau/Korbion-Keldungs, § 5 VOB/A, Rn. 13 ff.; Staudinger-Peters, § 632 BGB, Rn. 6 f.
164 Inhalt, Art und Umfang des Pauschalpreisvertrages hängen folglich davon ab, inwieweit (bzw. in praxi wie detailliert) die Parteien die dem Pauschalpreis zugrunde liegenden Leistungen beschrieben haben.
165 BGH BauR 1984, 395.
166 OLG Düsseldorf OLGR 1995, 52; Werner/Pastor, Rn. 1179, 1189; Kapellmann/Schiffers, Bd. 2 Rn. 2; Vygen, Rn. 755; Ingenstau/Korbion-Keldungs, § 5 VOB/A, Rn. 18.
167 Allerdings werden später geforderte bzw. notwendige Zusatzarbeiten von dem Pauschalpreis nicht erfasst; BGH BauR 2002, 787; BauR 1984, 395; BauR 1995, 237; OLG Brandenburg BauR 2001, 1915.

Beispiel 1:

| Pos. 1 | 1 | Baustelleneinrichtung | 5.000,- € | = 5.000,- € |
| --- | --- | --- | --- | --- |
| Pos. 2 | 5 | Bohrungen für Verbauträger | 50,- € | = 250,- € |
| Pos. 3 | 500 m | Verbauträger | 10,- € | = 5.000,- € |
| Pos. 4 | 300 m | Ausfachung aus Holz | 30,- € | = 9.000,- € |

In der Praxis stellt sich immer wieder die Frage, ob die differenzierte Bau- und Leistungsbeschreibung mit Leistungsverzeichnis überhaupt zur Grundlage des Bauvertrages gemacht worden ist. Ist die differenzierte Bau- und Leistungsbeschreibung mit Leistungsverzeichnis direkt im laufenden Vertragstext enthalten, so ist dies nicht infrage zu stellen. Ist die differenzierte Bau- und Leistungsbeschreibung mit Leistungsverzeichnis dem entgegen in einer separaten Anlage enthalten, so muss der Vertrag diese Anlage ausdrücklich einbeziehen. Gleichsam darf kein Widerspruch zu einer im Vertragstext enthaltenen globalen Leistungsbeschreibung vorhanden sein. Liegt bei Vorbereitung des Vertragsabschlusses eine differenzierte Bau- und Leistungsbeschreibung mit Leistungsverzeichnis zugrunde und nehmen die Parteien später eine pauschalisierte funktionale Leistungsbeschreibung im Vertragstext auf, ist nicht mehr von einem Detailpauschalvertrag-, sondern vielmehr von einem Globalpauschalvertrag auszugehen.[168]

Es kann aber auch so sein, dass die Parteien die vom Unternehmer/Auftragnehmer zu erbringende Bauleistung funktional, das heißt nicht nach Teilschritten, sondern im Hinblick auf das bei der Abnahme abzuliefernde Leistungsergebnis beschreiben, die für den vereinbarten Pauschalpreis zu erbringen ist. Dabei kann die funktionale Beschreibung je nach Vertragsgestaltung sehr detailliert aber auch nur global ausfallen.[169] Beim **Pauschalvertrag mit funktionaler Leistungsbeschreibung** hat der Unternehmer/Auftragnehmer das Recht hat, über Inhalt und Umfang aller Details des Bauwerks selbst zu entscheiden, die der Besteller/Auftraggeber in seiner Ausschreibung offen lässt und die sich nicht aus öffentlich-rechtlichen oder sonstigen zwingenden gesetzlichen Bestimmungen oder nach den anerkannten Regeln der Technik oder dem vorgegebenen Standard bzw. dem architektonischen Anspruch des Bauwerks ergeben.[170] Gleichermaßen trägt der Unternehmer/Auftragnehmer aber auch die Risiken hinsichtlich einer Erkennbarkeit des Umfangs der übernommenen Verpflichtungen.[171]

Beispiel 2:

| 1 Stück | schlüsselfertiges unterkellertes Einfamilienhaus mit 150 m² Wohnfläche und Giebeldach | pauschal = 150.000,- € |
| --- | --- | --- |

---

168  BGH BauR 1997, 464.
169  Werner/Pastor, Rn. 1191f.
170  Vygen, Festschrift für Mantscheff, S. 459 (472).
171  BGH BauR 1997, 126; BGH NJW 1997, 1727.

**127** *(3) Stundenlohnarbeiten:*[172] Beim Stundenlohnvertrag vereinbaren die Parteien eine Vergütung der zu erbringenden Leistung, die nach einem vereinbarten Lohn pro Stunde berechnet wird. Maßgebende Berechnungsgrundlage für die geschuldete Vergütung ist die Anzahl der Stunden, die der Unternehmer/Auftragnehmer für die geschuldete Leistung aufgewandt hat. Welche Leistung nach Stundenlohn geschuldet ist, ergibt sich aus dem durch Auslegung zu ermittelnden Inhalt der vertraglichen Vereinbarung. In aller Regel wird die Berechtigung, den vereinbarten Stundenlohn abzurechnen, vertraglich an die Vorlage von Stundenzettel geknüpft. Inwieweit die Stundenzettel eine Vergütungsvoraussetzung oder lediglich eine Beweisurkunde sind, hängt von dem Inhalt der vertraglichen Vereinbarung ab.[173]

**128** Der Unternehmer/Auftragnehmer trägt grundsätzlich die **Darlegungs- und Beweislast** sowohl hinsichtlich der Vereinbarung einer bestimmten Vergütung als auch für die von ihm aufgewendeten Stunden.[174] Ferner muss der Unternehmer/Auftragnehmer den Beweis führen, dass die abgerechnete Leistung identisch ist mit der Leistung, die nach Stundenlohn zu vergüten ist. Insbesondere muss er die substantiierte Behauptung des Bestellers/Auftraggebers widerlegen, die abgerechneten Leistungen seien nach einer Einheitspreisabrede bereits durch die Einheitspreise abgegolten.[175] Hat der Besteller/Auftraggeber Stundenlohnzettel unterschrieben, so gilt folgendes: Mit seiner Unterschrift bestätigt der Besteller/Auftraggeber, dass der Unternehmer/Auftragnehmer die angegebenen Stunden gearbeitet hat und das angegebene Material angefallen ist. Dagegen erklärt er nicht endgültig und bindend, dass die angefallenen Stunden auch objektiv erforderlich waren. Der Besteller/Auftraggeber trägt die Darlegungs- und Beweislast dafür, dass die Anzahl der vom Unternehmer/Auftragnehmer für die vereinbarte Leistung berechneten Stunden unangemessen ist. Denn in einer unangemessen langen Arbeitsdauer liegt beim Stundenlohnvertrag eine Vertragsverletzung, die derjenige zu beweisen hat, der daraus Rechte herleitet.[176]

**129** *bb) Übliche Vergütung gemäß § 632 BGB:* Haben die Parteien einen Werkvertrag abgeschlossen und **keine Einigung über die Vergütung** erzielt, so ergibt sich aus § 632 Abs. 1 BGB, dass die Vergütung stillschweigend vereinbart ist, wenn die Herstellung des Werkes **den Umständen nach nur gegen eine Vergütung zu erwarten** ist.[177] Hervorzuheben bleibt, dass § 632 Abs. 1 BGB und die dort enthaltene Vermutungsregel nur dann zur Anwendung kommt, wenn die Parteien einen Bauvertrag abgeschlossen

---

172 Weiterführend: Kapellmann/Messerschmidt-Kapellmann, § 5 VOB/A, Rn. 37 ff.; Ingenstau/Korbion-Keldungs, § 5 VOB/A, Rn. 25 ff.; Staudinger-Peters, § 632 BGB, Rn. 8, 17 f.
173 Der nach dem vertraglichen Verfahren abgezeichnete Nachweis beweist also die Tatsache der Erbringung von Stundenlohnarbeiten, der bescheinigten Art und dem bescheinigten Umfang nicht mehr. Der Stundenlohnnachweis bewirkt damit nicht den Nachweis, dass die Arbeiten vertragsgemäß sind dass sie zur Erbringung der geschuldeten Leistung erforderlich waren, dass sie gesondert neben vereinbarten Einheits- oder Pauschalpreisen zu vergüten sind, dass die allgemeinen Voraussetzungen für die Vergütung von Stundenlohnarbeiten erfüllt sind.
174 KG NZBau 2001, 26; OLG Frankfurt NZBau 2001, 27; Staudinger-Peters, § 632 BGB, Rn. 18.
175 KG NZBau 2001, 26; OLG Frankfurt NZBau 2001, 27.
176 OLG Karlsruhe BauR 2003, 737; OLG Düsseldorf BauR 2003, 887.
177 BGH NZBau 2004, 498.

haben.[178] Folglich begründet § 632 Abs. 1 BGB keine gesetzliche Vermutung für das Zustandekommen eines Werkvertrages.

Neben dem Vorliegen eines Bauvertrages muss der Unternehmer/Auftragnehmer die Umstände darlegen und beweisen, auf der Grundlage deren der Schluss gerechtfertigt ist, dass seine Bauleistung nur gegen Vergütung zu erwarten war.[179] Beruft sich der Besteller/Auftraggeber dem entgegen darauf, dass die üblicherweise gegen Entgelt zu erbringende Leistung in Abweichung zu § 632 Abs. 1 BGB **unentgeltlich** erbracht werden sollte, so hat er das Vorliegen einer dementsprechenden Vereinbarung darzulegen und zu beweisen.[180]

130

Hat der Unternehmer/Auftragnehmer diese Hürde genommen, so kommt nunmehr § 632 Abs. 2 BGB zur Anwendung. Für den Fall, dass eine **Taxe** bestehen sollte, ist die taxmäßige Vergütung als vereinbart anzusehen. Es kommen hierbei aber nicht beliebige Gebührenordnungen der verschiedenen Berufsverbände in Betracht, sondern nur solche, die eine hoheitliche Preisfestsetzung enthalten, wie z.B. die HOAI. Fehlt eine solche Taxe, so ist die Vergütung nach der Üblichkeit zu bestimmen. Üblich ist diejenige Vergütung, die für Leistungen gleicher Art und Güte sowie gleichen Umfangs am Leistungsort nach allgemein anerkannter Auffassung bezahlt werden muss.[181] Für die **Orts- und Marktüblichkeit** der in Ansatz gebrachten Preise ist der Unternehmer/Auftragnehmer darlegungs- und beweisverpflichtet.

131

Wendet der Besteller/Auftraggeber bei Abrechnung nach § 632 Abs. 2 BGB die **Vereinbarung eines niedrigeren Preises** ein, bleibt der Unternehmer/Auftragnehmer verpflichtet, darzulegen und zu beweisen, dass eine solche Vergütungsvereinbarung nicht getroffen worden ist. Um aber den Unternehmer/Auftragnehmer, der insoweit einen negativen Beweis führen muss, nicht in unüberwindbare Beweisnot zu bringen, stellt der BGH erhöhte Anforderungen an die Darlegungslast des Bestellers/Auftraggebers. Der Besteller/Auftraggeber, der eine bestimmte Vergütungsabrede behauptet, muss diese Vereinbarung nach Ort, Zeit und Höhe der Vergütungsvereinbarung substantiiert darlegen. Sache des Unternehmers/Auftragnehmers ist es dann, die geltend gemachten Umstände zu widerlegen, die für die behauptete Vereinbarung sprechen könnten. An die Beweisführung sind keine zu strengen Anforderungen zu stellen.[182]

132

d) Fälligkeit des Werklohnanspruchs

*aa) Grundsatz:* Liegt ein BGB-Werkvertrag vor, so beurteilt sich die Fälligkeit der Vergütung des Unternehmers/Auftragnehmers für den Fall, dass die Parteien keine anderweitigen Sonderregelungen getroffen haben sollten, nach § 641 BGB.

133

---

178 BGHZ 136, 33; Werner/Pastor, Rn. 1134; Kapellmann/Messerschmidt-Kapellmann, § 2 VOB/B, Rn. 2; MünchKomm-Busche, § 632 BGB, Rn. 4.
179 BGH BauR 1987, 454; NJW 1957, 1555; OLG Köln OLGR 1994, 159; Staudinger-Peters, § 632 BGB, Rn. 34; MünchKomm-Busche, § 632 BGB, Rn. 25.
180 BGH NJW 1987, 2742; Werner/Pastor, Rn. 1113; Staudinger-Peters, § 632 BGB, Rn. 34; MünchKomm-Busche, § 632 BGB, Rn. 26.
181 BGH BauR 2001, 249; Werner/Pastor, Rn. 1138; Staudinger-Peters, § 632 BGB, Rn. 38; MünchKomm-Busche, § 632 BGB, Rn. 22.
182 BGH BauR 1992, 505; MünchKomm-Busche, § 632 BGB, Rn. 25.

## § 2 Die Ansprüche des Auftragnehmers

134 Unter einer Abnahme versteht man eine **körperliche Hinnahme** des Werkes verbunden mit der **Billigung** als der Hauptsache nach vertragsgemäßer Leistung.[183] Die Abnahme setzt voraus, dass die Bauleistung im Wesentlichen (bis auf geringfügige, also unwesentliche Mängel oder Restarbeiten) erbracht ist.[184] Eine Abnahme der Werkleistung des Unternehmers/Auftragnehmers und die damit verbundene Anerkennung sowie Billigung der Bauleistung kann auf unterschiedliche Weisen erfolgen:

135 *(1) Ausdrückliche Abnahme:* Von einer **ausdrücklichen Abnahme** spricht man immer dann, wenn diese durch eine empfangsbedürftige Erklärung des Bestellers/Auftraggebers, die in vielfältiger Hinsicht erfolgen kann, zum Ausdruck gebracht wird.[185] Ein Unterfall der ausdrücklichen Abnahme ist die sog. **förmliche Abnahme** mit gemeinsamer Überprüfung der Bauleistungen und Erstellung eines **Abnahmeprotokolls**.[186] Diese Abnahmeform ist in § 640 BGB (im Gegensatz zu § 12 Nr. 4 VOB/B) nicht vorgesehen. Sie muss deshalb zwischen den Parteien ausdrücklich vereinbart werden.[187]

136 Findet die zwischen den Parteien vereinbarte förmliche Abnahme nicht statt, kann es gleichwohl zu einer konkludenten Abnahme kommen. Dies setzt voraus, dass die Vertragsparteien die **Vereinbarung über die förmliche Abnahme** – gegebenenfalls auch konkludent –[188] **aufgehoben** haben. Es ist ferner denkbar, eine stillschweigende Aufhebung der Vereinbarung über die förmliche und vom Vorliegen einer stillschweigenden Abnahme auszugehen. Diese liegt jedenfalls in der Regel vor, wenn längere Zeit nach der Benutzung des Bauwerks keine der Parteien auf die förmliche Abnahme zurückkommt.[189] Unerheblich ist, ob die Parteien sich der Tatsache bewusst waren, dass eine förmliche Abnahme vorgesehen war oder ob sie das nur vergessen haben. Eine Aufhebung der Vereinbarung über die förmliche Abnahme und damit auch eine stillschweigende Abnahme ohne diese kommt jedoch nicht in Betracht, wenn der Besteller/Auftraggeber Mängel gerügt hat und dieses Verhalten ein Indiz dafür ist, dass er auf die förmliche Abnahme nach Mängelbeseitigung nicht verzichten wollte.[190]

137 *(2) Schlüssige Abnahme:* Die **schlüssige Abnahme** als besondere Abnahmeform ist im BGB nicht geregelt, nach ganz herrschender Meinung aber zulässig.[191] Sie setzt – wie die ausdrückliche Abnahme – ein vom Willen des Bestellers/Auftraggebers getragenes Verhalten voraus (Abnahmewillen). Daher ist eine stillschweigend erklärte und damit schlüssige Abnahme immer dann gegeben, wenn der Besteller/Auftraggeber durch sein

---

[183] BGHZ 48, 262; 50, 160 (162); BauR 1974, 67 (68); Staudinger-Peters, § 640 BGB, Rn. 3; MünchKomm-Busche, § 640 BGB, Rn. 3.
[184] BGH BauR 1970, 48; BauR 1971, 60; BauR 1972, 251 (252).
[185] Werner/Pastor, Rn. 1348f.; MünchKomm-Busche, § 640 BGB, Rn. 6; Staudinger-Peters, § 640 BGB, Rn. 16.
[186] Werner/Pastor, Rn. 1350; MünchKomm-Busche, § 640 BGB, Rn. 16; Staudinger-Peters, § 640 BGB, Rn. 19.
[187] Die Vereinbarung einer förmlichen Abnahme in Allgemeinen Geschäftsbedingungen ist zulässig; BGH BauR 1996, 378; Siegburg, Rn. 288.
[188] BGH BauR 2001, 296; Staudinger-Peters, § 640 BGB, Rn. 19.
[189] BGH BauR 1977, 344; Kapellmann/Messerschmidt-Havers, § 12 VOB/B, Rn. 20, 21, 85; Werner/Pastor, Rn. 1355; Heiermann/Riedl/Rusan, § 12 Nr. 4 VOB/B, Rn. 9.
[190] BGH BauR 2001, 296.
[191] Werner/Pastor, Rn. 1353; MünchKomm-Busche, § 640 BGB, Rn. 17f.

Verhalten zum Ausdruck bringt, dass er das Bauwerk als im Wesentlichen vertragsgerecht ansieht.[192]

**bb) Ausnahme:** Die Fälligkeit von Abschlagszahlungen gemäß § 632a BGB: Trotz der aus § 641 BGB resultierenden Vorleistungspflicht kann der Unternehmer/Auftragnehmer beim BGB-Bauvertrag gemäß § 632a BGB für in sich abgeschlossene Teilleistungen auch ohne Vorliegen einer Teilabnahme Abschlagszahlungen gegenüber dem Besteller/Auftraggeber geltend machen.[193]

Voraussetzung für § 632a BGB ist, dass der Unternehmer/Auftragnehmer eine **in sich abgeschlossene Teilleistung** vertragsgemäß erbracht hat, oder **Stoffe oder Bauteile** eigens angefertigt oder angeliefert worden sind, und dem Besteller/Auftraggeber Eigentum an den Teilen des Werkes, an den Stoffen oder Bauteilen übertragen oder Sicherheiten hierfür geleistet hat. Von einer abgeschlossenen Teilleistung ist dann auszugehen, wenn diese selbstständig werthaltig, eigenständig nutzbar sowie bewertbar und damit abrechnungsfähig ist.[194] Die Funktionalität der Leistung ist, anders als bei § 12 Nr. 2 VOB/B, kein geeignetes Abgrenzungskriterium.[195]

Streitig ist die Frage, wie man den in § 632a BGB enthaltenen Passus zur „**vertragsgemäßen Leistung**" zu verstehen hat. Teilweise wird vertreten, dass das Werk keinerlei Mängel haben darf.[196] Nach der Rechtsprechung zur insoweit vergleichbaren VOB-Regelung kann der Besteller/Auftraggeber die Vergütung für den der fertig gestellten Leistung entsprechenden Wert verlangen. Der Besteller/Auftraggeber hat jedoch wegen der Mängel ein Zurückbehaltungsrecht in Höhe eines angemessenen Betrages, der mit dem Zwei- bis Dreifachen der Mängelbeseitigungskosten zu bemessen ist.[197] [198]

Der gesetzliche Anspruch auf Abschlagszahlungen wird gemäß § 271 BGB mit Vorliegen der vorgenannten gesetzlichen Voraussetzungen fällig. Es bedarf zwar grundsätz-

---

192  Eine schlüssige Abnahme kommt z.B. in Betracht durch: Die vorbehaltlose Zahlung des restlichen Werklohns (BGH BauR 1970, 48); die bestimmungsgemäße Ingebrauchnahme (BGH BauR 1985, 200); den Bezug des Hauses bzw. die Übernahme des Bauwerks (BGH BauR 1975, 344); die Übergabe der Hausschlüssel an den Erwerber nach Besichtigung des Hauses (OLG Hamm BauR 1993, 374); die rügelose Benutzung des Werkes oder der Bauleistung; die Erstellung einer Gegenrechnung durch den Besteller/Auftraggeber; die Unterschrift unter eine Auftrags- und Ausführungsbestätigung des Auftraggebers bei gleichzeitiger Rüge kleiner Mängel (OLG Düsseldorf BauR 1998, 126); den Einbehalt eines Betrages für gerügte Mängel im Rahmen eines Schlussgesprächs über die Restforderung des Auftragnehmers (OLG Koblenz NJW-RR 1994, 786); weiteren Aufbau durch den Besteller/Auftraggeber auf die Leistung des Unternehmers/Auftragnehmers (OLG Düsseldorf BauR 2001, 423).
193  Werner/Pastor, Rn. 1218; Staudinger-Peters, § 632a BGB, Rn. 4; MünchKomm-Busche, § 632a BGB, Rn. 4.
194  Staudinger-Peters, § 632a BGB, Rn. 4; MünchKomm-Busche, § 632a BGB, Rn. 4.
195  Werner/Pastor, Rn. 1218a; Kraus, BauR 2001, 1 (9); Motzke, NZBau 2000, 489; Kniffka, ZfBR 2000, 227; Voppel, BauR 2001, 1165; Rodemann, BauR 2002, 863.
196  Von Craushaar, BauR 2001 473; Kirberger, BauR 2001, 499; Heinze, NZBau 2001, 237.
197  BGH BauR 1988, 474; BauR 1981, 577; Staudinger-Peters, § 632a BGB, Rn. 7; MünchKomm-Busche, § 632a BGB, Rn. 6.
198  Ob das Leistungsverweigerungsrecht vor der Abnahme auch in Höhe des mindestens Dreifachen der Mängelbeseitigungskosten besteht, ist ungeklärt. Das Gesetz regelt in § 641 Abs. 3 BGB nur das Leistungsverweigerungsrecht nach der Abnahme in dieser Höhe. Mit Rücksicht darauf, dass die Festlegung auf das mindestens Dreifache ohnehin verfehlt ist und gerade während der Bauausführung die Liquidität des Unternehmers/Auftragnehmers durch ein zu hohes Leistungsverweigerungsrecht ernsthaft gefährdet werden kann, ist Zurückhaltung geboten.

lich keiner Rechnungserteilung für die Fälligkeit, ohne Vorliegen einer prüfbaren Abrechnung wird der Anspruch in einem Prozessverfahren allerdings nicht schlüssig darzulegen sein. Zudem tritt ohne Vorliegen einer prüfbaren Abrechnung regelmäßig kein Verzug ein, da eine schuldhafte Zahlungsverzögerung nur dann zu bejahen ist, wenn der Besteller/Auftraggeber in die Lage ist, die Berechtigung der Forderung überprüfen zu können.[199]

142  Die **Abschlagsforderung** kann selbstständig eingeklagt werden. Die Klage auf Abschlagszahlung hat einen anderen Streitgegenstand als die Klage auf Zahlung der Schlussforderung.[200] In älteren Entscheidungen hat der Bundesgerichtshof die Auffassung vertreten, der Übergang von der Abschlagszahlungsklage auf die Schlusszahlungsklage sei keine Klageänderung.[201] Diese Auffassung hat er inzwischen aufgegeben. Der Übergang ist eine Klageänderung, die jedoch in aller Regel sachdienlich ist.[202]

143  *cc) Vorliegen einer fiktiven Abnahme der Bauleistung*
*(1) Fertigstellungsbescheinigung gemäß § 641a BGB:* Mit dem Gesetz zur Beschleunigung fälliger Zahlungen wurde mit Wirkung zum 01.05.2000 eine völlig neue Abnahmevariante geschaffen. Gemäß § 641a BGB steht es einer Abnahme gleich, wenn dem Unternehmer/Auftragnehmer von dem Gutachter eine Bescheinigung darüber erteilt wird, dass das versprochene Werk hergestellt ist und das Werk frei von jeglichen – also auch unwesentlichen – Mängeln ist, die der Besteller/Auftraggeber gegenüber dem Gutachter behauptet hat oder für den Gutachter bei einer Besichtigung feststellbar sind. Diese Fertigstellungsbescheinigung wird der Abnahme gleichgestellt. Das förmliche Verfahren zur Abgabe der Fertigstellungsbescheinigung ist im Einzelnen in § 641a Abs. 2 bis 5 BGB vom Gesetzgeber festgeschrieben worden.[203, 204]

144  *(2) Fiktive Abnahme gemäß § 640 Abs. 1 Satz 3 BGB:* Gemäß § 640 Abs. 1 Satz 3 BGB steht es der Abnahme gleich, wenn der Besteller/Auftraggeber die Bauleistungen nicht innerhalb einer ihm vom Unternehmer/Auftragnehmer bestimmten angemessenen Frist abnimmt, obwohl er dazu verpflichtet ist.[205]

---

199 Insbesondere muss aus der Rechnung der abgerechnete Leistungsstand hervorgehen. Dies bereitet insbesondere bei Pauschalpreisverträgen erhebliche Probleme.
200 BGH BauR 1999, 267.
201 BGH BauR 1985, 360; BauR 1987, 452.
202 BGH BauR 1999, 267.
203 Werner/Pastor, Rn. 1357 ff.; Staudinger-Peters, § 641a BGB, Rn. 8 ff.; MünchKomm-Busche, § 641a BGB, Rn. 13 ff.
204 Beachte: Der Gutachter darf die Mangelfreiheit nur bescheinigen, wenn das Werk frei von den behaupteten oder ihm erkennbaren Mängeln ist. Die Fertigstellungsbescheinigung verlangt ein mangelfreies Werk, es ist nicht ausreichend, dass das Werk abnahmereif im Sinne des neuen § 640 Abs. 1 Satz 2 BGB ist.
205 Die fiktive Abnahme hat gegenüber der förmlichen Abnahme den Nachteil, dass der Zeitpunkt der Abnahme und deren Voraussetzungen nicht feststehen. Fehlt es an einem zeitlich eindeutig fixierten Abnahme durch eine förmliche Abnahme, überlassen die Parteien es den Gerichten festzulegen, ob und gegebenenfalls zu welchem Zeitpunkt die Abnahmewirkungen eingetreten sind. Bestehende Unsicherheiten über den Zeitpunkt, in dem die Abnahmewirkungen eingetreten sind, haben nicht selten zur Folge, dass die Einstandspflichten und Gewährleistungsrisiken falsch eingeschätzt werden, Ansprüche geltend gemacht werden, die nicht mehr oder noch nicht bestehen. Es besteht das Risiko, dass aufgrund einer unzutreffenden Beurteilung der Vertragssituation Ansprüche verloren gehen oder durch falsche Verhaltensweisen zusätzliche Risiken begründet werden, wie beispielsweise durch unberechtigte Verweigerung der Mängelbeseitigung oder der Zahlung, unbegründete Kündigungen, unterlassene Fristsetzungen oder Mahnungen.

Voraussetzung ist, dass eine vom Unternehmer/Auftragnehmer bestimmte **angemessene Frist** abgelaufen ist. Der Unternehmer/Auftragnehmer muss also, um die Abnahmewirkungen des § 640 Abs.1 Satz 3 BGB auszulösen, zur Abnahme auffordern und diese Aufforderung mit einer Fristsetzung verbinden. Welche Frist angemessen ist, hängt von den Umständen des Einzelfalles, insbesondere dem Umfang des erbrachten Werkes ab.[206] Ein Anhaltspunkt kann die Frist des § 12 Nr. 1 VOB/B liefern, wonach das Werk innerhalb von 12 Werktagen abzunehmen ist.[207] Weiterhin ist für § 640 Abs. 1 Satz 3 BGB erforderlich, dass die Leistung **vertragsgemäß** erbracht worden ist. Nach herrschender Meinung konnte der Besteller/Auftraggeber beim BGB-Bauvertrag bislang die Abnahme auch bei unwesentlichen Mängeln verweigern. Dieses Abnahmeverweigerungsrecht entfiel nur, wenn sich der Besteller/Auftraggeber auf ein ganz bedeutenden Mangel stützte und sich deshalb der Verweigerung der Abnahme als ein Verstoß gegen Treu und Glauben darstellte. Nach § 640 Abs. 1 Satz 2 BGB kann nunmehr die Abnahme wegen **unwesentlicher Mängel** nicht mehr verweigert werden.[208]

145

*dd) Entbehrlichkeit einer Abnahme der Bauleistung für die Fälligkeit des Werklohnanspruchs:* Zu einer Fälligkeit des Werklohnanspruchs ohne Abnahme kommt es, wenn der Auftraggeber **die Erfüllung des Vertrages grundlos ablehnt**. In diesem Fall kann der Auftragnehmer die Bezahlung des Werklohns schon vor Fertigstellung und Abnahme des Werkes nach Treu und Glauben verlangen.[209] Auf eine Abnahme kommt es auch dann nicht an, wenn das Vertragsverhältnis vor der Fertigstellung der geschuldeten Bauleistung **vorzeitig aufgelöst oder gekündigt** worden ist.[210, 211, 212] Gleichermaßen ist eine Abnahme im Falle der berechtigten Abnahmeverweigerung dann nicht erforderlich, wenn der Auftraggeber gegenüber dem Werklohnanspruch des Auftragnehmers nur noch Schadensersatzansprüche wegen Mängeln geltend macht, weil der Auftraggeber damit die weitere Erfüllung des Vertrages durch den Auftragnehmer (Mängelbeseitigung) ablehnt, sodass nunmehr eine endgültige Abrechnung über die Bauleistung des Auftragnehmers einerseits und den Schadensersatzanspruch des Auftraggebers andererseits zu erfolgen hat.[213] Fraglich bleibt, unter welchen Voraussetzungen in diesem

146

---

206 Staudinger-Peters, § 640 BGB, Rn. 45; MünchKomm-Busche, § 640 BGB, Rn. 26.
207 Eine Fristsetzung ist nach allgemeinen Grundsätzen entbehrlich, wenn der Besteller die Abnahme von vornherein endgültig unberechtigt verweigert. Die Fristsetzung wäre dann reine Förmelei, MünchKomm-Busche, § 640 BGB, Rn. 27; Staudinger-Peters, § 640 BGB, Rn. 45.
208 Staudinger-Peters, § 640 BGB, Rn. 45, 34; MünchKomm-Busche, § 640 BGB, Rn. 12 ff.
209 BGHZ 50, 175; NJW 1990, 3008 (3009).
210 BGH BauR 1987, 95; Staudinger-Peters, § 641 BGB, Rn. 8.
211 Nach der Rechtsprechung des BGH treten die Abnahmewirkungen, abgesehen von der Fälligkeit der Werklohnforderung, erst mit der Abnahme der bis zur Kündigung erbrachten Leistung ein, BGH BauR 2003, 689.
212 Gegenstand der Abnahme ist die bis zur Kündigung erbrachte Leistung des Auftragnehmers. Die Kündigung beendet den Vertrag für die Zukunft, sie berührt die bis zur Kündigung entstandenen Erfüllungsansprüche der Vertragsparteien regelmäßig nicht. Die Kündigung des Vertrages beschränkt den Umfang der vom Auftragnehmer geschuldeten Werkleistung auf den bis zur Kündigung erbrachten Teil und seinen Vergütungsanspruch auf diesen Leistungsteil der ursprünglich geschuldeten Leistung. Sie beendet nicht das Erfüllungsstadium des Vertrages. Mit der Abnahme treten die Erfüllungswirkungen der durch die Kündigung beschränkten vertraglich geschuldeten Werkleistung ein. Die Abnahme hat unter anderem zur Folge, dass dem Auftraggeber statt der Ansprüche aus § 4 Nr. 7 VOB/B die umgewandelten Ansprüche aus § 13 Nr. 5 bis 7 Abs. 1, 2 VOB/B zustehen, die vorbehaltlich des § 13 Nr. 7 Abs. 3 VOB/B gemäß § 13 Nr. 4 VOB/B verjähren.
213 BGH BauR 2000, 98; BauR 2002, 1295; BauR 2003, 88.

Fall die übrigen Abnahmewirkungen eintreten. Vor dem Hintergrund der Rechtsprechung des BGH zum Erfordernis der Abnahme im gekündigten Vertrag[214] ist davon auszugehen, dass die Grundsätze dieser Entscheidung auf die hier in Frage stehende Fallkonstellation übertragen werden. Den Vertragsparteien ist also zu anzuraten, eine Abnahme durchzuführen, damit die übrigen Abnahmewirkungen eintreten.

147 Gleichermaßen ist eine Abnahme dann nicht erforderlich, wenn der Besteller/Auftraggeber gegenüber dem Werklohnanspruch des Unternehmers/Auftragnehmers nur noch Schadensersatzansprüche wegen Mängeln geltend macht, weil der Besteller/Auftraggeber damit die weitere Erfüllung des Vertrages durch den Unternehmer/Auftragnehmer (Mängelbeseitigung) ablehnt, sodass nunmehr eine endgültige Abrechnung über die Bauleistung des Unternehmers/Auftragnehmers einerseits und den Schadensersatzanspruch des Bestellers/Auftraggebers andererseits zu erfolgen hat.[215]

148 *ee) Durchgriffsfälligkeit gemäß § 641 Abs. 2 BGB:* Gemäß § 641 Abs. 2 BGB, der vor allem Bauträger- und Generalübernehmerverträge sowie alle **Dreiecksbeziehungen** zwischen **Bauherr/Hauptunternehmer/Subunternehmer** betrifft, wird die Vergütung des Unternehmers/Auftragnehmers für ein Werk, dessen Herstellung der Besteller/Auftraggeber einem Dritten versprochen hat, spätestens fällig, wenn und soweit der Besteller/Auftraggeber von dem Dritten für das versprochene Werk wegen dessen Herstellung seine Vergütung oder Teile davon erhalten hat. Hat der Besteller/Auftraggeber dem Dritten wegen möglicher Mängel des Werkes Sicherheit geleistet, gilt dies nur, wenn der Unternehmer/Auftragnehmer dem Besteller/Auftraggeber Sicherheit in entsprechender Höhe leistet.

149 Ziel dieser Regelung einer Durchgriffsfälligkeit ist es, der immer wieder beobachteten Praxis entgegenzuwirken, dass der Bauträger/Generalübernehmer nach Herstellung der Einzelnen Gewerke eine Vergütung von seinem Besteller/Auftraggeber einfordert und auch erhält, aber nicht an den Unternehmer/Auftragnehmer weiterleitet, der das Werk tatsächlich hergestellt hat.[216] Mit Eingang der für das jeweilige Gewerk anfallenden Vergütung beim Bauträger/Generalübernehmer wird nunmehr auch die Vergütung des Unternehmers/Auftragnehmers fällig, der die Werkleistung erbracht hat. Der Subunternehmer hat allerdings keinen uneingeschränkten Zahlungsanspruch, wenn sein Besteller/Auftraggeber (Bauträger/Generalübernehmer) Zahlungen nur gegen Sicherheit erhalten hat. Dann kann er die Vergütung nur fordern, wenn er selbst in entsprechender Höhe Sicherheit leistet.[217]

150 Charakteristisch für die von § 641 Abs. 2 BGB erfassten Leistungsketten ist, dass sich die jeweiligen vertraglichen Leistungspflichten auf dieselben Gegenstände beziehen. Es muss also **Leistungsidentität** bestehen, wobei eine partielle Identität der Gegenstände ausreicht. Jedenfalls muss die Leistung, die der Unternehmer/Auftragnehmer zu erbringen hat, auch Inhalt der Verpflichtung des Bestellers/Auftraggebers gegenüber dem Dritten sein. Wegen des Erfordernisses der Leistungsidentität muss der Dritte gegen-

---

214 BGH BauR 2003, 689.
215 BGH BauR 2000, 98; BauR 2002, 1295; BauR 2003, 88.
216 Staudinger-Peters, § 641 BGB, Rn. 38; MünchKomm-Busche, § 641 BGB, Rn. 20.
217 MünchKomm-Busche, § 641 BGB, Rn. 26.

über dem Besteller/Auftraggeber gerade Zahlungen für diejenige Leistung erbringen, zu der sich der Unternehmer/Auftragnehmer gegenüber dem Besteller/Auftraggeber verpflichtet hat. Zahlt der Dritte wegen anderer Leistungen des Bestellers/Auftraggebers, die nicht Gegenstand des Werkvertrages zwischen Besteller/Auftraggeber und Unternehmer/Auftragnehmer sind, ist § 641 Abs. 2 BGB nicht anwendbar. Worauf der Dritte im Einzelfall geleistet hat, kann zweifelhaft sein, dies konkret zu ermitteln, ist jedoch wegen der daran anknüpfenden Wirkungen in jedem Fall zwingend erforderlich.

Ist die Leistung des Subunternehmers mit **Mängeln** behaftet, hat der Besteller/Auftraggeber aber den vollen Werklohn erhalten, kann dieser die Zahlung nicht mit dem Hinweis auf sein Recht der Abnahmeverweigerung gemäß § 640 BGB ablehnen. Vielmehr kann er nur bezüglich der Mängel einen entsprechenden Einbehalt vornehmen. Der Höhe nach richtet sich dieser nach § 641 Abs. 3 BGB, weil auch der Besteller/Auftraggeber des Unternehmers/Auftragnehmers ein berechtigtes Interesse daran hat, dass der Unternehmer/Auftragnehmer die Mängel schnell und umfassend beseitigt.[218]

### e) Vorliegen einer prüfbaren Abrechnung der erbrachten Bauleistungen

Der Anspruch auf Abschlagszahlungen gemäß § 632a BGB wird nicht von dem Stellen einer prüfbaren Abschlagsrechnung (anders bei § 16 Nr. 1 VOB/B) abhängig gemacht.[219] Gleichermaßen ist die **Prüfbarkeit** einer Schlussrechnung beim BGB-Bauvertrag **keine Fälligkeitsvoraussetzung**.[220] Dies bedeutet aber nicht, dass ein Unternehmer/Auftragnehmer ohne Vorliegen einer prüfbaren Abrechnung seiner Leistungen einen Vergütungsanspruch erfolgreich geltend machen wird.

So muss eine schlüssige Abrechnung schon deshalb vorliegen, weil ohne prüfbare Abrechnung der Vergütungsanspruch des Unternehmers/Auftragnehmers **im Prozess** nicht **schlüssig darzulegen** sein wird. Dabei sind nach der Rechtsprechung im Hinblick auf die Schlüssigkeitsprüfung bei der Vergütung eines BGB-Einheitspreisvertrages dieselben Anforderungen zu stellen, wie an die Prüfbarkeit einer Schlussrechnung beim VOB-Bauvertrag.[221] Die Anforderungen an die **Prüfbarkeit der Schlussrechnung** sind in der VOB/B in **§ 14 Nr. 1 VOB/B** geregelt. Es handelt sich um Mindestanforderungen, die grundsätzlich auch im BGB-Bauvertrag gelten.[222] Danach ist die Rechnung übersichtlich aufzustellen und sind die in den Vertragsbestandteilen enthaltenen Bezeichnungen zu verwenden. Die zum Nachweis von Art und Umfang der Leistung erforderlichen Mengenberechnungen, Zeichnungen und andere Belege sind beizufügen. Änderungen und Ergänzungen des Vertrages sind in der Rechnung besonders kenntlich zu machen; sie sind auf Verlangen getrennt abzurechnen. Die Anforderungen

---

218 OLG Nürnberg NJW-RR 2003, 1526; Werner/Pastor, Rn. 1338; Stapenhorst, DB 2000, 909 (910f.); a.A. MünchKomm-Busche, § 641 BGB, Rn. 27; Kniffka, BauR 2000, 227 (232); Palandt-Sprau, § 641 BGB, Rn. 8.
219 Die Parteien können beim BGB-Bauvertrag allerdings vereinbaren, dass ein gemeinsames Aufmaß zu nehmen ist. In dieser Vereinbarung liegt nicht ohne weiteres die Vereinbarung einer Fälligkeitsvoraussetzung. Eine Klage kann also dann auch auf ein einseitiges Aufmaß gestützt werden; BGH BauR 1999, 1185.
220 BGH BauR 1981, 199; BauR 1982, 377.
221 Vgl. insoweit die Ausführungen unter Rn. 176ff.
222 OLG Hamm OLGR 1996, 113; OLG Celle BauR 1997, 1052; Staudinger-Peters, § 641 BGB, Rn. 28; MünchKomm-Busche, § 641 BGB, Rn. 13.

der Prüfbarkeit sollen gewährleisten, dass der Besteller/Auftraggeber die Berechtigung des Vergütungsanspruches ohne Weiteres nachvollziehen kann.[223]

154 Zudem wird ohne Vorliegen einer prüfbaren Abrechnung der erbrachten Leistungen beim BGB-Bauvertrag regelmäßig **kein Verzug** eintreten. Dem Besteller/Auftraggeber, der in Ermangelung des Vorliegens einer prüfbaren Abrechnung nicht in der Lage ist, eine Zahlungspflicht zu beurteilen, ist nämlich der für die Begründung eines Verzuges notwendige Verschuldensvorwurf (vgl. § 286 Abs. 4 BGB) nicht zu machen.[224] Schließlich hat der Besteller/Auftraggeber bis zum Vorliegen einer Rechnung auch ein Leistungsverweigerungsrecht.[225]

155 Muster: Werklohnklage beim BGB-Pauschalpreisvertrag

Landgericht ■■■

Klage

der ■■■ GmbH ■■■

Klägerin

Prozessbevollmächtigte: ■■■

gegen

den ■■■, ■■■,

Beklagten

wegen: Werklohnanspruch aus Bauvertrag,

Streitwert: EUR 26.945,26.

Namens und in Vollmacht der Klägerin erheben wir gegen den Beklagten Klage und werden im Termin zur mündlichen Verhandlung beantragen:

Der Beklagte wird verurteilt, an die Klägerin EUR 26.945,26 nebst Zinsen in Höhe von fünf Prozentpunkten über dem Basiszinssatz hieraus seit dem 03. Januar 2005 zu bezahlen.

Falls das Gericht ein schriftliches Vorverfahren anordnet, wird schon jetzt für den Fall, dass der Beklagte nicht rechtzeitig seine Verteidigungsabsicht erklärt, der Erlass eines Versäumnisurteils im schriftlichen Verfahren beantragt.

Begründung:

Mit der vorliegenden Klage begehrt die Klägerin für zahlreiche Maurerarbeiten in dem im Eigentum des Beklagten stehenden Mehrfamilienhauses ■■■ in ■■■ eine Zahlung restlichen Werklohns aus einer Schlussrechnung.
1. Die Parteien haben am 13. August 2004 einen schriftlichen Pauschalpreis-Bauvertrag über die Erbringung von Maurerarbeiten abgeschlossen. Die VOB/B ist nicht zur Grundlage des Vertrages erklärt worden. Der Pauschalpreisvertrag beinhaltet eine detaillierte

---

223 Staudinger-Peters, § 641 BGB, Rn. 28 ff.; MünchKomm-Busche, § 641 BGB, Rn. 13.
224 BGH BauR 1989, 87 (88); OLG Frankfurt BauR 1997, 856; MünchKomm-Busche, § 641 BGB, Rn. 8.
225 OLG München NJW 1988, 270; MünchKomm-Busche, § 641 BGB, Rn. 8; Staudinger-Peters, § 641 BGB, Rn. 25.

Leistungsbeschreibung mit Leistungsverzeichnis. Das auf Einheitspreisbasis abgegebene Angebot der Klägerin belief sich auf EUR 81.345,26. In dem am 13. August 2004 abgeschlossenen Bauvertrag einigten sich die Parteien auf einen Pauschalpreis von EUR 75.000,– für alle im Vertrag genannten Arbeiten.
Beweis: Bauvertrag vom 13. August 2004 nebst Leistungsbeschreibung mit Leistungsverzeichnis – Anlage K1.
2. In der Zeit vom 20. August 2004 bis zum 11. September 2004 hat die Klägerin die geschuldeten Maurerarbeiten vertragsgerecht ausgeführt.
Mit Einwurfeinschreiben vom 23. September 2004 wurde der Beklagte unter Fristsetzung zum 15. Oktober 2004 aufgefordert, die Arbeiten der Klägerin abzunehmen. Zu den von der Klägerin vorgeschlagenen Abnahmeterminen am 05. und 07. Oktober 2004 ist der Beklagte nicht erschienen.
Die Leistungen der Klägerin sind vertragsgerecht und mangelfrei erbracht worden.
Beweis: Sachverständigengutachten.
Eine fiktive Abnahme der Leistungen der Klägerin ist gemäß § 640 Abs. 1 Satz 3 BGB zu bejahen.
3. Mit Schlussrechnung vom 3. November 2004 rechnete die Klägerin ihre Leistungen endgültig ab.
Beweis: Schlussrechnung vom 3. November 2004 – Anlagenkonvolut K2.
Die Schlussrechnung weist als rechnerischen Ausgangspunkt die vereinbarte Pauschalsumme aus, ebenso die geleisteten Abschlagszahlungen und stellt den abgerechneten Leistungsumfang dar. Sie ist prüfbar und schließt mit einem noch offenen Restbetrag in Höhe von EUR 26.945,26. Dieser errechnet sich aus der vereinbarten Pauschalsumme in Höhe von EUR 75.000,00 abzgl. erhaltener und ausgewiesener Abschlagszahlungen in Höhe von insgesamt EUR 48.054,74.
Die vertraglich vereinbarte Gewährleistungssicherheit in Höhe von 5% hat die Klägerin am 08. November 2004 durch Übergabe einer unbefristeten Bankbürgschaft der ▆▆▆ Bank AG in Höhe von EUR ▆▆▆ geleistet.
Beweis: Bankbürgschaft der ▆▆▆ Bank AG, – Anlage K3.
4. Mit Schreiben vom 12. November 2004 hat der Beklagte die Auffassung vertreten, die Leistungen der Klägerin seien nicht abgenommen worden. Zudem stützt sich der Beklagte auf einen von ihm zu Unrecht behaupteten Vertragsstrafeanspruch gegen die Klägerin wegen verspäteter Fertigstellung ihrer Leistungen und rechnet diesen gegen den noch offenen Schlussrechnungsbetrag.
Es erübrigt sich eine Erörterung, ob zwischen den Parteien überhaupt eine wirksame Vertragsstrafevereinbarung getroffen worden ist und ob sich die Klägerin tatsächlich in Verzug befunden hat. Beides ist offensichtlich nicht der Fall. Etwaige Vertragsstrafeansprüche des Beklagten scheitern bereits daran, dass solche Vertragsstrafeansprüche nicht bis zum 15. Oktober 2004, dem Ablauf der von Seiten der Klägerin gesetzten angemessenen Frist zur Abnahme gemäß § 640 Abs. 1 Satz 3 BGB vorbehalten wurden, vgl. § 341 Abs. 3 BGB. Ein etwaiger Vertragsstrafeanspruch ist somit erloschen.
5. Die Schlussrechnung ist dem Beklagten am 05. November 2004 zugegangen; die Restforderung ist demnach seit dem 06. November 2004 fällig. Zahlung unterblieb ohne jeden Kommentar.
Mit Einwurfeinschreiben vom 18. November 2004 mahnte die Klägerin den Beklagten und setzte Nachfrist zur Bezahlung des offenen Rechnungsbetrages bis zum 03. Dezember 2004.
Beweis: Schreiben vom 18. November 2004 – Anlage K4.

Die Nachfrist verstrich fruchtlos; bis zum heutigen Tag hat der Beklagte auf die Schlussrechnung der Klägerin nichts bezahlt. Seit dem 04. Dezember 2004 muss der Beklagte nach §§ 280 Abs. 1, 2; 286 Abs. 2, 288 Abs. 1 BGB Zinsen bezahlen.

Rechtsanwalt

**2. Beim VOB-Bauvertrag: §§ 631, 632 i.V.m. §§ 12, 14, 16 VOB/B**

a) Vorliegen eines Werkvertrages bei wirksamer Einbeziehung der VOB/B

156 Auch bei einem VOB-Bauvertrag ist für den Werklohnanspruch des Auftragnehmers Grundvoraussetzung, dass zwischen den Parteien ein **wirksamer Werkvertrag** zustande gekommen ist. Zudem muss die VOB/B in das Vertragsverhältnis wirksam einbezogen worden sein.[226]

b) Vergütungsvereinbarung

157 *aa) Vorliegen einer ausdrücklichen Vergütungsvereinbarung:* § 2 VOB/B modifiziert die Vergütungsregelung der §§ 631 ff. BGB. Nach dem Grundsatz des § 2 Nr. 2 VOB/B wird die Vergütung nach den vertraglichen Einheitspreisen und in tatsächlich ausgeführten Leistungen berechnet, wenn **keine andere Berechnungsart vereinbart** worden ist.[227] Als andere Berechnungsarten kommen die Berechnung nach der Pauschalsumme (§ 2 Nr. 7 VOB/B), nach einem Stundenlohn (§§ 2 Nr. 10, 15 VOB/B) sowie nach der Selbstkostenerstattung (§ 5 Nr. 3 VOB/A) in Betracht.

158 *(1) Einheitspreisvertrag gemäß § 5 Nr. 1 a) VOB/A:* Nach dem Grundsatz des § 2 Nr. 2 VOB/B wird die Vergütung nach den vertraglichen Einheitspreisen[228] und in tatsächlich ausgeführten Leistungen berechnet, wenn keine andere Berechnungsart vereinbart ist. Gemäß § 5 Nr. 1 a) VOB/A liegt ein **Einheitspreisvertrag** vor, wenn die Vergütungen nach Leistung bemessen wird, und zwar zu Einheitspreisen für technisch und wirtschaftlich einheitliche Teilleistungen, deren Menge nach Maß, Gewicht oder Stückzahl vom Auftraggeber in den Verdingungsunterlagen anzugeben ist.

159 *(2) Pauschalpreisvertrag gemäß § 5 Nr. 1 b) VOB/A:* Als andere Berechnungsarten kommt die Berechnung nach einer Pauschalsumme[229] im Sinne des § 2 Nr. 7 VOB/B in Betracht. Für den **Pauschalpreisvertrag** bestimmt § 5 Nr. 1 b) VOB/A, dass sich die Vergütung nach Leistungen bemessen wird (Leistungsvertrag), und zwar in geeigneten Fällen für eine Pauschalsumme, wenn die Leistung nach Ausführungsart und Umfang genau bestimmt ist und mit einer Änderung bei der Ausführung nicht zu rechnen ist (Pauschalvertrag). Grundsätzlich ist der Pauschalvertrag ein End- und Festpreis. Dies bedeutet, dass die

---

226 Vgl. dazu die Ausführungen unter Rn. 79 ff.
227 Werner/Pastor, Rn. 1114; MünchKomm-Busche, § 632 BGB, Rn. 24.
228 Vgl. dazu die Ausführungen unter Rn. 114 ff. Weiterführend: Kapellmann/Messerschmidt-Kapellmann, § 5 VOB/A, Rn. 10 ff.; Werner/Pastor, Rn. 1162 ff.; Ingenstau/Korbion-Keldungs, § 5 VOB/A, Rn. 8 ff.; Staudinger-Peters, § 632 BGB, Rn. 4 f.
229 Vgl. dazu die Ausführungen unter Rn. 121 ff. Weiterführend: Kapellmann/Messerschmidt-Kapellmann, § 5 VOB/A, Rn. 28 ff.; Ingenstau/Korbion-Keldungs, § 5 VOB/A, Rn. 13 ff.; Staudinger-Peters, § 632 BGB, Rn. 6 f.; Werner/Pastor, Rn. 1178 ff.; Putzier, Der Pauschalpreisvertrag (2000); Kapellmann, Festschrift für Soergel, S. 99 ff.; Vygen, BauR 1979, 375; ders., ZfBR 1979, 133; Heiermann, BB 1975, 991.

gesamte Bauleistung, die zur Herstellung der vereinbarten Leistung gehört bzw. für diese erforderlich ist, mit dem Pauschalpreis vergütet ist.

*(3) Stundenlohnarbeiten gemäß § 5 Nr. 2 VOB/A:*[230] In § 2 Nr. 10 VOB/B ist bestimmt, das **Stundenlohnarbeiten** nur vergütet werden, wenn sie als solche vor ihrem Beginn ausdrücklich vereinbart worden sind. Dies bedeutet nach § 15 VOB/B, dass Stundenlohnarbeiten nach der vertraglichen Vereinbarung abgerechnet werden.

*(4) Selbstkostenerstattung gemäß § 5 Nr. 3 VOB/A:*[231] Schließlich kommt auch eine Abrechnung nach **Selbstkostenerstattung** (§ 5 Nr. 3 VOB/A) in Betracht. Was Selbstkosten sind, regelt die VOB nicht. Nach § 5 Nr. 3 Abs. 2 VOB/A soll im Rahmen der Vergabe festgelegt werden, wie Löhne, Stoffe, Gerätevorhaltung und andere Kosten einschließlich der Gemeinkosten zu vergüten und der Gewinn zu bemessen ist.

*bb) Übliche Vergütung gemäß § 632 Abs. 2 BGB:* Vor dem Hintergrund des § 2 Nr. 2 VOB/B steht fest, dass beim VOB-Bauvertrag die Leistungen des Auftragnehmers stets gegen Zahlung einer Vergütung durch den Auftraggeber zu erbringen sind. § 632 Abs. 1 BGB findet deshalb beim VOB-Bauvertrag keine Anwendung.[232]

Im Hinblick auf die Vergütungsart begründet § 2 Nr. 2 VOB/B einen Anschein, dass nach Einheitspreisen abzurechnen ist. Betreffend der konkreten Vergütungshöhe kann sich der Auftragnehmer gemäß **§ 632 Abs. 2 BGB** – wie auch beim BGB-Bauvertrag – auf die markt- und ortsübliche(n) Vergütung (Einheitspreise) stützen.[233]

Zur **Darlegungs- und Beweislast** gelten die zu § 632 Abs. 2 BGB erläuterten Grundsätze.[234] Für die Vereinbarung einer bestimmten Vergütungsart und -höhe hat der Auftragnehmer die Darlegungs- und Beweislast. Dies gilt insbesondere dann, wenn der Auftragnehmer vor dem Hintergrund der ihn treffenden qualifizierten Darlegungslast die Absprache eines bestimmten Pauschalpreises anstelle der vom Auftraggeber behaupteten Einheitspreisvereinbarung einwendet. Auch wenn der Auftragnehmer die übliche Vergütung beansprucht, der Auftraggeber jedoch die Vereinbarung einer bestimmten (niedrigeren) Vergütung einwendet, muss der Auftragnehmer den Beweis führen, dass diese Vereinbarung nicht getroffen worden ist.[235]

### c) Abnahme der Bauleistung als Fälligkeitsvoraussetzung des Werklohnanspruchs

Voraussetzung für die Fälligkeit des Werklohnanspruchs beim VOB-Bauvertrag ist gemäß § 12 VOB/B eine **Abnahme der Bauleistung**. Die Abnahme der Werkleistung kann in unterschiedlichen Formen erfolgen. Zu unterscheiden ist zunächst zwischen einer tatsächlichen und einer fiktiven Abnahme.

---

230 Weiterführend Kapellmann/Messerschmidt-Kapellmann, § 5 VOB/A, Rn. 37 ff.; Werner/Pastor, Rn. 1210 ff.; Ingenstau/Korbion-Keldungs, § 5 VOB/A, Rn. 25 ff.; Staudinger-Peters, § 632 BGB, Rn. 8, 17 f.
231 Weiterführend Kapellmann/Messerschmidt-Kapellmann, § 5 VOB/A, Rn. 41 ff.; Werner/Pastor, Rn. 1217; Ingenstau/Korbion-Keldungs, § 5 VOB/A, Rn. 32 ff.; Staudinger-Peters, § 632 BGB, Rn. 19.
232 Ingenstau/Korbion-Keldungs, § 2 Nr. 2 VOB/B, Rn. 1.
233 Vgl. hierzu die Ausführungen unter Rn. 131.
234 Vgl. hierzu die Ausführungen unter Rn. 132.
235 BGH BauR 1981, 388; BauR 1992, 505; Werner/Pastor, Rn. 1136; Kapellmann/Messerschmidt-Kapellmann, § 2 VOB/B, Rn. 132; Kniffka/Koeble, Kompendium Teil 6, Rn. 92.

# § 2 Die Ansprüche des Auftragnehmers

166 *aa) Tatsächliche Abnahme der Bauleistung:* Geht es um die tatsächliche Abnahme, so geht die VOB/B von denselben Grundlagen wie das BGB aus. Sie unterscheidet zwischen einer **ausdrücklichen Abnahme** als ausgesprochener Anerkennung des Werkes als eine in der Hauptsache vertragsgemäße Leistung, und einer **schlüssige Abnahme**, bei der der Auftraggeber durch sein Verhalten zum Ausdruck bringt, dass er die Bauleistung als im Wesentlichen vertragsgemäß ansieht.

167 *(1) Förmliche Abnahme gemäß § 12 Nr. 4 VOB/B:* Wichtigster Fall der tatsächlichen Abnahme stellt beim VOB-Bauvertrag die in § 12 Nr. 4 VOB/B geregelte **förmliche Abnahme** dar. Die förmliche Abnahme hat den Sinn und Zweck, dass die Vertragspartner an Ort und Stelle gemeinsam über die erbrachten Leistungen befinden. Damit soll möglichst umgehend Klarheit über die Erfüllung der Leistungspflichten geschaffen werden und spätere Streitigkeiten – insbesondere Beweisschwierigkeiten – vermieden werden.[236]

168 Die förmliche Abnahme setzt das entsprechende Verlangen einer Vertragspartei voraus. Häufig enthält schon der **VOB-Vertrag eine Regelung**, wonach eine förmliche Abnahme stattzufinden hat. Ist nach dem Vertrag eine förmliche Abnahme nicht vereinbart, kann das Verlangen nach einer förmlichen Abnahme auch noch nach der Erbringung der Leistung erfolgen. Dieses Verlangen ist aber nur dann gerechtfertigt, wenn nicht bereits eine andere Abnahme stattgefunden hat. Das förmliche Abnahmeverlangen ist also insbesondere dann ausgeschlossen, wenn bereits eine Abnahme auf der Grundlage von § 12 Nr. 5 VOB/B stattgefunden hat, die Leistung also demnach fiktiv abgenommen worden ist.[237] Folglich muss die förmliche Abnahme jeweils vor Ablauf der Frist des § 12 Nr. 5 VOB/B verlangt werden. Gleiches gilt dann, wenn bereits von einer schlüssigen Abnahme auszugehen ist.[238]

169 Im Termin ist eine **Niederschrift** anzufertigen, in die der Befund sowie etwaige Vorbehalte wegen **bekannten Mängeln**[239, 240] und wegen **Vertragsstrafen**[241] sowie Einwen-

---

236 Kapellmann/Messerschmidt-Havers, § 12 VOB/B, Rn. 83; Ingenstau/Korbion-Oppler, § 12 Nr. 4 VOB/B, Rn. 1.
237 Kapellmann/Messerschmidt-Havers, § 12 VOB/B, Rn. 85 Ingenstau/Korbion-Oppler, § 12 Nr. 4 VOB/B, Rn. 5; Heiermann/Riedl/Rusan, § 12 VOB/B, Rn. 35 b.
238 OLG Düsseldorf BauR 1992, 678; Kapellmann/Messerschmidt-Havers, § 12 VOB/B, Rn. 85; Ingenstau/Korbion-Oppler, § 12 Nr. 4 VOB/B, Rn. 5.
239 Nach der Rechtsprechung des BGH hat der wirksam erklärte Vorbehalt hinsichtlich bekannter Mängel zur Folge, dass der Unternehmer/Auftragnehmer, wie vor der Abnahme oder im Falle der berechtigten Verweigerung der Abnahme, die Mangelfreiheit des Werkes darlegen und beweisen muss, wenn der Besteller/Auftraggeber den Mangel substantiiert behauptet.
240 Höchstrichterlich nicht entschieden ist die Frage, ob der Vorbehalt bestimmter Mängel dazu führt, dass hinsichtlich der vorbehaltenen Mängel die übrigen Abnahmewirkungen nicht eintreten. Derzeit ungeklärt ist, ob im Falle eines wirksamen Vorbehalts die Gewährleistungsfrist zu laufen beginnt, ob der Auftragnehmer hinsichtlich der vorbehaltenen Mängel die Vergütungsgefahr trägt (§ 7 VOB/B, §§ 644, 645 BGB), ob hinsichtlich der vorbehaltenen Mängel eine erneute Abnahme erforderlich ist und ob Auftraggeber eines VOB/B-Vertrages dem Auftragnehmer vor einer Ersatzvornahme den Auftrag entziehen muss.
241 Bei der förmlichen Abnahme muss der Vorbehalt der Vertragsstrafe und der bekannten Mängel zur Niederschrift erklärt werden. Der Vorbehalt kann auch in einer formularmäßig vorbereiteten Abnahmeniederschrift aufgenommen und mit der Unterschrift erklärt werden. Zur Abgabe der Vorbehaltserklärung und ihrer Entgegennahme sind im Zweifel die zur Durchführung der förmlichen Abnahme bevollmächtigten Vertreter der Vertragsparteien befugt.

dungen des Auftragnehmers aufzunehmen sind.[242, 243] Die förmliche Abnahme kann auch in Abwesenheit des Auftragnehmers stattfinden, wenn der Auftraggeber hierzu mit angemessener Frist geladen hatte (§ 12 Nr. 4 Abs. 2 VOB/B). Dann ist ihm das Ergebnis der Abnahme alsbald mitzuteilen.[244] [245]

In der Praxis ist immer wieder festzustellen, dass im Vertrag das Stattfinden einer förmlichen Abnahme vorgeschrieben worden ist, diese dann aber nach Fertigstellung der Leistungen nicht durchgeführt wird. Findet die zwischen den Parteien vereinbarte förmliche Abnahme nicht statt, ist zu prüfen, ob eine konkludente Abnahme zu bejahen ist. Dies setzt voraus, dass die Vertragsparteien die **Vereinbarung über die förmliche Abnahme** – gegebenenfalls auch konkludent –[246] **aufgehoben** haben. Es ist ferner denkbar, eine stillschweigende Aufhebung der Vereinbarung über die förmliche und vom Vorliegen einer stillschweigenden Abnahme auszugehen. Diese liegt jedenfalls in der Regel vor, wenn längere Zeit nach der Benutzung des Bauwerks keine der Parteien auf die förmliche Abnahme zurückkommt.[247] Unerheblich ist, ob die Parteien sich der Tatsache bewusst waren, dass eine förmliche Abnahme vorgesehen war oder ob sie das nur vergessen haben. Eine Aufhebung der Vereinbarung über die förmliche Abnahme und damit auch eine stillschweigende Abnahme ohne diese kommt jedoch nicht in Betracht, wenn der Besteller/Auftraggeber Mängel gerügt hat und dieses Verhalten ein Indiz dafür ist, dass er auf die förmliche Abnahme nach Mängelbeseitigung nicht verzichten wollte.[248]

*(2) Schlüssige Abnahme:* Die **schlüssige Abnahme** als besondere Abnahmeform ist in der VOB/B nicht geregelt, nach ganz herrschender Meinung aber zulässig.[249] Sie setzt – wie die ausdrückliche Abnahme – ein vom Willen des Auftraggebers getragenes Verhalten voraus (Abnahmewillen). Daher ist eine stillschweigend erklärte und damit schlüssige Abnahme immer dann gegeben, wenn der Auftraggeber durch sein Verhal-

---

242 Kapellmann/Messerschmidt-Havers, § 12 VOB/B, Rn. 88, 89; Ingenstau/Korbion-Oppler, § 12 Nr. 4 VOB/B, Rn. 13 ff.
243 Die Unterzeichnung des Abnahmeprotokolls durch beide Parteien ist nicht Wirksamkeitsvoraussetzung: Ingenstau/Korbion-Oppler, § 12 Nr. 4 VOB/B, Rn. 18; Beck'scher VOB-Kommentar-Jagenburg, § 12 Nr. 4 VOB/B, Rn. 38; Kapellmann/Messerschmidt-Havers, § 12 VOB/B, Rn. 89; a.A Heiermann/Riedl/Rusan, § 12 VOB/B, Rn. 38b.
244 Kapellmann/Messerschmidt-Havers, § 12 VOB/B Rn. 92; Ingenstau/Korbion-Oppler, § 12 Nr. 4 VOB/B, Rn. 20 ff.; Beck'scher VOB-Kommentar-Jagenburg, § 12 Nr. 4 VOB/B, Rn. 46 ff.
245 Auf eine förmliche Abnahme kann sich der Besteller/Auftraggeber in diesem Fall allerdings dann nicht berufen, wenn der Auftragnehmer aus wichtigem Grund der Abnahme fern geblieben ist und den Besteller/Auftraggeber entsprechend informiert hat; Kapellmann/Messerschmidt-Havers, § 12 VOB/B, Rn. 92.
246 BGH BauR 2001, 296; OLG Hamm BauR 1993, 640; OLG Düsseldorf BauR 1992, 678; Kapellmann/Messerschmidt-Havers, § 12 VOB/B, Rn. 20; Werner/Pastor, Rn. 1351.
247 BGH BauR 1977, 344.
248 BGH BauR 2001, 296.
249 Werner/Pastor, Rn. 1353; Kapellmann/Messerschmidt-Havers, § 12 VOB/B, Rn. 15 ff., 32.

ten zum Ausdruck bringt, dass er das Bauwerk als im Wesentlichen vertragsgerecht ansieht.[250]

172 *bb) Fiktive Abnahme der Bauleistung: (1) Fiktive Abnahme gemäß § 12 Nr. 5 VOB/B:* Eine erste Form der fiktiven Abnahme ist in § 12 Nr. 5 VOB/B geregelt. Danach gilt eine Werkleistung als abgenommen, wenn nach schriftlicher **Mitteilung über die Fertigstellung der Leistung** bzw. Zugang der **Schlussrechnung** 12 Werktage oder nach **Inbenutzungnahme**[251] der Leistung 6 Werktage vergangen sind. Von ausschlaggebender Bedeutung ist, dass es für eine fiktive Abnahme nach § 12 Nr. 5 VOB/B nicht auf eine Abnahmereife im Sinne des BGB (also eine im Wesentlichen vertragsgemäße Leistungserbringung) ankommt.[252] Die **Abnahmereife** liegt bereits dann vor, wenn das Werk im Wesentlichen fertig gestellt (§ 12 Nr. 5 Abs. 1 VOB/B) ist und/oder benutzt (§ 12 Nr. 5 Abs. 2 VOB/B) wird. Weiterhin ist Voraussetzung, dass ein Abnahmeverlangen des Auftragnehmers oder Auftragebers nach § 12 Nr. 1 oder 4 VOB/B fehlt. Verlangt der Auftragnehmer gegenüber dem Auftraggeber vor Ablauf der in § 12 Nr. 5 VOB/B geregelten Fristen die Abnahme, ist § 12 Nr. 5 VOB/B nicht mehr anwendbar. In diesem Fall kann der Auftragnehmer, wenn die Leistungen abnahmefähig erbracht worden sind, zu einer fiktiven Abnahme auf der Grundlage des **§ 640 Abs.1 Satz 3** BGB kommen.

173 *(2) Fiktive Abnahme gemäß § 640 Abs. 1 Satz 3 BGB:* Voraussetzung für eine fiktive Abnahme nach § 640 Abs. 1 Satz 3 BGB ist, dass eine vom Auftragnehmer bestimmte **angemessene Frist** abgelaufen ist. Der Auftragnehmer muss also, um die Abnahmewirkungen auszulösen, zur Abnahme auffordern und diese Aufforderung mit einer Frist verbinden. Welche Frist angemessen ist, hängt von den Umständen des Einzelfalles, insbesondere dem Umfang des erbrachten Werkes ab. Ein Anhaltspunkt kann die Frist des § 12 Nr. 1 VOB/B liefern, wonach das Werk innerhalb von **12 Werktagen** abzunehmen ist.[253] Weiterhin ist für § 640 Abs. 1 Satz 3 BGB erforderlich, dass die Leis-

---

250 Eine schlüssige Abnahme kommt z.B. in Betracht durch: Die vorbehaltlose Zahlung des restlichen Werklohns (BGH BauR 1970, 48); die bestimmungsgemäße Ingebrauchnahme (BGH BauR 1985, 200); den Bezug des Hauses bzw. die Übernahme des Bauwerks (BGH BauR 1975, 344); die Übergabe des Hausschlüssels an den Erwerber nach Besichtigung des Hauses (OLG Hamm BauR 1993, 374); die rügelose Benutzung des Werkes oder der Bauleistung; die Erstellung einer Gegenrechnung durch den Besteller/Auftraggeber; die Unterschrift unter eine Auftrags- und Ausführungsbestätigung des Auftraggebers bei gleichzeitiger Rüge kleiner Mängel (OLG Düsseldorf BauR 1998, 126); den Einbehalt eines Betrages für gerügte Mängel im Rahmen eines Schlussgesprächs über die Restforderung des Auftragnehmers (OLG Koblenz NJW-RR 1994, 786); weiteren Aufbau durch den Besteller/Auftraggeber auf die Leistung des Unternehmers (OLG Düsseldorf BauR 2001, 423).
251 Die Benutzung von Teilen einer baulichen Anlage zur Weiterführung der Arbeiten gilt gemäß § 12 Nr. 5 Abs. 2 Satz 2 VOB/B nicht als Abnahme, Ingenstau/Korbion-Oppler, § 12 Nr. 5 VOB/B, Rn. 23.
252 Wie hier: Beck'scher VOB-Kommentar-Jagenburg, § 12 Nr. 5 VOB/B, Rn. 7, 8, 9; Kapellmann/Messerschmidt-Havers, § 12 VOB/B, Rn. 99 und 102; Ingenstau/Korbion-Oppler, § 12 VOB/B, Rn. 12; Werner/Pastor, Rn. 1390. AA scheinbar: BGH BauR 1989, 603; Heiermann/Riedl/Rusan, § 12 VOB/B, Rn. 41. Nach Auffassung des BGH begründet die Frage der Abnahmereife (d.h. Nichtvorliegen von wesentlichen Mängeln) für den Unternehmer/Auftragnehmer das Risiko, dass sich unter Umständen erst nach Jahren herausstellt, wenn nämlich ein verdeckter Mangel erkannt wird, dass die Abnahmewirkungen der fiktiven Abnahme nicht eingetreten sind.
253 Eine Fristsetzung ist nach allgemeinen Grundsätzen entbehrlich, wenn der Besteller die Abnahme von vornherein endgültig unberechtigt verweigert. In diesem Fall wäre die Notwendigkeit Die Fristsetzung wäre dann reine Förmelei, MünchKomm-Busche, § 640 BGB, Rn. 27; Staudinger-Peters, § 640 BGB, Rn. 45.

tung **vertragsgemäß** erbracht worden ist. Nach § 12 Nr. 3 VOB/B kann der Auftraggeber die Abnahme wegen unwesentlicher Mängel nicht verweigern.

*cc) Berechtigte Abnahmeverweigerung nach § 12 Nr. 3 VOB/B:* Gemäß § 12 Nr. 3 VOB/B kann wegen **wesentlicher Mängel** die Abnahme bis zur Beseitigung der Mängel verweigert werden. Als wesentliche Mängel in diesem Sinne sind vor allem solche Mängel anzusehen, wie die bestimmungsgemäße oder funktionsgerechte Benutzung der Bauleistungen verhindern.[254] Dies kann im Einzelfall auch bei einer sehr großen Anzahl kleinerer Mängel der Fall sein, die jeder für sich die bestimmungsgemäße Nutzung nicht ausschließen.[255] Die **Abnahmeverweigerung** sollte vom Auftraggeber stets klar und deutlich als Verweigerung ausgesprochen werden, um Missverständnisse auf beiden Seiten zu vermeiden. Dies gilt deshalb, da die bloße Mängelrüge auch erheblicher oder zahlreicher Mängel für sich alleine noch keine Abnahmeverweigerung bedeutet, sondern als bloßer Mangelvorbehalt bei der Abnahme gemäß § 12 Nr. 4 Abs. 1 Satz 3 VOB/B oder gemäß § 12 Nr. 5 Abs. 3 VOB/B anzusehen ist.

174

Muster: Klage auf Abnahme beim VOB-Bauvertrag[256] [257]

175

Landgericht ■■■

Klage

5

■■■ GmbH, ■■■

Klägerin

Prozessbevollmächtigte: ■■■

gegen

■■■, ■■■

Beklagter

wegen: Abnahmeklage aus VOB-Bauvertrag,

Streitwert: EUR 10.000,00.

Namens und in Vollmacht der Klägerin erheben wir Klage gegen den Beklagten und werden in der mündlichen Verhandlung beantragen:

Es wird festgestellt, dass die Maurerarbeiten im Mehrfamilienhaus ■■■ in ■■■ durch den Beklagten abgenommen worden sind.

---

254 Kapellmann/Messerschmidt-Havers, § 12 VOB/B, Rn. 78; Beck'scher VOB-Kommentar-Jagenburg, § 12 Nr. 3 VOB/B, Rn. 9 ff.; Ingenstau/Korbion-Oppler, § 12 Nr. 3 VOB/B, Rn. 2.
255 KG BauR 1984, 527; Motzko-Schreiber, BauR 1999, 24; Ingenstau/Korbion-Oppler, § 12 Nr. 3 VOB/B, Rn. 2.
256 Anzumerken bleibt, dass einer isolierten Abnahmeklage keine große praktische Relevanz zukommt, da der Auftragnehmer regelmäßig auf Zahlung einer ausstehenden Vergütung klagen wird. In diesem Fall kann der Auftragnehmer das Abnahmeverlangen, ohne einen zusätzlichen Antrag stellen zu müssen, mit einer Zahlungsklage geltend machen, Werner/Pastor, Rn. 1346.
257 Vgl. zur Zwangsvollstreckung eines Titels, der auf Abnahme einer Bauleistung gerichtet ist, die Ausführungen unter Rn. 504 ff.

Falls das Gericht ein schriftliches Vorverfahren anordnet, wird schon jetzt für den Fall, dass der Beklagte nicht rechtzeitig ihre Verteidigungsabsicht erklärt, der Erlass eines Versäumnisurteils im schriftlichen Verfahren beantragt.

Begründung:

Mit der vorliegenden Klage begehrt die Klägerin die Feststellung, dass zahlreiche von ihr erbrachten Maurerarbeiten in dem im Eigentum des Beklagten stehenden Mehrfamilienhauses ▇▇▇ in ▇▇▇ durch den Beklagten abgenommen worden sind.

1. Die Parteien haben am 13. August 2004 einen schriftlichen Einheitspreis-Bauvertrag über die Erbringung von Maurerarbeiten abgeschlossen. Die VOB/B ist zur Grundlage des Vertrages erklärt worden. Der Einheitspreisvertrag beinhaltet eine detaillierte Leistungsbeschreibung mit Leistungsverzeichnis. Das auf Einheitspreisbasis abgegebene Angebot der Klägerin belief sich auf EUR 81.345,26.
Beweis: Bauvertrag vom 13. August 2004 nebst Leistungsbeschreibung mit Leistungsverzeichnis – Anlage K1.
Eine förmliche Abnahme im Sinne des § 12 Nr. 4 VOB/B haben die Parteien nicht vereinbart.
Beweis: wie vor.

2. In der Zeit vom 20. August 2004 bis zum 11. September 2004 hat die Klägerin die geschuldeten Maurerarbeiten vertragsgerecht ausgeführt.
Mit Einwurfeinschreiben vom 23. September 2004 wurde dem Beklagten eine Fertigstellungsanzeige übermittelt.
Beweis: Einwurfeinschreiben vom 23. September 2004 – Anlage K2.
Nachdem auch die Arbeiten der anderen Gewerke vollständig ausgeführt waren, zogen im November 2004 diejenigen Personen in das Gebäude ein, an die der Beklagte die einzelnen Wohnungen vermietet hat.

3. Damit ist zum einen vom Vorliegen einer fiktiven Abnahme im Sinne des § 12 Nr. 5 VOB/B auszugehen. Nach § 12 Nr. 5 Abs. 1 VOB/B gilt eine Werkleistung als abgenommen, wenn nach schriftlicher Mitteilung über die Fertigstellung der Leistungen 12 Werktage vergangen sind. Jedenfalls kann im vorliegenden Fall gemäß § 12 Nr. 5 Abs. 2 VOB/B darauf abgestellt werden, dass nach Inbenutzungnahme durch den Bezug der einzelnen Wohnungen 6 Werktage verstrichen sind.

4. Mit Schreiben vom 12. November 2004 hat der Beklagte die Auffassung vertreten, die Leistungen der Klägerin seien bisher nicht abgenommen worden. Weiter ist der Beklagte der Auffassung, die von der Klägerin erbrachten Maurerarbeiten seien mangelbehaftet. Er rügt Risse in den von der Klägerin verputzten Räumlichkeiten des Gebäudes. Er vertritt die Auffassung, die Risse hätten ihre Ursache darin, dass die Klägerin den verwendeten Mörtel nicht bei vom Hersteller vorgeschriebenen Temperaturen verarbeitet habe.
Beweis: Schreiben des Beklagten vom 12. November 2004 – Anlage K3.
Die Behauptung des Beklagten, die von der Klägerin erbrachten Maurerarbeiten seien mangelbehaftet, trifft nicht zu. Der vor Ort eingesetzt Bauleiter der Klägerin hat sich die angeblichen Mängel anlässlich eines Besichtigungstermin am 06. Dezember 2004 angesehen. Dabei wurde festgestellt, dass die von dem Beklagten behaupteten Risse nicht vorhanden sind. Zudem ist der von der Klägerin verarbeitete Mörtel bei den vom Hersteller vorgegebenen Temperaturen verarbeitet worden.
Beweis unter Verwahrung gegen die Beweislast: Sachverständigengutachten.
Die Abnahme ist im vorliegenden Fall erfolgt. Die Mängel – wenn sie denn tatsächlich vorliegen würden – sind erst nach Abnahme gerügt worden. Die Klägerin hat ein recht-

liches Interesse an der Feststellung, dass vom Vorliegen einer fiktiven Abnahme nach § 12 Nr. 5 Abs. 1 sowie Abs. 2 VOB/B auszugehen ist, weil von der Abnahme zahlreiche Wirkungen zu ihren Gunsten abhängen.

Rechtsanwalt

### d) Prüfbare Abrechnung der Bauleistung als Fälligkeitsvoraussetzung des Werklohnanspruchs

*aa) Vorliegen einer prüfbaren Abrechnung:* Gemäß § 14 Nr. 1 VOB/B hat der Auftragnehmer seine Leistungen prüfbar abzurechnen. Gemäß § 16 Nr. 1 und 3 VOB/B ist die Prüfbarkeit der Abschlagsrechnung/Schlussrechnung sowohl beim Einheits- wie auch beim Pauschalpreisvertrag **Fälligkeitsvoraussetzung** für den Werklohnanspruch des Auftragnehmers.[258] Dies gilt selbst bei vorzeitiger Beendigung eines VOB-Bauvertrages. Auch hier ist die Erteilung einer prüfbaren Schlussrechnung Fälligkeitsvoraussetzung.[259]

176

Welche Voraussetzungen an die Prüfbarkeit einer Rechnung gestellt werden, ergibt sich aus § 14 Nr. 1 S. 2-4 VOB/B: Danach ist die **Rechnung übersichtlich aufzustellen** und es sind die in den Vertragsbestandteilen enthaltenen Bezeichnungen zu verwenden.[260] Die zum Nachweis von Art und Umfang der Leistung erforderlichen Mengenberechnungen, Zeichnungen und andere Belege sind beizufügen.[261] Änderungen und Ergänzungen des Vertrages sind in der Rechnung besonders kenntlich zu machen; sie sind auf Verlangen getrennt abzurechnen.[262] Die Anforderungen der Prüfbarkeit sollen gewährleisten, dass der Auftraggeber die Berechtigung des Vergütungsanspruches ohne Weiteres nachvollziehen kann. Die Rechnung hat sich also grundsätzlich an dem Auftrag zu orientieren. Unschädlich ist es, wenn die Schlussrechnung nicht insgesamt neu geschrieben wird, sondern auf prüfbare Abschlagsrechnungen Bezug nimmt.[263] Einzelne Aufträge können auch einzeln abgerechnet werden.[264]

177

Grundlage für die Erstellung der prüfbaren Abrechnung bildet beim VOB-Einheitspreisvertrag die Aufstellung und Vorlage des Aufmaßes.[265] Dabei kann jede Partei ein gemein-

178

---

258 BGH NJW-RR 1990, 1170; NJW 1989, 836; Kapellmann/Messerschmidt-Messerschmidt, § 14 VOB/B, Rn. 10; Werner/Pastor, Rn. 1392. Für den Pauschalpreisvertrag: BGH BauR 1989, 87; OLG München BauR 1989, 749; OLG Hamm BauR 1992, 516.
259 BGH BauR 1987, 95; BauR 2000, 1191; BauR 2001, 106; OLG Köln BauR 1994, 413; Werner/Pastor, Rn. 1392.
260 Insbesondere ist die Reihenfolge der Positionen des Leistungsverzeichnisses einzuhalten; Kapellmann/Messerschmidt-Messerschmidt, § 14 VOB/B, Rn. 19; Werner/Pastor, Rn. 1393; Ingenstau/Korbion-Locher, § 14 Nr. 1 VOB/B, Rn. 11.
261 Kapellmann/Messerschmidt-Messerschmidt, § 14 VOB/B, Rn. 24; Werner/Pastor, Rn. 1393.
262 Kapellmann/Messerschmidt-Messerschmidt, § 14 VOB/B, Rn. 28; Ingenstau/Korbion-Locher, § 14 Nr. 1 VOB/B, Rn. 12-14.
263 BGH BauR 1999, 1185.
264 BGH BauR 2000, 1485.
265 Ist die VOB/B vereinbart, gilt gemäß § 1 Nr. 1 VOB/B gleichermaßen auch die VOB/C mit ihren technischen Vertragsbedingungen. Dazu gehören für die einzelnen Gewerke auch Aufmaßregelungen. Im Grundsatz gilt, dass die Leistung aus Zeichnungen zu ermitteln ist, sofern diese vorhanden sind, VOB/C DIN 18299 Abschnitt 5. Die für die Abrechnung erforderlichen Feststellungen sind auch beim BGB-Vertrag nach den DIN-Normen (VOB/C DIN 18299 Abschnitt 5) vorzunehmen, so weit diese der Verkehrssitte entsprechen, OLG Saarbrücken BauR 2000, 1322.

sames Aufmaß verlangen. So dient ein gemeinsam genommenes Aufmaß der Klärung der Abrechnungsgrundlagen bei gleichzeitiger Vermeidung von Streitigkeiten.[266]

179 Wird durch die Parteien ein **gemeinsames Aufmaß** genommen, stellt sich die Frage, ob die Parteien an die getroffenen Feststellungen gebunden sind. Haben die Parteien eine dementsprechende Bindungswirkung vereinbart, so ist die Rechtslage klar. Liegt keine Vereinbarung vor, so wird nach der Rechtsprechung der Instanzgerichte dann, wenn ein gemeinsames Aufmaß vereinbart wird oder wenn dem Verlangen der Gegenpartei nach gemeinsamer Aufmaßnahme nachgekommen wird, den Feststellungen eine Bindungswirkung wie bei einem deklaratorischen Schuldanerkenntnis zuerkannt. Die Bindungswirkung kann in diesem Fall dann aber dennoch entfallen, wenn der Vertragspartner, der sich an ein gemeinsames Aufmaß nicht gebunden fühlt, im Einzelnen darlegt und beweist, dass ihm die die Unrichtigkeit begründenden Tatsachen erst nach dem gemeinsamen Aufmaß bekannt geworden sind.[267]

180 In den Fällen, in denen eine deklaratorische Wirkung nicht bejaht werden kann, kommt eine Beweiswirkung in Betracht.[268] Diese Beweiswirkung hat der BGH auch angenommen, wenn der Auftraggeber sich einem berechtigten Verlangen nach einem gemeinsamen Aufmaß widersetzt. Dem Auftragnehmer bleibt dann nichts anderes übrig als ein **einseitiges Aufmaß** zu nehmen. Dessen Richtigkeit muss er im Prozess grundsätzlich nachweisen. Ist dieser Nachweis jedoch nicht zu führen, weil die Überprüfung nicht mehr möglich ist (etwa durch Über- oder Weiterbau) hat der Auftraggeber vorzutragen und zu beweisen, welche Massen zutreffend oder dass die vom Auftragnehmer angesetzten Massen unzutreffend sind.[269]

181 Besonderheiten im Hinblick auf die Anforderungen an die Prüfbarkeit der Abrechnung bestehen beim **Pauschalvertrag**. Bei der Abrechnung eines Pauschalvertrages ist es grundsätzlich ausreichend, wenn der Pauschalpreis und die gezahlten Abschlagsrechnungen aufgeführt werden.[270] Diese Ausnahme ist aber beim Pauschalvertrag dann nicht anzuwenden, wenn sich der Vertragsinhalt geändert hat oder der Pauschalvertrag vorzeitig beendet worden ist.[271]

182 Hervorzuheben bleibt, dass nach der Rechtsprechung des BGH die **Prüfbarkeit** der Abrechnung **kein Selbstzweck** darstellt. Eine Rechnung kann nach Treu und Glauben auch als prüfbar zu behandeln sein, wenn sie die genannten Voraussetzungen nicht erfüllt, der Auftraggeber oder seine von ihm beauftragten Hilfspersonen jedoch gleichwohl aus den besonderen Umständen des Falles heraus in der Lage sind, die Prüfung vorzunehmen.

---

266 BGH BauR 2003, 1207. Nach der Rechtsprechung des BGH kann der Auftragnehmer jedenfalls dann das gemeinsame Aufmaß verlangen, wenn er Abnahme fordern kann.
267 OLG Düsseldorf OLGR 1994, 190; OLG Hamm BauR 1992, 242; KG OLGR 1995, 184; OLG Braunschweig BauR 2001, 413. Unstreitig wird man die Bindungswirkung in den Fällen bejahen, bei denen nach dem Bewusstsein der Parteien das Aufmaß später nicht mehr überprüfbar ist, etwa weil überbaut wird oder nach einer Kündigung weiter gebaut wird.
268 BGH BauR 1974, 210; BauR 1975, 211; KG OLGR 1995, 184.
269 BGH BauR 2003, 1207; BauR 2003, 1892; OLG Celle BauR 2002, 1863.
270 Kapellmann/Messerschmidt-Messerschmidt, § 14 VOB/B, Rn. 35; Werner/Pastor, Rn. 1392.
271 Kapellmann/Messerschmidt-Messerschmidt, § 14 VOB/B, Rn. 34; Werner/Pastor, Rn. 1392.

Dabei kann auf die Fachkunde des vom Auftraggeber hinzugezogenen Architekten abgestellt werden.[272] Entscheidend ist, ob der Auftraggeber die Rechnung subjektiv nachzuvollziehen kann. Das kann auch der Fall sein, wenn die Rechnung sich nicht am Leistungsverzeichnis orientiert oder andere Bezeichnungen verwendet. In solchen Fällen wäre es rechtsmissbräuchlich und formalistisch, die Vergütung nur deshalb nicht zu zahlen, weil die Voraussetzungen des § 14 Nr. 1 VOB/B nicht eingehalten sind.[273]

Hat der Auftraggeber eines VOB-Bauvertrages nicht binnen **zwei Monaten** nach Zugang der Schlussrechnung **Einwendungen gegen deren Prüfbarkeit** erhoben, wird der Werklohn auch dann fällig, wenn die Rechnung objektiv nicht prüfbar ist. Es findet die Sachprüfung statt, ob die Forderung berechtigt ist.[274]

183

Darüber hinaus ist das Verhalten des Auftraggebers auch dann rechtsmissbräuchlich, wenn er sich auf das Fehlen der objektiven Voraussetzungen der Prüfbarkeit beruft, die Rechnung aber gleichwohl geprüft hat,[275] oder er die sachliche und rechnerische Richtigkeit der Schlussrechnung nicht bestreitet,[276] bzw. ihm die Überprüfung trotz einzelner fehlender Angaben möglich war.[277] Dazu gehören auch die Fälle, in denen der Auftraggeber die notwendigen Kenntnisse für die Berechnung der Vergütung bereits anderweitig erlangt hat und deshalb deren ergänzende Aufnahme in die Schlussrechnung reine Förmelei wäre. Dieser **Ausschluss der Einwendungen gegen die Prüffähigkeit** führt nicht dazu, dass die Rechnung prüffähig ist. Er führt vielmehr dazu, dass der Auftraggeber sich nach Treu und Glauben nicht auf die an sich nicht gegebene Fälligkeit berufen kann und diese damit zu bejahen ist. Es findet dann eine Sachprüfung statt, ob die Forderung berechtigt ist.

184

Eine auf eine nicht prüfbare Rechnung gestützte Klage muss als **zurzeit unbegründet** erfolgen, weil die Forderung noch nicht fällig ist und mit einer prüfbaren Schlussrechnung fällig werden kann. Der Auftragnehmer hat es dann in der Hand, mit einer neuen Schlussrechnung die Forderung erneut klageweise geltend zu machen. Unrichtigkeit der Abrechnung darf nicht gleichgesetzt werden mit fehlender Prüfbarkeit[278] Nur Letztere führt zur gerichtlichen Undurchsetzbarkeit. Ob die Abrechnung hingegen falsch oder richtig ist, hat das Gericht durch eine Beweisaufnahme zu klären.

185

Hält der Auftragnehmer die Frist des § 14 Nr. 3 VOB/B nicht ein und stellt die Schlussrechnung verzögert, kann der Auftraggeber dem Auftragnehmer eine Nachfrist setzen. Läuft auch diese Frist fruchtlos ab, hat es der Auftraggeber in der Hand nach § 14 Nr. 4 VOB/B – gerade auch um die **Verjährung des Vergütungsanspruchs** einzuleiten – selbst eine Rechnung auf Kosten des Auftragnehmers aufzustellen.[279]

186

---

272 BGH NJW 1967, 342; OLG München BauR 1993, 346; OLG Celle BauR 1996, 264.
273 BGH NJW 1967, 342; OLG Celle BauR 1996, 264.
274 BGH IBR 2004, 675.
275 BGH BauR 2002, 468.
276 BGHZ 136, 342; BauR 1999, 635.
277 BGH BauR 1999, 63 (64); BauR 2002, 468.
278 BGH BauR 2000, 1485.
279 Ingenstau/Korbion-Locher, § 14 Nr. 1 VOB/B, Rn. 10; Kapellmann/Messerschmidt-Messerschmidt, § 14 VOB/B, Rn. 63ff.; Werner/Pastor, Rn. 1397.

187  **bb) Fälligkeit von Abschlags- und Schlusszahlung:** Abschlagszahlungen können gemäß § 16 Nr. 1 VOB/B in kurzen zeitlichen Abständen gestellt werden in Höhe des **Wertes der jeweils nachgewiesenen vertragsgemäßen Leistung** zzgl. Umsatzsteuer sowie bei Anfertigung oder Anlieferung von Stoffen oder Bauteilen nebst Verschaffung des Eigentums bzw. Sicherheitsleistung.[280] Es ist allerdings keine Teilabnahme notwendig. Nach § 16 Nr. 1 Abs. 3 VOB/B werden Ansprüche auf Abschlagszahlungen binnen **18 Werktagen** nach Zugang der prüfbaren Aufstellung fällig. Zahlt der Auftraggeber nicht, hat der Auftragnehmer die Rechte aus § 9 Nr. 1b) VOB/B (Kündigung) und § 16 Nr. 5 Abs. 3 VOB/B (Zinsanspruch).

188  Gemäß § 16 Nr. 3 Abs. 1 VOB/B wird der Anspruch auf die Schlusszahlung alsbald nach Prüfung und Feststellung der vom Auftragnehmer vorgelegten Schlussrechnung fällig, **spätestens** innerhalb von **2 Monaten** nach Zugang. Die Schlusszahlung nach § 16 Nr. 3 VOB/B setzt die Schlussrechnung voraus. Sie ist die abschließende Zahlung der nach etwaigen Abschlagszahlungen verbleibenden Vergütung und hat spätestens innerhalb von 2 Monaten nach Zugang der Schlussrechnung zu erfolgen (§ 16 Nr. 1 Abs. 3 VOB/B).

189  Verzögert sich die Prüfung der Schlussrechnung, ist das unbestrittene Guthaben als Abschlagszahlung sofort zu zahlen. Einzelpositionen der Schlussrechnung können isoliert zugesprochen werden. Voraussetzung hierfür ist, dass sie prüfbar berechnet und sachlich unstreitig sind und die Gesamtabrechnung des Vertrags ein entsprechend unstreitiges oder prüfbar berechnetes und sachlich begründetes Guthaben ergibt. Das Guthaben ist aber nicht schon im Sinne von § 16 Nr. 3 Abs. 1 S. 3 VOB/B unstreitig, weil einzelne Positionen der Schlussrechnung unstreitig sind.[281]

190  **cc) Verhältnis zwischen Abschlags- und Schlusszahlungsbegehren:** Nach der Rechtsprechung des BGH haben **Abschlagsforderungen** nur einen **vorläufigen Charakter**. Dies hat zur Folge, dass der Auftragnehmer Fehler, die in Abschlagsrechnungen enthalten waren, zu seinen Gunsten bei der späteren Erteilung der Schlussrechnung korrigieren kann.[282] Dieses Recht muss dann aber auch zugunsten des Auftraggebers bestehen. Dieser kann folglich mit erbrachten Abschlagszahlungen berechnete Leistungen im Rahmen der Schlussabrechnung wieder infrage stellen.[283] Mit der Zahlung auf vorgelegte Abschlagsrechnungen ist nämlich kein Anerkenntnis des Auftraggebers betreffend der berechneten Leistungen zu bejahen.[284]

191  Trotz des vorläufigen Charakters von Abschlagszahlungen handelt es sich bei ihnen um **eigenständige Forderungen** im Sinne des § 241 Abs. 1 Satz 1 BGB, die deshalb isoliert klageweise geltend gemacht werden können.[285]

---

280 Ingenstau/Korbion-Locher, § 16 Nr. 1 VOB/B, Rn. 12-14; Kapellmann/Messerschmidt-Messerschmidt, § 14 VOB/B, Rn. 88.
281 BGH NJW 1997, 1444.
282 BGH NJW 1995, 3311 (3312).
283 BGH BauR 1997, 468.
284 OLG Düsseldorf BauR 2001, 806.
285 BGH BauR 1999, 267 (268); Thode, ZfBR 1999, 116 (124).

Sind die vom Auftragnehmer geschuldeten Bauleistungen abschließend erbracht worden, kann der Auftraggeber erwarten, dass der Auftragnehmer der ihm gemäß § 14 Nr. 3 VOB/B obliegenden Pflicht zur Vorlage der Schlussrechnung nachkommt. Mit Abschluss des Bauvorhabens hat der Auftragnehmer die Pflicht, die von ihm erbrachten Leistungen abschließend abzurechnen. Dies bedeutet, dass Abschlagszahlungen dann nicht mehr geltend gemacht und gerichtlich durchgesetzt werden können, wenn der Auftragnehmer seine Schlussrechnung vorgelegt hat.[286] Der BGH geht in seiner Rechtsprechung sogar noch einen Schritt weiter. So soll bereits zum Zeitpunkt der **Schlussrechnungsreife** kein Raum mehr für die gerichtliche Geltendmachung bzw. Weiterverfolgung von Abschlagsforderungen bestehen.[287] Damit gilt als Grundsatz: Ist der Auftragnehmer gemäß § 14 Nr. 3 VOB/B im Stande, seine Schlussrechnung anzufertigen und vorzulegen, können Forderungen aus Abschlagsrechnungen nicht mehr klageweise geltend gemacht werden.

Hat der Auftragnehmer zum Zeitpunkt der Schlussrechnungsreife bereits Klage aus einer Abschlagsrechnung erhoben, so muss er diese aufgrund der unterschiedlichen Streitgegenstände zwischen Abschlagsforderung und Schlussforderung im Wege einer **Klageänderung gemäß § 263 ZPO** auf eine Forderung aus Schlussrechnung umstellen.[288] Eine derartige Klageänderung setzt voraus, dass der Auftragnehmer zur Begründung seines Zahlungsverlangens die Schlussrechnung vorlegt, die Schlussrechnung in den Rechtsstreit einführt und den offen stehenden Vergütungsanspruch nach Maßgabe der Schlussrechnung begründet. Dem Auftragnehmer steht es für den Fall, dass der Auftraggeber Einwendungen gegen das Vorliegen der Schlussrechnungsreife erhebt, frei, nach entsprechender Klageumstellung auf die Schlussrechnung zumindest den vormals begründeten Anspruch auf Abschlagszahlungen für den Fall hilfsweise geltend zu machen, dass der Auftragnehmer nicht im Stande ist, die Abnahme der Bauleistungen bzw. die unberechtigte Abnahmeverweigerung nachzuweisen.[289]

Die Grundsätze über das Verhältnis zwischen Abschlags- und Schlussrechnung sind auch auf die Fälle anzuwenden, in denen das Vertragsverhältnis **vorzeitig**, etwa aufgrund Kündigung bzw. Auftragsentziehung **beendet** wird.[290]

Muster: Werklohnklage beim VOB-Einheitspreisvertrag

Landgericht ■■■

■■■

6

Klage

der ■■■ GmbH, ■■■,

---

286  BGH NJW 1985, 1840; Thode, ZfBR 1999, 116 (124). Ein Teil der Literatur will eine Klage auf Abschlagszahlung nach Vorlage der Schlussrechnung in aller Regel zu einer Klage auf Zahlung eines Teilbetrages der Schlussrechnung umdeuten: Werner/Pastor, Rn. 1229.
287  OLG Nürnberg, Nichtannahmebeschluss des BGH, NZBau 2000, 509.
288  BGH BauR 1999, 267.
289  BGH BauR 2000, 1482.
290  BGH BauR 1991, 81 (82); BauR 1987, 453; Thode, ZfBR 1999, 116 (121).

Klägerin

Prozessbevollmächtigte: ▪▪▪

gegen

die ▪▪▪ GmbH, ▪▪▪,

Beklagte

wegen: Werklohnanspruch aus Bauvertrag,

Streitwert: EUR 17.354,56.

Namens und in Vollmacht der Klägerin erheben wir gegen die Beklagte Klage und werden im Termin zur mündlichen Verhandlung beantragen:

Die Beklagte wird verurteilt, an die Klägerin EUR 17.354,56 nebst Zinsen in Höhe von acht Prozentpunkten über dem Basiszinssatz hieraus seit dem 20. November 2004 zu bezahlen.

Falls das Gericht ein schriftliches Vorverfahren anordnet, wird schon jetzt für den Fall, dass die Beklagte nicht rechtzeitig ihre Verteidigungsabsicht erklärt, der Erlass eines Versäumnisurteils im schriftlichen Verfahren beantragt.

Begründung:

Mit der vorliegenden Klage begehrt die Klägerin für Putzarbeiten an der Außenfassade des Mehrfamilienhauses ▪▪▪ in ▪▪▪ eine Zahlung restlichen Werklohns aus einer Schlussrechnung.

1. Die Parteien haben am 23. Mai 2004 einen Einheitspreis-Bauvertrag über die Erbringung von Putzarbeiten abgeschlossen. Dabei ist die VOB/B in der Fassung 2002 zur Grundlage des Vertrages gemacht worden.
   Beweis: Bauvertrag vom 23. Mai 2004 nebst Leistungsbeschreibung mit Leistungsverzeichnis, Verhandlungsprotokoll vom 10. April 2004, Besonderen und Zusätzlichen Vertragsbedingungen der Beklagten – Anlagenkonvolut K1 –.
   Bei dem Bauvorhaben ▪▪▪ handelt es sich um ein Wohnhaus mit 13 Wohneinheiten. Die Auftragssumme belief sich auf den ungekürzten Angebotsendpreis von brutto EUR 121.132,–.
2. In der Zeit vom 10. Juli 2004 bis zum 15. August 2004 hat die Klägerin die geschuldeten Putzarbeiten vertragsgerecht ausgeführt.
   Im Zuge einer gemeinsam durchgeführten förmlichen Abnahmebegehung am 26. August 2004 wurden die Arbeiten der Klägerin abgenommen.
   Beweis: Abnahmeprotokoll vom 26. August 2004 – Anlage K2 –.
   Die Leistung der Klägerin ist vertragsgerecht und mangelfrei.
3. Nach Stattfinden der förmlichen Abnahmebegehung erstellte die Klägerin eine Schlussrechnung, die vom 3. September 2004 datiert und mit der alle von der Klägerin erbrachten Leistungen endgültig abgerechnet worden sind. Die Schlussrechnung ist der Beklagten am 05. September 2004 zugegangen. Folglich ist der Schlussrechnungsbetrag seit dem 06. November 2004 fällig.
   Beweis: Schlussrechnung vom 3. September 2004 nebst Aufmaß- und Abrechnungsunterlagen – Anlagenkonvolut K3 –.
   Vor dem Hintergrund der Regelung in § 14 VOB/B bleibt festzuhalten, dass die Schlussrechnung prüfbar ist. Neben einer übersichtlich gestalteten Aufstellung gibt die

Schlussrechnung die Positionenfolge sowie die Bezeichnungen des Leistungsverzeichnisses wieder. Ferner sind in der Schlussrechnung auch die von der Beklagten gezahlten Abschlagszahlungen gesondert ausgewiesen.

Schließlich ist der Schlussrechnungsbetrag von der Klägerin zutreffend ermittelt worden. Die Klägerin hat die Massen für die Positionen 1 bis 34 auf der Grundlage einer am 26. August 2004 gemeinsam durchgeführten Aufmaßnahme ermittelt. Dabei war der von der Klägerin beauftragte Architekt ■■■ anwesend.

Beweis: Aufmaßprotokoll vom 26. August 2004 – siehe Anlagenkonvolut K3 –.

Vor dem Hintergrund des Vorliegens einer gemeinsamen Aufmaßnahme ist der Beklagten ein möglicher Einwand unrichtiger Massenermittlung abgeschnitten. Zudem wurde richtig aufgemessen.

Beweis: Zeugnis des Herrn ■■■, ■■■; Sachverständigengutachten.

Die in der Schlussrechnung vom 3. September 2004 ausgewiesenen Preise stellen die unveränderten Einheitspreise laut Vertrag vom 23. Mai 2004 dar.

4. Die Schlussrechnung schließt mit einer Gesamtsumme in Höhe von brutto EUR 122.034,–. Unter Berücksichtigung der von der Beklagten erbrachten Abschlagszahlungen und des vereinbarten 5%igen Gewährleistungseinbehaltes ergibt sich ein noch zu zahlenden Bruttorestbetrag in Höhe von EUR 17.354,56.

5. Da eine Zahlung durch die Beklagte in der Folgezeit ausblieb, wurde sie mit Einschreiben/Rückschein vom 08. November 2004 unter Nachfristsetzung angemahnt, den offenen Rechnungsbetrag bis zum 19. November 2004 zu zahlen.

Beweis: Einschreiben/Rückschein vom 8. November 2004 – Anlage K4 –.

Die vorgenannte Nachfrist ist inzwischen verstrichen; eine Zahlung durch die Beklagte ist nicht erfolgt. Gemäß § 16 Nr. 5 Abs. 3 VOB/B muss die Beklagte seit dem 20. November 2004 Zinsen bezahlen. Die Zinshöhe ergibt sich aus § 16 Nr. 5 Abs. 3 VOB/B iVm. §§ 288 Abs. 2, 247 BGB.

Rechtsanwalt

## II. Werklohnansprüche bei Änderungen, Zusatzaufträgen und auftragslos erbrachten Leistungen

**Literatur:** Jagenburg, Der Vergütungsanspruch des Bauherrn bei mangelhafter oder nicht rechtzeitiger Bauausführung nach VOB, BauR 1970, 18; Leinemann, VOB-Bauvertrag: Leistungsverweigerungsrecht des Bauunternehmers wegen fehlender Nachtragsbeauftragung?, NJW 1998, 3672; Motzke, Nachforderungsmöglichkeiten bei Einheits- und Pauschalverträgen, BauR 1992, 146; Quack/Asam, Anmerkung zum Urteil des BGH vom 28.02.2002 – VII ZR 376/00, BauR 2002, 1247; Stemmer, Bindung des Auftragnehmers an einen Preis „unter Wert" bei Mengenmehrungen?, BauR 1997, 417; Thode, Nachträge wegen gestörten Bauablaufs im VOB/B-Vertrag – Eine kritische Bestandsaufnahme –, ZfBR 2004, 214; Vygen, Die funktionale Leistungsbeschreibung, in: Festschrift für Mantscheff, S. 459.

Gerade bei größeren Bauvorhaben ist immer wieder festzustellen, dass es nach Abschluss des Bauvertrages zu einer Änderung des vertraglich vereinbarten Bausolls gekommen ist. Als Folge dessen ist die Frage aufzuwerfen, welchen Auswirkungen Bausolländerungen auf den Werklohnanspruch des Auftragnehmers haben.

196

197 Geht es um Änderungen des Bausolls, sind folgende Konstellationen zu unterscheiden:
- Mengenänderungen
- Leistungsänderungen
- Zusätzliche Leistungen
- Wegfall einzelner Leistungen
- Leistungen ohne Auftrag
- Nichtvergütungspflichtige Nebenleistungen

### 1. Mengenänderungen

#### a) Beim Einheitspreisvertrag

198 Mengenänderungen liegen dann vor, wenn sich nach der Aufmaßnahme herausstellt, dass die tatsächlich angefallenen Mengen (Vordersätze) betreffend konkreter im Vertrag festgelegter Leistungen von den ursprünglich prognostizierten Mengen des Leistungsverzeichnisses abweichen.

199 *aa) VOB-Einheitspreisvertrag: § 2 Nr. 3 VOB/B*

*(1) Grundregel: § 2 Nr. 3 Abs. 1 VOB/B:* Weicht die ausgeführte Menge der unter einem Einheitspreis erfassten Leistung oder Teilleistung um **nicht mehr als 10 %** von dem im Vertrag vorgesehenen Umfang ab, so gilt der vertragliche Einheitspreis unverändert.

200 Es ist dabei von dem Mengenansatz jeder Einzelnen Position auszugehen und nur für diese Position zu beurteilen, ob die ausgeführte Menge die 10 %-Grenze überschreitet. Auf den jeweiligen Gesamtpreis oder Positionspreis des Vertrages kommt es nicht an.[291]

201 *(2) Mengenüberschreitungen: § 2 Nr. 3 Abs. 2 VOB/B:*[292] Für die über 10 % hinausgehende Überschreitung des Mengenansatzes ist auf Verlangen des Auftragnehmers oder Auftraggebers ein neuer Preis unter Berücksichtigung der Mehr- oder Minderkosten zu vereinbaren.

202 Bei der Berechnung bleibt der bisherige Einheitspreis für die vertraglich prognostizierte Menge bestehen. Diesem Mengenansatz ist zunächst der in § 2 Nr. 3 Abs. 1 VOB/B festgelegte Spielraum von 10 % hinzuzurechnen, für den der bisherige Einheitspreis gilt. Erst für die über **110 % hinausgehende Menge** ist ein neuer Preis zu vereinbaren. Für die Ermittlung des neuen Preises ist auf die bisherigen Preisermittlungsgrundlagen abzustellen. Der Auftragnehmer hat folglich seine Kalkulation offen zu legen.[293] Vormals gewährte Nachlässe und Skonti sind mit zu berücksichtigen.[294]

203 *(3) Mengenunterschreitungen: § 2 Nr. 3 Abs. 3 VOB/B:*[295] Bei einer über 10 % hinausgehenden **Unterschreitung des Mengenansatzes** ist auf Verlangen der Einheitspreis für die

---

[291] BGH BauR 1976, 135; Werner/Pastor, Rn. 1169; Ingenstau/Korbion-Keldungs, § 2 Nr. 3 VOB/B, Rn. 14.
[292] Kapellmann/Messerschmidt-Kapellmann, § 2 VOB/B, Rn. 145 ff.; Ingenstau/Korbion-Keldungs, § 2 Nr. 3 VOB/B, Rn. 16 ff.; Werner/Pastor, Rn. 1169.
[293] OLG München BauR 1993, 726; Werner/Pastor, Rn. 1169; Ingenstau/Korbion-Keldungs, § 2 Nr. 3 VOB/B, Rn. 19.
[294] Ingenstau/Korbion-Keldungs, § 2 Nr. 3 VOB/B, Rn. 18.
[295] Kapellmann/Messerschmidt-Kapellmann, § 2 VOB/B, Rn. 151 ff.; Ingenstau/Korbion-Keldungs, § 2 Nr. 3 VOB/B, Rn. 28 ff.; Werner/Pastor, Rn. 1169.

tatsächlich ausgeführte Menge der Leistung oder Teilleistung zu erhöhen, soweit der Auftragnehmer nicht durch Erhöhung der Mengen bei anderen Ordnungszahlen (Positionen) oder in anderer Weise einen Ausgleich erhält. Die Erhöhung des Einheitspreises soll im Wesentlichen dem Mehrbetrag entsprechen, der sich durch Verteilung der Baustelleneinrichtungs- und Baustellengemeinkosten und der Allgemeinen Geschäftskosten auf die verringerte Menge ergibt. Die Umsatzsteuer wird entsprechend dem neuen Preis vergütet. Will der Auftragnehmer eine Erhöhung des Einheitspreises erreichen, so hat er seine Kalkulation offen zu legen.[296]

Muster: Werklohnklage bei Mengenänderungen beim VOB-Einheitspreisvertrag

Landgericht ■■■

Klage

der ■■■ GmbH, ■■■

Klägerin

Prozessbevollmächtigte: ■■■

gegen

die ■■■ GmbH, ■■■

Beklagte

wegen: Werklohnanspruch aus Bauvertrag,

Streitwert: EUR 8.442,00.

Namens und in Vollmacht der Klägerin erheben wir Klage gegen die Beklagte und werden in der mündlichen Verhandlung beantragen:

Die Beklagte wird verurteilt, an die Klägerin EUR 8.442,00 nebst Zinsen in Höhe von acht Prozentpunkten über dem Basiszinssatz hieraus seit Rechtshängigkeit zu bezahlen.

Falls das Gericht ein schriftliches Vorverfahren anordnet, wird schon jetzt für den Fall, dass die Beklagte nicht rechtzeitig ihre Verteidigungsabsicht erklärt, der Erlass eines Versäumnisurteils im schriftlichen Verfahren beantragt.

Begründung:

Die Klägerin plant und baut Lüftungsanlagen sowie Kühldecken und macht gegen die Beklagte restlichen Werklohn für den Bau einer Kühldecke beim Bauvorhaben ■■■ in ■■■ geltend.

1. Mit Einheitspreisvertrag vom 17. März 2004 beauftragte die Beklagte die Klägerin mit der Erstellung einer Kühldecke für das Bauvorhaben ■■■ in ■■■. Dem Vertrag lag das Angebot der Klägerin vom 15. Februar 2004, erstellt auf der Basis der Leistungsbeschreibung der Beklagten vom 11. November 2003 zugrunde. Die VOB/B ist Vertragsinhalt. Die Endsumme des Angebots der Klägerin vom 15. Februar 2004 belief sich auf EUR 236.285,58.

   Beweis: Bauvertrag vom 17. März 2004 nebst Leistungsverzeichnis – Anlage K1.

---

[296] OLG München BauR 1993, 726; Ingenstau/Korbion-Keldungs, § 2 Nr. 3 VOB/B, Rn. 36 ff.; Werner/Pastor, Rn. 1169.

## § 2 Die Ansprüche des Auftragnehmers

Die Klägerin hat die ihr übertragenen Arbeiten frist- und vertragsgerecht bis zum 18. September 2004 ausgeführt. Die Arbeiten der Klägerin sind – was unstreitig ist – förmlich abgenommen.

Beweis: Abnahmeprotokoll vom 20. September 2004 – Anlage K2.

Am 10. November 2004 stellte die Klägerin ihre Schlussrechnung über eine noch offene Restforderung in Höhe von insgesamt EUR 76.243,46.

Beweis: Schlussrechnung der Klägerin vom 10. November 2004 nebst Aufmaß- und Abrechnungsunterlagen – Anlage K3.

Die prüfbare Schlussrechnung wurde von der Beklagten binnen einer Frist von 3 Wochen geprüft. Hierbei hat die Beklagte die Schlussrechnung in einer Position um insgesamt EUR 8.442,– gekürzt.

Beweis: Rechnungsprüfbericht der Beklagten vom 02. Dezember 2004 – Anlage K4.

Sämtliche Kürzungen geschahen zu Unrecht und sind Gegenstand des vorliegenden Rechtsstreits.

2. Es geht um den Einbau einer Kühldecke, wobei die Parteien um die Berechtigung einer Einheitspreiserhöhung nach § 2 Nr. 3 Abs. 3 VOB/B betreffend der Position 03 „Konverter" streiten.

Im Leistungsverzeichnis war betreffend der Pos. 03 „Konverter" eine Menge von 750 Stück ausgeschrieben und von der Klägerin mit einem Einheitspreis von EUR 193,86 pro Stück angeboten worden.

Beweis: Leistungsverzeichnis, Pos. 03 – Anlage K1.

Das von den Parteien am 20. September 2004 gemeinsam durchgeführte Aufmaß ergab demgegenüber eine Stückzahl von nur 525, also weit mehr als 10 % weniger als ursprünglich prognostiziert.

Beweis: Aufmaßprotokoll vom 20. September 2004 – Anlage K5.

Die Mindermengen sind nicht auf Änderungs- oder sonstige Anordnungen zum Leistungsinhalt zurückzuführen, sondern auf ungenaue Massenermittlung der Beklagten vor Vertragsschluss. Nach § 2 Nr. 3 Abs. 3 VOB/B hat die Klägerin Anspruch auf Erhöhung des Einheitspreises. Den neuen Einheitspreis hat die Klägerin aus der Urkalkulation folgendermaßen entwickelt:

| | |
|---|---|
| Einzelkosten der Teilleistung kalkuliert | EUR 156,34 / Stück |
| Schlüsselkosten: | |
| Gemeinkosten der Baustelle | |
| inkl. Baustelleneinrichtungskosten (7,5 %) | EUR 11,73 / Stück |
| Allgemeine Geschäftskosten (12,5 %) | EUR 19,54 / Stück |
| Gewinn (4 %) | EUR 6,25 / Stück |
| Insgesamt | EUR 37,52 / Stück |
| | EUR 193,86 / Stück |

Dies ist der von der Klägerin urkalkulierte und angebotene Einheitspreis.

Beweis: Kalkulation der Klägerin vom 10. Februar 2004 – Anlage K6 –; Zeugnis des Herrn ▬▬▬, Kalkulator der Klägerin und zu laden über diese.

Durch die Umlage der unveränderten Schlüsselkosten auf die tatsächlich ausgeführte Mindermenge ergibt sich folgendes Bild:

| | |
|---|---|
| Einzelkosten der Teilleistung | EUR 156,34 / Stück x 525 = EUR 82.078,50 |
| Schlüsselkosten | EUR 37,52 / Stück x 750 = EUR 28.140,00 |
| | EUR 110.218,50 |

Dies entspricht einem neuen Einheitspreis von EUR 209,94 / Stück (EUR 110.218,50 : 525).
Beweis: Dipl.-Ing. ■■■, b.b. – als Zeuge –; Sachverständigengutachten.
Einen Ausgleich der Mengenminderung in anderen Positionen gab es nicht.
Beweis: Schlussrechnung vom 10. November 2004 – Anlage K3.
Die Beklagte hat den Einheitspreis für die Konverter (Pos. 03) im Zuge der Rechnungsprüfung auf EUR 193,86 / Stück gekürzt und die Kürzung mit der handschriftlichen Anmerkung „siehe Vertrag" versehen. Sie übersieht die Einheitspreisanpassunsregelung des § 2 Nr. 3 Abs. 3 VOB/B. Demgemäß hat sie, errechnet auf den vertraglichen – nicht mehr maßgeblichen – Einheitspreis von EUR 193,86 / Stück, auf die hier streitige Position nur einen Betrag von EUR 101.776,50 bezahlt. Offen ist demnach ein Betrag von EUR 8.442,00.

Rechtsanwalt

*bb) BGB-Einheitspreisvertrag: § 313 BGB:* Kommt es beim BGB-Einheitspreisvertrag im Hinblick auf die im Angebot aufgeführten Vordersätze im Zuge der späteren Bauausführung zu Mengenänderungen (d.h. Mengenmehrungen oder -minderungen), so kommt § 2 Nr. 3 VOB/B weder unmittelbar noch analog zur Anwendung.[297]  205

Eine Anpassung, d.h. Erhöhung oder Reduzierung des vereinbarten Einheitspreises erfolgt nach § 313 BGB nur dann, wenn die **Geschäftsgrundlage** betroffen ist.[298] Das setzt voraus, dass im Einzelfall eine so **wesentliche Änderung** des bei Vertragsabschluss von jedenfalls einer Person als sicher zugrundegelegten Mengenansatzes eingetreten ist, dass einer der Vertragsparteien bei unveränderter Aufrechterhaltung des Vertrages ein unvorhersehbares und **unzumutbares Opfer** auferlegt werden würde.[299]  206

Die Voraussetzungen für eine Preisanpassung sind dabei wesentlich enger als diejenigen nach § 2 Nr. 3 VOB/B beim VOB-Bauvertrag. Die in § 2 Nr. 3 Abs. 2 und 3 VOB/B enthaltene 10 % – Regelung kommt nicht zur Anwendung. Vielmehr ist jeweils auf den Einzelfall abzustellen. Eine starre Grenze von mindestens 20 % ist nicht anzuerkennen.[300] Dabei ist auf den Mengenansatz der Einzelnen Position und nicht auf den Gesamtpreis abzustellen. Der neue Einheitspreis ist entweder vom Besteller/Auftraggeber oder Unternehmer/Auftragnehmer spätestens bei der Abrechnung festzusetzen.  207

**b) Beim Pauschalpreisvertrag**

Beim **VOB-Pauschalpreisvertrag** bleibt der Pauschalpreis bei Mengenänderungen gemäß § 2 Nr. 7 Abs. 1 Satz 1 VOB/B grundsätzlich unverändert. Nur dann, wenn die ausgeführte Leistung von der vertraglich vereinbarten Leistung so erheblich abweicht, dass ein Festhalten an dem Pauschalpreis nicht mehr zumutbar ist, ist gemäß § 242 BGB auf Verlagen einer Partei ein Ausgleich unter Berücksichtigung der Mehr- und Minderkosten zu gewähren. Es wird damit auf die Grundsätze der **Störung der**  208

---

297 BGH, Schäfer / Finnern, Z 2.311 Bl. 31; Jagenburg, BauR 1970; 18 (19); Werner / Pastor, Rn. 2501.
298 KG BauR 2001, 1591 (1592); Werner / Pastor, Rn. 1173 und 2478 ff.
299 KG BauR 2001, 1591 (1592); Werner / Pastor, Rn. 2490.
300 BGH BauR 1996, 250; Stemmer, BauR 1997, 417 (421); Werner / Pastor, Rn. 2490; Kapellmann / Schiffers, Bd. 2; Rn. 1533, 1535; fraglich Staudinger-Peters, § 632 BGB, Rn. 57.

Geschäftsgrundlage (§ 313 Abs. 1 BGB) verwiesen.[301] Eine Anpassung, d.h. Erhöhung oder Reduzierung des vereinbarten Pauschalpreises erfolgt also jeweils nur dann, wenn die Geschäftsgrundlage betroffen ist. Das setzt voraus, dass im Einzelfall eine so wesentliche Änderung des bei Vertragsabschluss von jedenfalls einer Person als sicher zugrunde gelegten Mengenansatzes eingetreten ist, dass einer der Vertragsparteien bei unveränderter Aufrechterhaltung des Vertrages ein unvorhersehbares und unzumutbares Opfer auferlegt werden würde.[302] Eine starre Grenze von mindestens 20 % ist nicht anzuerkennen. Vielmehr ist jeweils auf den Einzelfall abzustellen.[303] In diesem Zusammenhang ist stets eine Gesamtschau notwendig, denn Mengenüberschreitungen in einer Position können durch Mengenunterschreitungen in anderen Positionen ausgeglichen sein.[304] Es ist also nicht auf den Mengenansatz der einzelnen Position, sondern auf den Gesamtpreis abzustellen.[305] Im Rahmen des anzuwendenden § 242 BGB ist auch zu berücksichtigen, wie es zu der Mengenabweichung gekommen ist. Dabei spielt vor allem eine Rolle, wer die dem Pauschalvertrag zugrunde liegende Menge geschätzt hat. Fehlschätzungen des Auftraggebers berechtigen eher zu einer Preisanpassung als Fehlschätzungen des Auftragnehmers.

209 Beim **BGB-Pauschalpreisvertrag** ist bei erheblichen Mengenänderungen auf die Regeln der **Störung der Geschäftsgrundlage** gemäß § 313 Abs. 1 BGB zurückzugreifen. Eine Anpassung, d.h. Erhöhung oder Reduzierung des vereinbarten Pauschalpreises erfolgt also jeweils nur dann, wenn die Geschäftsgrundlage betroffen ist. Das setzt voraus, dass im Einzelfall eine so wesentliche Änderung des bei Vertragsabschluss von jedenfalls einer Person als sicher zugrunde gelegten Mengenansatzes eingetreten ist, dass einer der Vertragsparteien bei unveränderter Aufrechterhaltung des Vertrages ein unvorhersehbares und unzumutbares Opfer auferlegt werden würde.[306] Es gelten die zum VOB-Pauschalpreisvertrag dargestellten Voraussetzungen entsprechend.

## 2. Leistungsänderungen

210 Leistungsänderungen liegen dann vor, wenn sich nach Vertragsabschluss – beim VOB-Bauvertrag vor dem Hintergrund des § 2 Nr. 1 VOB/B – die der Preisberechnung zu Grunde gelegten Umstände verändert haben. Dabei kann es sowohl um Art und Umfang wie auch um die Art und Weise der zu erbringenden Leistung gehen. Die Leistungsänderung kann sich auf den **Material-, Geräte- und Personaleinsatz** auswirken. Weiter kann sie auch Auswirkungen auf die **Bauzeit** haben, wenn Leistungsänderungen eine zeitliche Verschiebung der ursprünglich vorgesehenen Bauzeit bedingen. Schließ-

---

301 Werner/Pastor, Rn. 1200; Ingenstau/Korbion-Keldungs, § 2 Nr. 7 VOB/B, Rn. 10; Staudinger-Peters, § 632 BGB, Rn. 60.
302 So haben die Parteien aufgrund der Pauschalisierungsvereinbarung hinsichtlich der Bauleistung die Risiken einer Bausolländerung selbst übernommen: BGH BauR 1972, 118; BauR 1974, 416.
303 BGH BauR 1996, 250; Stemmer, BauR 1997, 417 (421); OLG Düsseldorf BauR 2001, 803 (806); OLG Hamm BauR 1993, 88; Werner/Pastor, Rn. 1203, 2490; Kapellmann/Schiffers, Bd. 2; Rn. 1533, 1535.
304 OLG Düsseldorf BauR 2001, 804 (806).
305 Werner/Pastor, Rn. 1203; Motzke, BauR 1992, 146 ff.; Beck'scher VOB-Kommentar-Jagenburg, § 2 Nr. 7 VOB/B, Rn. 64; Ingenstau/Korbion-Keldungs, § 2 Nr. 7 VOB/B, Rn. 22 ff.; Nicklisch/Weick, § 2 VOB/B, Rn. 80.
306 So haben die Parteien aufgrund der Pauschalisierungsvereinbarung hinsichtlich der Bauleistung die Risiken einer Bausolländerung selbst übernommen: BGH BauR 1972, 118; BauR 1974, 416.

lich kann sie Auswirkungen auf die **Art und Weise der Ausführung** haben, was beispielsweise bei Änderungen der Verfahrenstechnik der Fall ist.[307]

Geht es im Hinblick auf das Vorliegen einer möglichen Leistungsänderung um die Bestimmung eines neuen Preises unter Berücksichtigung der Mehr- und Minderkosten, so kann dies nur die Fälle betreffen, bei denen die veränderte Leistung nicht bereits von den vertragliche vereinbarten Leistungen mitumfasst gewesen ist.[308] So werden mit der vertraglich vereinbarten Vergütung all die Leistungen abgegolten, die nach der Baubeschreibung zu der Leistung innerhalb des Bauvertrages bzw. unter Umständen auch nach den Besonderen Vertragsbedingungen, den Allgemeinen Technischen Vertragsbedingungen, den Zusätzlichen Technischen Vertragsbedingungen zur vertraglichen Leistung gehören. In den Allgemeinen Technischen Vertragsbedingungen für Bauleistungen (ATV) DIN 18 299 bzw. den anderen DIN-Normen der VOB/C (regelmäßig unter der Ordnungs-Nr. 4) sind die in der Regel bei Bauarbeiten auftretenden nichtvergütungspflichtigen **Nebenleistungen** in Abschnitt 4 genannt. Anzumerken bleibt, dass die DIN-Normen der VOB/C als Allgemeine Geschäftsbedingungen bei entsprechender Einbeziehung auch beim BGB-Bauvertrag zur Anwendung kommen.

211

a) Beim Einheitspreisvertrag

*aa) VOB-Einheitspreisvertrag: § 2 Nr. 5 VOB/B:* Weder aus § 2 Nr. 5 VOB/B noch § 2 Nr. 6 VOB/B[309] folgt die Rechtsgrundlage eines geänderten bzw. zusätzlichen Vergütungsanspruchs des Auftragnehmers gegenüber dem Auftraggeber. Da die § 2 Nr. 5 VOB/B und § 2 Nr. 6 VOB/B nur Rechtsfolgenregelungen darstellen, stellt die **Rechtsgrundlage** (causa) für einen geänderten bzw. zusätzlichen Vergütungsanspruch des Auftragnehmers eine **vertragliche Vereinbarung** der Parteien dar.[310] Auf der Grundlage dieser Feststellung ist es demnach falsch, einen Vergütungsanspruch des Auftragnehmers wegen geänderter Leistungen dann auf § 2 Nr. 5 VOB/B zu stützen, wenn eine veränderte Ausführung ohne Vorliegen einer rechtsgeschäftlichen Anordnung lediglich aus anderen Gründen erforderlich wird.[311]

212

Erfordern § 2 Nr. 5 VOB/B und § 2 Nr. 6 VOB/B – quasi als Ausgangslage – eine vertragliche Vereinbarung der Parteien im Hinblick auf die geänderte bzw. zusätzliche Leistung, ist – nunmehr als Folgeschritt – festzuhalten, dass es gemäß § 2 Nr. 5 VOB/B dann zu einem geänderten Vergütungsanspruch des Auftragnehmers gegenüber dem Auftraggeber kommen kann,

213

- wenn der Auftraggeber gemäß § 1 Nr. 3 VOB/B eine **Änderung des Bauentwurfs** angeordnet hat, oder
- wenn eine **sonstige Anordnung** des Auftraggebers im Sinne des § 2 Nr. 5 VOB/B vorliegt.

---

307 Weiterführend: Ingenstau/Korbion-Keldungs, § 2 Nr. 5 VOB/B, Rn. 11ff.; Kapellmann/Messerschmidt-Kapellmann, § 2 VOB/B, Rn. 185.
308 BGH BauR 1992, 759; Ingenstau/Korbion-Keldungs, § 2 Nr. 5 VOB/B, Rn. 11.
309 Die nachfolgenden Ausführungen beziehen sich – wenngleich mit Einschränkungen – gleichermaßen auf den Fall zusätzlicher Leistungen im Sinne des § 2 Nr. 6 VOB/B.
310 BGH BauR 2004, 495; Thode, ZfBR 2004, 214 (215f.).
311 So aber Kapellmann/Messerschmidt-Kapellmann, § 2 VOB/B, Rn. 185; Ingenstau/Korbion-Keldungs, § 2 Nr. 5 VOB/B, Rn. 11, 22; Leineweber, Jahrbuch Baurecht 2002, S. 128.

# 2 § 2 Die Ansprüche des Auftragnehmers

213a Im VOB-Vertrag ist es nach § 1 Nr. 3 VOB/B dem Auftraggeber vorbehalten, Änderungen des Bauentwurfs anzuordnen.³¹² Soweit der Auftraggeber eine geänderte Leistung oder eine zusätzliche Leistung ohne Zustimmung des Auftragnehmers anordnen kann, ist ihm durch die VOB/B das Recht eingeräumt, durch **einseitige empfangsbedürftige rechtsgeschäftliche Willenserklärung** den Leistungsumfang zu ändern oder zu erweitern.³¹³ Anwendbar sind deshalb die für die Wirksamkeit einer Willenserklärung geltenden Regeln sowie das Vertretungsrecht. Die Erklärung gemäß § 1 Nr. 3 VOB/B kann deshalb von einem Dritten für den Auftraggeber nur im Rahmen einer gesetzlichen oder rechtsgeschäftlichen Vertretungsmacht wirksam abgegeben werden.

213b Der Auftraggeber kann das Leistungsbestimmungsrecht nicht uneingeschränkt, sondern vielmehr nach **billigem Ermessen im Sinne des § 315 BGB** ausüben. Dabei stellt sich § 315 Abs. 1 BGB als Ausdruck des dem Vertragsrecht immanenten Grundsatzes von Treu und Glauben dar. Folglich unterliegt die Entscheidung des Auftraggebers, das Leistungsbestimmungsrecht auszuüben, gemäß § 315 Abs. 3 BGB einer Kontrolle dahingehend, ob sie der Billigkeit entspricht. Kommt es zum Streitfall, so erfolgt eine Bestimmung durch ein gerichtliches Urteil. Hat der Auftraggeber sein Leistungsbestimmungsrecht durch Zugang der einseitigen empfangsbedürftigen Willenserklärung ausgeübt, ist er gemäß §§ 315 Abs. 2, 130 Abs. 1 BGB daran gebunden.

213c Vor dem Hintergrund dieser Ausführungen zum einseitigen Leistungsanordnungsrecht des Auftraggebers gemäß § 1 Nr. 3 VOB/B wird es im Einzelfall zunächst darauf ankommen, festzustellen, ob ein auf die Anordnung einer Änderung des Bauentwurfs gerichtetes (**objektives**) **Erklärungsbewußtsein des Auftraggebers** vorliegt, wenn er von den veränderten Bauumständen Kenntnis hat und im Bewusstsein dieser Kenntnis die Fortsetzung der Arbeiten anordnet oder zulässt. Allein die Vermittlung der notwenigen Information um die Leistungsänderung gegenüber dem Auftraggebers lässt kein Rückschluss auf das Vorliegen eines Erklärungsbewußtseins betreffend einer vertragsändernden Leistungsbestimmung zu.³¹⁴ Ob aus dem Verhalten des Auftraggebers das Erklärungsbewußtsein entnommen werden kann, die Änderung der Bauumstände nicht nur hinzunehmen, sondern auch als Änderung des Vertrages anzuordnen, ist dementsprechend nach Lage der Dinge im Einzelfall zu entscheiden. Hat der Auftraggeber keinen Einfluss auf die veränderten Bauumstände, dann wird bei ihm ein dementsprechendes Bewusstsein abzulehnen sein. Resultiert die Störungen des Vertrages demnach ausschließlich aus dem Verantwortungsbereich des Auftragnehmers, scheidet die Annahme einer vertragsändernden Anordnung aus.³¹⁵

---

312 § 1 Nr. 3 VOB/B begründet damit eine Durchbrechung des Grundsatzes, dass vergütungsrechtliche Regelungen der VOB/B stets auf eine zweiseitige vertragliche Vereinbarung der Parteien aufbauen müssen. Hervorzuheben bleibt, dass Durchbrechungen des Prinzips von einer vertraglichen Grundlage nur dann greifen können, wenn zwischen den Parteien wiederum eine vertragliche Vereinbarung vorliegt. Eine solche Vereinbarung ist in § 1 Nr. 3 VOB/B vorgesehen, wonach dem Auftraggeber ein Leistungsbestimmungsrechts dahin eingeräumt wird, dass er berechtigt ist, den Bauentwurf zu ändern.
313 BGH BauR 2004, 495; BauR 1994, 760; ausführlich Thode, ZfBR 2004, 214 (216).
314 Thode, ZfBR 2004, 214 (223).
315 BGH BauR 1985, 561; OLG Düsseldorff BauR 1996, 267.

Bei der Mandatserörterung kann deshalb an dieser Stelle festgestellt werden: Liegt eine einseitige empfangsbedürftige Willenserklärung/Leistungsanordnung (Änderung des Bauentwurfs) des Auftraggebers gemäß § 1 Nr. 3 VOB/B vor, kann man zur Rechtsfolgenregelung in § 2 Nr. 5 VOB/B übergehen. Weiter gilt: Hat der Auftraggeber von seinem einseitigen Leistungsanordnungsrecht Gebrauch gemacht, kann sich der Auftragnehmer wegen der Vertragspflichtverletzung weder auf Schadensersatzansprüche aus § 280 Abs. 1 BGB bzw. § 6 Nr. 6 VOB/B noch auf einen Entschädigungsanspruch aus § 642 BGB stützen. Beide Normen setzen nämlich eine Verletzung von Vertragspflichten durch den Auftraggeber voraus, die gerade nicht vorliegt, wenn es vor dem Hintergrund einer Vertragslösung zu einer Änderung des Bauentwurfs gekommen ist.[316, 317]

213 d

Liegt dem entgegen keine einseitige empfangsbedürftige Willenserklärung/Leistungsanordnung (Änderung des Bauentwurfs) des Auftraggebers gemäß § 1 Nr. 3 VOB/B vor, oder muss sich der Auftraggeber vor dem Hintergrund der §§ 164 ff. BGB eine einseitige empfangsbedürftige Willenserklärung/Leistungsanordnung (Änderung des Bauentwurfs) des Handelnden Dritten (Architekt/Bauleiter) nicht zurechnen lassen, scheidet § 2 Nr. 5 VOB/B aus. Weiter gilt: Eine Vergütungsanspruch des Auftragnehmers gegen den Auftraggeber kann sich in diesem Fall auf der Grundlage von § 2 Nr. 8 VOB/B[318] ergeben. Ferner kann sich der Auftragnehmer wegen der Vertragspflichtverletzung entweder auf Schadensersatzansprüche aus § 280 Abs. 1 BGB bzw. § 6 Nr. 6 VOB/B oder aber auf einen Entschädigungsanspruch aus § 642 BGB stützen.[319, 320]

213 e

Als **Änderungen des Bauentwurfs** sind Änderungen des Bauleistungsinhalts anzusehen, soweit diese die technische Bauausführung betreffen.[321] Dies gilt auch für solche Änderungen der technischen Bauausführung, die die sonstigen Bauumstände, wie z.B. die Zeitschiene, mittelbar betreffen.[322] Geht es dem entgegen um Anordnungen zu Leistungsinhalten, die nicht zu der technischen Bauausführung einschließlich der dazu gehörigen Bauumstände gehören, was beispielsweise bei reinen Bauzeitanordnung des Auftraggebers (wie z.B.: „Der Beginn des Bauvorhabens verschiebt sich um 8 Monate.") der Fall ist, besteht Streit, ob eine Änderung des Bauentwurfs zu bejahen ist.[323] Auf diesen Streit und seine Relevanz wird zurückzukommen sein.

213 f

---

316 Werner/Pastor Rn. 1828; Kapellmann/Messerschmidt-Kapellmann, § 6 VOB/B, Rn. 56; Thode, ZfBR 2004, 214 (216 ff.).
317 Vgl. hierzu die Ausführungen unter Rn. 274 ff.
318 Vgl. hierzu die Ausführungen unter Rn. 231 ff.
319 Vgl. hierzu die Ausführungen unter Rn. 274 ff. sowie 256 f.
320 Daraus folgt auch, dass sich Vergütungsansprüche aus § 2 Nr. 5 VOB/B und Ansprüche aus Vertragspflichtverletzung nach § 280 BGB, § 6 Nr. 6 VOB/B und aus § 642 BGB grundsätzlich ausschließen. Denn eine wirksame Vertragsänderung, die Voraussetzung für eine angepasste Vergütung nach § 2 Nr. 5 VOB/B ist, ist keine Vertragspflichtverletzung und kann deshalb keine Schadensersatzansprüche aus Vertragspflichtverletzung oder einen Entschädigungsanspruch aus § 642 BGB auslösen.
321 Nachweise bei Zanner/Keller, NZBau 2004, 353 (354).
322 Kapellmann/Schiffers, Bd. 1, Rn. 787; Ingenstau/Korbion-Keldungs, § 1 Nr. 3 VOB/B, Rn. 8, 9; Thode, ZfBR 2004, 214 ff.
323 Nach hM begründen reine Bauzeitanordnungen keine Änderung des Bauentwurfs, werden also nicht von § 1 Nr. 3 VOB/B erfasst: So Kapellmann/Schiffers, Bd. 1, Rn. 787; Ingenstau/Korbion-Keldungs, § 1 Nr. 3 VOB/B, Rn. 8, 9; Thode, ZfBR 2004, 214 ff. Die Gegenauffassung wird vertreten von: Marbach, ZfBR 1989, 2 (7); Schulze-Hagen, Festschrift für Soergel, S. 259 (263); Zanner/Keller, NZBau 2004, 353 (354).

## § 2 Die Ansprüche des Auftragnehmers

**213g** **Andere Anordnungen** im Sinne des § 2 Nr. 5 VOB/B können nur solche sein, zu denen der Auftraggeber vertraglich berechtigt ist. Die Berechtigung, die vertraglichen Vereinbarungen durch einseitige Anordnung zu ändern, muss dem Auftraggeber auf der Grundlage einer zweiseitigen vertraglichen Vereinbarung zwischen den Parteien ausdrücklich eingeräumt sein. Aus § 1 Nr. 3 VOB/B und dem dort geregelten einseitigen Leistungsanordnungsrecht ergibt sie sich nicht, weil das dort geregelte Leistungsbestimmungsrecht nur den Bauentwurf erfasst. Auf der Grundlage dieser Ausführungen kann festgehalten werden, dass immer dann, wenn eine vertragliche Vereinbarung zwischen den Parteien betreffend eines sonstigen Anordnungsrechts des Auftraggebers außerhalb von § 1 Nr. 3 VOB/B fehlt, der Auftragnehmer berechtigt ist, die Leistungen im Hinblick auf eine vertragswidrig ausgesprochene andere Anordnung zu verweigern.

**213h** Ordnet der Auftraggeber eine Änderung der Bauzeit an, die nichts mit der technischen Bauausführung zu tun hat, werden nunmehr die unterschiedlichen Sichtweisen offensichtlich:

**213i** Geht man davon aus, dass eine **reine Bauzeitänderung** des Auftraggebers nicht von dem in § 1 Nr. 3 VOB/B enthaltenen einseitigen Leistungsanordnungsrecht umfasst ist, das der Auftragnehmer zu befolgen hat, kommt es darauf an, ob der Auftragnehmer die vom Auftraggeber „vorgeschlagene" Bauzeitänderung vertraglich akzeptiert, was im Fall des reinen „Duldens" einer vertragswidrigen Bauzeitänderung in der Regel in Ermangelung des Vorliegens eines Erklärungsbewußtseins zu verneinen sein wird.[324] Als Folgewirkung ist dem Auftragnehmer das Recht einzuräumen, bei solchen reinen Bauzeitänderungen die Leistung zu verweigern. Damit erhält der Auftragnehmer ein **Druckpotential**, die Akzeptierung der zeitlichen Verschiebung von Nachbesserungen seines Vertragspreises abhängig machen. Liegen die Voraussetzungen für eine andere Anordnung nicht vor, scheidet § 2 Nr. 5 VOB/B aus. Eine Vergütungsanspruch des Auftragnehmers gegen den Auftraggeber kann sich in diesem Fall auf der Grundlage von § 2 Nr. 8 VOB/B[325] ergeben. Ferner kann sich der Auftragnehmer wegen der Vertragspflichtverletzung entweder auf Schadensersatzansprüche aus § 280 Abs. 1 BGB bzw. § 6 Nr. 6 VOB/B oder aber auf einen Entschädigungsanspruch aus § 642 BGB stützen.[326, 327]

**213j** Geht man dem entgegen davon aus, dass eine reine Bauzeitänderung des Auftraggebers von dem in § 1 Nr. 3 VOB/B enthaltenen einseitigen Leistungsanordnungsrecht „Änderung des Bauentwurfs" umfasst sind, das der Auftragnehmer zu befolgen hat, ist die in § 2 Nr. 5 VOB/B enthaltene Rechtsfolgenregelung anzuwenden. Gleichzeitig kann sich der Auftragnehmer, wenn der Auftraggeber von seinem einseitigen Leistungsanord-

---

[324] Thode, ZfBR 2004, 214ff.
[325] Vgl. hierzu die Ausführungen unter Rn. 231ff.
[326] Vgl. hierzu die Ausführungen unter Rn. 274ff. sowie 256f.
[327] Daraus folgt auch, dass sich Vergütungsansprüche aus § 2 Nr. 5 VOB/B und Ansprüche aus Vertragspflichtverletzung nach § 280 BGB, § 6 Nr. 6 VOB/B und aus § 642 BGB grundsätzlich ausschließen. Denn eine wirksame Vertragsänderung, die Voraussetzung für eine angepasste Vergütung nach § 2 Nr. 5 VOB/B ist, ist keine Vertragspflichtverletzung und kann deshalb keine Schadensersatzansprüche aus Vertragspflichtverletzung oder einen Entschädigungsanspruch aus § 642 BGB auslösen.

nungsrecht Gebrauch gemacht hat, wegen der Vertragspflichtverletzung weder auf Schadensersatzansprüche aus § 280 Abs. 1 BGB bzw. § 6 Nr. 6 VOB/B noch auf einen Entschädigungsanspruch aus § 642 BGB stützen.[328, 329]

Werden durch Änderungen des Bauentwurfs oder andere Anordnungen des Auftraggebers die Grundlagen des Preises für eine im Vertrag vorgesehene Leistung geändert,[330] ist ein **neuer Preis unter Berücksichtigung der Mehr- oder Minderkosten** zu vereinbaren. Die Vereinbarung soll vor der Ausführung getroffen werden. Bei einer ausbleibenden Preiseinigung hat der Auftragnehmer ein Leistungsverweigerungsrecht.[331]

213k

Für die Einigung über eine geänderte Leistung und Vergütung gelten die allgemeinen Grundsätze. Sie kommt durch Angebot und Annahme gemäß §§ 145 ff. BGB zustande. In vielen Fällen legt der Auftragnehmer ein **Nachtragsangebot** vor. Es hängt von dem Verhalten des Auftraggebers ab, inwieweit das Angebot angenommen wird. Reagiert der Auftraggeber auf das Nachtragsangebot in Kenntnis des Umstandes nicht, dass der Auftragnehmer die geänderte Leistung erbringen wird, so kann in diesem Verhalten im Einzelfall die konkludente Annahme des Nachtragsangebotes gesehen werden. Eine stillschweigende Annahme des Angebots dürfte insbesondere dann nahe liegen, wenn der Auftraggeber ausreichend Zeit hatte, das Nachtragsangebot zu prüfen und keine Vorbehalte gegen dieses Angebot vorgebracht hat. Denn in der widerspruchslosen Entgegennahme der Vertragsleistung kann eine stillschweigende Annahme des Antrags auf Abschluss eines Vertrages über diese Leistung gesehen werden, wenn das Angebot bekannt war und der Auftragnehmer nach der Verkehrssitte und Treu und Glauben das Verhalten des Auftraggebers so verstehen kann, dass er nunmehr den Vertrag auf der Grundlage des Angebots schließen will. Das gilt insbesondere dann, wenn der Auftragnehmer zum Ausdruck gebracht hat, dass er nur unter seinen Bedingungen zur Leistung bereit.[332] Einigen sich die Vertragsparteien nicht auf die Vergütung, muss das Gericht auf der Grundlage des § 2 Nr. 5 VOB/B entscheiden.

213l

*bb) BGB-Einheitspreisvertrag: §§ 631, 632 BGB:* Eine Leistungsänderung liegt dann vor, wenn es nach Vertragsschluss zu einer Abänderung der sich auf die Art und Weise der Bauausführung beziehenden Vertragsinhalte kommt. Insoweit kann es sich beispielsweise um eine Planungsänderung, eine Änderungen im Leistungsbeschrieb des Leistungsverzeichnisses oder aber eine Änderung der vertraglich vereinbarten Bauzeiten handeln.

214

Während beim VOB-Bauvertrag der Auftraggeber gemäß § 1 Nr. 3 VOB/B einseitig Änderungen des Bauentwurfs (darunter werden nicht nur planerische Änderungen ver-

215

---

[328] Werner/Pastor Rn. 1828; Kapellmann/Messerschmidt-Kapellmann, § 6 VOB/B, Rn. 56; Thode, ZfBR 2004, 214 (216 ff.).
[329] Vgl. hierzu die Ausführungen unter Rn. 274 ff. sowie 256 f.
[330] Die Preisgrundlagenänderung muss vom Auftraggeber veranlasst sein. Da sich aus der Anordnung für den Auftraggeber zusätzliche vertragliche Verpflichtungen ergeben, müssen Anordnungen für den Auftragnehmer eindeutig als Vertragserklärung verpflichtend sein, BGH NJW-RR 1992, 1046.
[331] BGH ZfBR 2004, 786; Kapellmann/Messerschmidt-Kapellmann, § 2 VOB/B, Rn. 205; Staudinger-Peters, § 632 BGB, Rn. 69; Leinemann, NJW 1998, 3672.
[332] BGH NJW 1995, 1671.

standen, sondern auch Änderungen des Leistungsinhalts, wie sie sich in der Leistungsbeschreibung, im Leistungsverzeichnis oder sonstigen Unterlagen dokumentieren) anordnen kann, sind einseitige Leistungsänderungen seitens des Bestellers/Auftraggebers beim BGB-Bauvertrag grundsätzlich nicht möglich. Leistungsänderung bedürfen daher einer entsprechenden **Einigung der Vertragsparteien** gemäß der §§ 145 ff. BGB.[333]

216 Fehlt beim BGB-Bauvertrag betreffend der veränderten Preisgrundlage zwischen den Parteien eine ausdrückliche Vergütungsvereinbarung, so wird diese Lücke durch die übliche Vergütung im Sinne des **§ 632 Abs. 2 BGB** geschlossen.[334]

b) Beim Pauschalpreisvertrag

217 Beim VOB-Pauschalpreisvertrag ist bei Vorliegen einer Leistungsänderungen gemäß § 2 Nr. 7 Abs. 1 Satz 4 VOB/B der § 2 Nr. 5 VOB/B gleichermaßen anzuwenden. Während die Frage, ob eine Leistungsänderungen vorliegen, beim **Detailpauschalpreisvertrag** ohne große Probleme zu ermitteln sein wird, ist dies beim **Globalpauschalpreisvertrag** in der Regel mit erheblichen Schwierigkeiten verbunden.[335]

218 Beim BGB-Pauschalpreisvertrag bedürfen Leistungsänderungen, da § 2 Nr. 7 Abs. 1 Satz 4 i.V.m. § 2 Nr. 5 VOB/B nicht anwendbar ist, einer entsprechenden **Einigung der Vertragsparteien** gemäß der §§ 145 ff. BGB. Ist keine ausdrückliche Vergütungsvereinbarung getroffen worden, so findet **§ 632 BGB** Anwendung.

219 Muster: Werklohnklage bei Leistungsänderungen und zusätzlichen Leistungen beim VOB-Einheitspreisvertrag

**8**

Landgericht ▄▄▄

Klage

der ▄▄▄ GmbH, ▄▄▄

Klägerin

Prozessbevollmächtigte: ▄▄▄

gegen

die ▄▄▄ GmbH, ▄▄▄

Beklagte

wegen: Vergütungsanspruch aus Bauvertrag,

---

333 Staudinger-Peters, § 632 BGB, Rn. 68.
334 Staudinger-Peters, § 632 BGB, Rn. 68, wobei der neue Preis aus dem Preisgefüge des alten Vertrages zu ermitteln ist.
335 So ist darauf zu verweisen, dass bei einem Globalpauschalpreisvertrag mit funktionaler Leistungsbestimmung der Unternehmer/Auftragnehmer das Recht hat, über Inhalt und Umfang aller Details des Bauwerks selbst zu entscheiden, die der Besteller/Auftraggeber in seiner Ausschreibung offen lässt und die sich nicht aus öffentlich-rechtlichen oder sonstigen zwingenden gesetzlichen Bestimmungen oder nach den anerkannten Regeln der Technik oder dem vorgegebenen Standard bzw. dem architektonischen Anspruch des Bauwerks ergeben; Vygen, Festschrift für Mantscheff, S. 459 (472).

Streitwert: EUR 250.059,11.

Namens und in Vollmacht der Klägerin erheben wir Klage gegen die Beklagte und werden in der mündlichen Verhandlung beantragen:

Die Beklagte wird verurteilt, an die Klägerin EUR 250.059,11 nebst Zinsen in Höhe von acht Prozentpunkten über dem Basiszinssatz hieraus seit Rechtshängigkeit zu bezahlen.

Falls das Gericht ein schriftliches Vorverfahren anordnet, wird schon jetzt für den Fall, dass die Beklagte nicht rechtzeitig ihre Verteidigungsabsicht erklärt, der Erlass eines Versäumnisurteils im schriftlichen Verfahren beantragt.

Begründung:

Mit Einheitspreisbauvertrag vom 18. Mai 2004 beauftragte die Beklagte die Klägerin mit Erd-, Stahl-, Stahlbeton- und Mauwerksarbeiten für das Bauvorhaben „Neubau der Altstadtpassagen in ■■■."

Dem Vertrag lag das Angebot der Klägerin vom 13. März 2004, erstellt auf der Basis der Leistungsbeschreibung der Beklagten vom 11. Januar 2004 zugrunde. Die VOB/B ist Vertragsinhalt. Die Endsumme des Angebots der Klägerin vom 15. Februar 2004 belief sich auf EUR 2.236.285,58.

Beweis: Bauvertrag vom 18. Mai 2004 nebst Leistungsverzeichnis – Anlage K1.

Die Klägerin hat die ihr übertragenen Arbeiten frist- und vertragsgerecht bis zum 18. Januar 2005 ausgeführt. Die Arbeiten der Klägerin sind – was unstreitig ist – förmlich abgenommen.

Beweis: Abnahmeprotokoll vom 03. Februar 2005 – Anlage K2.

Am 10. Februar 2005 stellte die Klägerin ihre Schlussrechnung über eine noch offene Restforderung von insgesamt EUR 390.243,46.

Beweis: Schlussrechnung der Klägerin vom 10. Februar 2005 nebst Aufmaß- und Abrechnungsunterlagen – Anlage K3.

Von der vorgenannten Schlusszahlungssumme in Höhe von EUR 390.243,46 hat die Beklagte einen Teilbetrag in Höhe von EUR 140.184,35 entrichtet. Der offene Differenzbetrag in Höhe von EUR 250.059,11 ist Gegenstand der Klageforderung. Dabei geht es betreffend der Erdarbeiten um eine Anpassung der Vergütung bzw. Nachtragsforderungen auf der Grundlage von § 2 Nr. 5 und 6 VOB/B.

1.  Einen Teilbetrag der vorgenannten Klagesumme in Höhe von EUR 112.913,25 stützt die Klägerin auf eine Anpassung des Werklohnanspruchs gemäß § 2 Nr. 5 VOB/B. In der Zeit vom 05. Mai 2004 bis zum 12. Juni 2004 hat die Klägerin die vertraglich geschuldeten Erdarbeiten vertragsgerecht ausgeführt.
    Unter der Rubrik „DIN 18 300 Erdarbeiten" lautet die Position 02.13. des von der Beklagten erstellten Leistungsverzeichnisses:
    „Position 02.13. Baugrubenaushub; Böden der Bodenklassen 2-3; Bodenaushub bei 15 Metern Tiefe, Menge 858.179 cbm, Baugrube ausheben und Baugrubenaushub abfahren, das Material wird Eigentum des Auftragnehmers und ist von diesem zu beseitigen".

Die Klägerin hat die Position 02.13. mit einem Einheitspreis von EUR 0,75/cbm, somit einem Positionspreis von EUR 643.634,25 angeboten und ist entsprechend auch beauftragt worden.
Beweis: Leistungsverzeichnis – Anlage K1.
Im Zuge der Bauausführung stellte sich heraus, dass die Klägerin abweichend von der vertraglichen Vereinbarungen nicht nur Böden der Bodenklasse 2-3 ausheben, sondern auch mehr als 28.760 cbm Boden der Klasse 6 (leichter Fels) auszuheben hatte. Betroffen war ein Bereich auf der Südseite des Grundstücks zur Charlottenburger Chaussee.
Beweis: Lageplan mit Eintrag der betroffenen Flächen – Anlage K4.
Mit Einwurfeinschreiben vom 10. Mai 2004 informierte die Klägerin die Beklagte über die festgestellte Bodenklassenabweichung. Bei der nächsten Bausitzung am 12. Mai 2004 wurde die Bodenklassenabweichung zwischen den Parteien diskutiert. Anlässlich dieser Bausitzung teilte die Klägerin der Beklagten mit, dass sie für Aushub und Beseitigung des leichten Felses Vergütungsanpassung beanspruche.
Beweis: Protokoll der Bausitzung vom 12. Mai 2004 – Anlage K5.
Mit Einschreiben vom 13. Mai 2004 unterbreitete die Klägerin dann ein Nachtragsangebot.
Beweis: Einwurfeinschreiben vom 13. Mai 2004 nebst Nachtragsangebot – Anlage K6.
Da auf das Schreiben der Klägerin vom 13. Mai 2004 keine Reaktion erfolgte, wurde die Thematik anlässlich der Bausitzung am 16. Mai 2004 zwischen den Parteien nochmals diskutiert. Die Beklagte äußerte gegenüber der Klägerin im Beisein ihres Architekten Frank Kappes, die Klägerin solle mit den Arbeiten fortfahren. Wegen der Vergütung werde man sich schon einigen.
Beweis: Protokoll der Bausitzung vom 16. Mai 2004 – Anlage K7–; Zeugnis des Dipl.-Ing. ■■■, ■■■
Da die vorgegebene Bauzeit drängte, setzte die Klägerin ihre Arbeiten fort. Die betroffenen Mengen sind von der Klägerin gemeinsam mit dem Architekten der Beklagten mit insgesamt 28.760 cbm aufgemessen worden.
Beweis: Aufmaßblätter – Anlage K3 –; Zeugnis des Dipl.-Ing. ■■■, b.b.
In der Schlussrechnung der Klägerin vom 10. Februar 2005 sind die mit der Leistungsänderung verbundenen Mehrkosten unter der Überschrift „Nachtrag 1 – Bodenaushub" besonders eingestellt und gesondert abgerechnet worden.
Beweis: Schlussrechnung der Klägerin vom 10. Februar 2005 nebst Aufmaß- und Abrechnungsunterlagen – Anlage K3.
Auf der Grundlage ihrer ursprünglichen Angebotskalkulation hat die Klägerin die Mehrkosten entwickelt. Die Kostenmehrungen ergeben sich im wesentlichen daraus, dass die Klägerin zusätzliche Arbeitskräfte einstellen und vor allem schwereres Gerät, nämlich Felsmeißel einsetzen musste wobei mit dem Lösen und dem Aushub des leichten Felses ein deutlich erhöhter Zeitaufwand und somit ein längerer Baustelleneinsatz erforderlich war, als dies für die vertraglich vereinbarten Bodenklassen notwendig gewesen wäre und kalkuliert war. Sämtliche Einzelheiten ergeben sich aus den Abrechnungsunterlagen zum „Nachtrag 1 – Bodenaushub", die der Schlussrechnung beigefügt waren.
Beweis: Angebotskalkulation der Klägerin – Anlage K8 –; Abrechnungsunterlagen zum Nachtrag 1; Zeugnis des Dipl.-Ing. ■■■ b.b.; Sachverständigengutachten
Mit Schreiben vom 12. April 2005 lehnte die Beklagte die Nachtragsforderung endgültig ab. Zur Begründung führte sie aus, es läge keine Leistungsänderung vor, da die Klägerin auf der Grundlage des Vertrages verpflichtet gewesen sei, den Boden – in welcher Form

auch immer – auszuheben. Zudem soll es nach Auffassung der Beklagten an einer konkreten Anordnung der Leistung fehlen.
Die Klägerin hat einen Anspruch auf Vergütungsanpassung nach § 2 Nr. 5 VOB/B. Ausweislich des Inhalts der Position 02.13. beschränkte sich die von der Klägerin zu erbringende Leistung ausdrücklich auf Aushub der Bodenklassen 2-3. Nur diese Leistung hat die Klägerin mit ihren Vertragspreisen angeboten und auch nur diese Leistung ist mit der vertraglich vereinbarten Vergütung abgegolten. Der vorgefundene und von der Klägerin ausgehobene leichte Fels fällt, was unstreitig ist, nicht unter diese Bodenklassen. Die Klägerin musste eine andere Leistung ausführen als vertraglich vereinbart. Hierfür steht ihr angepasste Vergütung zu.
Die Beklagte hat den Aushub des vorgefundenen Bodenklassen 6 auch angeordnet. In Kenntnis des Nachtragsangebotes der Klägerin hat die Beklagte anlässlich der Baubesprechung am 16. Mai 2004 gemäß § 1 Nr. 3 VOB/B gegenüber der Klägerin angeordnet, diese solle die Bodenaushubarbeiten unverzüglich fortsetzen. Damit hat sie den Aushub des leichten Felses ausdrücklich angeordnet. Der Umstand, dass die Vereinbarung des neuen Vertragspreises nicht vor Ausführung der Arbeiten erfolgt ist, ist für § 2 Nr. 5 VOB/B unschädlich.
Die von der Beklagten angeordnete Leistungsänderung hatte eine Änderung der vertraglichen Preisgrundlagen zur Folge; der Vertragspreis für die hier streitige Position ist nach § 2 Nr. 5 VOB/B unter Berücksichtigung der Mehrkosten, wie aus Anlage K3 ersichtlich, anzupassen.

2. Einen weiteren Teilbetrag in Höhe von EUR 137.145,86 stützt die Klägerin auf einen Nachtrag gemäß § 2 Nr. 6 VOB/B.
Anlässlich einer Bausitzung am 20. Mai 2004 verlangte die Beklagte, die Klägerin solle im nördlichen Bereich des Grundstücks in einem konkret vorgegebenen Bereich abweichend vom Leistungsverzeichnis (Position 02.13.) den Bodenaushub nicht nur auf eine Tiefe von 15 Metern, sondern vielmehr auf eine Tiefe von 24 Metern ausdehnen.
Beweis: Protokoll der Bausitzung vom 20. Mai 2004 – Anlage K7–; Zeugnis des Dipl.-Ing. ■■■, b.b; Lageplan mit Eintrag der betroffenen Flächen – Anlage K 4.
Dieser Anordnung ist die Klägerin unstreitig nachgekommen. Den Anspruch auf Zusatzvergütung hat sie hierbei nicht extra angekündigt.
Die betroffenen Mengen sind von der Klägerin gemeinsam mit dem Architekten der Beklagten mit insgesamt 157.639 cbm aufgemessen worden.
Beweis: Aufmaßblätter – Anlage K3 –; Zeugnis des Dipl.-Ing. ■■■, b.b.
Die Klägerin hat für die von ihr durchgeführten zusätzlichen Bodenaushubarbeiten einen Einheitspreis von netto EUR 0,75/cbm angesetzt, wobei sie auf die kalkulatorischen Preisermittlungsgrundlagen aus ihrem Angebot vom 15. Februar 2004 für die vertraglich vereinbarten Bodenaushubarbeiten nach Position 02.13. des Leistungsverzeichnisses zurückgegriffen hat.
Beweis: Schlussrechnung der Klägerin vom 10. Februar 2005; Urkalkulation der Klägerin; Nachtragskalkulation – Anlage K8.
Insgesamt ergibt sich für die Klägerin aus dem Nachtrag 2 ein zusätzlicher Vergütungsanspruch in Höhe von brutto EUR 137.145,86.
Der zusätzliche Bodenaushub im nördlichen Bereich des Grundstücks gehört nicht bereits zum vertraglichen Leistungsumfang der Klägerin. Der vertraglich geschuldete Leistungsumfang der Klägerin ist in der Position 02.13. „■■■ Baugrubenaushub; Böden der Bodenklassen 2-3; Bodenaushub bei 15 Metern Tiefe, Menge 858.179 cbm ■■■" eindeutig beschrieben; der später angeordnete weitergehende Bodenaushub betreffend einer Tiefe von 24 Metern fällt nicht hierunter.

Die Klägerin bestreitet nicht, dass sie ihren Anspruch auf Zusatzvergütung nicht angekündigt hat. Die Ankündigung nach § 2 Nr. 6 Abs. 1 Satz 2 VOB/B war im vorliegenden für den Schutz der Beklagten entbehrlich. Die angeordnete Zusatzleistung bestand in dem erweiterten Bodenaushub von mindestens 157.639 cbm. In Anbetracht von Menge und Kosten dieser Zusatzleistung konnte die Beklagte bei ihrer Anordnung unter keinem erdenklichen Gesichtspunkt davon ausgehen, die Klägerin werde die zusätzlichen Bodenaushubarbeiten kostenlos durchführen. Eine vorgerichtliche Zahlungsaufforderung blieb ohne Antwort, deshalb ist Klage geboten.

Rechtsanwalt

### 3. Zusätzliche Leistungen[336]

a) Beim Einheitspreisvertrag

220 *aa) VOB-Einheitspreisvertrag: § 2 Nr. 6 VOB/B:* Nach § 1 Nr. 4 Satz 1 VOB/B muss der Auftragnehmer Leistungen, die nicht im Vertrag vereinbart worden sind, zur Ausführung des vertraglich geschuldeten Werkerfolges aber erforderlich sind, auf Verlangen des Auftraggebers mit ausführen.[337] Diesem Recht des Auftraggebers zur Änderung der Leistung und damit des vertraglich geschuldeten Bausolls entspricht auf der Vergütungsseite das Recht des Auftragnehmers, unter bestimmten Voraussetzungen gemäß § 2 Nr. 6 VOB/B die Vereinbarung eines neuen Preises für die zusätzliche Leistung verlangen zu können.

221 Voraussetzung für § 2 Nr. 6 Abs. 1 Satz 1 VOB/B ist zunächst, dass der Auftraggeber gegenüber dem Auftragnehmer **die Erbringung zusätzlicher Leistungen anordnet**.[338]

222 Weiterhin setzt § 2 Nr. 6 Abs. 1 Satz 2 VOB/B voraus, dass der Auftragnehmer den zusätzlichen Vergütungsanspruch ankündigt, bevor er mit der Ausführung der Leistung beginnt.[339] Mit der **Ankündigungspflicht** soll der Auftraggeber vor nachträglichen nicht eingeplanten Forderungen des Auftragnehmers geschützt werden, mit denen er nicht gerechnet hat.[340] Daneben soll mit der Ankündigungspflicht frühzeitig Klarheit geschaffen werden, ob eine geforderte Leistung von dem ursprünglichen Bausoll erfasst war oder nicht und damit überhaupt eine zusätzliche Leistung im Sinne des § 1 Nr. 4 VOB/B darstellt.[341] Schließlich hat der Auftraggeber als Folge der Ankündigungspflicht Gelegenheit, die zusätzliche Kostenbelastung zu überdenken, um auch billigere Alternativen auswählen zu können.[342] Einer besonderen Ankündigung durch den Auftragnehmer bedarf es nicht, wenn sich der Auftraggeber nach den Umständen

---

336 Das vorstehende Prozessformular umfasst neben § 2 Nr. 5 VOB/B (Leistungsänderungen) auch den Vergütungsanspruch des Auftragnehmers bei zusätzliche Leistungen im Sinne des § 2 Nr. 6 VOB/B.
337 BGH BauR 2004, 495.
338 Insoweit kann auf die vorstehenden Ausführungen zu Leistungsänderung in den Rn. 212 ff. verwiesen werden.
339 Kapellmann/Messerschmidt-Kapellmann, § 2 VOB/B, Rn. 198 ff.; Ingenstau/Korbion-Keldungs, § 2 Nr. 6 VOB/B, Rn. 12 f.; Werner/Pastor Rn. 1156. Für das Vorliegen einer Ankündigung vor Leistungsausführung ist der Auftragnehmer darlegungs- und beweisbelastet: BGH BauR 1996, 542; OLG Dresden NJW-RR 1999, 170; OLG Stuttgart BauR 1994, 789 (791); Heiermann/Riedl/Rusan, § 2 VOB/B, Rn. 130.
340 BGH BauR 2002, 312; BauR 1996, 542.
341 BGH BauR 1996, 542; Ingenstau/Korbion-Keldungs, § 2 Nr. 6 VOB/B, Rn. 12.
342 BGH BauR 2002, 312; Ingenstau/Korbion-Keldungs, § 2 Nr. 6 VOB/B, Rn. 12.

nicht im Unklaren sein konnte, dass die zusätzliche Leistung gegen Vergütung ausgeführt bzw. beide Vertragsparteien bei Erteilung des Zusatzauftrages von der Entgeltlichkeit der Bauleistung ausgegangen sind.[343]

Die **Höhe der Zusatzvergütung**[344] ermittelt sich nach § 2 Nr. 6 Abs. 2 VOB/B. Einerseits sind die Preisermittlungsgrundlagen für die vertragliche Leistung zugrunde zu legen. Andererseits sind die besonderen Kosten der geforderten Leistung sowie zwischenzeitlich eingetretene Kostenerhöhungen zu berücksichtigen.[345] Auch alte Kostenfaktoren sind für die Zusatzleistung fortzuschreiben, soweit die Preisbestandteile des Hauptauftrags auf den Preis der Zusatzleistung fortwirken.[346]

*bb) BGB-Einheitspreisvertrag: §§ 631, 632 BGB:* Da § 2 Nr. 6 VOB/B für den VOB-Bauvertrag eine Sondervorschrift darstellt, die weder unmittelbar oder analog beim BGB-Bauvertrag zur Anwendung kommt, ist der zusätzliche Vergütungsanspruch des Unternehmers/Auftragnehmers bei Vorliegen einer entsprechenden **Einigung der Vertragsparteien** gemäß den §§ 145 ff. BGB auf §§ 631, 641 BGB zu stützen. Wird zwischen den Parteien ausdrücklich kein Preis vereinbart, kommt **§ 632 Abs. 2 BGB** zur Anwendung.[347]

Voraussetzung für den zusätzlichen Vergütungsanspruch des Unternehmers/Auftragnehmers ist, dass neben dem unmittelbar vertraglich geschuldeten Werkerfolg eine zusätzliche Leistung vom Besteller/Auftraggeber gefordert wird. Insoweit ist stets auf die vertragliche Abrede im Einzelfall, insbesondere auf den Inhalt der Leistungsbeschreibung abzustellen.[348]

### b) Beim Pauschalpreisvertrag

Beim VOB-Pauschalpreisvertrag gilt bei zusätzlichen Leistungen über § 2 Nr. 7 Abs. 1 Satz 4 VOB/B der § 2 Nr. 6 VOB/B gleichermaßen. Es kann deshalb auf die vorstehenden Ausführungen verwiesen werden.

Beim BGB-Pauschalpreisvertrag bedürfen Leistungsänderungen, da § 2 Nr. 7 Abs. 1 Satz 4 i.V.m. § 2 Nr. 6 VOB/B nicht anwendbar ist, einer entsprechenden **Einigung der Vertragsparteien** gemäß der §§ 145 ff. BGB. Ist keine ausdrückliche Vergütungsvereinbarung getroffen worden, so findet **§ 632 BGB** Anwendung.[349]

Im Einzelfall ist insbesondere beim Globalpauschalpreisvertrag zu prüfen, ob überhaupt zusätzliche Leistungen vorliegen, die nicht bereits vom ursprünglich vereinbarten Bausoll des Vertrages mitumfasst sind.

---

343 BGH, Schäfer/Finnern, Z 2.310 Bl. 40; OLG Hamm BauR 2001, 1914; OLG Oldenburg BauR 1993, 228 (229); Werner/Pastor, Rn. 1158; Kapellmann/Messerschmidt-Kapellmann, § 2 VOB/B, Rn. 200.
344 Im Einzelnen zur Preisermittlung: Kapellmann/Schiffers, Bd. 1, Rn. 377 ff.
345 BGH, Schäfer/Finnern, Z 2.310 Bl. 12; Vygen, Rn. 814 ff.
346 OLG Düsseldorf, BauR 1993, 479.
347 Vgl. hierzu die Ausführungen unter Rn. 162 ff.
348 BGH BauR 2002, 935; BauR 1995, 237; Quack/Asam, BauR 2002, 1247 ff.
349 Vgl. hierzu Die Ausführungen unter Rn. 129 ff.

### 4. Wegfall einzelner Leistungen

#### a) VOB-Bauvertrag: §§ 2 Nr. 4, 8 Nr. 1 VOB/B

229   Fallen bei der Abwicklung eines VOB-Bauvertrages eine oder mehrere Positionen – ggf durch Selbstvornahme des Auftraggebers – vollständig weg, ist dies sowohl beim Einheitspreis- (vgl. insoweit § 2 Nr. 4 VOB/B) wie auch beim Pauschalpreisvertrag (vgl. insoweit § 2 Nr. 7 Abs. 1 Satz 4 VOB/B) als **Teilkündigung** des Auftraggebers gemäß § 8 Nr. 1 VOB/B zu bewerten. Im Hinblick auf die Abrechnung dieser Positionen ist auf die Ausführungen zur Abrechnung solcher vom Auftrageber nach § 649 BGB gekündigter Bauverträge zu verweisen.[350]

#### b) BGB-Bauvertrag: § 649 BGB

230   Fallen beim BGB-Bauvertrag der Abwicklung eine oder mehrere Positionen – ggf durch Selbstvornahme des Bestellers/Auftraggebers – vollständig weg, so stellt dies eine **Teilkündigung** des Bestellers/Auftraggebers gemäß § 649 Satz 1 BGB dar. Die Abrechnung dieser Positionen erfolgt auf der Grundlage von § 649 Satz 2 BGB.[351]

### 5. Auftragslos erbrachte Leistungen

#### a) VOB-Bauvertrag: § 2 Nr. 8 VOB/B sowie §§ 683 Satz 1, 670 BGB

231   Nach dem Grundsatz des § 2 Nr. 8 Abs. 1 VOB/B werden sowohl beim VOB-Einheitspreis- wie auch beim VOB-Pauschalpreisvertrag Leistungen, die der Auftragnehmer ohne Auftrag oder unter eigenmächtiger Abweichung von diesem ausführt, nicht vergütet.

232   Die Ausnahmen sind in § 2 Nr. 8 Abs. 2 VOB/B geregelt. Eine Vergütung steht dem Auftragnehmer ausnahmsweise zu, wenn der Auftraggeber die Leistungen nachträglich **anerkannt** hat, oder die Leistungen für die Erfüllung des Vertrages **notwendig** waren, dem **mutmaßlichen Willen** des Auftraggebers entsprachen und ihm **unverzüglich**[352] angezeigt wurden.

233   Gemäß § 2 Nr. 8 Abs. 3 VOB/B kann neben § 2 Nr. 8 Abs. Abs. 2 VOB/B ein Aufwendungsersatzanspruch des Auftragnehmers nur über die Grundsätze der Geschäftsführung ohne Auftrag gemäß §§ 683 Satz 1, 670 BGB in Betracht kommen.[353, 354, 355]

#### b) BGB-Bauvertrag: §§ 683 Satz 1, 670 bzw. 812 ff. BGB

234   Bauleistungen, die der Unternehmer/Auftragnehmer ohne Auftrag oder unter eigenmächtige Abweichung vom Vertrag ausführt, werden beim BGB-Bauvertrag nicht ver-

---

350 Vgl. insoweit die Ausführungen unter Rn. 235 ff.
351 Vgl. insoweit die Ausführungen unter Rn. 237 ff.
352 Das Vorliegen einer unverzüglichen Anzeige im Sinne des § 121 BGB (= ohne schuldhaftes Zögern) ist Anspruchsvoraussetzung: BGH BauR 1991, 331; BauR 1978, 314; Kapellmann/Messerschmidt-Kapellmann, § 2 VOB/B, Rn. 307. Eine unverzügliche Anzeige kann auch in der Übersendung eines Baubesprechungsprotokolls gesehen werden: BGH BauR 2004, 495.
353 BGH BauR 2004, 495.
354 Das Vorliegen einer unverzüglichen Anzeige im Sinne des § 121 BGB ist bei §§ 683 Satz 1, 670 BGB keine Anspruchsvoraussetzung: BGH BauR 1991, 331; Kapellmann/Messerschmidt-Kapellmann, § 2 VOB/B. Rn. 311.
355 Vgl. hierzu die Ausführungen unter Rn. 291 ff.

gütet. § 2 Nr. 8 Abs. 2 VOB/B kommt beim BGB-Bauvertrag als Sondervorschrift nicht zur Anwendung. Ein Aufwendungsersatzanspruch des Unternehmers/Auftragnehmers kommt nur über die Grundsätze der **Geschäftsführung ohne Auftrag** gemäß §§ 683 Satz 1, 670 BGB bzw. einer **ungerechtfertigten Bereicherung** nach § 812 BGB in Betracht.[356]

### III. Vergütungsansprüche des Auftragnehmers beim gekündigten Bauvertrag

**Literatur:** Baumgärtel, Handbuch der Beweislast, Band 1, 2. Auflage 1991; Cypers, Werklohnanspruch des Bauunternehmers, 2000; Kniffka, Abnahme und Gewährleistung nach Kündigung des Werkvertrages, in: Festschrift für von Craushaar, S. 359; Niemöller, Vergütungsansprüche nach Kündigung des Bauvertrages, BauR 1997, 539; Pahlmann, Die Bindungswirkung des unverbindlichen Kostenanschlags, DRiZ 1978, 367; Raab, Anmerkung zum Urteil des BGH vom 21.10.1999 – VIII ZR 185/89, JZ 2001, 251; Rohlfing/Thiele, Überschreitung des Kostenanschlags durch den Werkunternehmer, MDR 1998, 632; Schenk, Kostenvoranschlag nach § 650 BGB und seine Folgen, NZBau 2001, 470; Werner, Anwendungsbereich und Auswirkungen des § 650 BGB, Festschrift für Korbion, S. 473.

#### 1. Kündigung durch den Auftraggeber

##### a) Beim BGB-Bauvertrag

*aa) Freie Kündigung gemäß § 649 Satz 1 BGB:* Haben die Vertragsparteien keine besonderen Vereinbarungen getroffen, kann der Besteller/Auftraggeber den gesamten **Bauvertrag oder aber Teile**[357] davon nach § 649 Satz 1 BGB jederzeit kündigen. Formerfordernisse bestehen hinsichtlich der Kündigungserklärung beim BGB-Bauvertrag nicht.[358]

235

Kündigt der Besteller/Auftraggeber im Rahmen seines freien Kündigungsrechtes, kann der Unternehmer/Auftragnehmer seinen Werklohn grundsätzlich **in voller Höhe** verlangen. Die Fälligkeit des Werklohnanspruchs tritt bei Kündigung ohne Abnahme ein.[359] Zu beachten bleibt, dass der Werklohnanspruch sich gemäß **§ 649 Satz 2 BGB** vermindert. Der Unternehmer/Auftragnehmer muss sich das anrechnen lassen, was er in Folge der Aufhebung des Vertrages an **Kosten erspart** oder durch **anderweitige Verwendung seiner Arbeitskraft und seines Betriebes** erwirbt oder zu erwerben böswillig unterlässt.[360]

236

Verlangt der Unternehmer/Auftragnehmer eine Vergütung gemäß § 649 Satz 2 BGB, ist eine darauf gestützte Klage nur schlüssig, wenn er zu den ersparten Aufwendungen oder zum anderweitigen Erwerb entsprechend vorträgt.[361] Der Vergütungsanspruch

237

---

356 Vgl. hierzu die Ausführungen unter Rn. 291 ff.
357 Vgl. zur Teilkündigung: Kapellmann/Messerschmidt-Lederer, § 8 VOB/B, Rn. 20; Heiermann/Riedl/Rusan, VOB/B Einführung zu §§ 8, 9, Rn. 1; Beck'scher VOB-Kommentar-Motzke, § 8 Nr. 1 VOB/B, Rn. 20; Ingenstau/Korbion-Vygen, § 8 Nr. 1 VOB/B, Rn. 74; OLG Oldenburg BauR 2000, 897.
358 OLG Karlsruhe BauR 1994, 116; Werner/Pastor, Rn. 1289.
359 BGH BauR 1993, 469; BauR 1987, 95; Werner/Pastor, Rn. 1301; a.A. Kniffka, Festschrift für von Craushaar, S. 359 ff.
360 Werner/Pastor, Rn. 1293.
361 BGH BauR 1998, 185 (186); BauR 1999, 635; BauR 1997, 304; BauR 1996, 382; Werner/Pastor, Rn. 1294; a.A. Staudinger-Peters, § 649 BGB, Rn. 24 ff.; Baumgärtel, § 649 Rn. 1.

des Unternehmers/Auftragnehmers besteht nämlich von vornherein nur abzüglich der ersparten Aufwendungen und des Erwerbs durch anderweitige Verwendung der Arbeitskraft des Unternehmers/Auftragnehmers. Auf der Grundlage dessen ist es dann Sache des Bestellers/Auftraggebers, darzulegen und zu beweisen, dass weitergehende Ersparnisse vorliegen bzw. durch einen anderweitigen Erwerb mehr erzielt worden ist.[362]

**238** Beim **Einheitspreisvertrag** hat der Unternehmer/Auftragnehmer den Vergütungsanspruch, der als Ausgangspunkt der Berechnung nach § 649 Satz 2 BGB heranzuziehen ist, nach den vertraglichen Einheitspreisen abzurechnen. Er hat also die Einheitspreise mit den für sie anzunehmenden Mengen zu vervielfältigen und daraus die sich aus den einzelnen Positionen des Leistungsverzeichnisses ergebenden Ansprüche zu errechnen. Davon sind ersparte Aufwendungen sowie Vorteile aus anderweitigem Erwerb abzusetzen. Im Hinblick auf die erbrachten Leistungen kann der Unternehmer/Auftragnehmer die Umsatzsteuer in Ansatz bringen. Bei der Abrechnung der nicht erbrachten Leistungen ist keine Umsatzsteuer einzubeziehen, da kein steuerrechtliches Austauschverhältnis vorliegt.[363]

**239** Beim **Pauschalpreisvertrag** hat der Unternehmer/Auftragnehmer die erbrachten Leistungen und die dafür anzusetzende Vergütung darzulegen und von dem nichtausgeführten Teil abzugrenzen. Die Höhe der Vergütung für die erbrachten Leistungen ist nach dem Wertverhältnis der erbrachten zum Wert der geschuldeten Gesamtleistung zu errechnen. Lag dem Pauschalpreis ein Einheitspreisangebot zugrunde, so kann dieses ein brauchbarer Anhaltspunkt sein, um die Vergütung für die erbrachten Leistungen zu errechnen. Sonst muss der Unternehmer/Auftragnehmer im Nachhinein darlegen, wie die erbrachten Leistungen unter Beibehaltung des Preisniveaus der vereinbarten Pauschale zu bewerten sind. Er hat die Grundlage seiner Kalkulation offen zu legen.[364]

**240** Muster: Werklohnklage des Auftragnehmers beim gekündigten BGB-Pauschalpreisvertrag

Landgericht ■■■

■■■

Klage

der ■■■ GmbH, ■■■,

Klägerin

Prozessbevollmächtigte: ■■■

---

[362] BGH BauR 2001, 666; OLG Celle OLGR 1998, 187; KG KGR 1998, 314; Werner/Pastor, Rn. 1294.
[363] BGH BauR 1981, 198; BauR 1986, 577; Kniffka/Koeble, Kompendium Teil 6, Rn. 363.
[364] BGH BauR 1999, 642: Die Anforderungen an die Darstellung der Kalkulation des um die ersparten Aufwendungen verkürzten Vergütungsanspruchs lassen sich nicht schematisch festlegen. Es gilt der Grundsatz, dass der Unternehmer/Auftragnehmer stets so vorzutragen hat, damit dem Besteller/Auftraggeber die Überprüfung der Kalkulation möglich ist und gegebenenfalls höhere ersparte Aufwendungen substantiiert vortragen und unter Beweis stellen kann.

gegen
1. ■■■, ■■■,
2. ■■■, ■■■,

Beklagten

wegen: Vergütungsanspruch aus gekündigtem Bauvertrag,

Streitwert: EUR 67.091,11

Namens und in Vollmacht der Klägerin erheben wir Klage gegen die Beklagten und werden in der mündlichen Verhandlung beantragen:

Die Beklagten werden verurteilt, als Gesamtschuldner an die Klägerin EUR 67.091,11 nebst Zinsen in Höhe von fünf Prozentpunkten über dem Basiszinssatz hieraus seit Rechtshängigkeit zu bezahlen.

Falls das Gericht ein schriftliches Vorverfahren anordnet, wird schon jetzt für den Fall, dass die Beklagten nicht rechtzeitig ihre Verteidigungsabsicht erklären, der Erlass eines Versäumnisurteils im schriftlichen Verfahren beantragt.

Begründung:
1. Mit BGB-Pauschalvertrag vom 17. Juni 2004 beauftragten die Beklagten, bei denen es sich Verbraucher handelt, die Klägerin, eine Dachdeckerfirma, mit der Neuerrichtung eines Dachstuhls und den Dachdeckerarbeiten für das Bauvorhaben ■■■ in ■■■.
Beweis: Bauvertrag vom 17. Juni 2004 – Anlage K1 –.
Im Frühjahr 2004 kam es in dem von den Beklagten bewohnten Einfamilienhaus in der ■■■ zu einem Schwelbrand. Aufgrund dessen sollte der bestehende Dachstuhl abgerissen und neu errichtet werden.
Die Klägerin unterbreitete dem Beklagten am 24. Mai 2004 ein Angebot zum Abschluss eines Einheitspreisvertrages, erstellt auf der Basis der Leistungsbeschreibung der Beklagten vom 12. Mai 2004. Die Endsumme des Angebots der Klägerin vom 24. Mai 2004 belief sich auf EUR 86.173,45.
Beweis: Angebot vom 24. Mai 2004 nebst Leistungsverzeichnis – Anlage K2 –.
Im Zuge der Vertragsverhandlungen stellte sich heraus, dass die Beklagten wegen befürchteter Mengenmehrungen nicht bereit waren, einen Einheitspreisvertrag abzuschließen. Die Parteien haben sodann am 17. Juni 2004 auf der Grundlage des zum Gegenstand des Vertrages gemachten Leistungsverzeichnisses einen Detailpauschalpreisvertrag abgeschlossen. Die VOB/B ist nicht Vertragsbestandteil. Nach dem Bauvertrag waren von der Klägerin folgende Leistungen zu erbringen: (Leistungsverzeichnis).
Beweis: Bauvertrag vom 17. Juni 2004 nebst Leistungsverzeichnis – Anlage K1 –.
Im Bauvertrag vom 17. Juni 2004 einigten sich die Parteien auf eine Pauschalsumme von EUR 85.000,–. Das entspricht einem Nachlass von 1,36 %.
Beweis: wie vor.
2. Am 23. Juni 2004 hat die Klägerin mit der Ausführung ihrer Arbeiten begonnen. Am 03. Juli 2004 wurde der Bauvertrag von den Beklagten mit Einschreiben/Rückschein gekündigt.
Beweis: Kündigungsschreiben vom 03. Juli 2004 – Anlage K2 –.
Die Beklagten haben in dem vorbenannten Schreiben keinen Kündigungsgrund benannt. Anlässlich eines am 29. Juli 2004 erfolgten Telefonates des Geschäftsführers

der Klägerin, des Herrn ■■■, stellte sich heraus, dass die Beklagten inzwischen einen anderen Unternehmer beauftragt haben, den Dachstuhl komplett zu errichten. Es ist zu vermuten, dass die Beklagten deshalb gekündigt haben, weil dieser neue Unternehmer (es handelt sich um die polnische Firma) bereit war, den mit der Klägerin vereinbarten Pauschalpreis um einen stattlichen Betrag zu unterbieten.

3. Bereits mit Einwurfeinschreiben vom 05. Juli 2004 forderte die Klägerin die Beklagten auf, die ausgeführte Teilleistung (ca. 50 % des Bausolls) bis spätestens zum 15. Juli 2004 gemeinsam aufzumessen und abzunehmen und hierzu einen Terminvorschlag zu unterbreiten.

   Beweis: Einwurfeinschreiben vom 05. Juli 2005 – Anlage K3 –.

   Weder innerhalb der gesetzten Frist noch später meldeten sich die Beklagten. Die von der Klägerin bis zum 03. Juli 2004 erbrachten Leistungen (weitergehende Arbeiten seitens einer anderen Firma hatten noch nicht begonnen) wurden am 20. Juli 2004 von dem öffentlich bestellten und vereidigten Sachverständigen ■■■ aufmessen. Das Aufmaß befindet sich als Anlage 1 bei der Schlussrechnung der Klägerin.

4. Mit Datum vom 01. August 2004 hat die Klägerin über einen Betrag von insgesamt EUR 67.091,11 schlussabgerechnet.

   Beweis: Schlussrechnung vom 01. August 2004 – Anlage K4 –.

5. Die Schlussrechnung ist untergliedert nach erbrachten (insoweit A.) und nicht erbrachten Leistungen (insoweit B.).
   Der mit dem Gliederungszeichen A. überschriebene Teil bezieht sich auf die von der Klägerin erbrachten Leistungen auf der Grundlage einer zutreffend erfolgten Aufmaßnahme durch den Sachverständigen ■■■ am 20. Juli 2004. Dabei werden unter A. die nach Aufmaßnahme festgestellten und von der Klägerin erbrachten Mengen in der Reihenfolge der vertraglich vereinbarten Positionen aufgelistet.

   Beweis: Bauvertrag vom 17. Juni 2004 – Anlage K1 –; Schlussrechnung vom 01. August 2004 – Anlage K4 –; Zeugnis des Herrn ■■■, ■■■

   Zur Klarstellung wird darauf hingewiesen, dass die Klägerin bei der Berechnung des Vergütungsanspruchs für die erbrachten Leistungen die im Angebot enthaltenen Einheitspreise angesetzt hat, die um einen 1,36%igen Nachlass – bedingt durch die Pauschalpreisvereinbarung – gekürzt worden sind. Danach ergibt sich für die von der Klägerin erbrachten Leistung ein Rechnungsbetrag in Höhe von brutto EUR 46.729,58. Wir stellen klar, dass dieser Betrag zutreffend berechnet worden ist.

   Beweis: wie vor

6. Wegen der durch die Beklagten ausgesprochenen Kündigung geht die Klägerin bei der Berechnung des Vergütungsanspruchs für die nicht mehr erbrachten Leistungen von der vertraglich vereinbarten Restvergütung aus. Die Klägerin setzt insoweit im zweiten Teil der Schlussrechnung unter dem Gliederungszeichen B. bei allen Positionen die angebotenen und auf der Grundlage der Pauschalpreisvereinbarung um einen 1,36%igen Nachlass gekürzten Einheitspreise an. Ausweislich der Abrechnung unter B. hat die Klägerin bei der Ermittlung des Vergütungsanspruchs für die nicht mehr erbrachten Leistungen sowohl ersparte Aufwendungen wie auch einen anderweitigen Erwerb berücksichtigt. Bezogen auf den unter B. ermittelten Endbetrag hat sie keine Umsatzsteuer in Ansatz gebracht.

# A. Vorprozessuale Situation

Im Hinblick auf die Berechnung der ersparten Aufwendungen wird auf die Anlage 2 zur Schlussrechnung vom 01. August 2004 verwiesen. Im Einzelnen wird zur Frage der ersparten Aufwendungen wie folgt vorgetragen:

Die Klägerin hat keine Lohnkosten erspart, da sämtlich bei der Klägerin fest angestellten Mitarbeiter (namentlich die Herren ■■■, ■■■, ■■■, ■■■ und ■■■) trotz der Kündigung des Bauvertrages durch die Beklagten von der Klägerin weiter beschäftigt werden. Eine Kündigung dieser Mitarbeiter kam bei einer noch offenen Restbauzeit von 9 Werktagen aus arbeitsrechtlichen Gründen nicht in Betracht.

Im Hinblick auf die Materialkosten hat die Klägerin das nicht verbrauchte Material, das die Klägerin anderweitig verwerten kann (insbesondere an Holzträgern, Dämmmaterial und Dachziegeln), als ersparte Aufwendungen in Abzug gebracht. Im Einzelnen wird auf die Berechnung in Anlage 3 zur Schlussrechnung verwiesen.

Beweis im Bestreitensfall: Sachverständigengutachten.

Weitergehende Aufwendungen hat die Klägerin nicht erspart. Im Hinblick auf den Kalkulationsposten Baustelleneinrichtungs- und -gemeinkosten ist darauf hinzuweisen, dass die Baustelle zum Zeitpunkt der Kündigung bereits vollständig eingerichtet war und anschließend wieder geräumt werden musste.

Allgemeine Geschäftskosten muss sich die Klägerin als ersparte Aufwendungen nicht in Abzug bringen lassen. Ausweislich der Anlage 4 zur Schlussrechnung wurden von der Klägerin Wagnis und Gewinn in der Kalkulation mit sachgerechten 5% (insgesamt) angesetzt.

Beweis: Herr ■■■, b.b.; Sachverständigengutachten.

Für den nicht mehr ausgeführten Teil der Leistungen lässt sich die Klägerin 2% Wagnis als ersparte Aufwendungen abziehen; insoweit konnte sich das einkalkulierte Risiko als Folge der Kündigung des Bauvertrages nicht mehr verwirklichen.

Laut Anlage 2 zur Schlussrechnung vom 01. August 2004 belaufen sich die – detailliert berechneten – ersparten Aufwendungen auf einen Betrag in Höhe von EUR 8.342,24.

Ausweislich der Anlage 5 zur Schlussrechnung vom 01. August 2004 lässt sich die Klägerin als anderweitigen Erwerb die aufgelisteten Einkünfte in Höhe von insgesamt EUR 2.354,84 von der für die nicht mehr erbrachten Leistungen ermittelten Zwischensumme abziehen. Im Einzelnen handelt es sich um einen Auftrag, den die Klägerin am 10. und 13. Juli 2004 für einen Bauherrn ■■■ in ■■■ ausführen konnte. Die Bemühungen des Geschäftsführers ■■■ der Klägerin, anderweitige Aufträge zu erhalten, blieben erfolglos.

Für die nicht mehr ausgeführten Leistungen ergibt sich unter dem Gliederungszeichen B. der Schlussrechnung vom 01. August 2004 ein Rechnungsbetrag von insgesamt EUR 20.361,53.

Beweis: Schlussrechnung vom 01. August 2004 – Anlage K4 –.

Rechtsanwalt

## § 2 Die Ansprüche des Auftragnehmers

241 *bb) Kündigung wegen wesentlicher Überschreitung eines Kostenanschlags gemäß § 650 BGB:* Ein besonderes Kündigungsrecht hat der Besteller/Auftraggeber gemäß § 650 BGB bei **wesentlicher Überschreitung eines Kostenanschlags**.[365]

242 Ergibt sich bei Ausführung der Bauleistung, dass diese nicht ohne wesentliche Überschreitung des – als unverbindliche Berechnung der voraussichtlichen Kosten vom Unternehmer/Auftragnehmer gefertigten – Kostenanschlags ausgeführt werden kann, ist der Besteller/Auftraggeber berechtigt, den Bauvertrag nach § 650 Abs. 1 BGB zu kündigen.

243 Wann eine wesentliche Überschreitung des Kostenanschlags vorliegt, ist eine Frage des Einzelfalls. Dabei ist insbesondere zu berücksichtigen, mit welchem Genauigkeitsgrad der Unternehmer/Auftragnehmer bezüglich der angebotenen Bauleistung seinen Kostenanschlag hätte abgeben können. Entscheidend ist die Überschreitung des Endpreises, nicht einzelner Positionspreise. Bei der Überschreitung von mehr als 25 % wird man grundsätzlich das Kündigungsrecht des Bestellers/Auftraggebers zu bejahen haben.[366]

244 Zu beachten bleibt, dass der Unternehmer/Auftragnehmer gemäß § 650 Abs. 2 BGB verpflichtet ist, eine wesentliche Überschreitung des Kostenanschlags dem Besteller/Auftraggeber, der vor einer Kostenexplosion zu schützen ist, unverzüglich anzuzeigen. **Unterbleibt eine unverzügliche Anzeige**, begeht der Unternehmer/Auftragnehmer eine schuldhafte Vertragsverletzung gegenüber dem Besteller/Auftraggeber. Im Rahmen des gegenüber dem Unternehmer/Auftragnehmer bestehenden Schadensersatzanspruchs ist der Besteller/Auftraggeber so zu stellen, wie diese stehen würde, wenn ihm die Überschreitung des Kostenanschlags rechtzeitig mitgeteilt worden wäre.[367]

245 Der Unternehmer/Auftragnehmer hat einen Anspruch auf einen – der geleisteten Arbeit entsprechenden – Teil des Werklohns und Ersatz der in Vergütung nicht inbegriffenen Auslagen entsprechend § 645 Abs. 1 BGB.[368]

246 *cc) Kündigung aus wichtigem Grund:* Jeder Bauvertrag kann vom Besteller/Auftraggeber aus **wichtigem Grund**[369] gekündigt werden. Dem Unternehmer/Auftragnehmer bleibt trotz Kündigung aus wichtigem Grund der Werklohnanspruch für die erbrachten

---

365 Vgl. hierzu Werner, Festschrift für Korbion, S. 473 ff.; Schenk, NZBau 2001, 470.
366 Palandt-Sprau, § 650 BGB, Rn. 2 [15 – 20 %]; Rohlfing/Thiele, MDR 1998, 632; Pahlmann, DRiZ 1978, 367 [10 %]; ebenso MünchKomm-Busche, § 650 BGB, Rn. 10; Schenk, NZBau 2001, 470 (471) [10 – 15 %].
367 OLG Frankfurt NJW-RR 1989, 209.
368 Werner/Pastor, Rn. 1310; 1313; MünchKomm-Busche, § 650 BGB, Rn. 12; Staudinger-Peters, § 650 BGB, Rn. 26.
369 Beispiele für das Kündigungsrecht des Bestellers/Auftraggebers aus wichtigem Grund: Der Unternehmer/Auftragnehmer verstößt trotz Abmahnungen des Bestellers/Auftraggebers mehrmals und nachhaltig gegen eine Vertragspflicht und sein Verhalten gibt im Übrigen einen hinreichenden Anlass für die Annahme, dass er sich auch in Zukunft nicht vertragstreu verhalten wird (BGH BauR 1996, 704); der Unternehmer/Auftragnehmer vermittelt den Eindruck, er betreibe ein Fachunternehmen für ein bestimmtes Handwerk, also einen Meisterbetrieb, in Wirklichkeit ist das Unternehmen aber nicht in der Handwerksrolle eingetragen (OLG Hamm BauR 1988, 727); der Unternehmer/Auftragnehmer weigert sich, eine bestimmte von ihm vorgesehene Leistungsmenge auf einen Wert zu vermindern, der den anerkannten Regeln der Technik entspricht (OLG Hamm BauR 2001, 1594); der Unternehmer/Auftragnehmer ist für besonders grobe Mängel verantwortlich (OLG Bremen OLGR 2000, 153); der Unternehmer/Auftragnehmer hält an einer Bauführung entgegen den anerkannten Regeln der Technik fest.

Leistungen erhalten, soweit diese von dem Besteller/Auftraggeber verwertet werden können.[370] Der Anspruch des Unternehmers/Auftragnehmers aus § 649 Satz 2 BGB auf die vereinbarte Vergütung für den noch nicht erbrachten Teil seiner Bauleistung entfällt allerdings dann, wenn der Besteller/Auftraggeber zu Recht wegen eines den Vertragszweck gefährdenden Verhaltens des Unternehmers/Auftragnehmers gekündigt hat, ihm also ein außerordentliches Kündigungsrecht zusteht.[371] Dies muss so sein, da ansonsten der Unternehmer/Auftragnehmer aus seiner eigenen Vertragswidrigkeit Nutzen ziehen würde.

### b) Beim VOB-Bauvertrag[372]

*aa) Freie Kündigung gemäß § 8 Nr. 1 VOB/B i.V.m. § 649 BGB:* Das Kündigungsrecht nach § 8 Nr. 1 VOB/B entspricht dem Kündigungsrecht des Auftraggebers nach § 649 Satz 1 BGB. Deshalb kann auf die vorstehenden Ausführungen zum BGB-Bauvertrag verwiesen werden. Zu beachten bleibt allerdings, dass § 8 Nr. 5 VOB/B vorsieht, dass die Kündigung schriftlich zu erklären ist. Die Schriftform ist beim VOB-Bauvertrag mithin Wirksamkeitsvoraussetzung.[373]

*bb) Außerordentliche Kündigung gemäß § 8 Nr. 3 VOB/B:* In § 8 Nr. 3 VOB/B ist mit der Bezugnahme auf **§ 4 Nr. 7 VOB/B** und **§ 5 Nr. 4 VOB/B** das praxisrelevanteste außerordentliche Kündigungsrecht des Auftraggebers geregelt:

**§ 4 Nr. 7 VOB/B:** Gemäß § 4 Nr. 7 VOB/B ist der Auftragnehmer verpflichtet, Leistungen, die schon während der Ausführung als mangelhaft oder vertragswidrig erkannt werden, auf eigene Kosten durch mangelfreie zu ersetzen. Kommt der Auftragnehmer der Mangelbeseitigung nicht nach, so kann ihm der Auftraggeber eine angemessene Frist zur Mangelbeseitigung setzen und erklären, dass er ihm nach fruchtlosem Fristablauf den Auftrag entziehe. Verläuft die nach § 4 Nr. 7 VOB/B gesetzte Frist fruchtlos, so kann der Auftraggeber gemäß § 8 Nr. 3 Abs. 1 VOB/B kündigen.

**§ 5 Nr. 4 VOB/B:** Verzögert Auftragnehmer den Beginn der Ausführung, gerät er mit der Vollendung in Verzug oder kommt er der in § 5 Nr. 3 VOB/B enthaltenen Verpflichtung nicht nach, so kann der Auftraggeber nach § 5 Nr. 4 VOB/B dem Auftragnehmer eine **angemessene Frist zur Vertragserfüllung** setzen und erklären, dass er ihm nach fruchtlosem Fristablauf den Auftrag entziehe. Verläuft die nach § 5 Nr. 4 VOB/B gesetzte Frist fruchtlos, so kann der Auftraggeber gemäß § 8 Nr. 3 Abs. 1 VOB/B kündigen. Gleiches gilt dann, wenn der Auftragnehmer eine andere grobe Vertragsverletzung begangen hat.[374]

Voraussetzung für die Kündigung ist grundsätzlich, dass die gesetzte Frist fruchtlos verlaufen ist. Bei von Anfang an vorliegender Erfüllungsverweigerung oder schwerer

---

370 BGH BauR 1993, 469.
371 BGHZ 31, 220 (224); 45, 372 (375); OLG Hamm BauR 1993, 482; Werner/Pastor, Rn. 1316.
372 Die Ausführungen beschränken sich auf die praxisrelevantesten Kündigungsgründe nach VOB/B.
373 BGH NJW 1973, 1463; OLG Celle BauR 1973, 49; Heiermann/Riedl/Rusan, § 8 VOB/B, Rn. 47; Beck'scher VOB-Kommentar-Motzke, § 8 Nr. 1 VOB/B, Rn. 17; Ingenstau/Korbion-Vygen, § 8 Nr. 1 VOB/B, Rn. 16.
374 Kapellmann/Messerschmidt-Lederer, § 8 VOB/B, Rn. 78; Werner/Pastor, Rn. 1321. Vgl. insoweit die Beispiele in Fn. 325.

Erschütterung der Vertrauensgrundlage durch ein grobes Vertragsverschulden durch den Auftragnehmer ist die Fristsetzung jedoch ausnahmsweise entbehrlich.[375]

252 Ist der Auftrag dem Auftragnehmer nach § 8 Nr. 3 VOB/B entzogen worden, kann er gemäß § 8 Nr. 3 Abs. 2 VOB/B nur den Anteil seiner vereinbarten Vergütung verlangen, der seinen **bisher erbrachten Leistungen** entspricht.[376] Angelieferte, aber noch nicht eingebaute Bauteile werden nicht als erbrachte Leistungen betrachtet und sind nur ausnahmsweise nach Treu und Glauben zu vergüten.[377] Die Abrechnung hat den Anforderungen einer **prüfbaren Rechnung** gemäß § 14 Nr. 1 VOB/B zu genügen.[378] § 8 Nr. 3 Abs. 4 VOB/B begründet keine Ausschlussfrist.[379]

253 *cc) Kündigung bei Vorliegen einer Behinderung gemäß § 6 Nr. 7 VOB/B:* Im Falle der Unterbrechung einer bereits begonnenen und nicht unmöglich gewordenen Bauausführung, die **länger als 3 Monate** dauert, kann der Auftraggeber nach Ablauf dieser Zeit den Vertrag schriftlich kündigen. Die **Abrechnung** regelt sich nach § 6 Nr. 5 VOB/B. Der Auftragnehmer hat mithin einen Anspruch auf einen der geleisteten Arbeit entsprechenden Teil des Werklohns und Ersatz der Kosten, die dem Auftragnehmer bereits entstanden sind und die in den Vertragspreisen des nicht ausgeführten Teils der Leistung nicht enthalten sind. Hat der Auftragnehmer die Unterbrechung nicht zu vertreten hat, sind auch die Kosten der Baustellenräumung zu vergüten, soweit sie nicht in der Vergütung für die bereits ausgeführten Leistungen enthalten sind. Hat der Auftraggeber dem entgegen die hindernden Umstände zu vertreten, so kann der Auftragnehmer einen darüber hinaus gehenden **Entschädigungsanspruch** gemäß § 6 Nr. 6 VOB/B geltend machen.[380]

### 2. Kündigung durch den Auftragnehmer

#### a) BGB-Bauvertrag

254 *aa) Kündigung wegen der Nichterbringung von Mitwirkungspflichten gemäß §§ 642, 643 BGB:* Dem Unternehmer/Auftragnehmer steht beim BGB-Bauvertrag ein Kündigungsrecht nach §§ 642, 643 BGB zu, wenn der Besteller/Auftraggeber seine **Mitwirkungspflichten**[381] verletzt und der Unternehmer/Auftragnehmer dem Besteller/Auftraggeber eine angemessene Frist zur Nachholung der Mitwirkungshandlung mit der Erklärung gesetzt hat, dass er den Vertrag kündigen werde, wenn die Handlung nicht bis zum Ablauf der Frist vorgenommen wird.

---

375 OLG Düsseldorf NJW-RR 1994, 149; Werner/Pastor, Rn. 1322.
376 Kapellmann/Messerschmidt-Lederer, § 8 VOB/B, Rn. 83.
377 BGH BauR 1995, 545; OLG Köln BauR 1996, 257.
378 OLG Celle NJW-RR 1996, 343.
379 BGH BauR 2000, 571; OLG Nürnberg BauR 2001, 415; Kapellmann/Messerschmidt-Lederer, § 8 VOB/B, Rn. 98f.
380 Vgl. hierzu die Ausführungen unter Rn. 274ff.
381 Folgende Mitwirkungspflichten kommen beim BGB-Bauvertrag in Betracht: Herbeiführung aller öffentlich-rechtlichen Genehmigungen; Bereitstellung des Baugrundstücks, des Lager- und Arbeitsplatzes auf der Baustelle sowie der Zufahrtswege; Bereitstellen von Plänen und aller für die Ausführung erforderlicher Unterlagen; Erbringung notwendiger Vorarbeiten; Aufrechterhaltung der öffentlichen Ordnung auf der Baustelle; Pflicht zur Koordinierung aller am Bau beteiligten Firmen. Vgl. auch Staudinger-Peters, § 642 BGB, Rn. 17ff.

Wird die vom Besteller/Auftraggeber geschuldete Mitwirkungshandlung nicht bis zum Ablauf der Frist nachgeholt, so ist gemäß § 643 Satz 2 BGB der Bauvertrag aufgehoben, ohne dass es einer weiteren Erklärung des Unternehmers/Auftragnehmers bedarf.[382]

255

Bei Vorliegen der Kündigung des Bauvertrages kann der Unternehmer/Auftragnehmer die **erbrachten Leistungen** abrechnen. Zusätzliche kann er den bereits mit Annahmeverzug beim Besteller/Auftraggeber entstandenen **Entschädigungsanspruch** gemäß § 642 BGB geltend machen. Es handelt sich dabei allerdings nicht um einen Anspruch, der einen Ausgleich für nicht erbrachte Leistungen bzw. die vorzeitige Beendigung des Vertragsverhältnisses herbeiführt.[383] Vielmehr geht es ausschließlich darum, die durch den Annahmeverzug des Bestellers/Auftraggebers begründeten Nachteile des Unternehmers/Auftragnehmers auszugleichen,[384] was bedeutet, dass sich der Entschädigungsanspruch auf den Zeitraum **bis zur Kündigung** beschränkt.[385]

256

Bei der Bemessung des Ersatzanspruchs soll sich die Höhe der verzugsbedingten Entschädigung für das unnötige Bereithalten von Kapazitäten an den Vertragspreisen orientieren. Es geht folglich um die kalkulierten Kosten der Mehraufwendungen, wobei mögliche Ersparnisse sowie Ersatzverdienste zu berücksichtigen sind.[386]

257

*bb) Kündigung aus wichtigem Grund:* Kommt es dazu, dass der Besteller/Auftraggeber das Vertragsverhältnis gefährdet und dem Auftragnehmer die Fortsetzung des Vertrages nicht mehr zuzumuten ist, kann der Unternehmer/Auftragnehmer den BGB-Bauvertrag **wegen eines wichtigen Grundes** kündigen.[387]

258

b) VOB-Bauvertrag

*aa) Außerordentliche Kündigung gemäß § 9 Nr. 1 a) VOB/B:* Beim VOB-Bauvertrag begründet § 9 Nr. 1a) VOB/B für den Auftragnehmer ein Recht zur Kündigung, wenn der Auftraggeber eine ihm **obliegende Handlung** unterlässt und den Auftraggeber dadurch außerstande setzt, seine Leistungen zu erbringen.[388] Der Auftraggeber muss sich durch das Unterlassen seiner Mitwirkung gemäß der §§ 293 ff. BGB im Annahmeverzug befinden.[389]

259

---

382 Werner/Pastor, Rn. 1327; Staudinger-Peters, § 643 BGB, Rn. 14 ff.
383 Kapellmann/Messerschmidt-von Rintelen, § 9 VOB/B, Rn. 85; abweichend hiervon: Heiermann/Riedl/Rusan, § 9 VOB/B, Rn. 21; Beck'scher VOB-Kommentar-Motzke, § 9 Nr.3 VOB/B, Rn. 15; Staudinger-Peters, § 642 BGB, Rn. 24.
384 Der Besteller/Auftraggeber fährt deshalb besser, wenn er den Bauvertrag nicht unter Bezugnahme auf § 649 Satz 1 BGB kündigt, sondern vielmehr auf den Auftragnehmer auf der Grundlage einer massiven Verletzung von Mitwirkungspflichten in die Kündigung treibt; Niemöller, BauR 1997, 539 (541).
385 Nicklisch, BB 1979, 553; Raab, JZ 2001, 251 (254); Kapellmann/Messerschmidt-von Rintelen, § 9 VOB/B, Rn. 86.
386 Kapellmann/Schiffers, Band 1, Rn. 1650; Staudinger-Peters, § 642 BGB, Rn. 25 f.
387 Ein Kündigungsrecht aus wichtigem Grund liegt beispielsweise vor: Der Besteller/Auftraggeber verweigert endgültig und ernsthaft die Zahlung einer fälligen Abschlagsrechnung [BGH NJW 1975, 1467]; der Besteller/Auftraggeber stellt Vergleichsantrag gemäß § 13 InsO [OLG München BauR 1988, 605]; der Besteller/Auftraggeber beharrt auf einer Bauausführung entgegen der Regeln der Baukunst [OLG München, SFH, Nr. 1 zu § 9 VOB/B].
388 Während es beim BGB-Bauvertrag gemäß § 642 BGB lediglich darauf ankommt, dass der Auftraggeber Mitwirkungshandlungen nicht erbringt, muss der Auftragnehmer beim VOB-Bauvertrag aufgrund der Nichterbringung der Mitwirkungshandlungen außer Stande sein, die Leistung auszuführen.
389 Kapellmann/Messerschmidt-von Rintelen, § 9 VOB/B, Rn. 16 ff.

# § 2 Die Ansprüche des Auftragnehmers

260 § 9 Nr. 1 a) VOB/B umfasst, da der Auftragnehmer als Folge der Nichterbringung der Mitwirkungshandlung außer Stande sein muss, die Leistung auszuführen, nur solche Mitwirkungshandlungen, von denen nach dem Inhalt des Vertrages der Beginn oder die Durchführung der Arbeiten abhängig ist.[390]

261 In der VOB/B sind selbst zahlreiche **Mitwirkungshandlungen** des Auftraggebers geregelt. Sie umfassen:
- Bereitstellung des Baugrundstücks bzw. der baulichen Anlagen
- Bereitstellung der Ausführungsunterlagen (§ 3 Nr. 1 VOB/B)
- Absteckung der Hauptachsen (§ 3 Nr. 2 VOB/B)
- Zustandsfeststellung (§ 3 Nr. 4 VOB/B)
- Aufrechterhaltung der öffentlichen Ordnung auf der Baustelle (§ 4 Nr. 1 VOB/B)
- Herbeiführung aller öffentlich-rechtlichen Genehmigungen (§ 4 Nr. 1 Abs. 1 Satz 2 VOB/B)
- Pflicht zur Koordinierung aller am Bau beteiligten Firmen (§ 4 Nr. 1 Abs. 1 Satz 1 VOB/B)
- Auskunft über den voraussichtlichen Beginn der Ausführung und zum Abruf der Leistungen (§ 5 Nr. 2 VOB/B)

262 Die Kündigung muss gemäß § 9 Nr. 2 Satz 1 VOB/B **schriftlich** erklärt werden und kann erst nach dem Ablauf einer angemessenen Frist und **Kündigungsandrohung** erfolgen (§ 9 Nr. 2 Satz 2 VOB/B).[391] Die bisher erbrachten Leistungen sind nach den Vertragspreisen abzurechnen. Darüber hinaus hat der Auftragnehmer Anspruch auf eine angemessene Entschädigung gemäß **§ 9 Nr. 3 VOB/B i.V.m. § 642 BGB**. Zur Bemessung des Entschädigungsanspruchs aus § 642 BGB kann auf die vorstehenden Ausführungen zum BGB-Bauvertrag verwiesen werden.

263 Muster: Zahlungsklage des Auftragnehmers gegen den Auftraggeber bei ausbleibender Mitwirkung (Ansprüche aus § 9 Nr. 3 VOB/B sowie § 642 BGB)

Landgericht ■■■

Klage

der ■■■ GmbH,■■■,

Klägerin

Prozessbevollmächtigte: ■■■

gegen

■■■ GmbH, ■■■,

Beklagte

wegen: Vergütungsanspruch aus gekündigtem Bauvertrag,

---

390 Ingenstau/Korbion-Vygen, § 9 Nr. 1 VOB/B, Rn. 4 ff.; Kapellmann/Messerschmidt-von Rintelen, § 9 VOB/B, Rn. 8.
391 Während beim BGB-Bauvertrag die Kündigungsfolge automatisch einsetzt, muss der Auftragnehmer beim VOB-Bauvertrag die Kündigung nach Ablauf der Nachfrist gegenüber dem Besteller/Auftraggeber schriftlich erklären.

Streitwert: EUR 134.816,36.

Namens und in Vollmacht der Klägerin erheben wir Klage gegen die Beklagte und werden in der mündlichen Verhandlung beantragen:

Die Beklagte wird verurteilt, an die Klägerin EUR 134.816,36 nebst Zinsen in Höhe von acht Prozentpunkten über dem Basiszinssatz hieraus seit Rechtshängigkeit zu bezahlen.

Falls das Gericht ein schriftliches Vorverfahren anordnet, wird schon jetzt für den Fall, dass die Beklagte nicht rechtzeitig ihre Verteidigungsabsicht erklärt, der Erlass eines Versäumnisurteils im schriftlichen Verfahren beantragt.

Begründung:
1. Mit VOB-Einheitspreisvertrag vom 20. August 2004 beauftragte die Beklagte die Klägerin mit Rohbauarbeiten für die Errichtung eines Geschäftshauses in der ▪▪▪ in ▪▪▪. Dem Vertrag lag das Angebot der Klägerin vom 13. April 2004, erstellt auf der Basis der Leistungsbeschreibung der Beklagten vom 12. Februar 2004 zugrunde. Die VOB/B ist Vertragsinhalt. Die Endsumme des Angebots der Klägerin vom 13. April 2004 belief sich auf EUR 1.984.819,58.
   Beweis: Bauvertrag vom 20. August 2004 nebst Leistungsverzeichnis – Anlage K1.
   Laut Ziffer 16 des Bauvertrages vom 20. August 2004 sollte die Klägerin mit der Ausführung der ihr übertragenen Arbeiten am 28. September 2004 beginnen und diese fristsowie vertragsgerecht bis zum 28. April 2005 fertig stellen.
   Beweis: wie vor.
   Nach Vertragsabschluss musste die Klägerin feststellen, dass am 08. September 2004, also 20 Tage vor vertraglich festgelegtem Beginn der Arbeiten, die Planungsunterlagen immer noch nicht eingetroffen waren. Mit Schreiben vom 13. September 2004 wurde die Beklagte erstmals aufgefordert, die Ausführungsplanung unverzüglich zu übersenden.
   Beweis: Schreiben vom 13. September 2004 – Anlage K2.
   Mit Schreiben vom 15. September 2004 teilte die Beklagte mit, dass die Ausführungsplanung bis zu dem vertraglich vereinbarten Termin des Beginns der Bauarbeiten an die Klägerin übergeben werden. Ferner wurde die Klägerin aufgefordert, zum vertraglichen Termin mit der Einrichtung der Baustelle zu beginnen.
   Beweis: Schreiben vom 15. September 2004 – Anlage K3.
   Die Klägerin verließ sich auf diese Zusage der Beklagten und begann am 28. September 2004 mit der Anlieferung von zahlreichen Baumaschinen und Baumaterialien. Es wurden in der Zeit vom 02. Oktober 2004 bis zum 06. Oktober 2004 – wie im Vertrag vorgesehen – zwei schwere Baukräne montiert. Gleichzeitig verbrachte die Klägerin am 28. September 2004 sechs Materialcontainer sowie zehn Mannschaftscontainer auf die Baustelle. Nachdem am 07. Oktober 2004 die Baustelle eingerichtet war, musste die Klägerin feststellen, dass die Ausführungsplanung weiterhin nicht vorlag. Mit Schreiben vom 08. Oktober 2004 forderte die Klägerin die Beklagte auf, ihrer Verpflichtung gemäß § 3 Nr. 1 VOB/B nachzukommen. Gleichzeitig meldete die Klägerin eine Behinderung nach § 6 VOB/B an und signalisierte nochmals ihrer Bereitschaft zur Leistungserbringung. Ferner kündigte die Klägerin an, die bereits aufgestellten Baukräne sowie die auf der Baustelle befindlichen Material- und Mannschaftscontainer zur Vermeidung unnötiger Mietkosten wieder abzubauen.

Beweis: Schreiben der Klägerin vom 08. Oktober 2004 – Anlage K4.

Leider musste die Kläger feststellen, dass die Beklagte auch auf diese Schreiben hin nicht reagierte. Der Klägerin blieb nichts anderes übrig, als der Beklagten mit Schreiben vom 20. Oktober 2004 eine Frist zur Durchführung der von der Beklagten nach dem Vertrag zu erbringenden Handlungen bis zum 05. November 2004 zu setzen. Gleichzeitig drohte die Klägerin der Beklagten für den Fall, dass die gesetzte Frist erfolglos verstreichen werde, die Kündigung des Vertragsverhältnisses an.

Beweis: Schreiben der Klägerin vom 20. Oktober 2004 – Anlage K5.

Da der Klägerin die Ausführungsplanung nicht fristgerecht übergeben wurde, kündigte sie den Bauvertrag mit Schreiben vom 06. November 2004.

Beweis: Kündigungsschreiben der Klägerin vom 06. November 2004 – Anlage K6.

Inzwischen hat die Klägerin von dritter Seite in Erfahrung gebracht, dass das von der Beklagten beauftragte Planungsbüro Mitte Oktober 2004 Insolvenz angemeldet hat. So ist es zu erklären, dass die Beklagte nicht in der Lage ist, der Klägerin auf der Grundlage von § 3 Nr. 1 VOB/B die Ausführungsplanung zu übergeben.

2. Die Klägerin macht zunächst nach § 9 Nr. 3 Satz 1 VOB/B einen Anspruch auf Vergütung für die von ihr bis zur Kündigung erbrachten Leistungen geltend. Diese hat sie gemäß den vereinbarten Vertragspreisen mit Schlussrechnung vom 10. Dezember 2004 in Höhe von EUR 78.243,38 abgerechnet.

Beweis: Schlussrechnung der Klägerin vom 10. Dezember 2004 nebst Aufmaß- und Abrechnungsunterlagen – Anlage K6.

Die Schlussrechnung bezieht sich zunächst auf den ausgeführten Teil der Arbeiten auf der Grundlage der vereinbarten Vertragspreise. Die Schlussrechnung gibt die ausgeführten Mengen in der Reihenfolge der vertraglich vereinbarten Positionen (es geht im Einzelnen um insgesamt 14 Positionen) wieder.

Beweis: Bauvertrag vom 20. August 2004 – Anlage K1 –; Schlussrechnung vom 10. Dezember 2004 – Anlage K6.

Dabei sind bei der Position 01.13. für die beiden von der Klägerin aufgebauten Baukräne Mietkosten für den Zeitraum vom 02. Oktober 2004 bis zum 10. November 2004 (zu diesem Zeitpunkt waren die beiden Kräne wieder abgebaut), also 40 Tage, abgerechnet worden. Der Positionspreis beläuft sich auf EUR 46.293,26.
Bei der Position 01.22. (Materialcontainer) sowie 01.23. (Mannschaftscontainer) hat die Klägerin betreffend der Material- und Mannschaftscontainer Mietkosten für den Zeitraum vom 29. September 2004 bis zum 10. November 2004, also 43 Tage, abgerechnet. Der Positionspreis beläuft sich auf EUR 7.269,38.

3. Weitergehend macht die Klägerin nach Kündigung des Bauvertrages von 20. August 2004 einen Entschädigungsanspruch wegen der Nichterbringung solcher der Beklagten gemäß § 3 Nr. 1 VOB/B obliegenden Mitwirkungshandlungen gemäß § 9 Nr. 3 VOB/B in Verbindung mit § 642 BGB geltend.

a) So hat die Klägerin in der Zeit vom 28. September 2004 bis zum Tag der Kündigung am 06. November 2004 in erheblichen Umfang Arbeitskräfte bereitgehalten. Auf der Grundlage der Kalkulation der Klägerin sollten nach dem Einrichten der Baustelle ab dem 08. Oktober 2004 insgesamt 43 bei der Klägerin fest eingestellte Arbeitnehmer mit den Rohbauarbeiten beginnen, wobei die Klägerin sogar kalkuliert hatte, die Zahl der im Einsatz befindlichen Arbeitskräfte ab dem Monat 11/04 noch zu erhöhen, wozu es dann aber nicht mehr kam. Sämtliche Mitarbeiter der Klägerin konnten bis zur Kündigung des Bauvertrages vom 06. November 2004 nicht bei anderen Bauvorhaben der Klägerin eingesetzt werden, da in den fraglichen Zeitraum (also bis zur Kündigung des Bauvertrages) bei den von der Klägerin zur gleicher Zeit durchgeführten Bauvorhaben in Hamburg-Altona sowie Köln-Porz keine weiteren Arbeitskräfte benötigt wurden. Aus arbeitsrechtlichen Gründen war es der Klägerin zudem unmöglich, ihren Mitarbeitern – ggf auch einzeln – zu kündigen.

b) Weiterhin hat die Klägerin auch eine große Zahl von Baumaschinen und Baugeräte in dem Zeitraum bis zur Kündigung bereitgehalten. Ein Einsatz der einzeln in Anlage 4 zur Schlussrechnung vom 10. Dezember 2004 aufgelisteten Baugeräte bei anderen Bauvorhaben war nicht möglich.

Mit dem Entschädigungsanspruch verfolgt die Klägerin das Ziel, die durch den Annahmeverzug der Auftraggeberin begründeten Nachteile auszugleichen, wobei die Klägerin ausdrücklich klarstellt, dass sich den Entschädigungsanspruch auf den Zeitraum bis zur Kündigung beschränkt hat. Bei der Bemessung des Ersatzanspruchs hat sich die Klägerin an der Höhe der verzugsbedingten Entschädigung für das unnötige Bereithalten von Kapazitäten auf der Grundlage der Vertragspreise orientiert. Es geht folglich um die kalkulierten Kosten der Mehraufwendungen, wobei Ersparnisse sowie Ersatzverdienste von der Klägerin in ihrer Berechnung selbstverständlich berücksichtigt worden sind. Ersparnisse liegen bei der Klägerin allerdings nicht vor. Trotz umfangreichen Bemühungen ist es der Klägerin zudem nicht gelungen, kurzfristig einen Ersatzauftrag zu erhalten. Folglich musste die Klägerin bei der Ermittlung des Ersatzanspruchs für Ersparnisse und Ersatzverdienste keine Abzüge machen.

Der von der Klägerin geltend gemachte Entschädigungsanspruch beläuft sich insgesamt auf EUR 56.572,98. Im Hinblick auf die Aufschlüsselung der vorgenannten Gesamtsumme wird auf die Anlage 2 zur Schlussrechnung vom 10. Dezember 2004 verwiesen. Weiter wird ausgeführt, dass sich die Einzelbeträge aus den entsprechenden Ansätzen in der Kalkulation der Klägerin vom 10. April 2004 ergeben. Dabei geht es um die Einheitspreise der Leistungen, die zum Zeitpunkt der Kündigung des Vertrages noch nicht oder nicht vollständig ausgeführt waren. Diese war Grundlage der Vertragspreise.

Beweis: Kalkulation der Klägerin vom 10. April 2004 – Anlage K7 –; Zeugnis des Kalkulators ■■■, zu laden über die Klägerin.

Der Inhalt der Kalkulation der Klägerin vom 10. April 2004 ist Teil des Klagevortrags. Für den Fall, dass die Beklagte die Richtigkeit der Kalkulation und der aus ihr abgeleiteten Berechnungen in Abrede stellen sollte, stützt sich die Klägerin zum Beweis der Richtigkeit von Kalkulation und Berechnungen auf ein Sachverständigengutachten. Da trotz Mahnung kein Zahlungsausgleich festzustellen war, ist Klage geboten.

Rechtsanwalt

264 **bb) Außerordentliche Kündigung gemäß § 9 Nr. 1 b) VOB/B:** Befindet sich der Auftraggeber mit den ihn treffenden Leistungspflichten, wobei es am häufigsten um ausstehende Zahlungen[392] gehen wird, im **Schuldnerverzug**,[393] so kann der Auftragnehmer den VOB-Bauvertrag gemäß § 9 Nr. 1 b) VOB/B kündigen.

265 Die Kündigung muss gemäß § 9 Nr. 2 Satz 1 VOB/B **schriftlich** erklärt werden und kann erst nach dem Ablauf einer angemessenen Frist und **Kündigungsandrohung** erfolgen (§ 9 Nr. 2 Satz 2 VOB/B).[394] Die bisher erbrachten Leistungen sind nach den Vertragspreisen abzurechnen. Darüber hinaus hat der Auftragnehmer Anspruch auf eine **angemessene Entschädigung** gemäß § 9 Nr. 3 VOB/B i.V.m. § 642 BGB. Zur Bemessung des Entschädigungsanspruchs aus § 642 BGB kann auf die vorstehenden Ausführungen zum BGB-Bauvertrag verwiesen werden.

266 *cc) Kündigung aus wichtigem Grund:* Schließlich kann der Auftraggeber auch beim VOB-Bauvertrag außerhalb des § 9 VOB/B aus **wichtigem Grund** kündigen.[395]

267 *dd) Kündigung bei Vorliegen einer Behinderung gemäß § 6 Nr. 7 VOB/B:* Im Falle der Unterbrechung einer bereits begonnenen und nicht unmöglich gewordenen Bauausführung, die **länger als 3 Monate** dauert, kann der Auftragnehmer nach Ablauf dieser Zeit den Vertrag schriftlich kündigen. Die **Abrechnung** regelt sich nach **§ 6 Nr. 5 VOB/B**. Der Auftragnehmer hat mithin einen Anspruch auf einen der geleisteten Arbeit entsprechenden Teil des Werklohns und Ersatz der Kosten, die dem Auftragnehmer bereits entstanden sind und die in den Vertragspreisen des nicht ausgeführten Teils der Leistung nicht enthalten sind. Hat der Auftragnehmer die Unterbrechung nicht zu vertreten hat, sind auch die Kosten der Baustellenräumung zu vergüten, soweit sie nicht in der Vergütung für die bereits ausgeführten Leistungen enthalten sind. Hat der Auftraggeber dem entgegen die hindernden Umstände zu vertreten, so kann der Auftragnehmer einen darüber hinaus gehenden **Entschädigungsanspruch** gemäß § 6 Nr. 6 VOB/B geltend machen.[396]

---

[392] Dabei kann es um Vorauszahlungen (§ 16 Nr. 2 VOB/B), Abschlagszahlungen (§ 16 Nr. 1 VOB/B) [BGH BauR 1974, 178] oder aber Teilschlusszahlungen [Heiermann/Riedl/Rusan, § 9 VOB/B, Rn. 10; Beck'scher VOB-Kommentar-Motzke, § 9 Nr. 1 VOB/B, Rn. 29] gehen.

[393] Ein Schuldnerverzug beim Auftraggeber liegt nur dann vor, wenn dem Auftragnehmer ein fälliger und einredefreier Anspruch zusteht. Es müssen also die Fälligkeitsvoraussetzungen aus §§ 14, 16 VOB/B vorliegen; Kapellmann/Messerschmidt-von Rintelen, § 9 VOB/B, Rn. 31, 32. Zudem ist ein mögliches Leistungsverweigerungsrecht des Auftraggebers aus § 320 BGB unter Berücksichtigung des Druckzuschlages (641 Abs. 3 BGB) zu berücksichtigen; Kapellmann/Messerschmidt-von Rintelen, § 9 VOB/B, Rn. 34. Schließlich ist das Vorliegen einer Mahnung bzw. die Entbehrlichkeit derselben (§ 286 Abs. 2 BGB) sowie das Verschulden nach § 286 Abs. 4 BGB zu prüfen.

[394] Während beim BGB-Bauvertrag die Kündigungsfolge automatisch einsetzt, muss der Auftragnehmer beim VOB-Bauvertrag die Kündigung nach Ablauf der Nachfrist gegenüber dem Auftraggeber schriftlich erklären.

[395] Ein Kündigungsrecht aus wichtigem Grund liegt beispielsweise vor: Der Auftraggeber verweigert endgültig und ernsthaft die Erfüllung seiner Verpflichtungen [Kapellmann/Messerschmidt-von Rintelen, § 9 VOB/B, Rn. 44; BGH NJW 1974, 1080; BauR 1980, 465]; der Auftraggeber kündigt zu Unrecht [BGH NJW 1994, 443]; der Auftraggeber lehnt berechtigte Nachtragsforderungen des Auftragnehmers endgültig ab [BGH BauR 2000, 409; Kapellmann/Messerschmidt-von Rintelen, § 9 VOB/B, Rn. 46]; vgl. weitergehend: Kapellmann/Messerschmidt-von Rintelen, § 9 VOB/B, Rn. 48-55.

[396] Vgl. hierzu die Ausführungen unter Rn. 274ff.

## IV. Vergütungsansprüche des Auftragnehmers bei Behinderung und höherer Gewalt

**Literatur:** von Craushaar, Der Vorunternehmer als Erfüllungsgehilfe des Auftraggebers, in: Festschrift für Vygen, S. 154; Dähne, Gerätevorhaltung und Schadensersatz nach § 6 Nr. 6 VOB/B – Ein Vorschlag zur Berechnung, BauR 1978, 429; Grieger, Nachlese zum Urteil des BGH vom 20.02.1986 – VIII ZR 286/84 (BauR 1986, 347), BauR 1987, 378; Hagen, Ein Verfahren zur Berechnung von Gerätestillstands- und Gerätestundenkosten, BauR 1991, 284; Niemöller, Vergütungsansprüche nach Kündigung des Bauvertrages (1), BauR 1997, 539; Reister, Baubetriebliche Abwägung zur Arbeitseinstellung beim Bauvertrag, NZBau 2001, 1; Stamm, Die Frage nach der Eigenschaft des Vorunternehmers als Erfüllungsgehilfe des Bauherrn im Verhältnis zum Nachunternehmer: Ein Problem der Abgrenzung von Schuldner- und Annahmeverzug, BauR 2002, 1; Kaiser, Die konkurrierende Haftung von Vor- und Nachunternehmern, BauR 2000, 177; Thode, Nachträge wegen gestörten Bauablaufs im VOB/B-Vertrag – Eine kritische Bestandsaufnahme –, ZfBR 2004, 214.

### 1. Beim VOB-Bauvertrag

#### a) Werklohnanspruch des Auftragnehmers bei Behinderung gemäß § 6 Nr. 5 VOB/B

Wird die Ausführung des Werkes für voraussichtlich längere Dauer unterbrochen, ohne dass die Leistung dauernd unmöglich wird, so sind die ausgeführten Leistungen nach den Vertragspreisen abzurechnen und außerdem die Kosten zu vergüten, die dem Auftragnehmer bereits entstanden und in den Vertragspreisen des nicht ausgeführten Teils enthalten sind.

268

Der Auftragnehmer ist nur bei solchen hindernden Umständen zur vorzeitigen Abrechnung berechtigt, die eine Unterbrechung der Ausführung bewirken. Dies setzt voraus, dass der Auftragnehmer mit der Bauausführung bereits begonnen hatte.

269

Weiterhin muss die Bauausführung **voraussichtlich auf längere Dauer unterbrochen** werden. Das Kündigungsrecht aus § 6 Nr. 7 VOB/B lässt den Schluss zu, dass ein Unterbrechung von mehr als drei Monaten regelmäßig eine solche von längerer Dauer ist.[397] Das Abrechnungsrecht des Auftragnehmers entsteht jedoch nicht erst bei Erreichen der Dreimonatsfrist, sondern bereits dann, wenn eine auf hinreichende Anhaltspunkte gestützte Prognose nicht nur den Verdacht, sondern den belegbaren Schluss rechtfertigt, dass der gewerkebezogene Baustillstand zu einer über längere Zeit andauernden Unterbrechung führen wird.[398] Dabei kommt es auf eine Gewissheit nicht an; vielmehr reicht ein hoher Wahrscheinlichkeitsgrad.

270

Schließlich muss die Unterbrechung vorübergehender Natur sein. Deshalb ist § 6 Nr. 5 VOB/B nicht anzuwenden, wenn Leistung gemäß § 275 BGB dauerhaft unmöglich geworden ist.[399]

271

---

397 Kapellmann/Messerschmidt-Kapellmann, § 6 VOB/B, Rn. 44; Ingenstau/Korbion-Döring, § 6 Nr. 5 VOB/B, Rn. 3.
398 Beck'scher VOB-Kommentar-Motzke, § 6 Nr. 5 VOB/B, Rn. 15; Ingenstau/Korbion-Döring, § 6 Nr. 5 VOB/B, Rn. 3.
399 Kapellmann/Messerschmidt-Kapellmann, § 6 VOB/B, Rn. 44; Ingenstau/Korbion-Döring, § 6 Nr. 5 VOB/B, Rn. 4 f.; Beck'scher VOB-Kommentar-Motzke, § 6 Nr. 5 VOB/B, Rn. 17.

## § 2 Die Ansprüche des Auftragnehmers

272  Liegen die Voraussetzungen von § 6 Nr. 5 VOB/B vor, so hat der Auftragnehmer einen Anspruch auf einen der **geleisteten Arbeit entsprechenden Teil des Werklohns und Ersatz der Kosten**, die dem Auftragnehmer bereits entstanden sind und die in den Vertragspreisen des nicht ausgeführten Teils der Leistung nicht enthalten sind.[400]

b) Werklohnanspruch des Auftragnehmers bei höherer Gewalt gemäß § 7 Nr. 1 i.V.m. § 6 Nr. 5 VOB/B

273  Wird die ganze oder teilweise ausgeführte Leistung vor der Abnahme durch höhere Gewalt oder andere unabwendbare vom Auftragnehmer nicht zu vertretende Umstände beschädigt oder zerstört, so hat dieser für die ausgeführten Teile der Leistung die Ansprüche aus § 6 Nr. 5 VOB/B.

c) (Behinderungs-)Schadensersatzanspruch des Auftragnehmers gemäß § 6 Nr. 6 VOB/B

274  Ein gegen den Auftraggeber gerichteter Schadensersatzanspruch des Auftragnehmers wegen Behinderung ist in § 6 Nr. 6 VOB/B geregelt.

275  Der Anspruch aus § 6 Nr. 6 VOB/B setzt zunächst voraus, dass über den vom Auftraggeber geltend gemachten Zeitraum eine **Behinderung** tatsächlich vorgelegen und diese Behinderung als Folge eine Verzögerung der Arbeiten des Auftragnehmers bewirkt hat.[401]

276  So haftet der Auftraggeber dem Auftragnehmer allerdings nur dann auf einen (**Behinderungs-)Schadensersatz**, wenn er (= der Auftraggeber) die hindernden Umstände verursacht und damit eine Pflicht aus dem Schuldverhältnis **schuldhaft** verletzt hat. Insoweit geht es regelmäßig um solche vom Auftraggeber selbst vertragsgemäß geschuldete eigene Handlungen zur Ausführung des Werkes.[402] Kommt der Auftraggeber mit der Erbringung solcher Erstellungshandlungen in Verzug, haftet er gemäß § 280 Abs. 1, 2 i.V.m. § 286 BGB. Erfüllt er die fällige Leistung nicht oder nicht wie geschuldet, kann der Auftragnehmer Schadensersatz nach § 6 Nr. 6 VOB/B verlangen.[403]

277  Gleiches gilt grundsätzlich dann, wenn es nicht um Erstellungshandlungen, sondern um solche vom Auftraggeber vertraglich geschuldete bloße Ermöglichungshandlungen geht, also Handlungen, die der Auftraggeber schuldet, damit der Auftragnehmer bauen kann. Die Rede ist von **Mitwirkungshandlungen** des Auftraggebers. Für nahezu alle geschuldeten Mitwirkungshandlungen[404] ist der Charakter als Vertragspflicht des Auf-

---

400 Ingenstau/Korbion-Döring, § 6 Nr. 5 VOB/B, Rn. 11 ff.
401 Der Auftragnehmer diese Voraussetzung substantiiert darzulegen: BGH BauR 2002, 1249; OLG Düsseldorf NJW-RR 1998, 671; Grieger, BauR 1987, 378 (379); vgl. weiterhin Kapellmann/Schiffers, Bd. 1, Rn. 1419; Ingenstau/Korbion-Döring, § 6 Nr. 6 VOB/B, Rn. 16.
402 BGH ZfBR 1992, 31 (der Auftraggeber hat sich vertraglich verpflichtet, sicherzustellen, dass auf einer bestimmten Deponie Schlamm abgelagert werden kann); OLG Celle BauR 1994, 629 (der Auftraggeber verpflichtet sich, für einen bestimmten Zeitraum eine Verkehrsführung auf einer Behelfsbrücke zu errichten); Kapellmann/Messerschmidt-Kapellmann, § 6 VOB/B, Rn. 53; Ingenstau/Korbion-Döring, § 6 Nr. 6 VOB/B, Rn. 17 ff.
403 Kapellmann/Messerschmidt-Kapellmann, § 6 VOB/B, Rn. 53; Thode, ZfBR 2004, 214 (220).
404 In der VOB/B sind selbst zahlreiche Mitwirkungshandlungen des Auftraggebers geregelt. Sie umfassen: die Bereitstellung des Baugrundstücks bzw. der baulichen Anlagen, die Bereitstellung der Ausführungsunterlagen (§ 3 Nr. 1 VOB/B), die Absteckung der Hauptachsen (§ 3 Nr. 2 VOB/B), die Zustandsfeststellung (§ 3 Nr. 4 VOB/B), die Aufrechterhaltung der öffentlichen Ordnung auf der Baustelle (§ 4 Nr. 1 VOB/B), die Herbeiführung aller öffentlich-rechtlichen Genehmigungen (§ 4 Nr. 1 Abs. 1 Satz 2 VOB/B), die Pflicht zur Koordinierung aller am Bau beteiligten Firmen (§ 4 Nr. 1 Abs. 1 Satz 1 VOB/B), sowie die Auskunft über den voraussichtlichen Beginn der Ausführung und zum Abruf der Leistungen (§ 5 Nr. 2 VOB/B).

traggebers unbestritten.[405] Geht es aber um die Pflicht des Auftraggebers, das Baugrundstück bzw. die bauliche **Vorleistung** rechtzeitig mangelfrei zur Verfügung zu stellen, gilt nach den Rechtsprechung des BGH[406] etwas anderes. So soll es sich insoweit um eine bloße Obliegenheit des Auftraggebers handeln, die nicht Mitwirkungspflicht ist, was zur Folge hat, das ihre Verletzung keinen Schadensersatzanspruch des Auftragnehmers begründen vermag.[407]

Dem Auftragnehmer steht der (Behinderungs-)Schadensersatzanspruch nur dann zu, wenn er nach § 6 Nr. 1 VOB/B dem Auftraggeber unverzüglich bei Eintritt der **Behinderung** hinreichend genau **Anzeige** hiervon gemacht hat.[408] Eine Ausnahme gilt gemäß § 6 Nr. 1 Satz 2 VOB/B dann, wenn dem Auftraggeber die Tatsachen und deren Wirkungen hinreichend und offenkundig bekannt waren.[409]

278

§ 6 Nr. 6 VOB/B findet in Ermangelung des Vorliegens einer schuldhaften Pflichtverletzung des Auftraggebers keine Anwendung, soweit im Zuge des Leistungsbestimmungsrechts des Auftraggebers gemäß § 1 Nr. 3 und 4 VOB/B[410] Mengenänderungen, Leistungsänderungen sowie Zusatzaufträge im Sinne des § 2 VOB/B zu Bauzeitenverlängerungen führen.[411]

279

Liegt dagegen der Fall vor, dass der Auftraggeber durch eine Anordnung eine Änderung der Bauzeit oder Baumstände verursacht, die nicht durch die vertraglich begründeten Leistungsbestimmungsrechte gemäß § 1 Nr. 3 und 4 VOB/B gedeckt sind, ist § 2 Nr. 5 und 6 VOB/B nicht anwendbar.[412] Die § 2 Nr. 5 und 6 VOB/B regeln einen Vergütungsanspruch nämlich nur für solche Leistungen, die aufgrund des ausgeübten Leistungsbestimmungsrechts durch den Auftraggeber vom Auftragnehmer als vertragliche Leistung geschuldet werden.[413] Da in diesem Fall das Verhalten des Auftraggebers pflichtwidrig ist, wird zugunsten des Auftragnehmers ein Schadensersatzanspruch aus § 6 Nr. 6 VOB/B begründet. Nach der Auffassung des BGH[414] und der herrschenden Meinung[415] ist deshalb von einer alternativen Anwendung des § 2 Nr. 5 und 6 VOB/B einerseits und § 6 Nr. 6 VOB/B andererseits auszugehen.[416]

280

---

405 BGH BauR 2000, 722.
406 BGH BauR 2000, 722.
407 Kritisch dazu: Kapellmann/Messerschmidt-Kapellmann, § 6 VOB/B, Rn. 54.
408 BGH BauR 2002, 722; Thode, ZfBR 2004, 214 (220); Kapellmann/Messerschmidt-Kapellmann, § 6 VOB/B, Rn. 55; Werner/Pastor, Rn. 1824.
409 OLG Koblenz NJW-RR 1988, 852; Vygen/Schubert/Lang, Rn. 148; Werner/Pastor, Rn. 1825.
410 Vgl. hierzu die Ausführungen in Rn. 212ff.
411 Werner/Pastor Rn. 1828; Kapellmann/Messerschmidt-Kapellmann, § 6 VOB/B, Rn. 56; Thode, ZfBR 2004, 214 (216ff.).
412 Thode, ZfBR 2004, 214 (225).
413 Thode, ZfBR 2004, 214 (225).
414 BGH BauR 1985, 561 (564); BauR 1971, 202 (203).
415 OLG Braunschweig BauR 2001, 1739; OLG Nürnberg BauR 2001, 409; OLG Düsseldorf BauR 2000, 1336 (1337); OLG Koblenz BauR NJW-RR 1988, 851; Beck'scher VOB-Kommentar-Motzke, § 6 Nr. 6 VOB/B, Rn. 118; Thode, ZfBR 2004, 214 (225).
416 Anders: Kapellmann/Messerschmidt-Kapellmann, § 6 VOB/B, Rn. 57; Werner/Pastor, Rn. 1828.

# 2 § 2 Die Ansprüche des Auftragnehmers

281 Voraussetzung für § 6 Nr. 6 VOB/B ist schließlich, dass der Auftraggeber die hindernden Umstände gemäß § 276 BGB zu **vertreten** hat.[417, 418] Wird das Vertretenmüssen des Auftraggebers verneint,[419] so stützt der BGH[420] einen Entschädigungsanspruch des Auftragnehmers wegen desselben Sachverhalts auf § 642 BGB, für dessen Anwendung es keines Verschuldens des Auftraggebers bedarf.

282 Der Auftraggeber muss den als Folge der von ihm zu vertretenden Störung beim Auftragnehmer verursachten Schaden ersetzen. Schaden ist die Differenz zwischen hypothetischer ursprünglicher Vermögenslage des Auftragnehmers, die vorgelegen hätte, wenn keine Störung eingetreten wäre, und heutiger tatsächlicher Vermögenslage, so wie sie durch die Störung verursacht worden ist.[421]

283 Zum **erstattungsfähigen Schaden**[422] zählen alle ursächlich auf die Behinderung zurückzuführenden Mehrkosten wie: Stillstandskosten,[423] Mehrkosten wegen verlängerter Bauzeit,[424] zusätzliche allgemeine Geschäftskosten,[425] Beschleunigungskosten.[426] Die Umsatzsteuer gehört nicht dazu.[427]

### d) Entschädigungsanspruch des Auftragnehmers gemäß § 642 BGB

284 Kommt der Auftraggeber durch Unterlassen einer bei Herstellung der Bauleistung erforderlichen **Mitwirkungshandlung in Annahmeverzug**, so kann sich der Auftragnehmer auch beim VOB-Bauvertrag auf den in § 642 BGB geregelten Entschädigungsanspruch stützen.[428]

285 Es handelt sich dabei nicht um einen Anspruch, der einen Ausgleich für nicht erbrachte Leistungen bzw. die vorzeitige Beendigung des Vertragsverhältnisses herbeiführt.[429] Vielmehr geht es ausschließlich darum, die durch den Annahmeverzug des Auftragge-

---

417 BGH BauR 1997, 1021; OLG Düsseldorf BauR 1991, 337; Vygen/Schubert/Lang, Rn. 254 ff.; Werner/Pastor, Rn. 1826.
418 Den Auftraggeber trifft die darlegungs- und Beweislast, dass ihn kein Verschulden trifft; OLG Düsseldorf BauR 1999, 491; BauR 1997, 646; Werner/Pastor, Rn. 1826.
419 So ist der Vorunternehmer des Auftraggebers nach der Auffassung des BGH nicht dessen Erfüllungsgehilfe, was zur Folge hat, dass sich der Auftraggeber ein Verschulden des Auftraggebers gegenüber dem Nachunternehmer nicht als eigenes Verschulden zurechnen lassen muss; BGH BauR 2000, 722.
420 BGH BauR 2000, 722. Kritisch dazu: Kapellmann/Messerschmidt-Kapellmann, § 6 VOB/B, Rn. 54; Kaiser, BauR 2000, 177; von Craushaar, Festschrift für Vygen, S. 154 ff.; Stamm, BauR 2002, 1; Vygen/Schubert/Lang, Rn. 263 ff.; Beck'scher VOB-Kommentar-Motzke, § 6 Nr. 6 VOB/B, Rn. 47, 85 ff.
421 BGH BauR 1986, 347.
422 Vgl. hierzu Plum, Baurechtl. Schriften, Bd. 37, S. 105 ff.; Reister, NZBau 2001, 1 ff.
423 BGH BauR 1997, 1021.
424 BGH BauR 1976, 128; OLG Düsseldorf BauR 1988, 487; Hagen, BauR 1991, 284; Dähne, BauR 1978, 429.
425 OLG Düsseldorf BauR 1988, 487 (490); OLG München BauR 1992, 74 (76); a.A. BGH BauR 1976, 128 (130); KG ZfBR 1984, 129 (132); Werner/Pastor Rn. 1832; Beck'scher VOB-Kommentar-Motzke, § 6 Nr. 6 VOB/B, Rn. 100.
426 Werner/Pastor Rn. 1832.
427 Werner/Pastor Rn. 1835.
428 Thode, ZfBR 2004, 214 (221); Ingenstau/Korbion-Döring, § 6 Nr. 6 VOB/B, Rn. 48 ff.
429 Kapellmann/Messerschmidt-von Rintelen, § 9 VOB/B, Rn. 85; abweichend hiervon: Heiermann/Riedl/Rusan, § 9 VOB/B, Rn. 21; Beck'scher VOB-Kommentar-Motzke, § 9 Nr.3 VOB/B, Rn. 15.

bers begründeten Nachteile des Auftragnehmers auszugleichen,[430] was bedeutet, dass sich der Entschädigungsanspruch auf den Zeitraum bis zur Kündigung beschränkt.[431]

Bei der **Bemessung des Ersatzanspruchs** soll sich die Höhe der verzugsbedingten Entschädigung für das unnötige Bereithalten von Kapazitäten an den Vertragspreisen orientieren. Es geht folglich um die kalkulierten Kosten der Mehraufwendungen, wobei mögliche Ersparnisse sowie Ersatzverdienste zu berücksichtigen sind.[432]

### 2. Beim BGB-Bauvertrag

Die vorstehenden Ausführungen zu einem Schadensersatzanspruch des Unternehmers/ Auftragnehmers gegen den Besteller/Auftraggeber aus § 6 Nr. 6 VOB/B bei Behinderung gelten auch beim BGB-Bauvertrag.[433] Es gilt die Besonderheit, dass **keine schriftliche unverzügliche Anzeigepflicht** gemäß § 6 Nr. 1 VOB/B besteht.[434] Ferner kommen die Einschränkungen des Schadensersatzanspruchs gemäß § 6 Nr. 6 VOB/B (entgangener Gewinn bei grober Fahrlässigkeit und Vorsatz) nicht zum Tragen.[435]

## V. Ansprüche des Unternehmers aus § 280 Abs. 1 BGB bei der Verletzung von Nebenpflichten

Ein Anspruch aus § 280 Abs. 1 BGB kommt sowohl beim BGB-Bauvertrag wie auch beim VOB-Bauvertrag dann in Betracht, wenn es um die Verletzung vertraglicher **Nebenpflichten** des Bestellers/Auftraggebers geht.

Bei den Besteller/Auftraggeber treffenden Nebenpflichten handelt es sich z.B. um Mitwirkungspflichten,[436] Fürsorge- und Obhutspflichten sowie Hinweispflichten. So hat der Besteller/Auftraggeber alle ihm zumutbare und mögliche zu unternehmen, um den Unternehmer/Auftragnehmer bei der Erfüllung seiner Vertragspflichten vor Schäden zu bewahren. Dies gilt auch für das Arbeitsgerät des Unternehmers/Auftragnehmers.[437]

Neben dem Vorliegen einer Nebenpflichtverletzung, für deren Vorliegen der Unternehmer/Auftragnehmer grundsätzlich darlegungs- und beweisverpflichtet ist, muss der Besteller/Auftraggeber schuldhaft im Sinne der §§ 276, 278 BGB gehandelt haben. Gemäß § 280 Abs. 1 Satz 2 BGB wird das Verschulden vermutet. Der Vertragspartner muss dementsprechend dartun und unter Beweis stellen, dass ihn kein Verschulden trifft.

## VI. Ansprüche des Unternehmers aus Geschäftsführung ohne Auftrag

Nach der Rechtsprechung des BGH hat derjenige Vertragspartner, der zur Erfüllung eines vermeintlich wirksamen Vertrages leistet, die gesetzlichen Ansprüche aus

---

430 Der Auftraggeber fährt deshalb besser, wenn er den Bauvertrag nicht unter Bezugnahme auf § 649 Satz 1 BGB kündigt, sondern vielmehr auf den Auftragnehmer auf der Grundlage einer massiven Verletzung von Mitwirkungspflichten in die Kündigung treibt; Niemöller, BauR 1997, 539 (541).
431 Nicklisch, BB 1979, 553; Raab, JZ 2001, 251 (254); Kapellmann/Messerschmidt-von Rintelen, § 9 VOB/B, Rn. 86.
432 Kapellmann/Schiffers, Band 1, Rn. 1650; Thode, ZfBR 2004, 214 (221).
433 Werner/Pastor Rn. 1836.
434 Werner/Pastor Rn. 1836; vgl. auch Beck'scher VOB-Kommentar-Motzke, Vor § 6 VOB/B, Rn. 4ff.
435 Werner/Pastor Rn. 1836; Vygen/Schubert/Lang, Rn. 24.
436 OLG Düsseldorf BauR 1996, 123 (127).
437 BGH BauR 1975, 64.

Geschäftsführung ohne Auftraggemäß gemäß §§ 677ff. BGB. Der BGH geht davon aus, dass diese Ansprüche nicht nur dann bestehen, wenn der Geschäftsführer nur ein fremdes Geschäft erledigen will, sondern auch dann, wenn er auch ein eigenes Geschäft erledigen, also z.b. einen vermeintlich wirksamen Vertrag erfüllen will (sog. „auchfremdes Geschäft").

292 Damit ein Anspruch aus **berechtigter Geschäftsführung** ohne Auftrag gemäß §§ 683 Satz 1, 670 BGB zu bejahen ist, muss die Übernahme des Geschäfts objektiv im Interesse des Geschäftsherrn liegen und subjektiv seinem wirklichen oder mutmaßlichen Willen entsprechen. Das objektive Interesse des Geschäftsherrn ist zu bejahen, wenn die Geschäftsübernahme nach konkreter Sachlage des Einzelfalls unter Beachtung der persönlichen Situation für den Geschäftsherrn objektiv nützlich ist. Bei der Ermittlung des Willens des Geschäftsherrn ist vorrangig auf den ausdrücklich oder konkludent geäußerten wirklichen Willen des Geschäftsherrn abzustellen. Ein mutmaßlicher Wille ist zu bejahen, wenn der Geschäftsherr bei objektiver Berücksichtigung aller Umstände der Geschäftsführung im Zeitpunkt der Geschäftsübernahme zugestimmt hätte.[438]

293 Maßgeblich sind die Umstände im **Zeitpunkt der Leistungserbringung**. Eine Bauleistung steht dann nicht im Interesse des Geschäftsherrn oder entspricht auch nicht seinem mutmaßlichen Willen, wenn sie erkennbar nicht notwendig und auch nicht finanzierbar war. Andererseits entsprechen Zusatzaufträge oder Änderungsaufträge in aller Regel dem Interesse und dem mutmaßlichen Willen des Geschäftsherrn, wenn sie für die ordnungsgemäße Durchführung der Bauleistung erforderlich waren.[439] Der Anspruch auf Aufwendungsersatz hängt nicht davon ab, dass die Übernahme der Geschäftsführung, also die Ausführung der auftragslosen Leistung, dem Geschäftsherrn **angezeigt** wurde.[440]

294 Entspricht die Bauleistung dem Interesse und dem wirklichen oder dem mutmaßlichen Willen des Geschäftsherrn, so kann der Geschäftsführer wie ein Beauftragter Ersatz seiner Aufwendungen verlangen. Der Beauftragte kann gemäß §§ 683 Satz 1, 670 BGB Ersatz der Aufwendungen verlangen, die er den Umständen nach für erforderlich halten durfte. Dieser Aufwendungsersatz wird nach der Rechtsprechung mit der üblichen Vergütung bewertet. Üblich ist die Vergütung, die zurzeit des Vertragsschlusses nach allgemeiner Auffassung der beteiligten Kreise am Ort der Werkleistung gewährt zu werden pflegt.[441]

---

438 BGH BauR 1974, 273. Bei der Frage, ob eine auftraglose Leistung dem mutmaßlichen Willen des Geschäftsherrn entspricht, ist auch zu berücksichtigen, welche Folgen für den Geschäftsherrn entstanden wären, wenn diese Leistung nicht durchgeführt worden wäre.
439 OLG Hamburg BauR 2003, 253; OLG Frankfurt BauR 2003, 1045.
440 Der Geschäftsführer ist zwar verpflichtet, diese Anzeige vorzunehmen, wenn nicht Gefahr in Verzug ist, § 681 BGB. Das Gesetz bestimmt jedoch ausdrücklich, dass der Aufwendungsersatzanspruch gemäß § 681 Satz 2 BGB unabhängig von der Anzeige ist. Aus der Verletzung der Anzeigepflicht können deshalb nur Schadensersatzansprüche hergeleitet werden. Mit diesem Schadensersatzanspruch kann der Auftraggeber z.B. geltend machen, dass er die Leistung, wenn sie ihm angezeigt worden wäre, gar nicht oder anderweitig günstiger vergeben hätte.
441 BGH BauR 2001, 249.

Der Geschäftsführer kann eine Vergütung über die Geschäftsführung ohne Auftrag nicht erlangen, soweit seine Leistung mangelhaft ist. Denn eine **mangelhafte Leistung** ist grundsätzlich nicht im Interesse des Geschäftsherrn.[442]

295

Im Falle einer unberechtigten Geschäftsführung ohne Auftrag scheidet ein Aufwendungsersatzanspruch nach § 670 BGB aus. In Betracht kommen Bereicherungsansprüche gemäß §§ 684, 812 ff. BGB.[443]

296

### VII. Ansprüche des Unternehmers aus Bereicherungsrecht

Ist kein wirksamer Bauvertrag zwischen den Parteien zustande gekommen, sind die beiderseitigen Leistungen nach Bereicherungsrecht gemäß § 812 Abs. 1 Satz 1 1.Alt. BGB zurückzugewähren. Damit steht dem vermeintlichen Auftragnehmer gegenüber dem Leistungsempfänger unabhängig davon, ob die Leistung im Interesse und im mutmaßlichen Willen des Leistungsempfängers erbracht worden ist und damit ein Anspruch aus §§ 683 Satz 1, 670 BGB besteht, ein Anspruch auf Herausgabe der Bereicherung zu. Dabei ist der Anspruch regelmäßig auf einen Ausgleich des Wertes der Bereicherung gemäß § 818 Abs. 2 BGB gerichtet.[444]

297

Der **Umfang** des Bereicherungsanspruchs besteht, wenn die Leistung plangerecht erfolgte und sie vom vermeintlichen Auftraggeber entgegen genommen und genutzt wird, in Höhe der ersparten Aufwendungen.[445] Bei Bemessung der Höhe der ersparten Aufwendungen muss berücksichtigt werden, dass dem Leistungsempfänger als Folge des Nichtbestehens eines wirksamen Vertragsverhältnisses keine Gewährleistungsrechte zustehen. Aus diesem Grunde sind die ersparten Aufwendungen zu berechnen auf der Grundlage der üblichen Vergütung, die um einen Risikoabschlag zu kürzen ist.[446, 447]

298

Der Leistungsempfänger kann sich gegen den Bereicherungsanspruch des Unternehmers verteidigen, wenn es sich bei der Leistung um eine sog. **aufgedrängte Bereicherung** handelt. Bei Bauleistungen wird von einer aufgedrängten Bereicherung in aller

299

---

442 Darüber hinaus ist der Geschäftsführer zum Ersatz der Mangelfolgeschäden nach § 678 BGB verpflichtet.
443 BGH BauR 2004, 495.
444 Etwas anderes gilt nur dann, wenn der Leistungsempfänger nicht mehr bereichert ist und sich auf § 818 Abs. 3 BGB stützen kann.
445 BGH BauR 2001, 1412; BGH BauR 2002, 1245.
446 BGH BauR 1990, 721. Den Gerichten ist bei der Bemessung des Abschlags ein Bewertungsspielraum zuzubilligen. Die Bewertung hängt im Einzelfall davon ab, mit welcher Wahrscheinlichkeit in welchem Umfang Mängel zu erwarten sind.
447 Für den Leistungsempfänger als potenziellen Auftraggeber besteht die Frage, ob er dann, wenn es um einen durch einen vollmachtlosen Vertreter (beispielsweise Bauleiter oder Architekten) abgeschlossenen Bauvertrag geht, gemäß § 177 BGB die Genehmigung erteilt und dem bis dahin schwebend unwirksamen Bauvertrag damit endgültig Wirksamkeit verleiht. So werden in der Regel die durch einen vollmachtlosen Vertreter in Auftrag gegebenen Leistungen notwendig sein, was zur Folge hat, dass der Auftraggeber bei Genehmigung wirtschaftlich besser fährt. Bei Vorliegen eines wirksamen Bauvertrages kommt der Auftraggeber nämlich in den Genuss verschuldensunabhängiger Mängelrechte, während er im Falle der Nichtgenehmigung zwar die Leistung nach den Grundsätzen der Geschäftsführung ohne Auftrag bezahlen muss, jedoch keine verschuldensunabhängige Mängelhaftung hat und lediglich auf verschuldensabhängige Schadensersatzansprüche gegen den Unternehmer beschränkt ist, BGH BauR 1994, 110.

Regel dann nicht ausgegangen werden können, wenn der Leistungsempfänger zwar die Möglichkeit hat, ohne wesentliche Nachteile die Beseitigung der auftragslosen Leistung zu fordern, er sie jedoch nicht wahr nimmt, sondern das Bauwerk nutzt.

### VIII. Die Abwehr von Vergütungsansprüchen des Auftragnehmers

**Literatur** Gsell, Schuldrechtsreform: Die Übergangsregelung für die Verjährungsfristen, NJW 2002, 1297; Heß, Das neue Schuldrecht – In-Kraft-Treten und Übergangsregelung, NJW 2002, 253; Kniffka, Das Gesetz zur Beschleunigung fälliger Zahlungen – Neuregelung des Bauvertragsrechts und seine Folgen –, ZfBR 2000, 227; Lenkeit, Das modernisierte Verjährungsrecht, BauR 2002, 196; Mansel, Die Neuregelung des Verjährungsrechts, NJW 2002, 89; Otto, Zur Frage der Verjährung von Abschlagsforderungen des Architekten und des Werkunternehmers, BauR 2000, 250; Schmalzl, Zur Verjährung des Vergütungsanspruchs der Bauhandwerker nach der VOB/B, NJW 1971, 2015.

#### 1. Einwendungen des Auftraggebers gegen den Vergütungsanspruch des Auftragnehmers

300 Geht es um die Frage eines Verlustes des Anspruchs, so ist zunächst an die klassischen rechtsvernichtenden Einwendung des Bürgerlichen Gesetzbuches zu denken, nämlich Aufrechnung (§§ 387 ff. BGB), Erfüllung (§ 362 BGB), Erfüllungssurrogate (§ 364 BGB), Unmöglichkeit (§ 326 BGB), Rücktritt (§ 346 Abs. 1 i.V.m. §§ 323, 324, 326 Abs. 5 BGB), Hinterlegung (§§ 372 ff. BGB) sowie den Erlassvertrag (§ 397 BGB).

#### a) Aufrechnung[448]

301 Im Hinblick auf den Vergütungsanspruch des Unternehmers/Auftragnehmers geht es bei dem Verteidigungsvorbringen des Bestellers/Auftraggebers in aller Regel um eine Aufrechnung mit Gegenansprüchen.

302 Zu unterscheiden ist grundsätzlich zwischen der Aufrechnung als materiellrechtliches Rechtsgeschäft gemäß der §§ 387 ff. BGB und der Geltendmachung einer Aufrechnung im Klageverfahren als Prozesshandlung. An dieser Stelle wird ausschließlich die Aufrechnung als materiellrechtliches Rechtsgeschäft behandelt.[449]

303 Das dem Besteller/Auftraggeber zustehende Recht, mit einer eigenen (Gegen-)Forderung gegen eine (Haupt-)Forderung des Unternehmers/Auftragnehmers aufzurechnen hat den Zweck, als Erfüllungssurrogat das Hin und Her der Leistungen zu vermeiden, sog. Tilgungsfunktion gemäß § 389 BGB. Zum anderen gibt sie dem Besteller/ Auftraggeber die Möglichkeit, seine Gegenforderung durch Selbsthilfe durchzusetzen, sog. Sicherungs- und Vollstreckungsfunktion. Voraussetzungen der Aufrechnung sind das Bestehen einer Aufrechnungslage und eine wirksame Aufrechnungserklärung. Ferner darf die Aufrechnung nicht ausgeschlossen sein.

---

448 Vgl. zur Aufrechnung auch das nachfolgende Prozessformular.
449 Vgl. zu den prozessualen Besonderheiten der Aufrechnung die Ausführungen unter Rn. 469 ff.

*aa) Bestehen einer Aufrechnungslage:* Voraussetzung für das Bestehen einer **Aufrechnungslage** ist, dass dem Besteller/Auftraggeber eine fällige einredefreie Gegenforderung zusteht.

304

Beim BGB-Bauvertrag folgen Gegenforderungen, die der Besteller/Auftraggeber dem Vergütungsanspruch des Unternehmers/Auftragnehmers entgegenhalten kann, aus:
- Verschulden beim Vertragsschluss: § 280 i.V.m. § 311 Abs. 2 und 3 BGB[450]
- Aufwendungsersatz bei Selbstvornahme: §§ 634 Nr. 2 i.V.m. § 637 Abs. 1 BGB[451, 452]
- Vorschussanspruch zur Mängelbeseitigung: §§ 634 Nr. 2 i.V.m. § 637 Abs. 3 BGB[453]
- Schadensersatz: §§ 280 ff. bzw. §§ 634 Nr. 4 i.V.m. §§ 280 ff. BGB[454]
- Vertragsstrafe: §§ 339 ff. BGB[455]
- Deliktsrecht: §§ 823 ff. BGB[456]
- Produkthaftung: §§ 1 ff. ProdHaftG

305

Beim VOB-Bauvertrag folgen Gegenforderungen, die der Auftraggeber dem Vergütungsanspruch des Auftragnehmers entgegenhalten kann, aus:
- Verschulden beim Vertragsschluss: § 280 i.V.m. § 311 Abs. 2 und 3 BGB[457]
- Aufwendungsersatz bei Selbstvornahme: § 13 Nr. 5 Abs. 2 VOB/B[458]
- Vorschussanspruch zur Mängelbeseitigung: § 13 Nr. 5 Abs. 2 VOB/B i.V.m. § 637 Abs. 3 BGB[459]
- Schadensersatz: § 280 ff BGB bzw. § 4 Nr. 7 sowie § 13 Nr. 7 VOB/B[460]
- Vertragsstrafe: § 11 Nr. 1 VOB/B[461]
- Deliktsrecht: §§ 823 ff. BGB[462]
- Produkthaftung: §§ 1 ff. ProdHaftG

306

Die Forderung, mit der aufgerechnet wird, muss gemäß § 390 Satz 1 BGB erzwingbar, **fällig und einredefrei** sein. Die Forderung, gegen die aufgerechnet wird, muss bestehen, braucht aber nicht fällig (§ 271 Abs. 2 BGB) oder durchsetzbar zu sein.

307

---

450  Weiterführend: Werner/Pastor, Rn. 1878 ff.
451  Vgl. hierzu die Ausführungen unter Rn. 538 ff.
452  Anzumerken bleibt, dass der BGH (BauR 2002, 86 (88); OLG Karlsruhe BauR 1999, 622; OLG Düsseldorf NJW-RR 1996, 532 (533)) den Aufwendungs-, Vorschuss- sowie Schadensersatzanspruch des Bestellers/Auftraggebers stets um die (Mehr-)Kosten kürzt, um die die Bauleistung (das Werk) bei einer ordnungsgemäßen Ausführung von vornherein teurer gewesen wäre. Bei der Bezifferung dieser Sowieso-Kosten sind diejenigen Mehraufwendungen zu ermitteln, die bei Befolgung des jetzt vorgesehenen Konzepts entstanden wären. Keinen Anspruch auf Mehrkosten hat der Unternehmer/Auftragnehmer allerdings dann, wenn er nach dem Vertrag einen bestimmten Erfolg zu einem bestimmten Preis versprochen hat und sich die vertraglich vorgesehene Ausführungsart später als unzureichend darstellt.
453  Vgl. hierzu die Ausführungen unter Rn. 544 ff.
454  Vgl. hierzu die Ausführungen unter Rn. 614 ff.
455  Weiterführend: Werner/Pastor, Rn. 2045 ff.
456  Vgl. hierzu die Ausführungen unter Rn. 668 ff.
457  Weiterführend: Werner/Pastor, Rn. 1878 ff.
458  Vgl. hierzu die Ausführungen unter Rn. 580 ff.
459  Vgl. hierzu die Ausführungen unter Rn. 587.
460  Vgl. hierzu die Ausführungen unter Rn. 634 ff.
461  Weiterführend: Werner/Pastor, Rn. 2045 ff.
462  Vgl. hierzu die Ausführungen unter Rn. 668 ff.

308 Jeder der an der Aufrechnung Beteiligten muss zugleich Gläubiger und Schuldner des anderen sein. Ausnahmen folgen aus §§ 406, 268 Abs. 2 BGB. Nicht möglich ist die Aufrechnung mit einer fremden Forderung, selbst wenn der Dritte nach § 185 BGB seine Zustimmung erteilt.[463]

309 Die geschuldeten Leistungen müssen von gleicher Beschaffenheit sein. Dies trifft in der Regel nur bei Geld- und Gattungsschulden zu. Bejaht wird die Gleichartigkeit auch, wenn sich eine Geldsummenschuld (z.B. § 631, 632 BGB) und eine Geldwertschuld (z.B. §§ 812, 818 Abs. 2 BGB oder §§ 823 Abs. 1, 249 Abs. 2 BGB) gegenüberstehen, da die geschuldete Leistung in beiden Fällen Geld ist.[464]

310 Entgegen dem Grundsatz, dass Einreden geltend gemacht werden müssen, hindert bereits das bloße Bestehen der Einrede die Wirksamkeit der Aufrechnung. Nach § 390 Satz 2 BGB schließt die **Verjährung der Gegenforderung** die Aufrechnung nicht aus, wenn die Aufrechnungslage bereits vor Ablauf der Verjährungsfrist bestanden hat.

311 *bb) Ausschluss der Aufrechnung:* Gesetzlich ausgeschlossen ist die Aufrechnung, wenn die Hauptforderung aus einer vorsätzlich unerlaubten Handlung stammt, § 393 BGB, oder unpfändbar ist, § 394 Satz 1 BGB. Forderungen sind unpfändbar, soweit sie nicht abtretbar sind, § 851 ZPO i.V.m. § 399 BGB. Ist die Abtretung durch Parteivereinbarung ausgeschlossen (§ 399 BGB), so ist die Forderung pfändbar und unterliegt damit der Aufrechnung, wenn der geschuldete Gegenstand pfändbar ist, § 851 Abs. 2 ZPO.

312 Die Aufrechnung kann ferner durch Parteivereinbarung ausgeschlossen oder beschränkt sein.[465] Ist das **Aufrechnungsverbot** in Algemeinen Geschäftsbedingungen enthalten, ist § 309 Nr. 3 BGB zu beachten.[466]

313 *cc) Aufrechnungserklärung:* Nötig ist eine wirksame einseitige, empfangsbedürftige Willenserklärung. Ausreichend ist, wenn der Aufrechnende gegenüber dem Inhaber der Hauptforderung deutlich zum Ausdruck bringt, er wolle dem anderen nichts mehr schulden, sondern habe seinerseits Forderungen. Die **Aufrechnungserklärung** ist bedingungs- und befristungsfeindlich, § 388 Satz 2 BGB.

313a **b) Verrechnung**

Nach der Rechtsprechung[467] stellen Vergütungsansprüche des Auftragnehmers einerseits und Ansprüche des Auftraggebers auf Schadensersatz in Geld wegen Verzuges, Unmöglichkeit, Nebenpflichtverletzung oder wegen Mängeln andererseits keine selbstständige Ansprüche der Parteien dar, die sich im Wege der Aufrechnung gegenüberstehen können. Vielmehr werden die wechselseitigen Forderungen im Rahmen der anzuwendenden Differenztheorie als **unselbstständige Rechnungsposten** eines einheitlichen

---

463 BGH NJW-RR 1988, 1150.
464 BGHZ 27, 123.
465 Besteht ein Aufrechnungsverbot, so muss der Besteller/Auftraggeber die Gegenforderung im Rahmen einer Widerklage geltend machen. Ein zusätzlich vereinbartes Verbot der Widerklageerhebung ist gemäß § 242 BGB unwirksam, LG Mosbach MDR 1972, 514.
466 Weiterführend: Werner/Pastor, Rn. 2571 ff.
467 OLG Naumburg; Nichtannahmebeschluss des BGH vom 05.04.2001, BauR 2001, 1615 (1617); Werner/Pastor, Rn. 2577; kritisch zu Recht: Ingenstau/Korbion-Wirth, § 13 Nr. 7 VOB/B, Rn. 154 ff.

Anspruchs angesehen. Im Wege der Saldierung ist zu ermitteln, wem nach der Verrechnung noch ein Zahlungsanspruch zusteht. Die Folgen der **Verrechnungstheorie** stellen sich wie folgt dar: Mit der Verrechnungstheorie geht ein vertragliches Aufrechnungsverbot ins Leere, da es sich nunmehr um eine Verrechnung und gerade nicht um eine Aufrechnung handelt. Dabei bleibt anzumerken, dass eine Verrechnung in Allgemeinen Geschäftsbedingungen wegen § 307 Abs. 1 Satz 1, Abs. 2 BGB nicht ausgeschlossen werden kann.[468] Individualvertraglich ist dagegen ein Ausschluss möglich.[469] Die Streitwerte verringern sich im Klageverfahren, da § 45 Abs. 3 GKG – anders als bei einer Hilfsaufrechnung – bei einer Verrechnung nicht zur Anwendung kommt. Schließlich kommt vor dem Hintergrund der Verrechnungstheorie auch der Erlass eines Vorbehaltsurteils – unter Zurückstellung der mängelbedingten Gegenansprüche des Auftraggebers – nicht mehr in Betracht.

### c) Verwirkung

Die Verwirkung, die vom Gericht als Einwendung von Amts wegen zu berücksichtigen ist, stellt ein Fall der unzulässigen Rechtsausübung dar.[470] Ein Vergütungsanspruch des Auftragnehmers kann verwirkt sein, wenn seit der Möglichkeit seiner Geltendmachung längere Zeit verstrichen ist (**Zeitmoment**) und wenn besondere Umstände hinzutreten, auf Grund derer die verspätete Geltendmachung gegen Treu und Glauben verstößt (**Vertrauenstatbestand**).[471]

314

Dem Besteller/Auftraggeber obliegt die Darlegungs- und Beweislast dafür, dass der Unternehmer/Auftragnehmer längere Zeit mit der Geltendmachung seines Anspruchs zugewartet hat. Gegenüber einer solchen Behauptung des Bestellers/Auftraggebers ist es die Aufgabe des Unternehmers/Auftragnehmers, substantiiert zu bestreiten und darzulegen, wann und gegebenenfalls unter welchen Umständen er den Anspruch in der zurückliegenden Zeit geltend gemacht hat.[472]

315

## 2. Einreden des Auftraggebers gegen den Vergütungsanspruch des Auftragnehmers

### a) Leistungsverweigerungsrecht gemäß § 320 BGB

Bis zur Beseitigung der vorhandenen Mängel durch den Unternehmer/Auftragnehmer hat der Besteller/Auftraggeber ein auf § 320 BGB gestütztes Leistungsverweigerungsrecht am Werklohn. Es handelt sich dabei um eine Einrede, die im Prozess vom Besteller/Auftraggeber geltend gemacht werden muss.

316

Voraussetzung für das Bestehen eines **Leistungsverweigerungsrechts** ist, dass dem Unternehmer/Auftragnehmer aus demselben rechtlichen Verhältnis ein **synallagmatischer Gegenanspruch** zusteht. Beim BGB-Bauvertrag folgt der Gegenanspruch, den der Besteller/Auftraggeber dem Vergütungsanspruch des Unternehmers/Auftragnehmers

317

---

468 Ingenstau/Korbion-Wirth, § 13 Nr. 7 VOB/B, Rn. 153.
469 Ingenstau/Korbion-Wirth, § 13 Nr. 7 VOB/B, Rn. 153.
470 BGHZ 43, 289 (292); BauR 1980, 180. Weiterführend: Werner/Pastor, Rn. 2320 ff.
471 BGH BauR 1982, 283 (284); BauR 1980, 180; KG BauR 1971, 264; Werner/Pastor, Rn. 2321.
472 Werner/Pastor, Rn. 2324.

## § 2 Die Ansprüche des Auftragnehmers

entgegenhalten kann, aus § 634 Nr. 1, 635 Abs. 1 BGB, während sich der Besteller/Auftraggeber beim VOB-Bauvertrag auf § 13 Nr. 5 Abs. 1 VOB/B stützen kann.[473]

318   Mit dem Leistungsverweigerungsrecht soll der Besteller/Auftraggeber den Unternehmer/Auftragnehmer zwingen können, nachzubessern, wenn er nicht auf einen Großteil seines Vergütungsanspruchs verzichten will. Um dies zu erreichen, gibt § 641 Abs. 3 BGB dem Besteller/Auftraggeber sowohl beim BGB-Bauvertrag wie auch beim VOB-Bauvertrag das Recht, in Höhe des dreifachen Betrages der Mängelbeseitigungskosten den noch nicht gezahlten Werklohn einzubehalten (**sog. Druckzuschlag**).[474] Zu beachten bleibt, dass der Druckzuschlag dann entfällt, wenn sich der Besteller/Auftraggeber mit der Beseitigung der Mängel im **Annahmeverzug** befindet. Nach der Rechtsprechung des BGH steht dem Besteller/Auftraggeber das Leistungsverweigerungsrecht dann nur mit dem einfachen Betrag zu.[475]

319   Das Leistungsverweigerungsrecht kann vom Besteller/Auftraggeber nicht mehr geltend gemacht werden, wenn dem Unternehmer/Auftragnehmer **keine ausreichende Gelegenheit zur Nachbesserung** eingeräumt[476] bzw. die Nachbesserung vom Besteller/Auftraggeber sogar insgesamt verweigert worden ist.[477] Gleiches gilt dann, wenn dem Besteller/Auftraggeber nach Minderungserklärung oder Geltendmachung von Schadensersatz kein Erfüllungsanspruch mehr zusteht.[478]

320   Bis zur Entscheidung des BGH vom 22.01.2004[479] war die Frage umstritten, ob der Besteller/Auftraggeber sich auf § 320 BGB stützen kann, wenn er die vom Unternehmer/Auftragnehmer gemäß § 648a BGB geforderte Sicherheit nicht erbracht hat. Nach der aktuellen BGH-Rechtsprechung gibt § 648a Abs. 1 BGB dem Unternehmer/Auftragnehmer auch nach der Abnahme das Recht, eine Sicherheit zu verlangen, wenn der Besteller/Auftraggeber Erfüllung des Vertrages (Mängelbeseitigung) fordert.

321   Leistet der Besteller/Auftraggeber auf ein berechtigtes Sicherungsverlangen nach der Abnahme die Sicherheit nicht, ist der Unternehmer/Auftragnehmer berechtigt, die Mängelbeseitigung zu verweigern. Der Unternehmer/Auftragnehmer kann dem Besteller/Auftraggeber in sinngemäßer Anwendung des § 648a Abs. 5 Satz 1 BGB in

---

473   Zu prüfen ist jeweils, ob der Nacherfüllungsanspruch des Bestellers/Auftraggebers wegen vorbehaltsloser Abnahme der Leistung trotz Mängelkenntnis gemäß § 640 Abs. 2 BGB bzw. § 12 Nr. 5 Abs. 3 VOB/B ausgeschlossen ist. Ist dem so, so entfällt auch das Leistungsverweigerungsrecht des Bestellers/Auftraggebers aus § 320 BGB. In diesem Fall ist dann daran zu denken, den dem Besteller/Auftraggeber verbleibenden Schadensersatzanspruch aus § 634 Nr. 4 i.V.m. §§ 280ff. BGB bzw. § 13 Nr. 7 VOB/B als Zurückbehaltungsrecht gemäß § 273 BGB geltend zu machen.
474   Die gesetzliche Regelung in § 641 Abs. 3 BGB weicht damit von der bestehenden Rechtsprechung des BGH ab, der den Druckzuschlag flexibel auf die Umstände des Einzelfalls bezogen ausgestaltet hatte, BGH BauR 1997, 133 (134); 1992, 401; OLG Hamm BauR 1996, 123; OLG Düsseldorf BauR 1998, 126 (128); Staudinger-Peters, § 641 BGB, Rn. 21ff.; MünchKomm-Busche, § 641 BGB, Rn. 31ff.; kritisch zur Neuregelung des § 641 Abs. 3 BGB Kniffka, ZfBR 2000, 227 (232).
475   BGH NZBau 2002, 383; Werner/Pastor, Rn. 2531; MünchKomm-Busche, § 641 BGB, Rn. 36; a.A. OLG Dresden BauR 2001, 1261; OLG Düsseldorf BauR 2002, 482 (484).
476   BGH NJW 1982, 2494; WM 1981, 1108; NJW 1967, 34; MünchKomm-Busche, § 641 BGB, Rn. 33.
477   BGH DB 1970, 1375; LG Köln BauR 1972, 314; MünchKomm-Busche, § 641 BGB, Rn. 33.
478   BGH NJW 1979, 549 (550); Staudinger-Peters, § 641 BGB, Rn. 22; MünchKomm-Busche, § 641 BGB, Rn. 32.
479   BGH BauR 2004, 826.

Verbindung mit § 643 Satz 1 BGB eine **Nachfrist** zur Sicherheitsleistung mit der Erklärung setzen, dass er die Mängelbeseitigung ablehne, wenn die Sicherheit nicht fristgerecht geleistet werde. Nach **fruchtlosem Ablauf der Nachfrist** wird er von der Pflicht zur Mängelbeseitigung frei. Ihm steht in weiterer sinngemäßer Anwendung des § 645 Abs. 1 Satz 1 und § 648a Abs. 5 Satz 2 BGB der Anspruch auf die um den **mängelbedingten Minderwert** gekürzte Vergütung und der Anspruch auf Ersatz des Vertrauensschadens zu. Dem Unternehmer/Auftragnehmer steht folglich nicht der uneingeschränkte Restwerklohn zu. Sofern die Mängelbeseitigung möglich ist und nicht wegen unverhältnismäßig hoher Kosten verweigert werden kann, ist die Vergütung regelmäßig um die Kosten zu kürzen, die notwendig sind, um den Mangel beseitigen zu lassen, sonst um den Minderwert des Bauwerks. Macht der Unternehmer/Auftragnehmer von dieser Möglichkeit keinen Gebrauch, kann der Besteller/Auftraggeber dem Verlangen auf Zahlung des vollen Werklohns das **gesetzliche Leistungsverweigerungsrecht** auch dann entgegenhalten, wenn er die Sicherheit nicht gestellt hat.[480]

b) Zurückbehaltungsrecht gemäß § 273 BGB

Auch das Zurückbehaltungsrecht aus § 273 BGB stellt eine Einrede dar, die vom Besteller/Auftraggeber im Prozess geltend gemacht werden muss. Voraussetzung für das Bestehen eines **Zurückbehaltungsrechts** ist, dass dem Besteller/Auftraggeber ein fälliger, einredefreier und konnexer, d.h. aus einem innerlich zusammengehörenden einheitlichen Lebensverhältnis herrührender Gegenanspruch zusteht.[481]

Muster: Einwendungen des Auftraggebers: Verweigerte Abnahme, Aufrechnung, Geltendmachung eines Leistungsverweigerungsrechts aus § 320 BGB

Landgericht ■■■

In dem Rechtsstreit

■■■ GmbH ./. ■■■

16.O.263/04

zeigen wir an, dass wir den Beklagten im Klageverfahren anwaltlich vertreten. Namens und in Vollmacht des Beklagten erkennen wir unter Verwahrung gegen die Kostenlast nach § 93 ZPO die Klageforderung in Höhe von EUR 16.925,47 an und werden in der mündlichen Verhandlung beantragen:

Der Beklagte wird Zug um Zug gegen Beseitigung des schadhaften Buchenparketts des im 1. Obergeschoss gelegenen Arbeitszimmers des Gebäudes ■■■ in ■■■ verurteilt, an die Klägerin EUR 16.925,47 nebst Zinsen in Höhe von fünf Prozentpunkten über dem Basiszinssatz hieraus seit Rechtshängigkeit zu bezahlen.

Wegen der darüber hinausgehenden Klageforderung werden wir beantragen,

die Klage wird abgewiesen.

---

480 BGH BauR 2004, 826.
481 BGH NJW-RR 1990, 847; BGHZ 115, 103; Werner/Pastor, Rn. 2505.

Begründung:
1. Zutreffend sind die Ausführungen in der Klageschrift, wonach der Beklagte die Klägerin mit BGB-Pauschalpreisvertrag vom 18. Mai 2004 beauftragt hat, für ihn ein schlüsselfertiges freistehendes Einfamilienhaus in ▬▬ in ▬▬ zu errichten. Eine förmliche Abnahme der von der Klägerin erbrachten Leistungen hat am 15. Dezember 2004 stattgefunden. Mit der vorliegenden Klage macht die Klägerin einen restlichen Vergütungsanspruch gemäß Schlussrechnung vom 23. Dezember 2004 in Höhe von EUR 16.925,47 geltend.
Der Beklagte stützt sich wegen eines nicht unerheblichen Mangels am Buchenparkett im Arbeitszimmer des 1. Obergeschosses auf ein Leistungsverweigerungsrecht und erhebt die die Einrede des nicht erfüllten Vertrags gemäß § 320 BGB.

   a) Drei Monate nach Stattfinden der förmlichen Abnahme, also Mitte März 2005, zeigten sich im Arbeitszimmer im 1. Obergeschoss zahlreiche Risse zwischen den einzelnen Parkettstäben, die teilweise bis zu 9 mm breit sind. Besonders stark ist die Rissbildung im Bereich der Flügeltür zum Schlafzimmer.

   Beweis: Sachverständigengutachten, Augenschein.

   Mit Schreiben vom 02. April 2005 rügte der Beklagte die Rissbildung im Buchenparkett des Arbeitszimmers und forderte die Klägerin zur Mängelbeseitigung auf.
   Beweis: Schreiben vom 02. April 2005 – Anlage E1.
   Anlässlich einer Besichtigung des Parkettbodens am 10. April 2005 lehnte der Geschäftsführer eine Mängelbeseitigung ab. Zur Begründung führte er aus, das Heizverhalten des Beklagten und nicht der Feuchtigkeitsgehalt des von der Klägerin verwendeten Holzes habe zu dem Schadensbild geführt. Zudem sei der Beklage aufgrund des 5%igen Sicherungseinbehaltes genügend abgesichert. Eine Mängelbeseitigung hat bis zum heutigen Tage nicht stattgefunden.

   b) Vor dem Hintergrund eines dem Beklagten zustehenden Mängelbeseitigungsanspruch aus § 634 Nr. 1, 635 Abs. 1 BGB steht es dem Beklagte frei, die Einrede des nicht erfüllten Vertrags zu erheben und den Restwerklohn zurückzubehalten. Der Beklagte hat bei dem Sachverständigen Dipl.-Ing. ▬▬ ein Gutachten betreffend der anfallenden Mängelbeseitigungskosten erstellen lassen. Der Gutachter ist zu dem Ergebnis gelangt, dass sich die Mängelbeseitigungskosten auf rund EUR 6.000,– belaufen. Vor dem Hintergrund des aus § 641 Abs. 3 BGB folgenden Druckzuschlags kann der Beklagte somit EUR 18.000,– zurückhalten.

   Beweis: Gutachten des Herrn Dipl.-Ing. ▬▬ vom 13. Mai 2005 – Anlage E2.

   Die Mängelbeseitigungskosten belaufen sich auf rund EUR 6.000. Eine Verurteilung kommt daher nur Zug um Zug gegen Mängelbeseitigung in Betracht. Deshalb wird die Klageforderung anerkannt, wobei sich die Kostenentscheidung sich aus § 93 ZPO ergibt; der Beklagte hat keine Veranlassung zur Klage gegeben. Zudem muss sich der Beklagte auch nicht auf die von der Klägerin geleistete Sicherheit verweisen zu lassen. Die Sicherheit dient dem Beklagten für die Dauer der Mängelbeseitigungsfrist zur Absicherung etwaiger weiterer, bisher noch nicht entdeckter Mängel.

2. Zutreffend ist weiterhin, dass der Beklagte die Klägerin mit BGB-Pauschalpreisvertrag vom 26. Juli 2004 weiterhin beauftragt hat, für ihn auf dem hinteren Teil des Grundstücks ▬▬ in ▬▬ ein schlüsselfertiges Gartenhaus zu errichten. Eine förmliche Abnahme der von der Klägerin erbrachten Leistungen hat nicht stattgefunden. Mit der vorliegenden Klage macht die Klägerin einen restlichen Vergütungsanspruch gemäß Schlussrechnung vom 21. Dezember 2004 in Höhe von EUR 7.924,12 geltend.
Die Abnahme der Leistungen der Klägerin musste durch den Beklagten mit Schreiben vom 20. Oktober 2004 wegen zahlreicher wesentlicher Mängel verweigert werden. Im

Keller des Gartenhauses ist es am 10. Oktober 2004 zu erheblichen Feuchtigkeitsschäden gekommen. So hat die Klägerin im Bereich des Erkers an der Südseite des Hauses die horizontale Abdichtung nicht fachgerecht ausgeführt. Nur so ist es zu erklären, dass das Mauerwerk in diesem Bereich total durchfeuchtet ist.
Beweis: Sachverständigengutachten, Schreiben des Beklagten vom 20. Oktober 2004 – Anlage E3.
Die Klageforderung ist jedenfalls durch Aufrechnung mit einem Kostenvorschussanspruch des Beklagten zur Mängelbeseitigung erloschen.
Die Voraussetzungen von § 634 Nr. 2 i.V.m. § 637 Abs. 3 BGB liegen vor. Mit Schreiben vom 16. Oktober 2004 ist die Klägerin unter Fristsetzung bis zum 30. Oktober 2004 zur Mängelbeseitigung aufgefordert worden. Eine Beseitigung der Mängel erfolgte nicht. Der Beklagte wird die Mängel nunmehr im Wege der Ersatzvornahme beseitigen lassen und begehrt hierfür von der Klägerin Kostenvorschuss in Höhe der voraussichtlichen Mängelbeseitigungskosten. Diese Kosten belaufen sich nach dem Kostenvoranschlag der Firma ▬▬▬ auf insgesamt EUR 8.243,11.
Beweis: Kostenvoranschlag der Firma ▬▬▬ vom 10. November 2004 – Anlage E4.
Ausweislich des Kostenvoranschlags übersteigen die voraussichtlichen Mängelbeseitigungskosten die für das Bauvorhaben ▬▬▬ eingeklagte Forderung.
Beweis: wie vor.
Namens und im Auftrag des Beklagten erklären wir die Aufrechnung mit dem Kostenvorschussanspruch in Höhe der klägerischen Hauptsacheforderung in der Reihenfolge der im Kostenvoranschlag aufgelisteten Positionen.

Rechtsanwalt

c) Der unterlassene Vorbehalt bei der Schlusszahlung gemäß § 16 Nr. 3 Abs. 2 bis 6 VOB/B

Beim VOB-Bauvertrag kann gemäß § 16 Abs. 3 Abs. 2 VOB/B eine vorbehaltlose Annahme der Schlusszahlung durch den Auftragnehmer ebenso wie die unterlassene Begründung von Vorbehalten gegenüber vom Auftraggeber vorgenommenen Rechnungskürzungen dazu führen, dass Ansprüche **nicht mehr durchgesetzt** werden können.

*aa) Reichweite der Ausschlusswirkung:* Die mit der Erhebung der Einrede eintretende Ausschlusswirkung erfasst gemäß § 16 Nr. 3 Abs. 4 VOB/B **alle Ansprüche** aus dem Bauvertrag. Es werden nicht nur die Ansprüche aus der Schlussrechnung betroffen, sondern auch früher geltend gemachte, aber unerledigte – soweit sie nicht nochmals vorbehalten werden – bzw. solche aus Zusatz-[482] oder Nachtragsaufträgen.[483] Dabei kann es um Vergütungs-, Schadensersatz- oder sonstige jedwede Forderungen aus und im Zusammenhang mit den im Streit befindlichen VOB-Bauvertrag handeln.[484]

---

[482] OLG München NJW-RR 1987, 598; OLG Hamm NJW-RR 1987, 599.
[483] OLG Düsseldorf BauR 1973, 396; OLG Hamm NJW-RR 1987, 599.
[484] OLG Frankfurt BauR 1994, 251; OLG Köln BauR 1994, 634; Kapellmann/Messerschmidt-Messerschmidt, § 16 VOB/B, Rn. 238; Ingenstau/Korbion-Locher, § 16 Nr. 3 VOB/B, Rn. 111ff.; Werner/Pastor, Rn. 2286. Gemäß § 390 Satz 2 BGB bleibt dem Auftragnehmer allerdings die Möglichkeit offen, mit diesen Forderungen gegenüber dem Auftraggeber die Aufrechnung zu erklären, BGH NJW 1982, 2250.

## § 2 Die Ansprüche des Auftragnehmers

326 *bb) Vorliegen einer Schlussrechnung:* Für die Schlusszahlung ist gemäß § 16 Nr. 3 VOB/B Voraussetzung, dass eine **Schlussrechnung** vorliegt.[485] Erteilt der Auftragnehmer eine nicht prüfbare Schlussrechnung, kann der Auftraggeber gleichsam mit den sich aus § 16 Nr. 3 Abs. 2 VOB/B ergebenen Folgen Schlusszahlung leisten oder endgültig weitere Zahlungen ablehnen.[486]

327 *cc) Erfolgte Schlusszahlung durch den Auftraggeber:* Um eine Schlusszahlung handelt es sich, wenn sich aus dem im Zusammenhang mit der Zahlung vorliegenden Umständen – zweifelsfrei und für den Auftragnehmer erkennbar – ergibt, dass der Auftraggeber die Restschuld zum Ausgleich bringen und keine weiteren Zahlungen mehr leisten will.[487] Bei einer **Schlusszahlung** handelt es sich folglich um eine ausdrücklich erklärte bzw. sich aus den Umständen ergebende abschließende Bezahlung des Auftragnehmers aus dem Bauvertrag.[488]

328 Ausreichend für die Annahme einer Schlusszahlung ist gemäß § 16 Nr. 3 Abs. 3 VOB/B, dass der Auftraggeber unter Hinweis auf die geleisteten Zahlungen weitere Zahlungen endgültig und schriftlich ablehnt.[489] Eine Schlusszahlung liegt aber dann nicht vor, wenn der Auftragnehmer einen Teil der Rechnung zahlt und im Übrigen ein Leistungsverweigerungsrecht wegen Mängeln geltend macht.[490]

329 *dd) Schriftlicher Hinweis über die Ausschlusswirkung:* Der Auftragnehmer muss den Auftraggeber über die Schlusszahlung schriftlich unterrichten und ihn auf die **Ausschlusswirkung** hingewiesen haben. Die schriftliche Unterrichtung und der Hinweis auf die Ausschlusswirkung sind Wirksamkeitsvoraussetzung für die Ausschlusswirkung.[491] Zu beachten ist, dass sich der Hinweis nicht nur auf die Ausschlusswirkung, sondern sich auch im Einzelnen auf die Frist und Maßnahmen beziehen muss, die der Auftragnehmer zur Wahrung seiner Rechte beachten muss.[492]

330 *ee) Vorbehaltserklärung:* Der Auftragnehmer muss gemäß § 16 Nr. 3 Abs. 5 VOB/B einen Vorbehalt, dass er trotz Annahme der Schlusszahlung noch weitere Forderungen geltend machen will, innerhalb von 24 Werktagen[493] nach Zugang der Mitteilung über die Schlusszahlung oder die Ablehnung weiterer Zahlungen gegenüber dem Auftraggeber erklären. Von einer **Vorbehaltserklärung** des Auftragnehmers, die als empfangsbedürftige Willenserklärung dem Auftraggeber zugegangen sein muss,[494] ist nur dann

---

485 BGH BauR 1975, 349; BauR 1979, 525; Ingenstau/Korbion-Locher, § 16 Nr. 3 VOB/B, Rn. 85; Werner/Pastor, Rn. 2295.
486 BGH BauR 1999, 396 (397).
487 BGH BauR 1970, 240; Ingenstau/Korbion-Locher, § 16 Nr. 3 VOB/B, Rn. 86.
488 BGH BauR 1977, 135; BauR 1979, 527 (528); ZfBR 1982, 123; Ingenstau/Korbion-Locher, § 16 Nr. 3 VOB/B, Rn. 86.
489 Ingenstau/Korbion-Locher, § 16 Nr. 3 VOB/B, Rn. 99 ff.
490 BGH BauR 1991, 84; KG NJW-RR 1988, 582; Ingenstau/Korbion-Locher, § 16 Nr. 3 VOB/B, Rn. 101; Werner/Pastor, Rn. 2302.
491 BGH BauR 199, 396; OLG Naumburg NZBau 2001, 139; OLG München BauR 1996, 871 (874) Ingenstau/Korbion-Locher, § 16 Nr. 3 VOB/B, Rn. 93 ff.
492 Werner/Pastor, Rn. 2305; Ingenstau/Korbion-Locher, § 16 Nr. 3 VOB/B, Rn. 94; Beck'scher VOB-Kommentar-Motzke, § 16 Nr. 3 VOB/B, Rn. 67.
493 Vgl. zur Fristberechnung die §§ 186 ff. BGB.
494 BGH NJW 1978, 1631, Nicklisch/Weick, § 16 VOB/B, Rn. 54; Kapellmann/Messerschmidt-Messerschmidt, § 16 VOB/B, Rn. 247; Ingenstau/Korbion-Locher, § 16 Nr. 3 VOB/B, Rn. 120; Werner/Pastor, Rn. 2309.

auszugehen, wenn sich aus dem im Zusammenhang mit den der Erklärung zugrunde liegenden Umständen – zweifelsfrei und für den Auftraggeber erkennbar – ergibt, dass der Auftragnehmer an der weiteren Geltendmachung von Forderungen aus dem Bauvertrag festhält.[495] Die Vorbehaltserklärung muss nicht begründet werden.[496]

In Ausnahmefällen ist der **Vorbehalt nach Treu und Glauben entbehrlich**. So zum Beispiel, wenn der Auftragnehmer im engen zeitlichen Zusammenhang mit dem Erhalt der schriftlichen Mitteilung über die Schlusszahlung und ihre Ausschlusswirkung unmissverständlich zu erkennen gegeben hat, er bestehe auf der Bezahlung der vollen von ihm geltend gemachten Werklohnforderung und dem Auftraggeber deshalb bereits bei der Schlusszahlung erkennbar war, dass der Auftragnehmer seine Forderung voll aufrechterhalten wird.[497]

331

*ff) Vorbehaltsbegründung:* Reicht der Auftragnehmer nicht innerhalb von weiteren 24 Werktagen eine prüfbare Rechnung über die vorbehaltene Forderung ein oder begründet er den Vorbehalt nicht sonst eingehend, ist der Vorbehalt gemäß § 16 Nr. 3 Abs. 5 Satz 2 VOB/B hinfällig.[498]

332

Hat der Auftragnehmer bislang keine prüfbare Schlussrechnung vorgelegt, ist er verpflichtet, innerhalb von 24 Werktagen seinen Vorbehalt durch Vorlage einer entsprechend prüfbaren Schlussrechnung zu unterlegen. Die zur **Vorbehaltsbegründung** vorzulegende Schlussrechnung muss prüfbar im Sinne des § 14 VOB/B sein.[499] Gleichsam hat der Auftragnehmer zum Nachweis einer Abrechnung die erforderlichen Nachweise mit der Vorbehaltserklärung vorzulegen.[500]

333

Ist der Auftragnehmer innerhalb der kurzen Frist von 24 Werktage hierzu nicht im Stande, so verbleibt ihm im Rahmen des § 16 Nr. 3 Abs. 5 Satz 2 VOB/B die Möglichkeit, seinen Vorbehalt anderweitig zu begründen. Der Auftragnehmer hat dann unter Berücksichtigung der **Informations- und Kontrollinteressen** des Auftraggebers im Einzelnen hinreichend klar die vorbehaltenen Forderungen bzw. Rechnungsposten zu begründen.[501] Dabei muss der Auftraggeber unter Berücksichtigung seiner Erkenntnismöglichkeiten in die Lage versetzt werden, die Berechtigung der erhobenen Ansprüche im Einzelnen näher prüfen zu können.

334

---

495 BGH BauR 1974, 349; OLG Köln BauR 1975, 351 (352); OLG Hamm MDR 1985, 845; Kapellmann/Messerschmidt-Messerschmidt, § 16 VOB/B, Rn. 243.
496 Kapellmann/Messerschmidt-Messerschmidt, § 16 VOB/B, Rn. 244; Ingenstau/Korbion-Locher, § 16 Nr. 3 VOB/B, Rn. 125; Werner/Pastor, Rn. 2307.
497 Kapellmann/Messerschmidt-Messerschmidt, § 16 VOB/B, Rn. 250; Werner/Pastor, Rn. 2310. Spätere Vergleichsverhandlungen begründen keinen Verzicht des Auftraggebers auf die Ausschlusswirkung, OLG Hamburg BauR 1979, 163 (165).
498 OLG Hamm MDR 1985, 845; Groß, BauR 2000, 342; Ingenstau/Korbion-Locher, § 16 Nr. 3 VOB/B, Rn. 134 ff.; Werner/Pastor, Rn. 2311; Kapellmann/Messerschmidt-Messerschmidt, § 16 VOB/B, Rn. 256.
499 Beck'scher VOB-Kommentar-Motzke, § 16 Nr. 3 VOB/B, Rn. 98; Kapellmann/Messerschmidt-Messerschmidt, § 16 VOB/B, Rn. 256; Ingenstau/Korbion-Locher, § 16 Nr. 3 VOB/B, Rn. 137 ff.
500 Nicklisch/Weick, § 16 VOB/B, Rn. 60.
501 BGH BauR 1977, 135; BauR 1980, 178.

335 Die Ausschlussfristen gelten gemäß § 16 Nr. 3 Abs. 6 VOB/B nicht für ein Verlangen nach Richtigstellung der Schlussrechnung und -zahlung wegen Aufmass-, Rechen- und Übertragungsfehlern.[502]

### d) Einrede der Verjährung gemäß § 214 BGB

336 Gemäß § 214 BGB kann sich der Auftraggeber nach Ablauf der Verjährungsfrist auf die Einrede der Verjährung stützen. Die Verjährung dient dabei einerseits dem Rechtsfrieden und andererseits der Sicherung des Rechtsverkehrs.[503]

337 *aa) BGB-Bauvertrag:* Für solche nach dem 31. Dezember 2001 abgeschlossen Bauverträge[504] verjährt der Vergütungsanspruch des Unternehmers/Auftragnehmers gemäß § 195 BGB in **drei Jahren**. Die Verjährungsfrist beginnt gemäß § 199 Abs. 1 BGB am Schluss des Jahres, in dem (1.) der Anspruch entstanden ist und (2.) der Unternehmer/Austragnehmer von dem den Anspruch begründenden Umständen und der Person des Schuldners Kenntnis erlangt oder ohne grobe Fahrlässigkeit erlangen musste. Die Entstehung des Anspruchs ist mit der Fälligkeit gleichzusetzen.[505]

338 Beim BGB-Bauvertrag wird der Vergütungsanspruch des Unternehmers/Auftragnehmers mit der **Abnahme des Werkes** fällig. Einer prüfbaren Abrechnung bedarf es nicht.[506] Geht es um Nachforderungen wegen Bausolländerungen,[507] die in der Schlussrechnung nicht erfasst sind, so verjähren diese einheitlich mit der Hauptforderung. Abschlagsforderungen verjähren gesondert, allerdings bleibt anzumerken, dass der Auftragnehmer eine verjährte Abschlagsforderung ohne Bedenken zum Gegenstand des Schlussrechnungsbetrages erheben kann.[508] Dies betrifft gleichermaßen den Anspruch aus § 649 Satz 2 BGB.[509] Ist der BGB-Bauvertrag zu Recht gekündigt worden oder liegt eine einverständliche Vertragsauflösung vor, so beginnt die Verjährung am Schluss des Jahres in dem die Kündigung/Vertragsauflösung erfolgt ist.[510] Liegt ein nichtiger Bauvertrag vor, so verjährt auch der Anspruch aus § 812 BGB und §§ 195, 199 BGB.

---

502 Kapellmann/Messerschmidt-Messerschmidt, § 16 VOB/B, Rn. 258 ff.
503 Werner/Pastor, Rn. 2343.
504 Geht es um die Verjährung nach altem und neuem Recht, so sind in diesem Zusammenhang die in Art. 229 § 6 EGBGB (vgl. dazu Heß, NJW 2002, 253 (256) sowie Gsell, NJW 2002, 1297 ff.) enthaltenen Überleistungsvorschriften zu beachten: Die Vorschriften des Bürgerlichen Gesetzbuchs über die Verjährung in der seit dem 1. Januar 2002 geltenden Fassung finden auf die an diesem Tag bestehenden und noch nicht verjährten Ansprüche Anwendung. Für den Fall, dass die neue Verjährungsfrist länger als die alte läuft, gilt aus Gründen des Vertrauensschutzes gemäß § 6 Abs. 3 die alte Verjährungsfrist. Durch das neue Verjährungsrecht soll es also folglich nicht zu einer Verlängerung bestehender Verjährungsfristen kommen. Ist die neue Verjährungsfrist kürzer als die alte, so bestimmt sich die Verjährung gemäß § 6 Abs. 4 Satz 1 nach der neuen Frist, berechnet ab dem 01. Januar 2002. Bei Verträgen, die vor dem 01. Januar 2002 abgeschlossen worden sind, ist also jeweils die Verjährungsfrist nach altem und nach neuem Recht zu ermitteln. Maßgebend ist dann die früher endende Frist. Wird bei einem Altvertrag der Vergütungsanspruch erst nach dem 31. Dezember 2001 fällig, so richtet sich die Verjährung gemäß § 6 Abs. 1 ausschließlich nach neuem Recht.
505 BGH BauR 1990, 95; Mansel, NJW 2002, 89 (91); Lenkeit, BauR 2002, 196 ff.; Werner/Pastor, Rn. 2363.
506 BGH BauR 1981, 1999; OLG Stuttgart BauR 1994, 121 (122); OLG Celle NJW 1986, 327. Vgl. dazu auch die Ausführungen unter Rn. 152 ff.
507 Vgl. dazu die Ausführungen unter Rn. 136 ff.
508 BGH BauR 1999, 267; kritisch dazu Otto, BauR 2000, 250.
509 Werner/Pastor, Rn. 2361.
510 BGH BauR 1987, 95.

*bb) VOB-Bauvertrag:* Beim VOB-Bauvertrag muss neben der Abnahme gemäß § 16 Nr. 3 Abs. 1 VOB/B eine **prüfbare Schlussrechnung** vorliegen, damit die Fälligkeit des Vergütungsanspruchs begründet wird. Dabei hat der Auftraggeber eine Prüffrist von maximal 2 Monaten.[511] Für den Beginn der Verjährungsfrist ist bei einem VOB-Bauvertrag daher, wenn der Auftraggeber die Schlussrechnung nicht bereits schon vor Ablauf der 2-Monatsfrist geprüft hat,[512] der Ablauf der vorgenannten Frist maßgebend. Wird der Bauvertrag gekündigt, wird der Vergütungsanspruch mit Erteilung einer prüfbaren Schlussrechnung fällig.[513]

339

Auch für den VOB-Bauvertrag gilt im Hinblick auf den Vergütungsanspruch des Auftragnehmers die **regelmäßige Verjährungsfrist** gemäß §§ 195, 199 BGB, die am Ende des Jahres zu laufen beginnt, in dem der Fälligkeitszeitpunkt (Zugang einer prüfbaren Schlussrechnung und Ablauf der Prüffrist) liegt.[514]

340

Geht es um Nachforderungen wegen Bausolländerungen,[515] die in der Schlussrechnung nicht erfasst sind, so verjähren diese **einheitlich mit der Hauptforderung**.[516] **Abschlagsforderungen** verjähren gesondert, allerdings bleibt anzumerken, dass der Auftragnehmer eine verjährte Abschlagsforderung ohne Bedenken zum Gegenstand des Schlussrechnungsbetrages erheben kann.[517] Ist der VOB-Bauvertrag zu Recht gekündigt worden oder liegt eine einverständliche Vertragsauflösung vor, so beginnt die Verjährung am Schluss des Jahres in dem die Kündigung/Vertragsauflösung erfolgt ist.[518] Liegt ein nichtiger Bauvertrag vor, so verjährt auch der Anspruch aus § 812 BGB und §§ 195, 199 BGB.

341

*cc) Grundsätzliches zum Verjährungsrecht:* Vereinbarungen über die Verjährung können grundsätzlich getroffen werden. Die Zulässigkeitsgrenzen sind insoweit im § 202 BGB geregelt. Insoweit ist eine Abkürzung der Verjährungsfristen, soweit in einer **Individualvereinbarung** geschehen, zulässig.[519] § 202 BGB verbietet allerdings eine Vereinbarung, wonach eine Verjährungsfrist vereinbart wird, die 30 Jahre übersteigt.[520]

342

Zu einer Verjährungshemmung kommt es gemäß § 203 BGB insbesondere dann, wenn die Parteien Verhandlungen über den Anspruch oder die den Anspruch begründenden Umstände führen.[521] Ferner enthält § 204 BGB 14 Tatbestände, bei denen es zu einer Verjährungshemmung kommt.[522]

343

---

511 BGH BauR 1989, 87; OLG Frankfurt NJW-RR 1988, 983.
512 Zur Vorfälligkeit: BGH BauR 1982, 377; BauR 1984, 182.
513 BGH BauR 1987, 95.
514 Werner/Pastor, Rn. 2367.
515 Vgl. dazu die Ausführungen unter Rn. 196 ff.
516 BGH BauR 1982, 377; BauR 1970, 113.
517 BGH BauR 1999, 267; kritisch dazu Otto, BauR 2000, 250.
518 BGH BauR 1987, 95.
519 Werner/Pastor, Rn. 2349 ff.
520 Werner/Pastor, Rn. 2354 ff.
521 Es genügt jeder Meinungsaustausch über den Schadensfall zwischen dem Berechtigten und Verpflichteten, sofern nicht sofort und eindeutig jeder Ersatz abgelehnt wird, Werner/Pastor, Rn. 2417.
522 Werner/Pastor, Rn. 2418 ff.

**344** Die Verjährung wird unterbrochen, wenn der Verpflichtete gegenüber dem Berechtigten den Anspruch durch Abschlags-, Zinszahlung oder in anderer Weise anerkennt. Ein solches Anerkenntnis ist bereits gegeben, wenn sich aus dem tatsächlichen Verhalten des Schuldners gegenüber dem Gläubiger klar und zweideutig ergibt, dass dem Schuldner das Bestehen der Schuld bewusst ist und angesichts dessen der Berechtigte darauf vertrauen darf, dass sich der Schuldner nicht nach Ablauf der Verjährung auf diese beruft.[523]

**345** Geht es um eine Klageerhebung zur Hemmung der Verjährung, so ist zu beachten, dass eine Teilklage, mit der der Auftragnehmer nur einen Teil des Werklohns verlangt, nur in Höhe dieses Teilanspruchs die Verjährung hemmt.

### B. Sicherung bauvertraglicher Vergütungsansprüche

**Literatur:** Hofmann/Koppmann, Die neue Bauhandwerkersicherung, 4. Auflage 2000; Hof-mann/Koppmann, Erste Streitfragen bei Anwendung des neuen § 648a, BauR 1994, 305; Kapellmann, Einzelprobleme der Handwerkersicherungshypothek, BauR 1976, 323; Klaft, Die Bauhandwerkersicherung nach § 648a, 1998; Leinemann, Die Bezahlung der Bauleistung, 2. Auflage 1999; Leinemann, Der Nebel lichtet sich: Erste Rechtsprechung zu § 648a BGB, NJW 1997, 238; Liepe, Mängelbeseitigung durch Auftragnehmer erst nach Sicherheit gemäß § 648a BGB?, BauR 1998, 860; Motzke, Die Bauhandwerkersicherungshypothek, 1981; Peters, Die Bauhandwerksicherungshypothek bei Mängeln der Werkleistung, NJW 1981, 2550; Schmidt/Winzen, Handbuch der Sicherheiten am Bau, 2000; Siegburg, Anmerkung zum Urteil des BGH vom 22.10.1987 – VI ZR 12/87, EWiR § 648 1/88, S. 43; Weber, Das Bauhandwerkersicherungsgesetz, WM 1994, 725; Weise, Sicherheiten im Bauecht, 1999.

### I. Das selbstständige Beweisverfahren

Beispielsfall:

**346** Sie haben einen Besprechungstermin mit dem Bauunternehmer. Er will gegenüber dem Bauherrn auf der Grundlage eines VOB-Bauvertrages einen Vergütungsanspruch einklagen. Er berichtet, dass der Bauherr seine fünfte **Zwischenrechnung** mit einem **Bautenstand** von 70 % mit der Begründung nicht beglichen hat, der in der Rechnung angegebene Bautenstand sei in Wirklichkeit nicht erreicht und im Übrigen ständen zahlreiche einzeln beschriebene **Mängel** einer weiteren Auszahlung entgegen. Nach Fristsetzung im Sinne des § 9 Nr. 2 VOB/B stehe nun die Frage nach der **Kündigung** des Bauvertrages an.

**347** Der Rechtsanwalt geht ein erhebliches Risiko ein, wenn er in diesem Fall nach Erhalt der Information durch seinen Mandanten kurzerhand die Kündigung des Bauvertrages erklärt und Zahlungsklage einreicht. Betrachtet man die Angelegenheit genauer, so hängt die Frage des Bestehens eines Vergütungsanspruchs des Mandanten von zahlreichen bisher ungeklärten Vorfragen ab.

**348** Wird die Kündigung zu Recht ausgesprochen, hat der Auftragnehmer eine Schlussrechnung zu erstellen und auf Schlusszahlung zu klagen. Die fünfte Abschlagsrechnung kann folglich nicht mehr im Klagewege geltend gemacht werden. Die Wirksamkeit der

---

523 Palandt-Heinrichs, § 212 BGB, Rn. 3f.

Kündigung hängt davon ab, ob sich der Auftraggeber gemäß § 9 Nr. 1b VOB/B im Zahlungsverzug befunden hat.[524] Zahlungsverzug setzt einen fälligen einredefreien Anspruch des Mandanten voraus. Der in der fünften Abschlagsrechnung geltend gemachte Betrag ist gemäß § 16 Nr. 1 Abs. 1 VOB/B nur dann fällig, wenn der vom Mandanten behauptete Bautenstand tatsächlich erreicht gewesen ist.[525] Zudem besteht die zwischen den Parteien umstrittene Frage, ob tatsächlich Mängel vorhanden sind und der Auftraggeber deshalb mit dem dreifachen Betrag der Mängelbeseitigungskosten ein Leistungsverweigerungsrecht geltend machen kann (§ 641 Abs. 3 BGB).[526]

Wegen der ungeklärten Vorfragen ist darüber nachzudenken, dem Mandanten anzuraten, zur Beantwortung der Tatsachenfrage nach dem Bautenstand und dem Vorliegen von Mängeln nebst etwaiger Mängelbeseitigungskosten ein **Privatgutachten** erstellen zu lassen, um die Frage nach der Zulässigkeit der Kündigung beantworten zu können. Wird ein Privatgutachten in einem laufenden Hauptsacheverfahren als Beweismittel eingeführt, dann handelt es sich allerdings nur um einen substantiierten, urkundlich belegten Parteivortrag, und nicht um einen Sachverständigenbeweis, der im Rahmen eines **selbstständigen Beweisverfahrens** gemäß § 493 Abs. 1 ZPO eingeholt werden kann.[527] Um gerichtsverwertbare Beweise zu erhalten, ist der gegenüber dem Mandanten anzuratende sicherste Weg darin zu sehen, ein selbstständiges Beweisverfahren einzuleiten.[528]

349

Mit dem selbstständigen Beweissicherungsverfahren (§§ 485 ff. ZPO) wird den Baubeteiligten ein sinnvolles und schlagkräftiges Sicherungsmittel an die Hand gegeben, um eine **vorweggenommene Tatsachenfeststellung** frühzeitig klären und dadurch einen Hauptsacheprozess vorbereiten zu können. Das konkrete Ziel der Beweissicherung kann dabei vielfältiger Natur sein. Im Bauprozess geht es jedoch regelmäßig darum:
- Baumängel und deren Ursachen festzustellen
- die Sanierungsmaßnahmen und Mängelbeseitigungskosten zu präzisieren
- die Verantwortlichkeit für Mängel
- einen Bautenstand bzw.
- Mengen und Massen und deren Richtigkeit festzustellen

350

Es ist auch nicht notwendig, dass überhaupt ein Rechtsstreit anhängig gemacht wird. Dies gilt deshalb, da das selbstständige Beweisverfahren erklärtermaßen dazu dient,

351

---

524 Vgl. hierzu die Ausführungen unter Rn. 264 ff.
525 Vgl. hierzu die Ausführungen unter Rn. 187.
526 Vgl. hierzu die Ausführungen unter Rn. 316 ff. sowie Rn. 151.
527 Ein Privatgutachten kann jedoch auf Antrag der vorlegenden Partei als Urkundsbeweis, auch gegen den Willen des Beklagten, verwertet werden, falls es dem Gericht gemäß § 286 ZPO zum Nachweis der behaupteten Tatsache genügt. Dasselbe gilt, wenn beide Parteien mit der Verwertung einverstanden sind. Das Gericht muss in diesen Fällen die Parteien darauf hinweisen, dass es die Urkunde zum Beweis verwerten will. Diese Urkunde erbringt den Beweis, dass der Privatgutachter die im Gutachten getroffenen Feststellungen und Bewertungen gemacht hat, nicht aber, dass sie auch tatsächlich zutreffen (§ 416 ZPO).
528 Sollte aus Zeitgründen die Einleitung eines selbstständigen Beweisverfahrens nicht in Betracht kommen, muss man sich mit einem Privatgutachten, bei dem der Sachverständige vor Gericht auch als sachverständiger Zeuge gehört werden kann, begnügen. In diesem Fall ist der Mandant über die Risiken und Konsequenzen entsprechend zu belehren.

Bauprozesse schon im Vorfeld zu vermeiden. Weiterhin entstehen auch keine Verjährungsprobleme, da die Einleitung des selbstständigen Beweisverfahrens gemäß § 204 Abs. 1 Nr. 7 BGB zu einer Hemmung der Verjährung führt.[529]

352  Wegen der Einzelheiten der Durchführung eines selbstständigen Beweissicherungsverfahrens ist auf die Ausführungen in „§ 4 Das selbstständige Beweisverfahren" zu verweisen.

## II. Die Bauhandwerkersicherungshypothek gemäß § 648 BGB

### 1. Inhalt und Bedeutung der Bauhandwerkersicherungshypothek

353  Sowohl beim BGB- wie auch beim VOB-Bauvertrag kann der Unternehmer/Auftragnehmer eines Bauwerks gemäß § 648 BGB für seine Forderungen aus dem Vertrag die Einräumung einer **Sicherungshypothek** an dem Baugrundstück des Bestellers/Auftraggebers verlangen. Ist das Werk noch nicht vollendet, so kann er die Einräumung für einen der geleisteten Arbeit entsprechenden Teil der Vergütung nebst Auslagen verlangen.

354  Der schuldrechtliche Anspruch auf Eintragung einer Sicherungshypothek soll dem Unternehmer/Auftragnehmer eine Sicherheit für die Durchsetzung seiner Werklohnforderung geben. Zusätzlich kann das Recht vom Unternehmer/Auftragnehmer als **Druckmittel** eingesetzt werden, um den Besteller/Auftraggeber zu einer schnelleren Zahlung zu veranlassen.[530] So bewirkt die Eintragung einer Vormerkung bzw. der Sicherungshypothek selbst in der Regel eine **Grundbuchsperre**, durch die dem Besteller/Auftraggeber die Gewährung weiterer Baukredite verwehrt wird.[531] Zudem kann der Besteller/Auftraggeber mit der **Vormerkung im Grundbuch** das Grundstück praktisch nicht mehr freihändig veräußern. Insbesondere bei Bauträgern, die ein Weiterveräußern der Immobilie beabsichtigen, kann daher eine Vormerkung an jeder Eigentumswohnung für den Werklohn eines Subunternehmers ein ideales Druckmittel sein.

355  Der besondere Vorteil des dem Unternehmer/Auftragnehmer gesetzlich gewährten Anspruchs auf Sicherungshypothek besteht darin, dass er durch Eintragung einer Vormerkung, die im Wege einer **einstweiligen Verfügung** durchgesetzt werden kann, zu sichern ist. Dabei muss keine Gefährdung des zu sichernden Anspruchs glaubhaft gemacht werden (§§ 648, 883, 885 Abs. 1 BGB).[532]

356  Auf der anderen Seite gilt es zu bedenken, dass mit der Bauhandwerkersicherungshypothek nicht das Risiko der Vorleistungspflicht des Unternehmers/Auftragnehmers abgedeckt wird. Denn gesichert werden ausschließlich Ansprüche für bereits **erbrachte Leistungen**. Darüber hinaus müssen Besteller/Auftraggeber und Eigentümer des beliehenen Grundstücks **identisch** sein.[533] Schließlich hat der Gläubiger einer eingetragenen Sicherungshypothek im Insolvenzverfahren gemäß §§ 49, 50, 51 Nr. 1 InsO lediglich ein Recht auf abgesonderte Befriedigung im Wege der Zwangsversteigerung oder Zwangsverwaltung. War die Sicherungshypothek im Zeitpunkt der Insolvenzeröff-

---

529 Vgl. hierzu die weitergehenden Ausführungen unter Rn. 737 ff.
530 MünchKomm-Busche, § 648 BGB, Rn. 1; Staudinger-Peters, § 648 BGB, Rn. 6.
531 MünchKomm-Busche, § 648 BGB, Rn. 1; Staudinger-Peters, § 648 BGB, Rn. 6; Peters, NJW 1981, 2550.
532 MünchKomm-Busche, § 648 BGB, Rn. 1; Staudinger-Peters, § 648 BGB, Rn. 35 f.
533 MünchKomm-Busche, § 648 BGB, Rn. 9; Staudinger-Peters, § 648 BGB, Rn. 19.

nung noch nicht eingetragen, so kann der Unternehmer/Auftragnehmer gemäß § 106 InsO die Bewilligung der Eintragung der Hypothek nur dann gegenüber dem Insolvenzverwalter verlangen, wenn bereits eine Vormerkung zur Sicherung des Anspruchs auf ihre Eintragung im Zeitpunkt der Verfahrenseröffnung eingetragen war. Das Recht auf Eintragung einer Sicherungshypothek erfüllt daher aus den vorgenannten Gründen nur dann seinen Zweck, wenn eine möglichst günstige Rangstelle im Grundbuch zur Verfügung steht, auf der der Unternehmer/Auftragnehmer nicht auszufallen droht.[534]

### 2. Voraussetzungen eines Anspruchs auf Eintragung einer Bauhandwerkersicherungshypothek

#### a) Bestehen eines werkvertraglichen Werklohnanspruchs

*aa) Die Aktivlegitimation des Unternehmers/Auftragnehmers:* Der schuldrechtliche Anspruch auf Eintragung einer Bauhandwerkersicherungshypothek wird ausschließlich auf der Grundlage einer werkvertraglichen Bindung zwischen Auftragnehmer als Unternehmer und Auftraggeber als Besteller begründet. **Unternehmer eines Bauwerks** sind alle, die werkvertraglich dem Besteller/Auftraggeber gegenüber zur Herstellung eines Baus oder zu Arbeiten am Bau oder eines Teils davon verpflichtet sind.[535] Der vertraglich geschuldeten Leistung des Unternehmers/Auftragnehmers darf also folglich kein Kauf-, Dienst- oder Werklieferungsvertrag zugrunde liegen. Somit scheiden Lieferanten von Baumaterialien oder sonstiger Teile eines Hauses aus.[536] Auch Subunternehmer scheiden als Anspruchsberechtigte aus, da sie nicht aufgrund eines mit dem Bauherrn bestehenden Werkvertrages tätig werden.[537] [538]

357

*bb) Die Werklohnforderung aus dem Bauvertrag:* § 648 BGB erfasst zunächst alle **werkvertraglichen Forderungen**,[539] soweit sie sich auf das begonnene Werk beziehen und zu einer Werterhöhungen geführt haben.[540] Künftige Ansprüche werden nicht geschützt.[541] Unbeachtlich ist, dass die Forderungen noch nicht fällig sind.[542] Anders

358

---

534 MünchKomm-Busche, § 648 BGB, Rn. 2; Staudinger-Peters, § 648 BGB, Rn. 4.
535 Der Unternehmer muss nicht verpflichtet sein, das gesamte Bauwerk zu errichten. Es reicht schon, wenn einzelne Teilleistungen erbracht werden, BGHZ 19, 319; NJW 1977, 1146. Bei einem Abrissauftrag handelt es sich nicht um Bauwerksarbeiten, BGH ZfBR 2004, 549; OLG Bremen BauR 1995, 862; LG Köln BauR 1997, 672; Weise, Rn. 484; Staudinger-Peters, § 648 BGB, Rn. 13; Leinemann, Rn. 355. Gleichsam geben Arbeiten an einem Grundstück keinen Anspruch, es sei denn, sie bereiten die Bauwerkerrichtung vor, MünchKomm-Busche, § 648 BGB, Rn. 12; Werner/Pastor, Rn. 206 m.w.N.
536 MünchKomm-Busche, § 648 BGB, Rn. 11; Staudinger-Peters, § 648 BGB, Rn. 9; Werner/Pastor, Rn. 197.
537 Anders als der Subunternehmer kann sich der Generalübernehmer, der Nachunternehmer die von ihm gegenüber dem Bauherrn geschuldeten Leistungen erbringen lässt auf § 648 BGB berufen; BGH MDR 1951, 728.
538 Soweit die Tätigkeit zu einer Wertsteigerung des Grundstücks führt, sind auch der Architekt, der plant und überwacht (BGH NJW 1969, 419; BauR 1982, 79; OLG Düsseldorf NJW-RR 2000, 166; OLG Hamm NJW 1963, 1459), der Statiker und andere Sonderfachleute anspruchsberechtigt (BGH NJW 1967, 2259; NJW 1974, 95); MünchKomm-Busche, § 648 BGB, Rn. 13; Staudinger-Peters, § 648 BGB, Rn. 15.
539 Neben dem Vergütungsanspruch aus § 631 BGB gilt dies auch für den Entschädigungsanspruch nach § 642 BGB, den Anspruch aus § 649 BGB bzw. § 8 Nr. 1 Abs. 2 VOB/B, den Aufwendungsersatzanspruch gemäß § 645 Abs. 1 BGB sowie den Schadensersatzanspruch aus § 645 Abs. 2 BGB wegen Verzugs und aus § 280 Abs. 1 BGB; Schmidt/Winzen, S. 25; Weise, Rn. 524.
540 OLG Düsseldorf BauR 1972, 254; Weise, Rn. 495.
541 OLG Frankfurt OLGR 2000, 145 (146); Leinemann, Rn. 356.
542 OLG Hamm BauR 1999, 407 (408); Leinemann, Rn. 357; Weise, Rn. 525.

ist es jedoch bei Forderungen, denen zu Recht die Einrede der Verjährung entgegengehalten wird.[543]

359 Der Anspruch auf Einräumung einer Sicherungshypothek besteht nur insoweit, als die ausgeführten Leistungen **mangelfrei** sind.[544] Beruft sich der Besteller/Auftraggeber auf Mängelrechte, wird der sicherungsfähige Anspruch ermittelt, indem vom Werklohn der Wert des Gegenanspruchs abgesetzt wird.[545]

### b) Eigentum des Bestellers/Auftraggebers am Baugrundstück

360 Die Eintragung einer Sicherungshypothek für seine Werklohnforderungen kann der Unternehmer/Auftragnehmer nach § 648 BGB **auf dem Baugrundstück** des Bestellers/Auftraggebers verlangen. Pfandgegenstand der Sicherungshypothek gemäß § 648 BGB ist allein das Baugrundstück des Bestellers/Auftraggebers, gleich in welchem Umfang es bebaut ist.[546]

361 Die erforderliche **Identität** zwischen dem Besteller/Auftraggeber und dem Grundstückseigentümer ist nicht nach wirtschaftlicher Betrachtungsweise, sondern formaljuristisch zu beurteilen.[547] Die Voraussetzungen für die Einräumung einer Sicherungshypothek liegen daher nicht vor, wenn der Grundstückserwerber vor seiner Eintragung als Eigentümer den Werkvertrag abschließt.[548] Der BGH kommt einer wirtschaftlichen Betrachtungsweise aber nahe, wenn er es für denkbar hält, dass sich der Eigentümer im Einzelfall nach Treu und Glauben wie der Besteller/Auftraggeber behandeln lassen muss.[549] So nennt der BGH die wirtschaftliche Beherrschung des Bestellers/Auftraggebers durch den Grundeigentümer und die tatsächliche Ausnutzung der Werkleistung. Das führt aber nicht dazu, dass der Grundstückseigentümer auch für die Werklohnforderung haftet.[550]

### c) Nichtvorliegen eines vertraglich vereinbarten wirksamen Ausschlusses von § 648 BGB

362 Die Geltung von § 648 BGB kann durch **Individualvereinbarung** grundsätzlich ausgeschlossen werden.[551, 552]

---

543 LG Aurich NJW-RR 1991, 1240.
544 BGH BauR 1977, 208; Ingenstau/Korbion-Joussen, Anhang 2 BGB, Rn. 58; MünchKomm-Busche, § 648 BGB, Rn. 21 ff.; Staudinger-Peters, § 648 BGB, Rn. 30 ff.; Motzke, S. 12 ff.
545 Ingenstau/Korbion-Joussen, Anhang 2 BGB, Rn. 58 ff.; MünchKomm-Busche, § 648 BGB, Rn. 21 ff.; Staudinger-Peters, § 648 BGB, Rn. 30 ff.
546 Werner/Pastor, Rn. 243, Weise, Rn. 498.
547 BGH NJW 1988, 253; Weise, Rn. 510; MünchKomm-Busche, § 648 BGB, Rn. 27; Staudinger-Peters, § 648 BGB, Rn. 20 ff.
548 OLG Koblenz BauR 1993, 750.
549 BGH BauR 2000, 101; KG BauR 1999, 921; OLG Dresden BauR 1998, 136 (137); Weise, Rn. 515 ff.
550 Werner/Pastor, Rn. 259; Siegburg, EWiR § 648 1/88, S. 43 f.
551 OLG Köln BauR 1974, 282; OLG München BB 1976, 1001; OLG Karlsruhe IBR 1996, 368; Staudinger-Peters, § 648 BGB, Rn. 42; MünchKomm-Busche, § 648 BGB, Rn. 4; Weise, Rn. 474.
552 Formulierungsbeispiel: „Ansprüche aus § 648 BGB auf Einräumung einer Bauhandwerkersicherungshypothek sind ausgeschlossen."

Eine in **Allgemeinen Geschäftsbedingungen** eines Baubetreuers enthaltene Klausel, wonach der Anspruch auf Einräumung einer Sicherungshypothek gemäß § 648 BGB ausgeschlossen ist, benachteiligt den Unternehmer/Auftragnehmer entgegen Treu und Glauben jedenfalls dann, wenn ihm keine andere angemessene Sicherheit angeboten wird.[553]

### 3. Verfahrensrechtliche Fragen

Die dingliche Sicherung des in § 648 BGB verankerten schuldrechtlichen Anspruchs des Unternehmers/Auftragnehmers tritt erst mit der Bestellung der Bauhandwerkersicherungshypothek im Grundbuch ein. Billigt der Besteller/Auftraggeber und Eigentümer die Eintragung nicht bereits im Rahmen einer gütlichen Einigung, muss der Unternehmer/Auftragnehmer klagen. Die Rangstelle kann er im Wege der **einstweiligen Verfügung** über eine Vormerkung auf Eintragung der Sicherungshypothek sichern.[554]

### a) Das einstweilige Verfügungsverfahren

Um das Sicherungsbegehren des Mandanten auf dem sichersten Weg durchzusetzen, ist die Bauhandwerkersicherungshypothek durch **Eintragung einer Vormerkung** im einstweiligen Verfügungsverfahren abzusichern und sodann Klage auf Eintragung der Bauhandwerkersicherungshypothek – verbunden mit einem Antrag auf Zahlung des ausstehenden Werklohns – zu erheben.

Im einstweiligen Verfügungsverfahren hat der Unternehmer/Auftragnehmer – gegebenenfalls durch Beiziehung eidesstattlicher Versicherungen im Sinne des § 294 ZPO – glaubhaft zu machen,[555] dass er Unternehmer eines Bauwerks ist und auf der Grundlage einer werkvertraglichen Beziehungen zum Besteller/Auftraggeber, der Eigentümer des Baugrundstücks ist, einen Werklohnanspruch für mangelfrei erbrachte bzw. bereits abgenommene Werkleistungen in bestimmter Höhe hat.[556] Ist eine einstweilige Verfügung erlassen worden, wird die Vormerkung auf Antrag (§ 13 GBO) oder auf Ersuchen des Prozessgerichts der einstweiligen Verfügung (§§ 38 GBO, 941 ZPO) im Grundbuch eingetragen.[557]

Der Antrag oder das gerichtliche Ersuchen muss binnen eines Monats beim Grundbuchamt eingegangen sein.[558] Wird die Frist nicht gewahrt, ist die einstweilige Verfügung gemäß §§ 936, 929 Abs. 2 ZPO unwirksam.[559]

---

553 BGH BauR 1984, 413; OLG Celle BauR 2001, 834; OLG Karlsruhe BauR 19997, 486; Weise, Rn. 477; a.A. Kapellmann BauR 1976, 323 (326).
554 Weise, Rn. 554; Lüdtke-Handjery, DB 1972, 2193 (2197).
555 Weiterführend: Weise, Rn. 571 ff.
556 Was die Frage der Mangelhaftigkeit der Werkleistung betrifft, so muss der Unternehmer bis zur Abnahme die Mängelfreiheit und der Besteller ab der Abnahme das Vorhandensein von Mängeln glaubhaft machen.
557 Weise, Rn. 577.
558 BGH BauR 1997, 301 (302); Weise, Rn. 583.
559 Die Zustellung der einstweiligen Verfügung muss gemäß § 929 Abs. 3 ZPO binnen einer Woche ab Vollziehung oder jedenfalls innerhalb der Monatsfrist des § 929 Abs. 2 ZPO erfolgen; Weise, Rn. 585.

# § 2 Die Ansprüche des Auftragnehmers

**368** Muster: Einstweilige Verfügung zur Eintragung einer Vormerkung zur Sicherung einer Bauhandwerkersicherungshypothek

Landgericht ■■■

■■■

Antrag auf Erlass einer einstweiligen Verfügung

In Sachen

■■■ GmbH, ■■■,

Antragstellerin

Verfahrensbevollmächtigte: ■■■

gegen

■■■, ■■■,

Antragsgegner

beantragen wir Namens und in Vollmacht der Antragstellerin im Wege der einstweiligen Verfügung – wegen Dringlichkeit ohne mündliche Verhandlung – für Recht zu erkennen:

Im Grundbuch von ■■■, Grundbuchblatt 6534, Flurstück 45/5, wird zu Lasten des Antragsgegners und zu Gunsten der Antragstellerin eine Vormerkung zur Sicherung ihres Anspruchs auf Einräumung einer Sicherungsgesamthypothek für die Forderung aus Bauvertrag vom 12. Juli 2004 gemäß Schlussrechnung vom 30. Oktober 2004 in Höhe von EUR 22.243,– sowie wegen eines Kostenbetrages von EUR 125,80 eingetragen.

Es wird weiter beantragt,

den Antrag auf Eintragung der Vormerkung durch das Gericht beim zuständigen Grundbuchamt einzureichen.

Begründung:
1. Mit Datum vom 12. Juli 2004 schlossen die Parteien unter Einbeziehung der VOB/B einen Werkvertrag über die Ausführung von Malerarbeiten am Bauvorhaben „■■■" in Berlin-Mitte. Die Parteien haben einen Pauschalvertrag abgeschlossen, bei dem der Antragsgegner als Vergütung für die gesamten Leistungen der Antragstellerin einen Betrag in Höhe von EUR 65.000,– zu zahlen hatte.

Glaubhaftmachung: Werkvertrag vom 12. Juli 2004 – Anlage A1 –.

Die von der Antragstellerin geschuldeten Malerarbeiten sind bis zum 15. Oktober 2004 ausgeführt worden. Eine förmliche Abnahme der von der Antragstellerin erbrachten Leistungen ist am 21. Oktober 2004 erfolgt.

Glaubhaftmachung: Abnahmeprotokoll vom 21. Oktober 2004 – Anlage A2 –.

Mit Datum vom 30. Oktober 2004 hat die Antragstellerin über einen Betrag von insgesamt EUR 22.243,– schlussabgerechnet.

Glaubhaftmachung: Schlussrechnung der Antragstellerin vom 30. Oktober 2004 – Anlage A3 –.

Vor dem Hintergrund der in § 16 Nr. 1 VOB/B geregelten zweimonatigen Prüffrist für die Schlussrechnung bleibt anzumerken, dass die Zweimonatsfrist inzwischen abgelaufen ist. Der Antragsgegner kann sich mithin nicht mehr auf die fehlende Prüfbarkeit der Schlussrechnung berufen. Ferner wird darauf hingewiesen, dass die Antragstellerin mit Schreiben vom 10. Januar 2005 die Zahlung gegenüber dem Antragsgegner angemahnt hat.

Glaubhaftmachung: Mahnschreiben der Antragstellerin vom 10. Januar 2005 – Anlage A3 –.

Mit Schreiben vom 24. Januar 2005 hat sich der Antragsgegner erstmalig auf angebliche Mängel der Lackierarbeiten im Treppenhaus berufen, die im Abnahmeprotokoll vom 21. Oktober 2004 nicht aufgeführt sind. Die Auffassung des Antragsgegners, wonach die Arbeiten der Antragstellerin mangelhaft erbracht worden sein sollen, trifft nicht zu.

Glaubhaftmachung: Privatgutachten des Sachverständigen ▬▬▬ vom 10. Februar 2005 – Anlage A4 –

Der Antragsgegner ist Eigentümer des Mietshauses ▬▬▬ (Grundbuch von ▬▬▬, Grundbuch Blatt 6534, Flurstück 45/5).

Glaubhaftmachung: Beglaubigter Grundbuchauszug – Anlage A5 –.

2. Vor dem Hintergrund einer der Antragstellerin gegenüber dem Antragsgegner zustehenden Werklohnforderung in Höhe von EUR 22.243,- hat die Antragstellerin einen Anspruch gemäß § 648 Abs. 1 BGB auf Einräumung einer Bauhandwerkersicherungshypothek. Zur Sicherung dieses Anspruchs kann die Antragstellerin gegenüber dem Antragsgegner gemäß §§ 883, 885 BGB die Bewilligung der Eintragung einer Vormerkung verlangen.

Es bleibt festzuhalten, dass die Antragstellerin vermittels der vorgelegten Urkunden das Bestehen eines Verfügungsanspruchs aus § 648 Abs. 1 BGB glaubhaft gemacht hat. Im gleichen Zusammenhang ist darauf zu verweisen, dass die Antragstellerin keinen Anspruch aus § 648a BGB geltend gemacht bzw. anderweitige Sicherheiten vom Antragsgegner erhalten hat. Was den Verfügungsgrund betrifft, so hat die Antragstellerin nunmehr in Erfahrung gebracht, dass der Antragsgegner auch gegenüber anderen Gläubigern seinen Zahlungsverpflichtungen nicht nachkommt. Ein der Antragstellerin bekannter Gläubiger betreibt inzwischen die Zwangsvollstreckung gegenüber dem Antragsgegner.

Glaubhaftmachung: Eidesstattliche Versicherung des Geschäftsführers der Antragstellerin vom 10. März 2005 – Anlage A6 –.

Mit Schreiben vom 20. Februar 2005 hat die Antragstellerin den Antragsgegner aufgefordert, freiwillig der Eintragung einer Vormerkung zur Rangsicherung einer Bauhandwerkersicherungshypothek zuzustimmen. Auf dieses Schreiben hat der Antragsgegner nicht geantwortet.

Glaubhaftmachung: Schreiben der Antragstellerin vom 20. Februar 2005 – Anlage A7 –.

Die sachliche und örtliche Zuständigkeit ergibt sich aus §§ 802, 937 Abs. 1, 943 ZPO.

Rechtsanwalt

Vertritt der Rechtsanwalt den Bauherrn, so ist vor Erlass einer einstweiligen Verfügung darüber nachzudenken, sich mit einer – meist auf das Vorliegen von Mängeln gestützten – **Schutzschrift** zur Wehr zu setzen. Diese Schutzschrift ist nebst beizufügenden eidesstattlichen Versicherungen bei allen in Betracht kommenden Gerichten zu hinterlegen.

Bei Vorliegen einer im Beschlusswege erlassenen einstweiligen Verfügung kann der Besteller/Auftraggeber gemäß § 924 ZPO **Widerspruch** einlegen. Ist die einstweilige Verfügung erlassen bzw. ganz oder teilweise durch Urteil bestätigt worden, ist der

## § 2 Die Ansprüche des Auftragnehmers

Frage nachzugehen, ob gemäß § 926 ZPO ein **Antrag auf Fristsetzung zur Erhebung der Hauptsacheklage** gestellt werden sollte. Auch kann das **Aufhebungsverfahren** nach § 927 ZPO wegen veränderter Umstände betrieben werden.[560]

b) Das Klageverfahren

371　Bei der Hauptklage im Sinne des §§ 926, 936 Abs. 1 ZPO handelt es sich ausschließlich um die **Hypothekenklage**. Mit einer Zahlungsklage kann die Umschreibung der Vormerkung in eine Bauhandwerkersicherungshypothek nicht erreicht werden.

372　Muster: Klage auf Eintragung einer Bauhandwerkersicherungshypothek

Landgericht ▪▪▪

▪▪▪

Klage

der ▪▪▪ GmbH, ▪▪▪,

Klägerin

Prozessbevollmächtigte: ▪▪▪

gegen

▪▪▪, ▪▪▪,

Beklagter

wegen: Eintragung einer Bauhandwerkersicherungshypothek,

Vorläufiger Streitwert: EUR 30.000,00.

Namens und in Vollmacht des Klägers erheben wir Klage mit dem Antrag:

Der Beklagte wird verurteilt, die Eintragung einer Sicherungshypothek für die Forderung der Klägerin aus dem Bauvertrag vom 12. Juli 2004 gemäß Schlussrechnung vom 30. Oktober 2004 in Höhe von EUR 22.243,– zuzüglich Zinsen hieraus in Höhe von 5 Prozentpunkten über dem Basiszinssatz seit dem ▪▪▪ sowie wegen eines Kostenbetrages in Höhe von EUR 125,80 im Grundbuch von ▪▪▪, Grundbuchblatt 6534, Flurstück 45/5, zu bewilligen unter rangwahrender Ausnutzung der auf Grund der einstweiligen Verfügung des Landgerichts ▪▪▪ vom 18. März 2005, Az: 14.O.234/05 eingetragenen Vormerkung.

Begründung:
1. Die Parteien haben am 12. Juli 2004 einen Bauvertrag über die Ausführung von Malerarbeiten am Bauvorhaben „▪▪▪" in ▪▪▪ abgeschlossen, bei dem der Beklagte als Vergütung für die gesamten Leistungen der Klägerin einen Betrag in Höhe von EUR 65.000,– zu zahlen hatte.

Beweis: Werkvertrag vom 12. Juli 2004 – Anlage K1 –.

Die von der Klägerin geschuldeten Malerarbeiten sind bis zum 15. Oktober 2004 ausgeführt worden. Eine förmliche Abnahme der von der Klägerin erbrachten Leistungen ist am 21. Oktober 2004 erfolgt.

---

560　Weitergehend Werner/Pastor, Rn. 286 ff.

Beweis: Abnahmeprotokoll vom 21. Oktober 2004 – Anlage A2 –.

Mit Datum vom 30. Oktober 2004 hat die Klägerin über einen Betrag von insgesamt EUR 22.243,– schlussabgerechnet.

Beweis: Schlussrechnung der Antragstellerin vom 30. Oktober 2004 – Anlage A3 –.

Vor dem Hintergrund der in § 16 Nr. 1 VOB/B geregelten zweimonatigen Prüffrist für die Schlussrechnung bleibt anzumerken, dass die Zweimonatsfrist inzwischen abgelaufen ist. Der Beklagte kann sich mithin nicht mehr auf die fehlende Prüfbarkeit der Schlussrechnung berufen. Ferner wird darauf hingewiesen, dass die Klägerin mit Schreiben vom 10. Januar 2005 die Zahlung gegenüber dem Beklagten angemahnt hat.

Beweis: Mahnschreiben der Klägerin vom 10. Januar 2005 – Anlage A3 –.

2. Mit Schreiben vom 24. Januar 2005 hat sich der Beklagte erstmalig auf angebliche Mängel der Lackierarbeiten im Treppenhaus berufen, die im Abnahmeprotokoll vom 21. Oktober 2004 nicht aufgeführt sind. Die Auffassung des Beklagten, wonach die Arbeiten der Klägerin mangelhaft erbracht worden sein sollen, trifft nicht zu.

Beweis: Privatgutachten des Sachverständigen ▬▬▬ vom 10. Februar 2005 – Anlage K4 –.

3. Der Beklagte ist Alleineigentümer des Grundstücks in der ▬▬▬, Grundbuch von ▬▬▬, Grundbuchblatt 6534, Flurstück 45/5.

Beweis: Grundbuchauszug in Anlage – Anlage K5 –.

4. Im Wege einer einstweiligen Verfügung hat das Landgericht Berlin am 18. März 2005 unter dem Az: 14.O.234/05 entschieden, dass zu Gunsten der Klägerin eine Vormerkung zur Sicherung des streitgegenständlichen Anspruchs einzutragen ist. Die Vormerkung wurde am 20. März 2005 eingetragen. Der zu besichernde Vergütungsanspruch aus einstweiligen Verfügungsverfahren und dem vorliegenden Klageverfahren sind identisch. Anzumerken bleibt, dass Zahlungen des Beklagten zwischenzeitlich nicht erfolgt sind.
Mit Schreiben vom 11. April 2005 hat die Klägerin den Beklagten zur Bewilligung der Eintragung der Sicherungshypothek aufgefordert, was dieser verweigert hat.

Beweis: Schreiben der Klägerin vom 11. April 2005 – Anlage K6 –.

5. Die Klägerin hat keinen Anspruch aus § 648a BGB geltend gemacht bzw. anderweitige Sicherheiten vom Antragsgegner erhalten, sodass ein Anspruch auf Bewilligung einer Bauhandwerkersicherungshypothek hinsichtlich des Restwerklohnanspruchs gemäß § 648 Abs. 1 BGB gegeben ist.

Rechtsanwalt

## III. Bauhandwerkersicherung gemäß § 648a BGB

### 1. Inhalt, Zweck und Bedeutung des § 648a BGB

§ 648a BGB, der sowohl beim BGB- wie auch VOB-Bauvertrag[561] zur Anwendung kommt, verschafft dem Auftragnehmer die Möglichkeit, seinen **Werklohnanspruch abzusichern,** um damit das Vorleistungsrisiko zu mindern.

373

---

561 Leinemann, Rn. 295.

## § 2 Die Ansprüche des Auftragnehmers

374 So steht dem Unternehmer/Auftragnehmer nach dem Gesetz kein klagbarer Anspruch auf Leistung einer Sicherheit zur Verfügung.[562] Dies hat zur Folge, dass der Besteller/Auftraggeber in Ermangelung des Bestehens eines Anspruchs den Besteller/Auftraggeber nicht in Schuldnerverzug setzen kann und folglich keinen Anspruch auf Ersatz eines Verzugsschadens gemäß §§ 280 Abs. 1, 2; 286 BGB hat. Gleichermaßen kann der Unternehmer/Auftragnehmer weder nach § 323 BGB vom Vertrag zurücktreten, noch über §§ 280 Abs. 1, 3; 281 bzw. 284 BGB einen Erfüllungsschaden bzw. einen Aufwendungsersatzanspruch geltend machen.

375 Stattdessen räumt § 648a Abs. 5 BGB dem Unternehmer/Auftragnehmer auf andere Weise das Recht ein, **sich vom Vertrag zu lösen**. Was die Vergütungspflicht für die bis zur Vertragsauflösung erbrachten Leistungen betrifft, so steht dem Unternehmer/Auftragnehmer nur der Anspruch nach § 645 BGB zu, der um einen Anspruch auf Ersatz des Vertrauensschadens ergänzt wird.[563]

### 2. Voraussetzungen des § 648a BGB

#### a) Der berechtigte Unternehmer/Auftragnehmer

376 Anspruchsberechtigt ist – zunächst wie bei § 648 BGB – der Unternehmer/Auftragnehmer eines Bauwerkes, der nach § 631 BGB zur Errichtung eines Bauwerkes oder einer Außenanlage oder eines Teils davon verpflichtet ist,[564] wobei es – anders als bei § 648 BGB – keine Rolle spielt, dass der Besteller/Auftraggeber nicht Eigentümer des Grundstücks ist, auf dem die Bauleistungen erbracht worden ist. Die Regelung gilt für alle Unternehmer/Auftragnehmer im Sinne des § 631 BGB, also nicht nur für den Bauhandwerker, sondern auch für den Generalunternehmer/Generalübernehmer sowie den Subunternehmer.[565]

#### b) Der verpflichtete Besteller/Auftraggeber

377 Anspruchsgegner ist der werkvertraglich verbundene Besteller/Auftraggeber[566] und zwar unabhängig davon, ob er Eigentümer des zu bebauenden Grundstücks ist.[567]

---

562 BGH BauR 2001, 386; Weise, Rn. 612; MünchKomm-Busche, § 648a BGB, Rn. 3.
563 Es bleibt somit festzuhalten, dass der Schutz des Unternehmers/Auftragnehmers somit deutlich eingeschränkter gegenüber dem Schutz desjenigen ist, der Rechte aus der Verletzung einer Leistungspflicht geltend machen kann,.
564 Unter einem Bauwerk versteht die Rechtsprechung eine unbewegliche, durch Verwendung von Arbeit und Material in Verbindung mit dem Erdboden hergestellte Sache, BGH BauR 2001, 621. Vergütungsansprüche aus werkvertraglichen Leistungen zur erstmaligen Errichtung eines Bauwerks in diesem Sinne sind sicherungsfähig. Zu den Arbeiten am Bauwerk gehören auch Arbeiten, die für Konstruktion, Bestand, Erhaltung und Benutzbarkeit des Gebäudes von wesentlicher Bedeutung sind, wenn die eingebauten Teile dem Gebäude fest verbunden werden, BGH BauR 1994, 101. Nicht sicherbar sind die Vergütungsansprüche für Renovierungsarbeiten, die für Konstruktion, Bestand, Erhaltung und Benutzbarkeit des Gebäudes nicht von wesentlicher Bedeutung sind. Denn das sind keine Arbeiten für ein Bauwerk. Auch Abbrucharbeiten sind keine Arbeiten an einem Bauwerk; BGH ZfBR 2004, 549. Nicht sicherungsberechtigt sind ferner Vertragspartner eines Vertrages über die Herstellung und Lieferung von beweglichen Sachen, die nicht durch sie in ein Bauwerk eingebaut werden, da auf diesen Vertrag gemäß § 651 BGB Kaufrecht Anwendung findet.
565 Weise, Rn. 620; Weber, WM 1994, 725; Leinemann, Rn. 298; Klaft, S. 34; Werner/Pastor, Rn. 321; Ingenstau/Korbion-Joussen, Anhang 2 BGB, Rn. 138.
566 Eine Haftung nach § 179 BGB reicht nicht aus. Gleiches gilt für den Fall des Schuldbeitritts, Weise, Rn. 621.
567 Weise, Rn. 621; MünchKomm-Busche, § 648a BGB, Rn. 5; Werner/Pastor, Rn. 324.

Weiterhin erfolgt eine Eingrenzung des personellen Anwendungsbereiches durch § 648a Abs. 6 BGB: § 648a BGB findet zunächst dann **keine Anwendung**, wenn der Besteller/Auftraggeber eine juristische Person des öffentlichen Rechts oder ein öffentlichrechtliches Sondervermögen ist. Darüber hinaus ist § 648a BGB auch dann nicht anwendbar, wenn eine natürliche Person betroffen ist und die Bauarbeiten einem[568] Einfamilienhaus mit oder ohne Einliegerwohnung dienen.[569] Letzteres gilt allerdings nicht, wenn ein Baubetreuer zur Verfügung über die Finanzierung ermächtigt ist.[570]

378

### c) Der Anspruchsinhalt

Nach § 648a Abs. 1 Satz 1 BGB kann der Unternehmer/Auftragnehmer für die von ihm zu erbringenden Vorleistungen eine **Sicherheit** verlangen. Der Sicherungsanspruch besteht gemäß § 648a Abs. 1 Satz 2 BGB **bis zur Höhe des voraussichtlichen Vergütungsanspruchs**, wie er sich aus dem Vertrag oder einem Zusatzauftrag ergibt, wobei bereits gezahlte Beträge in Abzug zu bringen sind.[571, 572] Mängel der erbrachten Unternehmer/ Auftragnehmer nur tatsächlich und rechtlich in der Lage und bereit ist, die vorhandenen Mängel zu beseitigen.[573]

379

Gemäß § 648a Abs. 2 Satz 1 BGB kann die Sicherheit in Form einer Garantie oder eines Zahlungsversprechens eines Kreditinstituts oder Kreditversicherers geleistet werden.[574] Ferner kommt auch eine Bürgschaft in Betracht.[575] Der Unternehmer/ Auftragnehmer hat gemäß § 648a Abs. 3 BGB dem Besteller/Auftraggeber die üblichen **Kosten der Sicherheit** bis zu einem Höchstsatz von 2% p.a. zu erstatten, es sei denn, unbegründete Einwände des Bestellers/Auftraggebers gegen die Vergütung führen zu einer Aufrechterhaltung der Sicherheit.[576]

380

Der Unternehmer/Auftragnehmer muss dem Besteller/Auftraggeber gemäß § 648a Abs. 1 Satz 1 BGB zur Leistung der Sicherheit eine **angemessene Frist**[577] setzen, mit der Erklärung, dass er nach dem Ablauf der Frist seine Leistung verweigere.[578]

381

---

568  Vgl. dazu LG Bonn NJW-RR 1998, 530.
569  Staudinger-Peters, § 648a BGB, Rn. 6f.; MünchKomm-Busche, § 648a BGB, Rn. 10.
570  Weise, Rn. 622; Leinemann, Rn. 302; Werner/Pastor, Rn. 325.
571  BGH BauR 2001, 386 (388f.); Staudinger-Peters, § 648a BGB, Rn. 8ff.; MünchKomm-Busche, § 648a BGB, Rn. 19ff.; Werner/Pastor, Rn. 328.
572  Neben dem Vergütungsanspruch aus § 631 BGB bzw. § 2 VOB/B werden von dem Sicherungsbegehren des Unternehmers/Auftragnehmers auch die Ansprüche aus §§ 642, 645, 649 Satz 2 BGB sowie § 6 Nr. 6 VOB/B erfasst; Staudinger-Peters, § 648a BGB, Rn. 8; Hofmann/Koppmann, S. 49f.; Klaft, S. 87; Weise, Rn. 636. Schadensersatzansprüche, Ansprüche aus Geschäftsführung ohne Auftrag und Ansprüche aus ungerechtfertigter Bereicherung werden von § 648a BGB nicht erfasst, Werner/Pastor, Rn. 331; Weise, Rn. 636.
573  BGH BauR 2001, 386 (389); OLG Karlsruhe BauR 1996, 556 (557); Schmitz, ZfBR 2000, 489 (495); Liepe, BauR 1998, 860; Leinemann, NJW 1997, 238 (239); Weise, Rn. 641; Werner/Pastor, Rn. 330.
574  Weiterführend: Leinemann, Rn. 303ff.; Weise, Rn. 624ff.
575  Weise, Rn. 624.
576  Leinemann, Rn. 323, 328f.
577  Eine Frist von 7 bis 10 Tagen stellt nur die Mindestfrist dar, die keinesfalls unterschritten werden sollte, Staudinger-Peters, § 648a BGB, Rn. 20; Zielmann, Rn. 754; Weber, WM 1994, 725 (726).
578  Weise, Rn. 650f.; Hofmann/Koppmann, BauR 1994, 305 (310).

# § 2 Die Ansprüche des Auftragnehmers

382   Muster: Aufforderungsschreiben nach § 648a BGB

An die Firma

Rechtsanwälte ■■■

■■■ 21. März 2005

Betr.: Bauvorhaben ■■■

Sehr geehrter Herr ■■■,

wir zeigen an, dass wir die anwaltliche Vertretung der ■■■ GmbH, ■■■, übernommen haben. Auf uns lautende Vollmacht ist diesem Schreiben im Original beigefügt.[579] Am 13. Dezember 2004 haben Sie einen Bauvertrag mit unserer Mandantin betreffend des Bauvorhabens ■■■ in ■■■ abgeschlossen. Dabei ist zwischen den Parteien als Werklohn eine Pauschalsumme in Höhe von EUR 77.234,– vereinbart worden. Auf die Abschlagsrechnung vom 03. Januar 2005 sind Ihrerseits bereits EUR 10.000,– bezahlt worden.

Gemäß § 648a Abs. 1 BGB ist unsere Mandantin berechtigt, für die von ihr zu erbringenden Vorleistungen Sicherheit in angemessener Höhe, also derzeit in Höhe von EUR 67.234,– zu verlangen. Wir bitten um Leistung einer entsprechenden Sicherheit über diesen Betrag bis spätestens zum

10. April 2005.

Bei fruchtlosem Ablauf der Frist ist unsere Mandantin zur Einstellung der Arbeiten berechtigt und wird hiervon Gebrauch machen.

Mit freundlichen Grüßen

Rechtsanwalt

### 3. Rechtsfolgen des § 648a BGB

383   Leistet der Besteller/Auftraggeber die Sicherheit nicht fristgemäß, so bestimmen sich die Rechte des Unternehmers/Auftragnehmers nach § 648a Abs. 5 i.V.m. §§ 643, 645 Abs. 1 BGB. Der Unternehmer/Auftragnehmer hat keinen klagbaren Anspruch auf die Sicherheit. Die Rechte des Unternehmers/Auftragnehmers beschränken sich darauf, die Erbringung der eigenen Leistung verweigern zu können.[580, 581] Die weiteren Rechtsfolgen ergeben sich dann aus § 642 BGB bzw. aus § 6 Nr. 6 VOB/B: Die durch die Leistungsverweigerung entstehenden **Behinderungen** und **Behinderungskosten** muss der Besteller/Auftraggeber tragen.[582]

384   Schließlich kann der Unternehmer/Auftragnehmer dem Besteller/Auftraggeber gemäß § 648a Abs. 5 i.V.m. § 643 BGB eine **angemessene Nachfrist** zur Erbringung der

---

579  Vgl. dazu die Ausführungen unter Rn. 19 ff.
580  Weise, Rn. 652; Staudinger-Peters, § 648a BGB, Rn. 21; MünchKomm-Busche, § 648a BGB, Rn. 4, 31; Werner/Pastor, Rn. 332.
581  Vgl. zur Anwendbarkeit des § 648a BGB und Bestehen eines Leistungsverweigerungsrechts nach Abnahme die Ausführungen unter Rn. 320 ff.
582  Vgl. hierzu die Ausführungen unter Rn. 274.

Sicherheit setzen, verbunden mit einer Kündigungsandrohung für den Fall, das die Sicherheit nicht fristgerecht erbracht wird. Wird die Sicherheit dann nicht fristgerecht geleistet, gilt der Vertrag **als aufgehoben**; auf eine **Kündigungserklärung** kommt es nicht mehr an.

Der Unternehmer/Auftragnehmer kann seine erbrachten Leistungen sodann nach § 648a Abs. 5 i.V.m. § 645 BGB **abrechnen**. Daneben kann er Ersatz von Auslagen und gemäß der ausdrücklichen Regelung des § 648a Abs. 5 Satz 2 BGB Ersatz des **Vertrauensschadens** verlangen.

385

**Ohne Nachfristsetzung** mit Kündigungsandrohung bleibt der Vertrag bestehen. Der Unternehmer/Auftragnehmer kann sich in diesem Fall weiter auf das Leistungsverweigerungsrecht berufen. Kündigt dann der Besteller/Auftraggeber nach § 649 Satz 1 BGB, kann der Unternehmer/Auftragnehmer nach § 649 Satz 2 BGB abrechnen.[583]

386

Muster: Mahnschreiben mit Kündigungsandrohung nach § 648a BGB

387

An die Firma

Rechtsanwälte ■■■

■■■ GmbH

15. April 2005

Betr.: Bauvorhaben ■■■

Sehr geehrter Herr ■■■,

mit Schreiben vom 21. März 2005 haben wir Sie aufgefordert, unserer Mandantin bis zum Ablauf des 10. April 2005 eine Sicherheit gemäß § 648a BGB zu stellen.

Leider konnten wir den Eingang einer Sicherheit nicht feststellen. Wie bereits angekündigt, wird unsere Mandantin als Folge der Nichtleistung der Sicherheit die Arbeiten mit sofortiger Wirkung einstellen. Unsere Mandantin ist hierdurch an einer Fortsetzung der Arbeiten im Sinne von § 6 VOB/B behindert. Hieraus resultierende Ansprüche aus § 6 Nr. 6 VOB/B bzw. § 642 BGB bleiben vorbehalten. Sollte uns bis zum

05. Mai 2003

nicht die geforderte Sicherheit vorliegen, werden wir gemäß §§ 648a Abs. 5 BGB, 643 BGB den Vertrag kündigen. Einer ausdrücklichen Kündigungserklärung nach Fristablauf bedarf es dafür nicht. Der Vertrag gilt nach fruchtlosem Ablauf der Frist als gekündigt.

Namens und in Vollmacht unserer Mandantin werden wir für den Fall der Beendigung des Bauvertrages nicht nur Vergütung für die erbrachten Leistungen, sondern darüber hinaus für die noch ausstehenden Vergütungsteile Schadensersatz in Höhe von 5% der ausstehenden Vergütung gemäß § 648a Abs. 5 BGB verlangen.

Mit freundlichen Grüßen

Rechtsanwalt

---

583 Vgl. hierzu die Ausführungen unter Rn. 237 ff.

## § 2 Die Ansprüche des Auftragnehmers

### 4. Ausschluss des § 648a BGB

388 Ein **Ausschluss** des § 648a BGB oder eine abweichende Vereinbarung ist gemäß § 648a Abs. 7 BGB **unwirksam**.[584]

### C. Prozess

**Literatur:** Baumgärtel, Die Darlegungslast in Bau- und Werkvertragsprozessen, Festschrift für Heiermann, S. 1; Baumgärtel, Handbuch der Beweislast, Band 1, 2. Auflage 1991; Berg/Zimmermann, Gutachten und Urteil, 17. Auflage 1997; Bischof, Die Streitverkündung (II.), JurBüro 1984, 1142; Brych/Pause, Bauträgerkauf und Baumodelle, 3. Auflage 1999; Deckert, Baumangel am Gemeinschaftseigentum, NJW 1973, 1073; Deckert, Die Klagebefugnis bei Gewährleistungsansprüchen wegen anfänglicher Baumängel am Gemeinschaftseigentum der neu erstellen Eigentumswohnanlage, ZfBR 1984, 161; Deubner, Die Praxis der Zurückweisung verspäteten Vorbringens, NJW 1979, 337; Ehrike, Gerichtsstandsvereinbarungen in allgemeinen Geschäftsbedingungen im vollkaufmännischen Geschäftsverkehr, insbesondere im Hinblick auf § 32 ZPO, ZZP 111, 145; Franzen, Internationale Gerichtsstandsvereinbarungen in Arbeitsverträgen zwischen EuGVÜ und autonomen internationalem Zivilprozessrecht, RIW 2000, 81; Fricke, Zur Zulässigkeit von Nebenintervention und Streitverkündung im Arrestverfahren und Verfahren der einstweiligen Verfügung, BauR 1978, 257; Frohn, Substantiierungspflicht der Parteien und richterliche Hinweispflicht nach § 139 ZPO, JuS 1996, 243; Greiner, Mängel am Gemeinschaftseigentum und Aufrechnung einzelner Erwerber gegen Restforderungen des Bauträgers, ZfBR 2001, 439; Gross, Die Gewährleistung des Baubetreuers im weiteren Sinne bei Mängeln am gemeinschaftlichen Eigentum, BauR 1975, 12; Hansen, Die Substantiierungslast, JuS 1991, 588; Hochstein/Jagenburg, Der Arbeitsgemeinschaftsvertrag, 1974; Hök, Internationales Baurecht, 2001; Knöringer, Der Begriff der Verzögerung nach der Vereinfachungsnovelle, NJW 1977, 2336; Koeble, Probleme des Gerichtsstands sowie der Darlegungs- und Beweislast im Architektenhonorarprozess, BauR 1997, 191; Kuffer, Erleichterung der Beweisführung im Bauprozess durch den Beweis des ersten Anscheins, ZfBR 1998, 277; Lange, Zum Umfang der Substantiierungspflicht im Zivilprozess, DRiZ 1985, 247; Mandelkow, Schiedsgerichtsverfahren in Bausachen, BauR 1997, 785; Micklitz/Rott, Vergemeinschaftung des EuGVÜ in der Verordnung (EG) Nr. 44/2001, EuZW 2001, 325; Musielak, Die Aufrechnung des Beklagten im Zivilprozess, JuS 1994, 817; Pastor, Bauprozess und Anwaltshaftung, Festschrift für von Craushaar, S.403; Rasch, Die Abbruchverfügung, BauR 1975, 94; Schellhammer, Zivilprozess, 8. Auflage 1999; Schneider, Die Klage im Zivilprozess, 2000; Schneider, Anmerkung zum Urteil des OLG Köln, Beschluss vom 16.10.1989 – VII W 37/89, MDR 1990, 251; Schneider, Zum Urteil des BGH vom 31.01.1980 – VII ZR 96/79, NJW 1980, 947; Schneider, Anmerkung zum Urteil des BGH vom 12.07.1979 – VII ZR 284/78, NJW 1979, 2614; Schneider, Die neue Rechtsprechung zum Streitwertrecht, MDR 1982, 265; Siegburg, Zur Klage auf Abnahme einer Bauleistung, ZfBR

---

[584] OLG Celle BauR 2001, 101; Staudinger-Peters, § 648a BGB, Rn. 2; MünchKomm-Busche, § 648a BGB, Rn. 40; Werner/Pastor, Rn. 338.

2000, 507; Stürner, Anmerkung zum Urteil des BGH vom 12.07.1984 – VIII ZR 123/83, JZ 1985, 185; Weitnauer, Mängelgewährleistung und Instandhaltungspflichten am gemeinschaftlichen Eigentum, ZfBR 1981, 109; Wussow, Feststellungs- oder Leistungsklage in Baumängelprozessen?, NJW 1969, 481.

## I. Das Mahnverfahren

Ist davon auszugehen, dass der Anspruchsgegner, der den geltend gemacht Anspruch vorprozessual nicht bestritten hat, bei Inanspruchnahme des Gerichts freiwillig zahlen wird, reicht es aus, statt der Erhebung einer Klage des kostengünstigere[585] **Mahnverfahren** gemäß der §§ 688ff. ZPO einzuleiten.[586] Das Verfahren ist durch Formalisierung vereinfacht, da gemäß § 692 ZPO nur ein Formular auszufüllen ist. Der Lauf der **Verjährungsfrist** wird gemäß § 204 Abs. 1 Nr. 3 ZPO gehemmt. Schneller als im Erkenntnisverfahren ist ein **Vollstreckungstitel** in der Form des Vollstreckungsbescheides im Sinne des § 794 Abs. 1 Nr. 4 ZPO zu erlangen.[587]

389

Auf der anderen Seite dürfen die Risiken des Mahnverfahrens nicht außer Acht gelassen werden. In diesem Zusammenhang ist insbesondere auf Zustellungsprobleme zu verweisen. Mit dem Antrag auf Erlass eines Mahnbescheids soll häufig der drohende Ablauf einer Verjährungsfrist gehemmt werden. Wird der Antrag vor Fristablauf eingereicht, wirkt die **Zustellung nach Fristablauf** gemäß § 167 ZPO noch hemmend, wenn die Zustellung „demnächst" erfolgt. Setzt man auf eine Zustellung „demnächst", ist der Individualisierungszwang des § 690 Abs. 1 Nr. 3 ZPO zu beachten, der mittlerweile eine **Haftungsfalle** darstellt.

390

In der Regel begnügt sich nämlich der Rechtspfleger mit folgenden Angaben zur Bezeichnung des Anspruchs gemäß § 690 Abs. 1 Nr. 3 ZPO: „Werkvertrag gemäß Rechnungen 85001 bis 85005 vom 01.02.2001 bis 06.06.2004: 13.085 EUR."[588]

391

Legt der Antragsgegner gegen den Mahnbescheid Widerspruch ein, geht das Mahnverfahren in das Streitverfahren über. Hält später das erkennende Gericht die **Individualisierungsangaben** im Mahnbescheid für **ungenügend**, dann verneint es damit die Zulässigkeit des Mahnbescheides. Denn bei § 690 Abs. 1 Nr. 3 ZPO handelt es sich um ein unverzichtbare Zulässigkeitsvoraussetzung im Sinne des § 295 Abs. 2 ZPO. Dieser Mangel kann zwar noch durch eine weitergehende Substantiierung im nachfolgenden

392

---

585  Der Antragsteller erhält im Mahnverfahren gemäß Nr. 3305 VV eine Gebühr in Höhe von 0,5. Es erfolgt eine Anrechnung in voller Höhe auf die Gebühren des nachfolgenden Rechtsstreits. Der Antragsteller erhält beim Antrag eines Vollstreckungsbescheides gemäß Nr. 3308 VV eine Gebühr in Höhe von 0,5. Gemäß Nr. 3307 VV erhält der Antragsteller bei Vertretung eine Gebühr in Höhe von 0,5. Auch diese Gebühr wird nach der Anmerkung zu Nr. 3307 VV auf die nachfolgenden Gebühren eines Rechtsstreits angerechnet.

586  Das Mahnverfahren ist gemäß § 688 Abs. 2 ZPO nicht statthaft, wenn die Geltendmachung des Vergütungsanspruchs von einer noch nicht erfolgten Gegenleistung – beispielsweise der Mängelbeseitigung (§ 320 BGB) – abhängig ist.

587  Verzögerung treten allerdings dann ein, wenn der Anspruchsgegner gegen den Mahnbescheid Widerspruch einlegt. In diesem Fall muss der Rechtsstreit erst vom Mahngericht am allgemeinen Gerichtsstand des Antragstellers (§ 689 Abs. 2 ZPO) an das zur Durchführung des streitigen Verfahrens zuständige Gericht (§ 696 Abs. 1 ZPO) abgegeben werden.

588  BGH NJW 1993, 862.

Streitverfahren behoben werden. Das wirkt sich aber nur für die Zukunft aus. Da der unzulässige Mahnantrag die Verjährung nicht rückwirkend gehemmt hat, kann es dem Antragsteller jetzt passieren, dass seine Klage auf die Verjährungseinrede des Beklagten hin abgewiesen wird.[589]

### II. Das Klageverfahren

#### 1. Zulässigkeitsfragen im Bauprozess

a) Prüfung der Zulässigkeitsvoraussetzungen von Amts wegen

393 Vor der Klageerhebung sollte der Klägervertreter stets eine detaillierte Zulässigkeitsprüfung vornehmen, um festzustellen, ob die Zulässigkeitsvoraussetzungen der Klage gegeben sind. Die in der Praxis anzutreffende Vorstellung, dass Zulässigkeitsmängel einem Sachurteil nur dann entgegenstehen, wenn der Beklagte „die fehlende Zulässigkeit" rügt und die darauf scheinbar aufbauende Hoffnung, den unwissenden und deshalb schweigenden Beklagten auf diese Weise überrumpeln zu können, ist falsch. Zulässigkeitsmängel sind nämlich gemäß § 56 Abs. 2 ZPO vom Gericht **von Amts wegen** zu berücksichtigen. Dies bedeutet aber nur, dass das Gericht von Amts wegen den Vortrag der Parteien – auch ohne Rüge[590] und grundsätzlich auch ohne Bindung an übereinstimmenden Parteivortrag – auf das Vorliegen der Prozessvoraussetzungen zu untersuchen und die Parteien gemäß **§ 139 Abs. 3 ZPO** gegebenenfalls auf Bedenken hinzuweisen hat.

394 Die Beschaffung des Prozessstoffes obliegt grundsätzlich den Parteien. Die Prüfung von Amts wegen ist folglich **keine Amtsermittlung!** Die Entscheidung hat daher auf Grund des Vortrages der Parteien zu ergehen.[591] Die Beibringung der Zulässigkeitstatsachen obliegt der darlegungs- und gegebenenfalls beweisbelasteten Partei, also grundsätzlich dem Kläger, da er ein Sachurteil begehrt.[592] Nur im Hinblick auf **Prozesshindernisse** bzw. negative Prozessvoraussetzungen ist der Beklagte darlegungs- und gegebenenfalls beweisbelastet.

395 Entscheidend ist die Überzeugung des Gerichts im Hinblick auf das Vorliegen der Zulässigkeitstatsachen, § 286 ZPO. Das Gericht kann dabei auf einen **Freibeweis** abstellen, der nicht auf die gesetzlichen Beweismittel beschränkt ist. Die Einholung amtlicher Auskünfte sowie Verwertung schriftlicher Zeugenaussagen oder eidesstattlicher Versicherungen ist erlaubt.[593, 594]

396 Ist der Zulässigkeitsmangel heilbar, so wird das Gericht von der in § 139 Abs. 3 ZPO normierten **Hinweispflicht** Gebrauch machen, damit die insoweit beweisbelastete Partei den Zulässigkeitsmangel noch ausräumen kann. **Maßgeblicher Zeitpunkt** für das

---

589 BGH NJW 1993, 862; NJW 1995, 2230.
590 BGH NJW 1995, 1354.
591 BGH NJW 1982, 1467; 1991, 3096; 1995, 1354.
592 Zöller-Vollkommer, § 56 ZPO, Rn. 9.
593 BGH NJW 2000, 290; Zöller-Vollkommer, § 56 ZPO, Rn. 8.
594 Im Gegensatz dazu steht der Strengbeweis, der auf die gesetzlich normierten Beweismittel beschränkt ist, nämlich: Sachverständigenbeweis, Augenschein, Parteivernehmung, Urkundenbeweis, Zeugenbeweis.

Vorliegen der Zulässigkeitsvoraussetzungen ist nämlich derjenige des Schlusses der letzten mündlichen Verhandlung. Zu beachten bleibt § 335 Abs. 1 Nr. 1 ZPO, wonach beim heilbaren Zulässigkeitsmangel bei Säumnis des Beklagten kein unechtes Versäumnisurteil gegen den Kläger ergeht, sondern vielmehr der Antrag auf Erlass des Versäumnisurteils zurückgewiesen wird.[595]

Abschließend bleibt darauf hinzuweisen, dass Zulässigkeitsmängel seitens des Beklagten auch durch Rügeverzicht gemäß § 295 ZPO oder **rügelose Verhandlung** gemäß § 39 ZPO – für die Zuständigkeit – behoben sein können. Auf einen Rügeverzicht oder eine rügelose Verhandlung sollte man als Klägervertreter aber nicht bauen.

### b) Der Einfluss einer Schiedsvereinbarung auf den Bauprozess

Die Prozesseinrede der Schiedsvereinbarung, die nur auf eine Rüge des Beklagten hin geprüft wird,[596] führt zum Erlass eines Prozessurteils. Die Vertragspartner haben es in der Hand, bereits bei Abschluss des Bauvertrages zu vereinbaren,[597, 598] Streitigkeiten aus dem Bauvertrag nicht vor den ordentlichen Gerichten, sondern vielmehr im Rahmen eines **Schiedsgerichtsverfahrens** vor einem Schiedsgericht, dass die Parteien selbst auswählen können, endgültig und verbindlich[599] auszutragen.

Ein solches Schiedsgerichtsverfahren hat seine **Vorteile** darin, dass es zu einer intensiveren und schnelleren Bearbeitung des Streitfalls durch einen sachkundigen Schiedsrichter führt. Ein weiterer Vorteil ist in der Verkürzung des Instanzenzuges sowie dem Einfluss der Parteien auf die fachkundige Auswahl des oder der Schiedsrichter zu sehen.[600]

Neben den Vorteilen sind allerdings auch die **Nachteile** eines Schiedsgerichtsverfahren zu berücksichtigen: Im Schiedsgerichtsverfahren gibt es im Gegensatz zu einer Streitverkündung im ordentlichen Gerichtsverfahren keine Möglichkeit, Dritte ohne deren Zustimmung[601] in das Verfahren einzubeziehen. Deshalb entfaltet der Schiedsspruch grundsätzlich keine Bindungswirkung gegenüber Dritten. Zudem bleibt auch bei Vorliegen einer Schiedsvereinbarung gemäß § 1033 ZPO die Anordnung eines selbststän-

---

595 Zöller-Herget, § 335 ZPO, Rn. 1, 2.
596 Werner/Pastor, Rn. 529. Gemäß § 1032 ZPO braucht der Beklagte die Einrede der Schiedsvereinbarung abweichend von §§ 296 Abs. 3, 282 Abs. 3 ZPO nicht innerhalb der Klageerwiderungsfrist vorbringen. Er kann sie noch bis zum Beginn der mündlichen Verhandlung zur Hauptsache geltend machen, BGH NJW 2001, 2176. Die erst im Einspruch gegen ein Versäumnisurteil erhobene Einrede ist dagegen verspätet, OLG München NJW-RR 1995, 127.
597 Vgl. zur Frage des Vorliegens eines wirksamen Schiedsvertrages: Werner/Pastor, Rn. 530ff.
598 Findet sich in Allgemeinen Geschäftsbedingungen der Hinweis, dass die Parteien zur Regelung von Streitigkeiten ein Schiedsgericht zu vereinbaren haben, so ist damit gerade noch kein besonderer Schiedsvertrag abgeschlossen. Der Hinweis ist folglich wirkungslos, BGH MDR 1973, 1001; NJW 1992, 575; OLG München BauR 2000, 1179.
599 BGHZ 6, 335; OLG Düsseldorf MDR 1977, 762; OLG Zweibrücken NJW 1971, 943.
600 Heiermann/Riedl/Rusan, § 10 VOB/A, Rn. 27ff.; Hochstein/Jagenburg, S. 306ff.; Mandelkow, S. 43ff.; ders., BauR 1997, 785ff.; Werner/Pastor, Rn. 519.
601 Etwas anderes gilt dann, wenn sich der Dritte entsprechend §§ 74, 68 ZPO den Wirkungen des Schiedsspruchs freiwillig unterworfen hat, BGH MDR 1965, 124.

digen Beweisverfahrens in der Zuständigkeit der ordentlichen Gerichte.[602, 603] Die Parteien haben es allerdings in der Hand, im Schiedsvertrag auch das selbstständige Beweisverfahren ausdrücklich in die Zuständigkeit des Schiedsgerichts zu stellen. Folgeprobleme ergeben dabei im Hinblick auf die Fragestellung, welche Rechtsfolgen das durchgeführte selbstständige Beweisverfahren im Hinblick auf die Verjährungshemmung entfaltet. So bezieht sich die durch Einleitung des selbstständigen Beweisverfahrens eintretende Verjährungshemmung gemäß § 204 Abs. 1 Nr. 7 BGB nur auf das bei den ordentlichen Gerichten geführte selbstständige Beweisverfahren gemäß 485 ZPO. Ist im Schiedsvertrag vereinbart, auch das selbstständige Beweisverfahren der Schiedsgerichtsbarkeit zu unterstellen, so lässt dies den Schluss zu, dass es gleichsam dem Willen der Parteien entspricht, auch die Verjährungshemmung eintreten zulassen.[604]

### c) Die Zuständigkeit des Zivilgerichts in Bausachen

401 *aa) Abgrenzung von privatem und öffentlichem Baurecht:* Gemäß § 13 GVG entscheiden die Amts- und Landgerichte ausschließlich über bürgerlich-rechtliche Streitigkeiten. Somit ist bei Auseinandersetzungen, die das private Baurecht betreffen, die Zuständigkeit der Zivilgerichte eröffnet. Geht es vor diesem Hintergrund um die **Abgrenzung von privatem und öffentlichem Baurecht**, ist von einem privaten Baurechtsprozess immer dann auszugehen, wenn es um rechtliche Beziehungen von Baubeteiligten geht, die sich bei einem Bauvorhaben **gleichrangig gegenüberstehen**.[605, 606]

402 Während diese Vorgabe bei Streitigkeiten zwischen Bauherren, Architekten, Sonderfachleuten, Bauunternehmern und Baugesellschaften eindeutig zu bejahen ist, bestehen Abgrenzungsprobleme in der Regel dann, wenn Prozesspartei ein Rechtssubjekt des öffentlichen Rechts ist. In diesem Fall ist zu prüfen, ob die Natur des Rechtsverhältnisses, aus dem der Klageanspruch hergeleitet wird, dem öffentlichen Recht zuzuordnen ist,[607] wobei es keine Rolle spielt, ob der Kläger sich dabei auf eine zivilrechtliche oder eine öffentlich-rechtliche Anspruchsgrundlage beruft.[608]

403 Steht ein **Vertragsverhältnis** zwischen einem Rechtssubjekt des öffentlichen Rechts und einem privaten Bauherrn, Architekten oder einer Bauträgergesellschaft in Streit, muss im Hinblick auf die Ermittlung der Natur des Rechtsverhältnisses die Abgrenzung zwi-

---

602 Gemäß § 1033 ZPO kann ein Gericht vor und nach Beginn des schiedsrichterlichen Verfahrens auf Antrag einer Partei eine vorläufige oder sichernde Maßnahme in Bezug auf den Streitgegenstand (wie dies beim selbstständigen Beweisverfahren der Fall ist) anordnen, OLG Frankfurt BauR 1993, 504; Werner/Pastor, Rn. 71, 522.
603 Wird das selbstständige Beweisverfahren vor den ordentlichen Gerichten abgewickelt, kann das Schiedsgericht das Beweisergebnis im Schiedsverfahren verwerten. Eine direkte Bindungswirkung an das Beweisergebnis gibt es nicht. Das Schiedsgericht kann folglich die Beweisaufnahme ergänzen oder wiederholen lassen, wenn berechtigten Bedenken gegen die Verwertung bestehen.
604 Werner/Pastor, Rn. 522.
605 BGH NJW 2000, 1042; Werner/Pastor, Rn. 397.
606 Zur Beantwortung der Frage, ob der Streitgegenstand eine unmittelbare Rechtsfolge des Zivilrechts betrifft, kommt es allein auf den Tatsachenvortrag des Klägers an, BGH NJW 1978, 1860.
607 BGHZ 102, 280; 108, 284.
608 BGHZ 102, 280; 108, 284; OVG BauR 2002, 757.

schen öffentlich-rechtlichem und privatrechtlichem Vertrag vom Gegenstand des Vertrages her im Einzelfall getroffen werden.[609]

Geht es dem entgegen nicht um die Klage aus einem Vertragsverhältnis, sondern um das **Beseitigungsbegehren eines Baunachbarn**, der behauptet, das Bauwerk sei unter Verstoß gegen ein Bauverbot und ohne Baugenehmigung gebaut worden, dann geht es um einen privat-rechtlich ausgestalteten Beseitigungsanspruch des Nachbarn auf Abriss des Bauwerks, über den die ordentlichen Gerichte zu entscheiden haben.[610]

Daneben gibt es die öffentlich-rechtliche Nachbarklage. Der öffentlich-rechtliche Abwehr- und Beseitigungsanspruch ist vom Baunachbarn im Wege der Klage vor dem Verwaltungsgericht geltend zu machen. Der Baunachbar wird dabei regelmäßig eine Verpflichtungsklage erheben, die darauf abzielt, die Behörde zu verpflichten, vermittels einer Beseitigungsverfügung gegen den Bauherrn des ungenehmigten Bauvorhabens vorzugehen.[611]

*bb) Funktionale Zuständigkeit:* Geht es im konkreten Streitfall um die Anwendung des **Wohnungseigentumsgesetz**, so sind die §§ 43 ff. WEG zu beachten, wonach eine ausschließliche Zuständigkeit für ein Verfahren der Freiwilligen Gerichtsbarkeit begründet wird.[612]

*cc) Die Zuständigkeit der Kammer für Handelssachen:* Richtet sich die Klage gegen ein Kaufmann im Sinne des Handelsgesetzbuches, der in das Handelsregister oder Genossenschaftsregister eingetragen ist oder aufgrund einer gesetzlichen Sonderregelung für juristische Personen des öffentlichen Rechts nicht eingetragen zu werden braucht, wird bei Vorliegen eines Antrags des Klägers[613] gemäß § 95 Abs. 1 Nr. 1 GVG die Zuständigkeit der **Kammer für Handelssachen** begründet. Im Baurecht ist die Kammer für Handelssachen demnach zuständig, wenn sich die Klage gegen einen eingetragenen Kaufmann[614] richtet und es sich bei den bauvertraglichen Ansprüchen um solche aus einem beiderseitigen Handelsgeschäft im Sinne der §§ 343, 344 HGB handelt.[615]

---

609 BGH NJW 1960, 1457; BGHZ 50, 284 (287); NJW 1969, 787; ZfBR 1997, 84; OLG Hamm BauR 1991, 653; OLG Dresden NZBau 2000, 88. Weiterführend: Werner/Pastor, Rn. 398, 399.
610 BGH NJW 1970, 1126; MDR 1977, 568; WM 1974, 1226; OLG Hamm DB 1975, 834.
611 BVerwG BauR 1986, 195; OVG Lüneburg BauR 1986, 692; Rasch, BauR 1975, 94. Weiterführend: Werner/Pastor, Rn. 403.
612 Um ein Verfahren der freiwilligen Gerichtsbarkeit geht es beispielsweise in: Streit zwischen Wohnungseigentümern über die Beseitigung einer Reklameschrift, BayObLG NJW 1964, 47; Streit um einen Vergütungsanspruch des Verwalters, auch wenn er abberufen ist, BGH NJW 1980, 2466; Schadensersatzanspruch gegen Verwalter wegen unterbliebenen Hinweises auf Ablauf von Gewährleistungsfristen, BayObLG NZM 2001, 388; Streit unter Eigentümern wegen Eigentumsstörung, OLG Frankfurt MDR 1982, 151; Klage auf Herausgabe von Bauunterlagen gegenüber früherem Verwalter, OLG Hamm NJW-RR 1988, 268.
613 Vgl. insoweit § 96 Abs. 1 GVG.
614 Die Kammer für Handelssachen ist demnach auch dann zuständig, wenn sich die Klage gegen eine ARGE bzw. gegen einen eingetragenen Gesellschafter einer AGRE richtet, KG BauR 2001, 1790.
615 Zöller-Gummer, § 95 GVG, Rn. 5.

## d) Die örtliche Zuständigkeit

408 *aa) Gerichtsstand des Erfüllungsorts:* Geht es um die Erbringung von Zahlungs- und Mängelansprüchen aus einem Bauvertrag, befindet sich nach der Rechtsprechung des BGH der Erfüllungsort regelmäßig am Ort des Bauwerkes.[616]

409 Damit können alle **bauvertraglichen Ansprüche**[617] am **Ort der Bauausführung** und dem besonderen Gerichtsstand des Erfüllungsortes gemäß § 29 ZPO geltend gemacht werden, was insbesondere dann von Vorteil ist, wenn mehrere Beklagte mit unterschiedlichen Gerichtsständen gemeinsam verklagt werden sollen.[618, 619]

410 Haben Vollkaufleute einen **VOB-Bauvertrag** abgeschlossen, so ist damit die in § 18 Nr. 1 VOB/B enthaltene **Gerichtsstandsregelung** vereinbart worden, mit der der Gerichtsstand des Erfüllungsortes ausgeschlossen wird.[620]

411 Ob **Honorarforderungen von Architekten** und Sonderfachleuten am Ort des Bauvorhabens geltend gemacht werden können, ist seit Jahrzehnten streitig. Überwiegend gehen die Instanzgerichte wohl davon aus, dass § 29 ZPO insoweit nicht einschlägig ist.[621] Dagegen können alle Erfüllungs- und Mängelansprüche gegen Architekten und Sonderfachleute am Gerichtsstand des Erfüllungsortes geltend gemacht werden.[622]

412 *bb) Internationale Zuständigkeit bei grenzüberschreitender Bautätigkeit:* Die Frage der internationalen Zuständigkeit stellt sich unweigerlich dann, wenn ein Bauprozess bei Vorliegen einer grenzüberschreitenden Bautätigkeit[623] eingeleitet werden soll.

---

616 BGH BauR 1986, 241; OLG Düsseldorf BauR 1982, 297; BayObLG BauR 1983, 390 (391); OLG Saarbrücken NJW 1992, 987 (988); Zöller-Vollkommer, § 29 ZPO, Rn. 25 „Bauvertrag"; Thomas/Putzo, § 29 ZPO, Rn. 6; Werner/Pastor, Rn. 420.

617 Ausgenommen sind solche Ansprüche, die bestehen, wenn das Bauwerk nicht errichtet worden ist. In diesem Fall gelten ausschließlich §§ 12, 13 und 17 ZPO, LG Mainz NJW-RR 1999, 670; LG Tübingen MDR 1995, 1208; Koeble BauR 1997, 191.

618 Dies gilt auch dann, wenn sich die Ansprüche gegen eine ARGE richten. Neben dem allgemeinen Gerichtsstand des § 17 ZPO kann der Kläger auch auf den besonderen Gerichtsstand des § 29 ZPO abstellen und nach § 35 ZPO selbst wählen, an welchem der beiden Gerichtsstände er die Klage anhängig machen will.

619 Richtet sich die Klage gegen mehrere Beklagte mit unterschiedlichen Gerichtsständen, besteht für den Kläger die Möglichkeit, einen Antrag auf gerichtliche Zuständigkeitsbestimmung nach § 36 Abs. 1 Nr. 3 ZPO an das im Rechtszug zunächst höhere gemeinschaftliche Gericht zu stellen. § 36 Abs. 1 ZPO gilt eigentlich nur im Flächenstaat, wie z.B. Brandenburg (LG Potsdam und LG Frankfurt/Oder = OLG Brandenburg). Fehlt ein gemeinschaftliches Gericht, ist das höhere Gericht zuständig, zu dessen Bezirk das zuerst mit der Sache befasste Gericht gehört (§ 36 Abs. 2 ZPO – z.B. LG Berlin und LG Potsdam = KG oder OLG Brandenburg). Die Bestimmung des zuständigen Gerichts erfolgt sodann nach Zweckmäßigkeitsgesichtspunkten, Zöller-Vollkommer, § 36 ZPO, Rn. 18 – Konzentration mehrerer Verfahren, räumliches „Schwergewicht". Eine Gerichtsstandsbestimmung nach § 36 Nr. 3 ZPO scheidet aus, wenn der besondere Gerichtsstand des § 29b ZPO gegeben ist. Seit dem 01. April 1991 ist für Klagen von Unternehmern, Architekten und Sonderfachleuten, Bauträgergesellschaften oder Treuhändern, die sich gegen Mitglieder einer Wohnungseigentümergemeinschaft richten und sich auf das gemeinschaftliche Eigentum, seine Verwaltung oder das Sondereigentum beziehen, das Gericht zuständig, in dessen Bezirk das Grundstück liegt.

620 OLG Frankfurt BauR 1999, 789.

621 LG Karlsruhe BauR 1997, 519; LG München NJW-RR 1993, 212; LG Flensburg BauR 1998, 1047. AA und § 29 ZPO bejahend: KG BauR 1999, 940 (941); LG Ulm BauR 2001, 441; OLG Frankfurt MDR 1993, 684; Koeble BauR 1997, 191.

622 BGH BauR 2001, 979 (981); BauR 1986, 241; OLG Düsseldorf DB 1969, 923.

623 Weiterführend: Hök, Internationales Baurecht, 2001.

Nach Inkrafttreten das EuGVVO, dass das EuGVÜ seit dem 01. Februar 2002 abgelöst hat, wird der **Erfüllungsort** nicht mehr mithilfe des internationalen Privatrechts des angerufenen Gerichts,[624] sondern alleine auf der Grundlage des Art. 5 Nr. 1 b EuGVVO bestimmt.[625] Im bauvertraglichen Bereich geht es insoweit um die Erbringung von Dienstleistungen, wozu auch handwerkliche und freiberufliche Tätigkeiten gehören. Für diese Tätigkeiten bestimmt Art. 5 Nr. 1 b EuGVVO, dass Erfüllungsort der Ort in dem Mitgliedsstaat ist, an dem sie nach dem Vertrag erbracht worden sind oder hätten erbracht werden müssen.

413

*cc) Gerichtsstandsvereinbarungen:* Es entspricht weiterhin ständiger Praxis, in Architekten- und Bauverträgen **Gerichtsstandsvereinbarungen** zu treffen, um für den Fall von Rechtsstreitigkeiten die sachliche als auch örtliche und internationale Zuständigkeit zu regeln.[626] Es gibt drei **zulässige Vereinbarungsmöglichkeiten**:[627]

414

- Gemäß § 38 Abs. 1 ZPO ist eine Gerichtsstandvereinbarung zulässig, wenn die Vertragsparteien **Kaufleute**, juristische Personen des öffentlichen Rechts oder öffentlich-rechtliches Sondervermögen sind. Es geht mithin um einen qualifizierten Personenkreis mit mangelnder Schutzwürdigkeit.[628]
- § 38 Abs. 2 ZPO regelt zur Erleichterung des internationalen Rechtsverkehrs die **sog. internationale Prorogation**. Damit eine Gerichtsstandsvereinbarung getroffen werden darf, muss mindestens eine Vertragspartei bei Vertragsschluss keinen allgemeinen Gerichtsstand im Inland haben. § 38 Abs. 2 ZPO ist nicht anwendbar, wenn alle Parteien ihren Wohnsitz bzw. Sitz im Inland haben.[629]
- § 38 Abs. 3 Nr. 1 ZPO lässt für alle Personenkreise eine „**nach Entstehen der Streitigkeit**" getroffene Gerichtsstandsvereinbarung zu. Entstanden ist eine Streitigkeit, sobald die Parteien über einen bestimmten Punkt des Vertrages uneins sind und ein gerichtliches Verfahren unmittelbar bevorsteht.[630] Die Prorogation kann nicht zugleich mit dem streitigen Hauptvertrag vereinbart werden. Zu beachten ist die Ausdrücklichkeit im Sinne einer Unmissverständlichkeit im Hinblick auf das zuständige Gericht und ein bestimmtes Rechtsverhältnis sowie die Schriftform nach § 126 BGB (Warnfunktion!).[631]

---

624 Nach deutschem internationalem Privatrecht ist als Anknüpfung für das anzuwendende Recht bei Schuldverträgen in erster Linie der Parteiwille maßgebend (Art. 27 Abs. 1 S. 1 EGBGB). Haben die Parteien eine ausdrückliche oder konkludente Rechtswahl nicht getroffen, ist die Regelvermutung des Art. 28 EGBGB heranzuziehen. Nach Auffassung des BGH und der herrschenden Meinung wird der Werkvertrag durch die Leistung des Werkunternehmers charakterisiert, BGH BauR 1999, 677. Dies führt regelmäßig zum Recht des Ortes der Niederlassung des Werkunternehmers.
625 Thomas/Putzo-Hüßtege, Art. 5 EuGVVO, Rn. 8; Micklitz/Rott, EuZW 2001, 325 (328).
626 Zöller-Vollkommer, § 38 ZPO, Rn. 3.
627 Vorweg ist darauf hinzuweisen, dass vor dem Hintergrund des § 40 Abs. 2 ZPO eine gemäß § 38 ZPO an sich zulässige Gerichtsstandsvereinbarung unwirksam ist, wenn für die Klage ein ausschließlicher Gerichtsstand begründet ist. Hier ist in Bausachen vor allem an § 29c ZPO zu denken.
628 Weiterführend: Zöller-Vollkommer, § 38 ZPO, Rn. 17 ff.; Thomas/Putzo, § 38 ZPO, Rn. 7 ff.; Ehrike, ZZP 111, 145 ff.
629 Weiterführend: BGH NJW 1993, 1071; Zöller-Vollkommer, § 38 ZPO, Rn. 23 ff.; Franzen, RIW 2000, 86.
630 Zöller-Vollkommer, § 38 ZPO, Rn. 33.
631 Zöller-Vollkommer, § 38 ZPO, Rn. 34; MünchKomm-Patzina, § 38 ZPO, Rn. 34; Thomas/Putzo, § 38 ZPO, Rn. 17.

**415** Damit kann festgehalten werden, dass Gerichtsstandsvereinbarungen wie auch gerichtsstandsbegründende Erfüllungsortvereinbarungen vor dem Hintergrund der §§ 38 Abs. 1, 29 Abs. 2 ZPO immer dann unwirksam sind, wenn nicht **beide Vertragspartner Kaufleute** sind.[632] Beim VOB-Bauvertrag ist gemäß § 18 Nr. 1 VOB/B eine Gerichtsstandsvereinbarungen ebenfalls nur im gesetzlich zulässigen Rahmen des § 38 ZPO wirksam.[633]

### e) Taktisches Verhalten bei ungeklärter Zuständigkeit

**416** Fraglich bleibt, wie man sich als Prozessvertreter verhalten soll, wenn sich das Gericht zur zwischen den Parteien umstrittenen Frage der örtlichen Zuständigkeit noch nicht oder gegen die eigene Auffassung geäußert hat? In diesem Fall kann der Kläger einen unbedingten oder hilfsweisen **Verweisungsantrag** nach § 281 Abs. 1 ZPO stellen. Auf einen Verweisungsantrag des Beklagten kommt es nicht an. Das Gericht verweist nicht etwa von Amts wegen an das seiner Meinung nach zuständige Gericht, sondern weist die Klage gegebenenfalls durch Prozessurteil als unzulässig ab.

**417** Weiterhin obliegt es dem Beklagten, die fehlende – örtliche oder sachliche – Zuständigkeit zu rügen. Gemäß **§ 39 Satz 1 ZPO** kann die Zuständigkeit auch dadurch begründet werden, dass der Beklagte, ohne die Unzuständigkeit geltend zu machen, zur Hauptsache mündlich verhandelt.[634] Dabei ist die Erörterung der Angelegenheit vor Antragstellung im Rahmen des Gütetermins nach § 278 Abs. 2 ZPO kein Verhandeln zur Hauptsache und führt nicht zur Zuständigkeitsbegründung durch rügelose Einlassung.[635] Gleiches gilt für ein Verhandeln über Prozessvoraussetzungen bzw. Vergleichsverhandlungen. Die Rüge ist deshalb **bis zum Beginn der Verhandlung** zur Hauptsache – also bis zur Antragstellung (§ 137 Abs. 1 ZPO) – zu erheben.[636, 637] Die Zuständigkeit des angegangenen Gerichts ist die gesetzliche Folge der rügelosen Einlassung, auch wenn etwa ein Hinweis des Gerichts auf die fehlende Zuständigkeit nach § 139 Abs. 3 ZPO fehlt. Etwas anderes gilt nur nach § 39 Satz 2 ZPO i.V.m. § 504 ZPO für Verfahren vor dem Amtsgericht. Hier kann die fehlende Zuständigkeit bei unterlassener

---

632 Als Folge des Handelsrecht-Reformgesetzes vom 22. Juni 1998 ist nunmehr nach § 1 Abs. 2 HGB jeder Gewerbebetrieb ein Handelsgewerbe und begründet damit die Kaufmannseigenschaft, es sei denn, dass das Unternehmen nach Art oder Umfang einen in kaufmännischer Weise eingerichteten Geschäftsbetrieb nicht erfordert. Damit besteht für Unternehmer und Bauhandwerker die (widerlegbare) Vermutung, dass sie Kaufleute sind. Dem gegenüber sind Architekten oder Sonderfachleute weiterhin keine Kaufleute. Gerichtsstandsvereinbarung sind in diesem Bereich an § 38 Abs. 3 ZPO zu messen.
633 Werner / Pastor, Rn. 416.
634 Im Säumnisverfahren gilt § 39 Satz 1 ZPO bei einem Antrag des Beklagten auf Erlass eines Versäumnisurteils gegen den Kläger. Bei Einspruch kann der Beklagte wegen § 342 ZPO im Einspruchstermin nach § 343 ZPO die Unzuständigkeit allerdings wieder rügen, Zöller-Vollkommer, § 39 ZPO, Rn. 9. Bei einer Säumnis des Beklagten ist § 331 Abs. 1 Satz 2 ZPO zu beachten. Danach greift die Geständnisfiktion nicht hinsichtlich vom Kläger behaupteter Vereinbarungen nach §§ 29 Abs. 2, 38 ZPO. Das Gericht hat hier von Amts wegen eine hinreichend schlüssige Darlegung der Zuständigkeit durch den Kläger zu prüfen, Zöller-Herget, § 331 ZPO, Rn. 6.
635 Zöller-Vollkommer, § 39 ZPO, Rn. 6.
636 Zöller-Vollkommer, § 39 ZPO, Rn. 7, 8.
637 Zulässig und geboten ist die Rüge und vorsorgliches Verhandeln zur Sache, z.B. wenn das Gericht die Klage entgegen der Auffassung des Beklagten für zulässig hält, um die Rüge der Zuständigkeit bzw. Unzuständigkeit in der nächsten Instanz weiterhin geltend machen zu können, Zöller-Vollkommer, § 39 ZPO, Rn. 5.

Belehrung noch bis zum Schluss der mündlichen Verhandlung erster Instanz gerügt werden, in der Berufungsinstanz dagegen nach § 529 Abs. 2 ZPO nicht mehr.[638]

### f) Zur subjektiven Klagehäufung im Bauprozess

Eine subjektive Klagehäufung entsteht durch Klageerhebung oder im Laufe des Prozesses immer dann, wenn auf der Kläger- oder Beklagtenseite mehrere Personen stehen.

418

Bei der **einfachen Streitgenossenschaft** handelt es sich um eine Zusammenfassung mehrerer Prozesse aus Zweckmäßigkeitserwägungen zu einem Prozess. Die verschiedenen Prozessverhältnisse und die jeweils an ihnen beteiligten Parteien bleiben daher grundsätzlich selbstständig und voneinander unabhängig.[639] Eine einfache Streitgenossenschaft besteht gemäß § 59 ZPO, wenn die Beklagten zueinander in Rechtsgemeinschaft stehen. Eine Rechtsgemeinschaft liegt vor, wenn Gesamtschuldner verklagt werden. Dabei kommt es nur darauf an, wie der Kläger die Beklagten verklagt hat, nicht dagegen, ob die Beklagten – was ja erst nach materieller Prüfung festgestellt werden kann – tatsächlich Gesamtschuldner des Klägers sind.[640] Ferner besteht eine einfache Streitgenossenschaft gemäß §§ 59, 60 ZPO, wenn die Verpflichtung aus demselben oder einem – im Wesentlichen – gleichartigen tatsächlichen oder rechtlichen Grund folgt.[641] Die Bestimmung ist als Zweckmäßigkeitsvorschrift weit auszulegen.[642, 643]

419

Liegen die Voraussetzungen einer Streitgenossenschaft nicht vor, erfolgt nach Rüge des Beklagten (vgl. § 295 ZPO) keine Klageabweisung durch Prozessurteil, sondern vielmehr eine **Trennung der Verfahren** nach § 145 ZPO.

420

### g) Aktivlegitimation und Prozessführungsbefugnis bei Mängeln am Sonder- und Gemeinschaftseigentum[644]

Die **Prozessführungsbefugnis** und die **Aktivlegitimation**[645] des Einzelnen Wohnungseigentümers sind unproblematisch zu bejahen, wenn es um die Durchsetzung von Mängelansprüchen wegen des Sondereigentums geht.[646]

421

Geht es dem entgegen um das **Gemeinschaftseigentum**, ist zu bedenken, dass die Ansprüche allen Wohnungseigentümer in ihrer Verbundenheit als Wohnungseigentü-

422

---

638 Zöller-Gummer, § 529 ZPO, Rn. 13.
639 Zöller-Vollkommer, § 61 ZPO, Rn. 8; Thomas/Putzo, § 61 ZPO, Rn. 1.
640 Zöller-Vollkommer, § 61 ZPO, Rn. 5.
641 BayObLG NJW-RR 1998, 209 und 805.
642 BGH NJW 1986, 3209; 1992, 982; JZ 1990, 1036; Zöller-Vollkommer, § 61 ZPO, Rn. 7.
643 Es ist umstritten, ob ein Streitgenosse im Prozessrechtsverhältnis des anderen als Zeuge vernommen werden kann. Die Rechtsprechung lässt die Vernehmung eines Streitgenossen als Zeuge nur insoweit zu, als die Tatsache, zu der er als Zeuge benannt ist, ausschließlich den Prozess des anderen Streitgenossen betrifft, nicht jedoch, soweit die Tatsache auch für seinen Rechtsstreit von Bedeutung ist. Dadurch soll verhindert werden, dass der Streitgenosse praktisch in seinem eigenen Prozess als Zeuge aussagen könnte, BGH NJW 1983, 2508; NJW 1999, 2116; NJW-RR 1991, 256.
644 Zur Begriff des Wohnungseigentums und der Abgrenzung von Sonder- und Gemeinschaftseigentum: Werner/Pastor, Rn. 466 ff.; Kleine-Möller/Merl/Oelmaier-Merl, § 12 Rn. 841.
645 Zur Abgrenzung zwischen Prozessführungsbefugnis und Aktivlegitimation: Zöller-Vollkommer, Vor § 50 ZPO, Rn. 18; Groß, BauR 1975, 12 (17); OLG Köln NJW 1968, 2063.
646 BGH BauR 1997, 488 (489); BauR 1991, 606; NJW 1989, 1031; Groß, BauR 1975, 12 (17); Deckert, NJW 1973, 1073; Kleine-Möller/Merl/Oelmaier-Merl, § 12 Rn. 840; Werner/Pastor, Rn. 471.

mergemeinschaft zustehen und deshalb bestimmte Mängelrechte nur von den Wohnungseigentümern in ihrer gesamthänderischen Verbundenheit gemeinsam geltend gemacht werden können.[647]

423 Der Erwerber hat gegen den Bauträger einen Anspruch auf mangelfreie Herstellung des Sondereigentums und des Gemeinschaftseigentums, an dem er anteilig Miteigentümer ist.[648] Damit ist die **Aktivlegitimation** des Einzelnen Wohnungseigentümers sowohl im Hinblick auf Erfüllungs- als auch für Mängelansprüche zu bejahen.[649]

424 Im Hinblick auf die **Prozessführungsbefugnis** muss allerdings unterschieden werden: Die Prozessführungsbefugnis des Einzelnen Wohnungseigentümers liegt zunächst dann vor, wenn es im Hinblick auf das Gemeinschaftseigentum um den **Erfüllungs- bzw. Nacherfüllungsanspruch** geht.[650] Darüber hinaus kann auch der Anspruch auf Zahlung eines Vorschusses[651] für Nachbesserungskosten bzw. der Erstattungsanspruch bei bereits vorgenommener Nachbesserung vom Erwerber im eigenen Namen geltend gemacht werden.[652, 653] Bei Vorliegen eines Mehrheitsbeschlusses der Wohnungseigentümergemeinschaft kann allerdings auch der **Verwalter** in gewillkürter Prozessstandschaft[654] Ansprüche der Gemeinschaft im eigenen Namen verfolgen.[655, 656]

425 Die **Prozessführungsbefugnis** des Einzelnen Wohnungseigentümers bezieht sich gleichsam auf die Ansprüche aus **Rücktritt**[657] und für den Anspruch auf den **großen Schadensersatz**.[658] Mit der Geltendmachung dieser Ansprüche und der Rückabwicklung des Erwerbsvertrages scheidet der Erwerber aus der Wohnungseigentümergemeinschaft aus und wird durch den Bauträger als Vertragspartner ersetzt.

---

647 Die Wohnungseigentümergemeinschaft hat keine Rechtspersönlichkeit und ist nicht parteifähig im Sinne des § 50 Abs. 1 ZPO. Kläger sind folglich die einzelnen Wohnungseigentümer als natürliche Personen, BGH NJW 1977, 1686.
648 BGH BauR 1997, 488 (489); BauR 1991, 606; NJW 1989, 1031; Groß, BauR 1975, 12 (17); Deckert, NJW 1973, 1073; Kleine-Möller/Merl/Oelmaier-Merl, § 12 Rn. 840; Werner/Pastor, Rn. 471.
649 Werner/Pastor, Rn. 472.
650 BGH BauR 1990, 353.
651 Im Hinblick auf den Klageantrag ist bei der Vorschussklage zu bedenken, das der Antrag auf eine Zahlung an die Wohnungseigentümergemeinschaft zu richten ist, da nur auf diese Weise eine dem Gemeinschaftsrecht entsprechende Verwendung der Zahlung gewährleistet wird.
652 BGH BauR 1977, 271; BauR 1979, 420; NJW 1980, 400; BauR 1990, 353; Werner/Pastor, Rn. 478; Kleine-Möller/Merl/Oelmaier-Merl, § 12 Rn. 847 f.
653 Ein Beschluss der Wohnungseigentümergemeinschaft, durch den der Wohnungseigentümer zur klageweisen Geltendmachung der Ansprüche ermächtigt wird, ist nicht erforderlich.
654 Eine gewillkürte Prozessstandschaft, bei der der Kläger ein fremdes Recht im eigenen Namen geltend macht, ist dann zulässig, wenn der Kläger ein schutzwürdiges Interesse an der Rechtsverfolgung hat und er die Ermächtigung offenbart, Zöller-Vollkommer, Vor § 50 ZPO, Rn. 44 f.; Kleine-Möller/Merl/Oelmaier-Oelmaier/Merl, § 21 Rn. 46 f.
655 BGH BauR 1997, 488 (489); BauR 1981 467; OLG Celle BauR 2001, 1753.
656 Insoweit hat die Wohnungseigentümerversammlung als Beschlussorgan nach dem WEG mit Mehrheit entschieden, Mängelansprüche aller Wohnungseigentümer wegen Mängeln am Gemeinschaftseigentum zu verfolgen. Auch nach einem derartigen Mehrheitsbeschluss bleiben die Erwerber Inhaber der Mängelansprüche aus ihren ursprünglichen Erwerbsverträgen, Greiner ZfBR 2001, 439 (441).
657 BGH WM 1971, 1251; NJW 1979, 2007; KG NJW 1976, 522; Groß, BauR 1975, 12 (18); Weitnauer, ZfBR 1981, 109 (112); Werner/Pastor, Rn. 486; Kleine-Möller/Merl/Oelmaier-Merl, § 12 Rn. 870.
658 BGHZ 74, 259; Siegburg, Rn. 2076; Brych/Pause, Rn. 659; Werner/Pastor, Rn. 491.

Dem entgegen steht bei einer **Minderung** bzw. bei der Geltendmachung des kleinen **Scha-** 426
**densersatzes** die Entscheidung über die Geltendmachung dieser gemeinschaftsbezogenen
Ansprüche der Wohnungseigentümergemeinschaft zu. Folglich können diese Rechte von
dem einzelnen Wohnungseigentümer nicht alleine verfolgt werden.[659] Voraussetzung für
die Geltendmachung dieser Ansprüche ist ein Mehrheitsbeschluss der Wohnungseigentümerversammlung nach § 21 Abs. 3 WEG. Bei Vorliegen eines Mehrheitsbeschlusses der
Wohnungseigentümergemeinschaft kann der Verwalter in gewillkürter Prozessstandschaft auch diese Ansprüche der Gemeinschaft im eigenen Namen geltend machen.[660, 661]

### h) Die Feststellungsklage im Bauprozess[662]

Im Bauprozess ist an eine **Feststellungsklage** oder **Feststellungswiderklage** dann zu den- 427
ken, wenn Verjährungseintritt droht oder der Kläger seinen Anspruch noch nicht bezif-
fern kann. Dabei ist zu beachten, dass nach der Rechtsprechung des BGH das **Feststellungsinteresse** nach § 256 ZPO fehlt,[663] wenn das vom Kläger verfolgte Ziel vermittels
einer Leistungsklage erreicht werden kann und die Feststellungsklage weder zu einer
abschließenden bzw. zu einer prozessökonomischen Entscheidung der Streitigkeit der
Parteien führt.[664, 665]

Geht es um einen Mängelrechteprozess, ist es für den Kläger regelmäßig schwierig, zu 428
den Mängelbeseitigungskosten auch nur annähernd genau vorzutragen. Zudem kann
in der Regel zu den Mängelbeseitigungskosten abschließend wenig ausgeführt werden,
weil sich die Mangelfolgen noch in der Entwicklung befinden bzw. vom Ausgang eines
anderen Prozesses oder vom Verhalten des Gegners abhängen. Wäre der Besteller/

---

659 BGHZ 74, 258; BauR 1988, 336 (338); BauR 1991, 606; BauR 2000, 285; Werner / Pastor, Rn. 488.
660 BGH BauR 1986, 447; Deckert, ZfBR 1984, 161 (164).
661 Insoweit hat die Wohnungseigentümerversammlung als Beschlussorgan nach dem WEG mit Mehrheit entschieden, Mängelansprüche aller Wohnungseigentümer wegen Mängeln am Gemeinschaftseigentum zu verfolgen. Auch nach einem derartigen Mehrheitsbeschluss bleiben die Erwerber Inhaber der Mängelansprüche
aus ihren ursprünglichen Erwerbsverträgen, Greiner ZfBR 2001, 439 (441).
662 Geht es um einen Freistellungsanspruch, bei dem beispielsweise der Unternehmer/Auftragnehmer gegenüber dem Baustoffhändler die Freistellung von Schadensersatzansprüchen begehrt, die der Besteller/
Auftraggeber wegen mangelbehafteter Holzbalken gegen ihn geltend macht, dann ist dieser nicht auf eine
Feststellung gerichtet, sondern stellt ein Leistungsbegehren dar, da er seiner Natur nach ein Schadensersatzanspruch im Sinne des § 249 Abs. 1 BGB ist, vgl. insoweit BGH BauR 1995, 542; OLG Düsseldorf Schäfer/
Finnern, Z 3.13 Bl. 57. Es kann allerdings auf eine Feststellung geklagt werden, dass der Beklagte verpflichtet
ist, den Kläger von allen Ansprüchen eines näher bezeichneten Dritten aufgrund der zwischen diesem Dritten
und dem Kläger geschlossenen Vertrages freizustellen, vgl. insoweit OLG Hamm NJW-RR 1996, 1338.
663 Das Feststellungsinteresse ist besondere Sachurteilsvoraussetzung der Feststellungsklage. Fehlt es, ist die
Klage unzulässig.
664 Zöller- Greger, § 256 ZPO, Rn. 7a; Thomas / Putzo-Reichold, § 256 ZPO, Rn. 14; Werner / Pastor, Rn. 426. Ein Feststellungsinteresse ist deshalb zu verneinen, wenn der Schaden, der sich aus dem Baumangel ergibt, der Höhe
nach feststeht und ohne Schwierigkeiten beziffert werden kann.
665 Eine positive Feststellungsklage ist nach der Rechtsprechung bei folgenden Fallgestaltungen denkbar: Feststellung des Bestehens eines Bau-, Architekten- oder Bauträgervertrages unter dem Gesichtspunkt der Wirksamkeit oder seiner Auflösung (BGH NJW 1975, 259; BauR 1989, 626 (629); MünchKomm-Lüke, § 256 ZPO,
Rn. 11); die Feststellung des Bestehens von Mängelansprüchen, sofern der Beklagte den Baumangel oder seine
Verantwortlichkeit bestreitet und die Erhebung einer Leistungsklage nicht möglich oder untunlich ist (BGH
BauR 1997, 129 (130); OLG Celle BauR 1984, 647); die Feststellung einer Abnahme zu einem bestimmten Zeitpunkt, wenn daraus unmittelbare Rechte abgeleitet werden (BGH BauR 1996, 386; OLG Hamm BauR 1984, 92
(93); Siegburg, ZfBR 2000, 507 (511)).

Auftraggeber in diesem Fall gezwungen, stets Leistungsklage zu erheben, würde ihm ein unzumutbares Prozessrisiko aufgebürdet. Deshalb ist es in diesen Fällen ratsam, eine Teilleistungsklage und eine Feststellungsklage zu erheben.[666] Darüber hinaus ist eine Feststellungsklage auch dann zuzulassen, wenn der Schaden aufgrund des Baumangels nicht abschließend feststellbar ist, weil der Mangel noch weitere schädigende Wirkung zeigt und auch in Zukunft in noch nicht abgrenzbarem Rahmen fortwirken wird.[667] In diesem Fall muss eine weitere Schadensentstehung aus dem Mangel allerdings wahrscheinlich sein.

### i) Öffentliche Zustellung gemäß § 185 ZPO

429   Eine Zustellung durch **öffentliche Bekanntmachung** setzt voraus, dass der Aufenthaltsort der Person, der gegenüber die Zustellung bewirkt werden soll, unbekannt ist. Unbekannt ist der Aufenthalt nicht bereits dann, wenn er nicht nur dem Gegner und dem Gericht unbekannt ist, sondern ausschließlich dann, wenn er allgemein unbekannt ist.[668] Dabei sind an die Feststellung der Voraussetzungen hohe Anforderungen zu stellen.[669] Insoweit sind eingehende, nicht aber unzumutbare Ermittlungen anzustellen.[670, 671]

### 2. Zur Streitverkündung im Bauprozess

430   Gemäß § 72 ZPO kann eine Partei bis zur rechtskräftigen Entscheidung des Rechtsstreits einem Dritten **den Streit verkünden**, wenn sie meint, für den Fall des ihr ungünstigen Ausgangs des Rechtsstreits, einen Anspruch auf „**Gewährleistung oder Schadloshaltung**" gegen den Dritten erheben zu können. Vor diesem Hintergrund ist an eine Streitverkündung im Bauprozess zunächst dann zu denken, wenn der Bauherr/Auftraggeber gegenüber seinem Vertragspartner im Klagewege Mängelansprüche verfolgt und der in Anspruch genommene Unternehmer/Auftragnehmer seinerseits gegenüber Subunternehmern oder Architekten Rückgriffsansprüche geltend machen will.[672]

431   Darüber kommt eine Streitverkündung bei der alternativen Schuldnerschaft in Betracht, wenn alternativ die Vertragspartnerschaft des gemäß § 164 BGB wirksam vertretenen „vermeintlichen" Bestellers/Auftraggebers neben der Haftung des gegebenenfalls als Vertreter ohne Vertretungsmacht handelnden „vermeintlichen" Vertreters gemäß § 179 BGB in Betracht kommt.[673]

---

666 BGH Schäfer/Finnern, Z 2.414 Bl. 66; NJW 1984, 1552 (1554); Wussow, NJW 1969, 483.
667 LG Itzehoe Schäfer/Finnern, Z 4.142 Bl. 28; OLG Düsseldorf BauR 1984, 91 (92).
668 RGZ 59, 259; KG MDR 1998, 124; Zöller-Stöber, § 185 ZPO, Rn. 2; Thomas/Putzo, § 185 ZPO, Rn. 7.
669 Zöller-Stöber, § 185 ZPO, Rn. 2.
670 So sind – je nach Gericht – erforderlich: Auskunft der Meldebehörde, des letzten Vermieters, etwaiger bekannter Verwandter, Nachfrage beim Zustellpostamt, Vermieter, Nachmieter, Nachbarn und letztem Arbeitgeber; Anfrage bei Haftanstalten, Polizeidienststellen und Sozialversicherungsbehörden, Zöller-Stöber, § 185 ZPO, Rn. 2.
671 Teilweise wird davon ausgegangen, dass der Partei insoweit im Hinblick auf eine vorangegangene Ermittlungstätigkeit eine qualifizierte Darlegungs- und Nachweispflicht obliegt; so: OLG Hamm JurBüro 1994, 630; KG KGR 1995, 273. Andere Gerichte bejahen bei einer Zustellung im Amtsbetrieb eine Amtsermittlung; so: BayObLG Rpfleger 1978, 446; OLG Bamberg OLGR 2000, 165.
672 OLG Frankfurt MDR 1976, 937; OLG München NJW 1986, 263; OLG Köln SFH, Nr. 17 zu § 13 Nr. 4 VOB/B; Zöller-Vollkommer, § 72 ZPO, Rn. 7; Werner/Pastor, Rn. 549.
673 BGH ZfBR 1982, 30; ZfBR 1983, 26; OLG Hamm OLGR 1996, 74 (76); OLG Koblenz OLGZ 1979, 209; Zöller-Vollkommer, § 72 ZPO, Rn. 8; Werner/Pastor, Rn. 548.

Die Streitverkündung bezieht einen Dritten im Rechtsstreit ein und setzt ihn ohne Klageerhebung der prozessual bedeutsamen **Interventionswirkung gemäß §§ 74, 68 ZPO** aus. Die Interventionswirkung besagt, dass das Urteil des Erstprozesses als richtig gilt. Der Nebenintervenient kann sich demnach nicht darauf berufen, dass der Erstprozess falsch entschieden worden ist. Darüber hinaus hemmt die Streitverkündung gemäß § 204 Abs. 1 Nr. 6 ZPO ohne besondere Klageerhebung den Lauf der Verjährungsfrist. Allerdings wird durch die Streitverkündung die Verjährung nur wegen derjenigen Ansprüche gehemmt, die sich aus der Streitverkündungsschrift ergeben.[674]

432

Anzumerken bleibt, dass die Voraussetzungen der Streitverkündung erst im Folgeprozess geprüft werden, wenn es um die Interventionswirkung bzw. die Hemmung der Verjährungsfrist geht.[675]

433

a) Voraussetzungen der Streitverkündung

*aa) Bestehender Rechtsstreit:* Eine Streitverkündung kann nur im Rahmen eines **anhängigen Rechtsstreits** erfolgen.[676] Dabei kann es sich sowohl um ein Klage-, ein einstweiliges Rechtsschutz-[677] sowie um ein selbstständiges Beweisverfahren[678] handeln. Auch im schiedsrichterlichen Verfahren ist eine Streitverkündung mit Einschränkungen möglich.[679]

434

*bb) Streitverkündungsschriftsatz gemäß § 73 ZPO:* Der einzureichende **Streitverkündungsschriftsatz** muss alle Angaben enthalten, die für die Entschließung des Dritten zum Beitritt wesentlich sind. Dazu gehören: das volle Klagerubrum; die genaue ladungsfähige Anschrift des Streitverkündungsempfängers; Ausführungen dazu, dass und warum der Streitverkündende sich eines möglichen Regressanspruches gegenüber dem Streitverkündungsempfänger berühmt; eine Mitteilung über den derzeitigen Stand des Rechtsstreits, tunlichst unter Beifügung von Ablichtungen der Klageschrift und aller weiterer bereits gewechselter Schriftsätze.[680, 681]

435

---

674 Werden in der Streitverkündungsschrift ausschließlich auf bauvertragliche Ansprüche Bezug genommen, dann wird die Verjährung nicht gehemmt, wenn die Anspruchsberechtigung später auf das Recht der unerlaubten Handlung gestützten wird, OLG Düsseldorf BauR 1996, 860.
675 Zöller-Vollkommer, § 73 ZPO, Rn. 1; Werner/Pastor, Rn. 551.
676 BGH NJW 1985, 328; Zöller-Vollkommer, § 66 ZPO, Rn. 2; Thomas/Putzo, § 66 ZPO, Rn. 3, 4.
677 OLG Düsseldorf NJW 1958, 794; Zöller-Vollkommer, § 66 ZPO, Rn. 2; Thomas/Putzo, § 66 ZPO, Rn. 2; Werner/Pastor, Rn. 556; a.A. Fricke, BauR 1978, 257 (258).
678 BGH BauR 1998, 1172; KG NJW-RR 2000, 513; Zöller-Vollkommer, § 66 ZPO, Rn. 2a; Thomas/Putzo, § 66 ZPO, Rn. 2; Werner/Pastor, Rn. 555. Vgl. hierzu ferner die Ausführungen unter Rn. 690ff.
679 Vgl. hierzu die Ausführungen unter Rn. 398ff.
680 Schneider, Rn. 491.
681 Die Zustellung des Streitverkündungsschriftsatzes erfolgt gemäß §§ 73, 270 ZPO von Amts wegen. Wird die Zustellung vom Gericht verweigert, so kann der den Streit Verkündende sofortige Beschwerde erheben, OLG Frankfurt BauR 2001, 677.

**436** Muster: Klageerwiderung nebst Streitverkündung

Landgericht ■■■

Az. ■■■

Klageerwiderung und Streitverkündungsschrift

In dem Rechtsstreit

der ■■■ GmbH, ■■■,

Klägerin

Prozessbevollmächtigte: ■■■

gegen

■■■ GmbH, ■■■,

Beklagte

wegen: Inanspruchnahme aus § 13 Nr. 7 VOB/B,

zeigen wir an, dass wir die Beklagte im Klageverfahren anwaltlich vertreten. Namens und in Vollmacht der Beklagten werden wir im Termin zur mündlichen Verhandlung beantragen,

die Klage wird abgewiesen.

Zugleich wird Namens und in Vollmacht der Beklagten

der ■■■ GmbH,

gesetzlich vertreten durch den Geschäftsführer ■■■, ■■■,

der Streit verkündet mit der Aufforderung, dem Rechtsstreit auf Seiten der Beklagten beizutreten.

Begründung:
1. (Zum Klageabweisungsantrag) ■■■
2. Die Klägerin macht als Auftraggeberin eines Generalübernehmervertrages gegenüber der Beklagten als Auftragnehmerin Schadensersatzansprüche aus § 13 Nr. 7 VOB/B geltend. Ausweislich der Ausführungen in der Klageschrift behauptet die Klägerin, die Beklagte habe im Bereich des Erkers an der Südseite des Hauses die horizontale und vertikale Abdichtung nicht fachgerecht ausgeführt. Dadurch sei es dazu gekommen, dass das Mauerwerk in diesem Bereich total durchfeuchtet ist.

Falls diese Behauptungen zutreffen und die Beklagte deshalb im Rechtstreit unterliegen sollte, hat sie gegenüber der Streitverkündungsempfängerin, die die Abdichtungsarbeiten auf der Grundlage eines am 13. Juli 2004 geschlossenen VOB-Bauvertrages als Subunternehmerin der Beklagten ausgeführt hat, einen Schadensersatzanspruch aus § 13 Nr. 7 VOB/B.

Der momentane Stand des Rechtsstreits ergibt sich aus den beiliegenden Unterlagen (Klageschrift, Anordnung des schriftlichen Vorverfahrens). Das Gericht wird gebeten, die Streitverkündungsschrift nebst beigefügten Unterlagen alsbald an die Streitverkündungsempfängerin zuzustellen. Ein Termin zur mündlichen Verhandlung ist noch nicht bestimmt worden.

Rechtsanwalt

*cc) Zulässigkeit der Streitverkündung gemäß § 72 ZPO:* Die Hauptpartei muss im Falle des ihr ungünstigen Verfahrensausgangs einen Gewährleistungs- oder Regressanspruch gegen den Streitverkündeten haben.[682]

437

Im Hinblick auf die Ausgestaltung der in § 72 ZPO enthaltenen Begriffe „Gewährleistung und Schadloshaltung" geht es zunächst um die Mängelansprüche nach BGB und VOB/B, die Ansprüche aus §§ 280 ff. BGB einschließlich des Anspruchs aus Verschulden bei Vertragsabschluss sowie aller Ansprüche aus nicht vertraglichen Anspruchsgrundlagen oder sonstiger Rückgriffsansprüche auf Schadensersatz im Falle des ungünstigen Ausgangs des Ausgangsprozesses. Dies gilt gleichermaßen für Ausgleichsansprüche aus § 426 BGB oder § 840 BGB bei mehreren Schadensverursachern.[683]

438

### b) Form des Beitritts durch den Streitverkündungsempfänger

**Beigetreten** wird in erster Instanz durch Einreichung eines Schriftsatzes beim Prozessgericht. Tritt der Streitverkündungsempfänger erst nach Urteilserlass bei, kann er dies gemäß § 70 Abs. 1 Satz 1 ZPO auch mit der Einlegung einer eigenen Berufung verbinden.[684] Während die Streitverkündung in keiner Instanz dem Anwaltszwang unterliegt, ist der Beitritt im Verfahren mit Anwaltszwang nur zulässig durch Einreichung eines von einem postulationsfähigen Rechtsanwalt unterschriebenen Schriftsatzes.[685] Dabei werden nur geringe Anforderungen an den Inhalt des Schriftsatzes, mit dem der Beitritt erklärt wird, gestellt. So genügt für die Angabe des Interesses schon die Verweisung auf die Streitverkündungsschrift.[686]

439

Der Streitverkündungsempfänger ist **ab seinem Beitritt** am Hauptverfahren zu beteiligen, § 71 Abs. 3 ZPO. Ihm sind Ablichtung aller Schriftsätze und sonstige Verfahrensvorgänge zuzusenden.

440

### c) Wirkungen der Streitverkündung

Der **Nebenintervenient wird nicht Partei**.[687] Seine Rechtsstellung ist deshalb beschränkt. Ihm ist alles gestattet, was der Unterstützung seiner Hauptpartei dient,[688] und alles untersagt, was deren Vorgehen im Prozess widerspricht.[689] Verwert sind dem Streithelfer daher alle Prozesshandlungen wie die Klagerücknahme, Klageeinschränkung oder Klageerweiterung, die Erklärung der Hauptsache für erledigt, der einseitige Vergleichsabschluss mit dem Gegner der von ihm unterstützten Partei, die Abgabe eines Anerkenntnisses oder einer Verzichtserklärung.[690] Materiell-rechtliche Willenserklärungen mit Wirkung für die von ihm unterstützte Partei kann er nicht verbindlich abgeben.[691] Er kann also weder die Aufrechnung erklären noch anfechten oder vom

441

---

682  BGHZ 116, 100; Zöller-Vollkommer, § 72 ZPO, Rn. 4; Thomas/Putzo, § 72 ZPO, Rn. 6; Werner/Pastor, Rn. 551.
683  Werner/Pastor, Rn. 557.
684  Zöller-Vollkommer, § 66 ZPO, Rn. 15.
685  BGHZ 92, 254; NJW 1991, 230; Zöller-Vollkommer, § 70 ZPO, Rn. 1.
686  OLG Düsseldorf NJW 1997, 443; Zöller-Vollkommer, § 70 ZPO, Rn. 2.
687  BGH NJW 1995, 199; Zöller-Vollkommer, § 67 ZPO, Rn. 1.
688  BGH ZIP 1994, 788; Zöller-Vollkommer, § 67 ZPO, Rn. 3.
689  BGH NJW 1976, 293; OLG Frankfurt MDR 1983, 233; Zöller-Vollkommer, § 67 ZPO, Rn. 9.
690  BGH NJW 1976, 292; Zöller-Vollkommer, § 67 ZPO, Rn. 9a.
691  BGH NJW 1966, 930; Zöller-Vollkommer, § 67 ZPO, Rn. 11.

Vertrag zurücktreten. Erklärung hingegen, die nicht rechtsgestaltend wirken, also bloße Einwendungen und Einreden, darf er zugunsten der Hauptpartei geltend machen, etwa die Einrede der Verjährung oder die Berufung auf ein Zurückhaltsrecht der Hauptpartei. Widerspricht die Hauptpartei allerdings diesen Erklärungen, dann sind sie unbeachtlich.

442 Bleibt der Streitverkündete **untätig** oder tritt er **dem Gegner bei**, so trifft ihn die Interventionswirkung des § 68 ZPO ab dem Zeitpunkt des möglichen Beitritts.[692] **Tritt er dem Streitverkünder bei**, hat er im Vorprozess die Stellung wie ein Nebenintervenient. Zu beachten ist, dass im Folgeprozess die Voraussetzungen der Streitverkündung nicht mehr geprüft werden, da diese durch den tatsächlichen Beitritt überholt sind.[693]

443 Die Interventionswirkung tritt nur gegen den Streitverkündungsempfänger ein, nicht dagegen auch gegen die streitverkündende Partei selbst, die daher im Folgeprozess nicht an die Ergebnisse des Vorprozesses gebunden ist.[694] Zu beachten bleibt, dass die Interventionswirkung des § 68 ZPO nur dann eintritt, wenn in dem Hauptverfahren ein Sachurteil vorliegt. Schließen die Hauptparteien einen Prozessvergleich, dann muss der Streithelfer das vorangegangen Verfahren nicht gegen sich gelten lassen.[695]

444 Die **Interventionswirkung** besagt, dass das Urteil des Erstprozesses als richtig gilt. Der Streithelfer kann sich demnach nicht darauf berufen, dass der Erstprozess falsch entschieden worden ist. Im Unterschied zur Rechtskraft, bei der nur der Tenor Rechtskraft erlangt, geht die Interventionswirkung weiter. Sie erfasst zusätzlich auch alle tatsächlichen und rechtlichen Grundlagen des Urteils (entscheidungserhebliche Tatsachen und deren rechtliche Beurteilung).[696]

445 Die einzige **Verteidigungsmöglichkeit** des Streithelfers gegen die zugunsten der Hauptpartei wirkenden Interventionswirkung ist die Einrede der mangelhaften Prozessführung. Voraussetzung dafür ist, dass er darlegt und beweist, dass entweder er selbst verhindert war, ein bestimmtes Angriffs- oder Verteidigungsmittel geltend zu machen oder die Hauptpartei absichtlich oder grob schuldhaft ein solches nicht geltend gemacht hat und dem Streithelfer dieses Mittel nicht bekannt gewesen ist. In beiden Fällen muss das unterbliebene Angriffs- oder Verteidigungsmittel dazu geeignet gewesen sein, eine andere Entscheidung hervorgerufen zu haben.[697]

d) Kosten der Streitverkündung

446 Die **Kostenentscheidung** ergeht bei der Streitverkündung auf der Grundlage von § 101 Abs. 1 ZPO. Im Hinblick auf den Streitwert der Nebenintervention entstehen dann Probleme, wenn der Rechtsanwalt des Streitverkündungsempfängers dem Streitverkünder beitritt und sich den Anträgen der von ihm unterstützten Partei anschließt. Teilweise wird in diesem Fall angenommen, dass sich der Streitwert der Nebeninter-

---

692 BGHZ 100, 259; Zöller-Vollkommer, § 74 ZPO, Rn. 5.
693 Zöller-Vollkommer, § 74 ZPO, Rn. 4.
694 BGH NJW 1987, 1894; Zöller-Vollkommer, § 68 ZPO, Rn. 6.
695 BGH DB 1967, 814; Zöller-Vollkommer, § 68 ZPO, Rn. 4.
696 BGHZ 103, 278; 116, 102; Zöller-Vollkommer, § 68 ZPO, Rn. 9.
697 Bischof, JurBüro 1984, 1142 (1148); Zöller-Vollkommer, § 68 ZPO, Rn. 11, 12.

vention nach dem Wert der Hauptsache richtet.[698] Das kann dann nicht richtig sein, wenn dem Streitverkündungsempfänger nur ein Regress in geringerer Höhe droht. Zunehmend stellt die Rechtsprechung deshalb bei der Bemessung des Streitwerts für die durchgeführte Nebenintervention ungeachtet der Anträge des Streithelfers nur auf sein Interesse am Beitritt ab.[699]

**3. Die Klageschrift**

**a) Anforderungen an einen schlüssigen Klägervortrag**

Die Klage kann nur dann Erfolg haben, wenn bzw. soweit der Tatsachenvortrag des Klägers überhaupt schlüssig ist.[700] Der Sachvortrag zur Begründung eines Klageanspruchs ist dann **schlüssig**, wenn der Kläger die Tatsachen vorgetragen hat, die in Verbindung mit einem Rechtssatz geeignet und erforderlich sind, um das geltend gemachte Recht als in der Person des Klägers entstanden erscheinen zu lassen.[701] Die entscheidende Frage der **Schlüssigkeitsprüfung** ist demnach, ob die Voraussetzungen der in Betracht kommenden Anspruchsgrundlage vom Kläger hinreichend tatsächlich vorgetragen worden sind.

447

Die Voraussetzungen einer Norm – Tatbestandsmerkmale, hinsichtlich der Anspruchsgrundlage: die Anspruchsvoraussetzungen – sind vom Kläger nur dann vortragen, wenn sich die das Merkmal ausfüllenden Haupttatsachen aus dem Vortrag ergeben. **Haupttatsachen** sind dabei die Tatsachen, die dem Tatbestandsmerkmal (also der Anspruchsvoraussetzung) in der Norm (also der Anspruchsgrundlage) entsprechen, also unmittelbar das Tatbestandsmerkmal bilden.[702]

448

Bei den Merkmalen, die einen **Tatsachenbegriff** darstellen, ist Haupttatsache unmittelbar diese Tatsache. Soweit jedoch – wie häufig – die Anspruchsgrundlage Rechtsbegriffe[703] als (Anspruchs-)Voraussetzungen aufführt, sind insoweit die den Rechtsbegriff ausfüllenden Tatsachen, also die Tatsachen, die sich bei rechtlicher Beurteilung des Rechtsbegriffs ergeben, als Haupttatsachen vorzutragen. Der Kläger hat daher das Tatbestandsmerkmal (die Anspruchsvoraussetzung) grundsätzlich nicht schon dann vorgetragen, wenn der Rechtsbegriff als solcher vorgetragen wird. Es bedarf vielmehr des Vortrags derjenigen Tatsachen, die den Rechtsbegriff ausfüllen.

449

Von diesem Grundsatz können jedoch für „**einfache Rechtsbegriffe**"[704] Ausnahmen in Betracht kommen. Der Vortrag des bloßen Rechtsbegriffs ist dann als hinreichender

450

---

698  BGHZ 31, 144.
699  OLG Köln MDR 1990, 251; Schneider MDR 1990, 251; ders., MDR 1982, 270.
700  Nur eine schlüssige Klage rechtfertigt gemäß § 331 Abs. 2 ZPO den Erlass eines Versäumnisurteils gegen den Beklagten, Zöller-Greger, Vor § 253 ZPO, Rn. 23. Ist die Klage unschlüssig, so ergeht ein unechtes Versäumnisurteil gegen den Kläger.
701  BGH NJW-RR 1993, 189; NJW-RR 1997, 270; NJW-RR 1998, 712; NJW-RR 1999, 360; Zöller-Greger, Vor § 253 ZPO, Rn. 23.
702  Gegebenenfalls kann die Klage auch durch den Vortrag sog. Hilfstatsachen schlüssig sein. Hilfstatsachen (Indizien) sind solche Tatsachen, die nicht selbst das Tatbestandsmerkmal der Norm ausfüllen, sondern mit denen der (Rück-) Schluss auf das Vorliegen der Haupttatsache geführt und ggf die Haupttatsache bewiesen werden kann, BGH NJW 1992, 2489; NJW-RR 1993, 444; Schellhammer, Rn. 422; Berg / Zimmermann, S. 42.
703  Beispielsweise: Werkvertrag, Abnahme, Einheits-/Pauschalpreisvertrag, Behinderung.
704  OLG Frankfurt NJW-RR 1994, 530 (zur Abnahme gemäß § 640 BGB).

„Tatsachenvortrag" anzusehen, wenn er eindeutig ist und von den Parteien zutreffend und übereinstimmend verstanden wird. Dann ist seine Verwendung Vortrag der Haupttatsache.[705]

451 Bei **„schwierigen Rechtsbegriffen"** ist dagegen stets der Vortrag der den Rechtsbegriff ausfüllenden Tatsachen erforderlich. Bei **„normativen Tatbestandsmerkmalen"** – also Anspruchsvoraussetzungen, deren Annahme eine Bewertung voraussetzt – sind Haupttatsachen diejenigen Tatsachen, die das Merkmal ausfüllen, d.h. die Bewertung rechtfertigen.[706] Die Partei, die ein solches normatives Tatbestandsmerkmal vorzutragen hat, genügt ihrer Darlegungspflicht daher nicht, wenn sie sich lediglich auf den Begriff oder auf ihre eigene Bewertung beruft. Sie hat das Merkmal vielmehr erst dann dargelegt, wenn sie Tatsachen vorgetragen hat, die – für sich oder zusammen mit anderen – die im Tatbestand vorausgesetzte Bewertung des Vorgangs ergeben.

### b) Zur Darlegungslast

452 Wenn der Kläger zu wenig an Tatsachen zur Darlegung der Anspruchsvoraussetzungen vorgetragen hat, ist die betreffende Anspruchsgrundlage nicht schlüssig dargelegt. Auf eine Beweisaufnahme kommt es – selbst wenn der Kläger unter Beweisantritt vorgetragen hat – nicht mehr an. Es ergeht vielmehr ein klageabweisendes Sachurteil.

453 Der Kläger braucht der Anspruchsvoraussetzungen jedoch nur insoweit vorzutragen, als er die **Darlegungslast** trägt.[707] Dabei kann zunächst festgehalten werden, dass die Darlegungslast der Beweislast folgt.[708] Vor diesem Hintergrund hat der Kläger, der insoweit auch die Beweislast trägt, alle Anspruchsvoraussetzungen, d.h. den normalen Entstehungstatbestand des Anspruchs, darzulegen.[709] Die Darlegungslast für die Einreden im Sinne der ZPO (also rechtshindernde und rechtsvernichtende Einwendungen sowie rechtshemmende Einreden) trägt der Beklagte.

454 Als Folge einer Beweiserleichterung kann im Einzelfall auch die Darlegungslast verkürzt sein. In einem solchen Fall schadet es dem Kläger daher nicht, wenn er einzelne Anspruchsvoraussetzungen nicht oder nur eingeschränkt vorgetragen hat. Die Darlegungslast ist verkürzt, sobald ein Fall der Beweislastumkehr[710] vorliegt bzw. eine gesetzliche[711] oder tatsächliche Vermutung für den Kläger spricht.

---

705 BGH NJW 1992, 906; NJW-RR 1994, 1085; MDR 1998, 769; OLG Koblenz NJW-RR 1993, 571.
706 Solche normativen Merkmale sind beispielsweise: „Fahrlässigkeit", „Sittenwidrigkeit", „Arglist", „Treu und Glauben", „Unzumutbarkeit", „wichtiger Grund", „höhere Gewalt".
707 Die Darlegungslast ist dabei von der Beweislast zu unterscheiden, die das Risiko des Prozessverlustes wegen Nichterweislichkeit der zuvor hinreichend dargetaner Tatschen bezeichnet.
708 Zöller-Greger, § 138 ZPO, Rn. 8 b.
709 BGH NJW 1989, 1728; NJW 1991, 1053; NJW 1999, 2887; Schellhammer, Rn. 159.
710 Im Bauprozess ist die für das Verschulden geltende Beweislastregel in §§ 280 Abs. 1 Satz 2 BGB, § 363 BGB sowie § 830 Abs.1 Satz 2 BGB hervorzuheben. Vgl. zur Beweislastverteilung im Bauprozess: Werner / Pastor, Rn. 2689ff.
711 Eine gesetzliche Vermutung ist jede gesetzliche Regelung (beispielsweise § 1006 BGB) dahin, dass bei Vorliegen eines bestimmten Umstandes (Vermutungsgrundlage) das Vorliegen eines anderen Umstands (Vermutungsfolge) vermutet wird. Eine solche Vermutung beeinflusst nicht nur die Beweis-, sondern auch die Darlegungslast. Der Kläger braucht, wenn für eine von ihm vorzutragende Anspruchsvoraussetzung eine Vermutung spricht, nicht das Merkmal selbst vorzutragen, sondern es reicht aus, wenn sich aus seinem Vortrag die Vermutungsvoraussetzung ergibt (die erforderlichenfalls von ihm zu beweisen ist). Es ist dann Sache des Beklagten, die Vermutung zu widerlegen. Gelingt ihm dies, muss der Kläger nunmehr die zunächst vermutete Anspruchsvoraussetzung selbst substantiiert vortragen, damit die Klage schlüssig ist.

Hervorzuheben sind im Bauprozess die Fälle der Annahme einer tatsächlichen Vermutung. Bei **typischen Geschehensabläufen**[712] kann aufgrund der allgemeinen Lebenserfahrung – Erfahrungssätze – auf das Vorliegen bestimmter Umstände geschlossen werden.[713] Man spricht von einem **Beweis des ersten Anscheins** aufgrund tatsächlicher Vermutungen.[714] Wird vom erkennenden Gericht ein solcher Erfahrungssatz bejaht,[715], [716] liegt ein Anscheinsbeweis vor. Ein solcher Anscheinsbeweis führt zu einer Verkürzung der Darlegungslast des Klägers, der in diesem Fall nichts weiter vorzutragen hat.[717, 718]

455

Es ist dann Sache des Gegners, den Anscheinsbeweis durch **substantiiertes Vorbringen** zu entkräften. Gelingt dies durch sein Vorbringen nicht, bedarf es keiner Beweisaufnahme, es fehlt insoweit an der Beweisbedürftigkeit. Bestreitet dagegen der Beklagte das Bestehen eines Erfahrungssatzes überhaupt, wird ihm dies nicht viel nützen: Das Gericht, das von dem Erfahrungssatz ausgeht und diesen begründet, wird ihn verurteilen müssen. Das Bestreiten des Erfahrungssatzes wäre nämlich nur eine falsche Rechtsansicht. Bestreitet ein Beklagter aber die Voraussetzungen des Erfahrungssatzes, ergibt sich, dass über die Voraussetzungen Beweis zu erheben ist.[719] Insoweit verschiebt sich also das Beweisthema. Bestreitet der Beklagte schließlich den Erfahrungssatz nicht, legt aber Umstände vor, die auf einen atypischen Geschehensablauf schließen lassen, muss hierüber Beweis erhoben werden. Auch insoweit wird also die ursprüngliche und eigentliche Beweisfrage verlagert.

456

---

712 So entspricht es einem typischen Geschehensablauf, dass eine Decke einstürzt, wenn der Beton schlecht ist oder wenn sie vorzeitig belastet bzw. zu früh oder unsachgemäß geschalt wird. Eine viel geringere Betondichte und Betonhärte reicht, so spricht ein typischer Geschehensablauf dafür, dass die Überwachung durch den Architekten mangelhaft war. Bei einer solchen Sachlage braucht der Auftraggeber nicht anzugeben, in wie weit es der Architekt im Einzelnen an der erforderlichen Überwachung hat fehlen lassen. Es ist vielmehr Sache des Architekten, den Beweis des ersten Anscheins dadurch auszuräumen, dass er seinerseits darlegt, was er oder sein Erfüllungsgehilfe an Überwachungsmaßnahmen geleistet hat. Dazu reicht nicht die bloße Behauptung, er habe die Betonarbeiten durch seinen Bauführer überwachen lassen.
713 Im Hinblick auf die Abfassung von Beweisbeschlüssen und die Fragestellung an den Bausachverständigen kann es deshalb prozessentscheidend sein, den Sachverständigen zu befragen, ob ein typische Geschehensablauf zu einer objektiven Pflichtverletzung, zu Ursächlichkeit oder zur Bejahung des Verschuldens führt und ob ein anderer vom gewöhnlichen Verlauf abweichender Gang des Geschehens ernsthaft möglich ist, Locher, BauR 1974, 293 (295).
714 BGH NJW 1991, 230; NJW 1996, 1821; NJW 1997, 529; BauR 1994, 524; ZfBR 1987, 245; NJW-RR 1986, 1350; Zöller-Greger, Vor § 284 ZPO, Rn. 29 ff.
715 Bestreitet der Beklagte das Bestehen des Erfahrungssatzes, so geht dieses Bestreiten praktisch ins Leere, da die Annahme des Erfahrungssatzes eine rechtliche Wertung des Gerichts darstellt. Bestreitet der Beklagte dem entgegen die Voraussetzungen des Erfahrungssatzes, ist über die Voraussetzungen Beweis zu erheben ist, BGH BauR 1997, 326.
716 Unstreitig bezieht sich der Beweis des ersten Anscheins auf den Bereich der Kausalität, der objektiven Pflichtwidrigkeit und das Verschulden. Darüber hinaus wird man den Anscheinsbeweis allerdings auf jede anspruchsbegründende Tatsache anwenden können.
717 Kuffer, ZfBR 1998, 277 ff.; Baumgärtel, Rn. 227 ff.
718 Dabei hat das erkennende Gericht anerkannte Erfahrungssätze von sich aus zu berücksichtigen, ohne dass die Parteien sich darauf zu berufen hätten bzw. Beweis antreten müssen, RG JW 1914, 36 Nr. 6.
719 BGH ZfBR 1997, 77.

# § 2 Die Ansprüche des Auftragnehmers

457 Geht es im Klageverfahren um einen Vergütungsanspruch des Unternehmers/Auftragnehmers gegenüber dem Besteller/Auftraggeber, so sind die in der Rechtsprechung herausgearbeiteten Grundsätze zur Darlegungslast und deren Umfang genauestens zu beachten.[720]

### c) Zur Substantiierungslast

458 Neben der Schlüssigkeit des Klägervortrags stellt sich die Frage, **wie weit** der Vortrag des Klägers **ins Einzelne** gehen muss.[721] Dies hängt insbesondere von der Einlassung des Beklagten ab.[722] Wenn durch die Einlassung des Beklagten der Vortrag des Klägers zur Haupttatsache unvollständig oder unklar wird, sodass die Haupttatsache nunmehr nicht mehr dem Klägervortrag entnommen werden kann, ist eine weitere Substantiierung durch den Kläger erforderlich.[723]

459 So kann z.b. ein knapper Vortrag in der Klageschrift zum Vorliegen einer Abnahme durchaus schlüssig sein und den Erlass eines Versäumnisurteils nach dem Klageantrag gemäß § 331 Abs. 1, 2 ZPO rechtfertigen. Durch die Einlassung des Beklagten kann der Vortrag allerdings unvollständig oder unklar werden, was dann zur Erhaltung der Schlüssigkeit einen ein- oder weitergehenden Vortrag des Klägers erfordert.

### 4. Die Klageerwiderung

460 Gegenüber der Einzelnen Anspruchsgrundlage kann sich der Beklagte grundsätzlichen in zweifacher Richtung erheblich verteidigen, nämlich durch **Bestreiten** von Anspruchsvoraussetzungen – falls dies nicht zu einer anderweitigen, insoweit nicht bestrittenen Begründung führt – sowie durch Vortrag des Tatbestandes einer Norm, die dem Anspruch des Klägers entgegensteht (**Gegennorm**: Einwendung, Einrede), wobei natürlich auch eine Kombination beider Verteidigungsverhalten möglich ist.

### a) Bestreiten der Anspruchsvoraussetzungen

461 Streitig ist ein Parteivorbringen, wenn es der Beklagte ausdrücklich bestreitet. Aus § 138 Abs. 3 Halbsatz 2 ZPO folgt aber auch, dass ein Bestreiten nicht nur ausdrücklich, sondern auch konkludent erfolgen kann. Ob der Beklagte eine Behauptung des Klägers bestreitet, ist gegebenenfalls durch Auslegung zu ermitteln, wobei nach einer verständigen Würdigung davon auszugehen ist, dass eine Partei in der Regel ihren Vor-

---

720 Zum Umfang der Darlegungslast des Unternehmers bei der Werklohnklage: BGH BauR 1998, 121; BauR 1998, 125; BauR 1997, 304; BauR 1996, 846 (zur Abrechnung der ersparten Aufwendungen im Sinne des § 649 BGB beim Pauschalvertrag); KG OLGR 1998, 41 (Rückzahlung einer Anzahlung nach vorzeitiger Beendigung eines Pauschalvertrages); BGH BauR 1996, 382 (ersparte Aufwendungen beim Einheitspreisvertrag); OLG Köln BauR 1997, 1039 (ersparte Aufwendungen des Fertighausherstellers); BGH BauR 1995, 691 (Pauschalvertrag und Teilvergütung); BauR 1995, 237 (Pauschalvertrag und Zusatzaufträge); OLG Düsseldorf BauR 2001, 406 (Einheits- oder Pauschalpreisvertrag); BauR 2000, 269 (Pauschalpreisvertrag); OLG Nürnberg BauR 1999, 409 (Nachtragsforderungen wegen Planänderungen und Behinderungen); KG NJW-RR 2000, 1690 (Stundenlohnarbeiten); BGH BauR 1995, 91; OLG Celle OLGR 2001, 28; OLG Karlsruhe BauR 1995, 113 (jeweils Behinderungsschaden); BGH BauR 1984, 667; BauR 1988, 121 (entgangener Gewinn); Stürner, JZ 1985, 185; Lange DRiZ 1985, 247; BGH BauR 1999, 635 (jeweils Prüfbarkeit der Schlussrechnung und Hinweispflicht).
721 Zur „Substantiierungslast": Zöller-Greger, § 138 ZPO, Rn. 8a; Hansen, JuS 1991, 588; Baumgärtel, Festschrift für Heiermann, S. 1 ff.; Frohn, JuS 1996, 243; Pastor, Festschrift für v. Craushaar, S. 375 ff.
722 BGH BauR 1992, 265 (266); Werner/Pastor, Rn. 1471.
723 BGH NJW 1991, 2707.

trag im Zweifel so verstanden wissen will, dass er ihren Interessen entspricht und für sie günstig ist.[724] Im Zweifel ist folglich von einem Bestreiten auszugehen. Dabei ist der gesamte Vortrag der Partei zu berücksichtigen; auf eine zeitliche Reihenfolge kommt es dabei nicht an. Das Bestreiten muss nicht etwa dem betreffenden Vortrag nachfolgen, sondern kann sich auch aus gegensätzlichem früherem Vortrag ergeben.[725]

Möglich ist zunächst ein sog. **einfaches Bestreiten**, bei dem eine Behauptung der anderen Partei lediglich verneint wird und keine weitere Erklärung oder Begründung folgt.[726] Ein substantiiertes bzw. **qualifiziertes Bestreiten** liegt vor, wenn ein Vortrag nicht bloß verneint, sondern eine Gegendarstellung – wie sich der bestrittene Vorgang nach Ansicht des Bestreitenden abgespielt hat – abgegeben wird.[727]

462

Regelmäßig genügt gegenüber dem Tatsachenvortrag der darlegungsbelasteten Partei ein einfaches Bestreiten[728] Ob ein einfaches Bestreiten ausreicht oder ein substantiiertes Bestreiten – und ggf in welchem Umfang – erforderlich ist, hängt in der Regel vom Vortrag der primär darlegungsbelasteten Partei ab. Je substantiierter der Vortrag des darlegungsbelasteten Klägers ist, desto höhere Anforderungen sind an eine ausreichende Substantiiertheit des Bestreitens zu stellen, soweit dem Beklagten nähere Angaben möglich und zumutbar sind.[729] Wurden dem entgegen vom Kläger zwar alle zur Begründung des behaupteten Rechts bzw. der erhobenen Einwendung erforderlichen Tatsachen hinreichend vorgetragen, aber nicht näher konkretisiert, so muss sich der Gegner dazu – unter Beachtung von § 138 Abs. 1 (Wahrheitspflicht beachten! – nicht einfach alles Bestreiten!) und Abs. 2 ZPO – erklären, muss aber ebenfalls keine konkreten Einzelheiten vortragen, sondern kann sich auf ein einfaches Bestreiten beschränken.[730]

463

Als Ausnahme von diesem Grundsatz legt die Rechtsprechung dem Beklagten/Gegner der primär darlegungsbelasteten Partei in bestimmten Fallkonstellationen eine sog. **sekundäre Behauptungslast** nach Treu und Glauben auf. Dies gilt für solche Fällen, in denen die eigentlich darlegungsbelastete Partei außerhalb des von ihr darzulegenden Geschehensablauf steht und die maßgebenden Tatsachen nicht kennt, während sie der anderen Partei nähere Angaben möglich und zumutbar sind,[731] insbesondere, wenn sie selbst an dem Vorgang beteiligt war oder wenn nur sie in der Lage ist, den umstrittenen Sachverhalt aufzuklären.[732] Erfüllt der Beklagte/Gegner die sekundäre Behauptungslast nicht, gilt die Behauptung des primär Darlegungsbelasteten trotz mangelnder Substantiierung im Sinne von § 138 Abs. 3 ZPO als zugestanden.[733] Erfüllt der Gegner dagegen seine sekundäre Behauptungslast, muss der primär Darlegungspflichtige die Gegendarstellung durch substantiierten Vortrag ausräumen.

464

---

724 BGH NJW 1990, 2684.
725 BGH NJW-RR 2001, 1294; Zöller-Greger, § 138 ZPO, Rn. 10.
726 Zöller-Greger, § 138 ZPO, Rn. 8a.
727 Zöller-Greger, § 138 ZPO, Rn. 8a.
728 BGH NJW 1999, 1404 (1405).
729 BGH NJW 1996, 1827.
730 BGH NJW 1995, 3312.
731 BGH NJW 1990, 3151; NJW 1997, 128; NJW 1999, 354.
732 BGHZ 116, 56; NJW 1990, 3151; NJW 1999, 1404 (1406).
733 Zöller-Greger, Vor § 284, Rn. 34c.

## § 2 Die Ansprüche des Auftragnehmers

465 Die letzte Erklärungsform ist das sog. **Bestreiten bzw. die Erklärung mit Nichtwissen** gemäß § 138 Abs. 4 ZPO. Der Bestreitende begründet sein einfaches Bestreiten damit, dass er von dem Vorgang keine Kenntnis habe. Ein solches Bestreiten mit Nichtwissen ist gemäß § 138 Abs. 4 ZPO nur hinsichtlich solcher Tatsachen als Bestreiten beachtlich, die weder eigenes Handeln noch eigene Wahrnehmungen des Bestreitenden betreffen.[734] Andernfalls ist das Bestreiten mit Nichtwissen unzulässig, mit der Folge, dass die gegnerische Behauptung als nicht bestritten zu behandeln ist.

### b) Vortrag einer Gegennorm

466 Im Prozessrecht werden alle **Gegennormen** als Einreden bezeichnet. Einwendungen und Einreden unterscheiden sich grundsätzlich dadurch, dass **Einwendungen** bei Vortrag ihrer Voraussetzungen von Amts wegen zu berücksichtigen sind, wobei unerheblich ist, aus wessen Vortrag sie sich ergeben. **Einreden** sind dagegen nur dann zu berücksichtigen, wenn der Beklagte sich auf sie beruft.

467 Trägt der Beklagte eine Gegennorm vor, so gilt hier das zur Klagebegründung Gesagte entsprechend.[735] Es erfolgt also eine Schlüssigkeitsprüfung dahingehend, ob sich die tatsächlichen Voraussetzungen der Gegennorm aus dem Tatsachenvortrag des Beklagten ergeben. Liegen die Voraussetzungen vor, ist mit der Replik auf der Klägerseite zu prüfen, ob die Tatsachengrundlage für die Gegennorm durch den Kläger erheblich bestritten bzw. durch den Vortrag einer weiteren Gegennorm ausgeräumt werden kann.

468 Geht es um die Vergütungsansprüche des Auftragnehmers, geht es bei dem Verteidigungsvorbringen des Auftraggebers in aller Regel um eine **Aufrechnung** sowie Verrechnung mit Gegenansprüchen bzw. um die Geltendmachung eines **Leistungsverweigerungsrechts** des Beklagten.

469 Zu unterscheiden ist grundsätzlich zwischen der Aufrechnung als materiellrechtliches Rechtsgeschäft gemäß der §§ 387 ff. BGB und der Geltendmachung einer Aufrechnung im Klageverfahren als Prozesshandlung. An dieser Stelle geht es ausschließlich um die Aufrechnung als **Prozesshandlung**.[736] Zur Aufrechnung muss ein Vortrag im Prozess erfolgen.[737] Dies kann in der mündlichen Verhandlung und natürlich auch durch Bezugnahme auf den Vortrag in einem vorbereitenden Schriftsatz im Sinne des § 137 Abs. 3 ZPO erfolgen.

470 Bei den Prozesshandlungsvoraussetzungen ist die **Postulationsfähigkeit** zu prüfen.[738] Daneben gilt größtes Augenmerk der **Bestimmtheit der Gegenforderung** im Sinne von § 253 Abs. 2 Nr. 2 ZPO wegen der Rechtskraftwirkung des Urteils hinsichtlich der Aufrechnungsforderung.[739] Aus diesem Grund muss bei der Aufrechnung mit mehre-

---

734 Zöller-Greger, § 138, Rn. 13.
735 Vgl. hierzu die Ausführungen unter Rn. 447 ff.
736 Vgl. zu den materiellrechtlichen Besonderheiten der Aufrechnung die Ausführungen unter Rn. 301 ff.
737 Zöller-Greger, § 145 ZPO, Rn. 11.
738 Zöller-Greger, § 145 ZPO, Rn. 11.
739 BGH NJW 1994, 1538.

ren, die Klageforderung übersteigenden Gegenforderungen eine Reihenfolge vorgegeben werden.[740]

Bei der Aufrechnung handelt es sich um ein **Verteidigungsvorbringen** des Beklagten, was zu folgenden Konsequenzen führt: Eine Aufrechnung hat zunächst keinen Einfluss auf die zu stellenden Anträge. Hinsichtlich der Forderung, mit der aufgerechnet wird, müssen die Sachurteilsvoraussetzungen (= Zulässigkeitsvoraussetzungen) nicht gegeben sein. Eine Aufrechnung kann als **verspätet** zurückgewiesen werden.[741] Die Aufrechnung kann zurückgenommen werden, ohne dass dies als Klagerücknahme zu werten wäre.[742] Gleichsam kann die Gegenforderung beliebig **ausgetauscht** werden, da es sich insoweit nicht um eine Klageänderung im Sinne der §§ 263 ff. ZPO handelt. Die Aufrechnung führt nicht zur **Rechtshängigkeit** der Gegenforderung. Es kann also mit einen Forderung aufgerechnet werden, die in einem anderen Verfahren gerade eingeklagt wird. Gleichsam kann bei einer bereits erfolgten Aufrechnung diese Forderung noch zum Gegenstand eines anderen Klageverfahrens gemacht werden.[743]

471

Schließlich hemmt die Aufrechnung im Prozess die **Verjährung** der Aufrechnungsforderung gemäß § 204 Abs. 1 Nr. 5 BGB.[744] Gleiches gilt bei der Hilfsaufrechnung[745] und sogar bei einer prozessual oder materiellrechtlich unzulässigen Aufrechnung. Eine Hemmung erfolgt aber nur bis zur Höhe der Klageforderung. Wegen des überschießenden Teils ist gegebenenfalls eine Widerklage zu erheben.

472

Der Aufrechnungseinwand führt – wenn er prozessual eingreift und materiellrechtlich durchgreift – zur Klageabweisung. Dem kann der Kläger dadurch entgehen, dass er etwa bei unbestrittener Gegenforderung nach der Aufrechnung den Rechtsstreit für erledigt erklärt.[746] Dagegen ist eine Gegenaufrechnung des Klägers mit einer weiteren eigenen Forderung grundsätzlich unbeachtlich: Wenn die Aufrechnung des Beklagten durchgreift, geht eine Aufrechnung durch den Kläger – wegen des dann bereits eingetretenen Untergangs der Aufrechnungsforderung des Beklagten mit der Klageforderung ins Leere.[747] Der Kläger muss dann seine weitere Forderung selbstständig einklagen. Erheblich ist jedoch der Einwand des Klägers, die Forderung des Beklagten sei bereits vor dessen Prozessaufrechnung durch eine zeitlich frühere Aufrechnung durch den Kläger, z.B. auch durch Verrechnung in der Klageschrift, erloschen gewesen.[748]

473

---

740 OLG Schleswig MDR 1976, 50.
741 BGH NJW 1984, 1964; Knöringer, NJW 1977, 2339; Zöller-Greger, § 145 ZPO, Rn. 15.
742 BGHZ 57, 242 (243); Baumbach/Lauterbach-Hartmann, § 145 ZPO, Rn. 12; Stein-Jonas-Leipold, § 145 ZPO, Rn. 45; Schellhammer, Rn. 320; a.A. OLG Düsseldorf NJW-RR 1995, 575; Zöller-Greger, § 145 ZPO, Rn. 11.
743 BGH NJW 1986, 2767; NJW 1999, 1179; NJW-RR 1994, 380; Zöller-Greger, § 145 ZPO, Rn. 18; Thomas/Putzo, § 145 ZPO, Rn. 20; Musielak, JuS 1994, 824.
744 Aus prozesstaktischen Gründen kann es geboten sein, mit einer zeitnah verjährenden Gegenforderung die Eventualaufrechnung zu erklären. Für die Dauer des Prozessverfahrens wird die Verjährungsfrist gemäß § 204 Abs. 1 Nr. 5 BGB gehemmt. Wird die Klage ohne Berücksichtigung des Aufrechnungseinwandes abgewiesen, so fällt die Hemmungswirkung in Wegfall. Der Beklagte hat gemäß § 204 Abs. 2 BGB nunmehr aber noch 6 Monate Zeit, die Aufrechnungsforderung zum Gegenstand eines neuen Klageverfahrens zu machen.
745 BGH NJW 1990, 2680.
746 Zöller-Greger, § 145 ZPO, Rn. 22.
747 BGH NJW-RR 1994, 1203.
748 BGH DRiZ 1954, 129.

## § 2 Die Ansprüche des Auftragnehmers

474 Voraussetzung für die **Rechtskrafterstreckung** nach § 322 Abs. 2 ZPO ist eine Entscheidung, wonach die Gegenforderung nicht besteht, weil die Gegenforderung nicht bestanden hat (also unbegründet ist) oder, dass die Gegenforderung zwar begründet war, sie aber durch die Aufrechnung erloschen ist, also nicht mehr besteht.[749] Folglich liegt keine rechtskräftige Entscheidung über die Aufrechnungsforderung vor, wenn bereits die Klageforderung als solche verneint und die Klage aus diesem Grunde abgewiesen wird. Ferner tritt keine rechtskräftige Entscheidung über die Aufrechnungsforderung ein, wenn der Aufrechnungseinwand als prozessual oder materiellrechtlich unzulässig zurückgewiesen wird. Auch in diesem Fall wird über die Begründetheit der Gegenforderung gerade nicht entschieden.[750] Eine rechtskräftige Abweisung erfolgt dagegen dann, wenn die Gegenforderung deshalb für unbegründet erklärt – und der Klage stattgegeben – wird, weil die Gegenforderung unsubstantiiert ist oder Tatsachenvortrag zu ihrer Begründung als verspätet zurückgewiesen wird.

475 Bei prozessualer Unzulässigkeit der Aufrechnung geht man davon aus, dass die Aufrechnung auch materiellrechtlich keine Wirkung hat, damit der Beklagte seine Gegenforderung nicht verliert.[751]

### c) Die Erhebung einer Widerklage

476 Die Erhebung einer **Widerklage** ist zwar keine Verteidigung gegen die Klageforderung im eigentlichen Sinne, da der Beklagte mit ihr zum selbstständigen Gegenangriff übergeht. Sie muss aber auch im Verteidigungszusammenhang gesehen – und demgemäß bei der Erarbeitung der Verteidigungsstrategie in Erwägung gezogen – werden.[752]

477 Sie ist in folgenden Fällen angebracht:
- Wenn die Widerklageforderung nicht unmittelbar zur Verteidigung verwendet werden kann, weil keine Aufrechnungsmöglichkeit (es besteht beispielsweise ein Aufrechnungsverbot oder es fehlt an der Gleichartigkeit der Forderungen) oder ein Zurückbehaltungsrecht (es fehlt an der Konnexität) besteht.
- Wenn die Forderung bei der Eventualaufrechnung möglicherweise für die Verteidigung nicht benötigt wird, weil die Klageforderung unbegründet ist.
- Wenn eine Gegenforderung nicht vollständig zu Verteidigung benötigt wird (Aufrechnung gegenüber der Klageforderung und Widerklage wegen des überschießenden Betrages).
- Wenn der Beklagte bei Eingreifen eines Zurückbehaltungsrechts Zug um Zug gegen Erfüllung der Verpflichtung des Klägers – etwa zur Zahlung gegen Mängelbeseitigung – verurteilt wird. In Rechtskraft erwächst dann aber nur die Verurteilung des Beklagten, nicht die Verpflichtung des Klägers. Nur der Kläger kann aus diesem Urteil vollstrecken. Der Beklagte kann die dem Kläger obliegende Leistung nur voll-

---

[749] BGHZ 89, 352.
[750] BGH NJW 1986, 1757; NJW 1994, 1538; NJW 1997, 743.
[751] BGH NJW 1994, 2770.
[752] Die Widerklage muss, soweit sie nicht in der mündlichen Verhandlung gestellt wird, gemäß § 261 Abs. 2 ZPO durch das Gericht zugestellt werden. Eine Zustellung von Anwalt zu Anwalt führt demnach nicht zur Rechtshängigkeit der Gegenklage.

strecken, wenn der Kläger dazu verurteilt ist. Dies kann mit einer Widerklage – neben der Ausübung des Zurückbehaltungsrechts – erzielt werden.
- Wenn durch die Erhebung gegen einen Dritten ein Zeugen des Klägers ausgeschlossen werden soll.
- Um weitere zwischen den Parteien streitige Ansprüche in den Rechtsstreit einzubeziehen, besondere dann, wenn dies der gesamten Erledigung der Streitigkeit dient.
- Um weitere Angriffe des Klägers zu verhindern. In diesem ist eine negative Feststellungswiderklage gegen eine Teilklage bzw. eine negative Zwischenfeststellungswiderklage gemäß § 256 Abs. 2 ZPO zu erheben.

Sachurteilsvoraussetzung für eine Widerklage ist, dass die Hauptklage im Zeitpunkt der Erhebung der Widerklage **rechtshängig** ist.[753] Maßgeblich ist, dass die Rechtshängigkeit bei der Widerklageerhebung besteht. Ein späterer Wegfall der Rechtshängigkeit der Klage wirkt sich folglich nicht aus. Nach Schluss der letzten mündlichen Verhandlung kann gemäß §§ 296a, 297 ZPO keine Widerklage mehr erhoben werden.[754] In der Regel wird das Gericht die Widerklage in diesem Fall dem Kläger formlos zuleiten. Es wird damit keine Rechtshängigkeit begründet; der Beklagte kann die Widerklage folglich zum Gegenstand eines neuen selbstständigen Klageverfahrens machen. Wird die Widerklage allerdings doch zugestellt, wird die Rechtshängigkeit begründet und es erfolgt eine Entscheidung.[755]

478

Die **Parteien** von Klage und Widerklage müssen identisch sein. Möglich ist auch eine **Drittwiderklage**. Eine solche Drittwiderklage kann allerdings grundsätzlich nur zusammen mit einer Widerklage erhoben werden. Für das Prozessrechtsverhältnis zwischen dem Beklagten und dem Dritten gilt folgendes: Kläger und Drittwiderbeklagter müssen Streitgenossen gemäß §§ 59 ff. ZPO sein. Zudem sind aufgrund der Parteierweiterung die Klageänderungsvorschriften gemäß §§ 263 ff. ZPO aus der Sicht des Dritten zu prüfen. § 33 ZPO gilt gegenüber dem Drittwiderbeklagten nicht.[756] Eine isolierte „Widerklage" gegenüber einem Dritten kann ausnahmsweise zulässig sein.[757] Die Widerklage darf sich nicht lediglich in einer Verneinung des Klagegegenstandes erschöpfen. Voraussetzung ist ein **selbstständiger Streitgegenstand**.

479

Schließlich muss zwischen dem Gegenstand der Klage und der Widerklage ein **Sachzusammenhang** bestehen. Dieses Erfordernis ergibt sich aus § 33 ZPO.[758] Der Rechtsstreit muss einem einheitlichen Lebensverhältnis entspringen. Das Fehlen eines konnexen Lebensverhältnisses ist nach § 295 ZPO heilbar, wenn der Kläger keine Rüge erhebt.

480

## 5. Die mündliche Verhandlung

Grundsätzlich kann der Rechtsstreit nur auf der Grundlage einer mündlichen Verhandlung entschieden werden und nur der in der Verhandlung vorgetragene Streitstoff

481

---

753 OLG Frankfurt FamRZ 1993, 1466.
754 BGH NJW-RR 1992, 1085.
755 OLG München MDR 1981, 502.
756 BGH NJW 1993, 2120.
757 BGH NJW 2001, 2094.
758 BGHZ 40, 185 (187); a.A. dagegen Baumbach/Lauterbach-Hartmann, § 33 ZPO, Rn. 1.

gemäß § 128 Abs. 1 ZPO Entscheidungsgrundlage sein.[759] So sind insbesondere Prozessrügen nur dann beachtlich, wenn sie in der Verhandlung erhoben worden sind. Dies betrifft zum einen § 39 ZPO und zum anderen § 295 ZPO bzw. § 267 ZPO.

### a) Richterliche Maßnahmen

482 Wenn das Vorbringen des Klägers zu einer in Betracht kommenden Anspruchsgrundlage nicht schlüssig ist, kann unter Umständen ein Hinweis gemäß § 139 Abs. 2 ZPO an den Kläger zur Vervollständigung seines Vortrages zu erwägen sein.

483 Was § 139 Abs. 2 Satz 1 ZPO betrifft, so geht es hier um tatsächliche wie auch rechtliche Gesichtspunkte, die eine Partei erkennbar übersehen oder für unerheblich gehalten hat. Hier besteht der Streit, ob das Gericht auch dann einen Hinweis zu erteilen hat, wenn der Prozessgegner selbst Bedenken gegen die Fassung des Klageantrages, die Schlüssigkeit der Klage sowie die Erheblichkeit des Bestreitens auf der Beklagtenseite vorgetragen hat. Insoweit wird die Auffassung vertreten, dass in diesem Fall der anwaltliche Vertreter wissen musste, dass es Bedenken im Hinblick auf die Fassung des Klageantrages oder die Schlüssigkeit der Klage gibt und folglich das Gericht in diesem Fall nicht noch einmal einen Hinweis zu erteilen hat.[760] Die Gegenauffassung geht davon aus, dass § 139 Abs. 2 ZPO in seiner jetzigen Fassung ein ausdrückliches Gebot zum Hinweis enthält, das – wie sich aus einem Vergleich des Wortlauts des § 139 Abs. 2 ZPO und des § 139 ZPO a.F. ergibt – in seiner Wirkung über § 139 ZPO a.F. hinausgeht.[761] Auf Bedenken gegen die Schlüssigkeit der Klage muss das Gericht gemäß § 139 ZPO danach grundsätzlich auch eine anwaltlich vertretene Partei hinweisen. Das gilt insbesondere dann, wenn der Rechtsanwalt die Rechtslage ersichtlich falsch beurteilt oder darauf vertraut, dass sein schriftsätzliches Vorbringen ausreichend ist. Ein Hinweis bzw. eine Rückfrage ist vor allem auch dann geboten, wenn für das Gericht offensichtlich ist, dass der Prozessbevollmächtigte einer Partei die von dem Prozessgegner erhobenen Bedenken gegen die Fassung des Klageantrages oder die Schlüssigkeit der Klage falsch aufgenommen hat.[762]

484 § 139 Abs. 2 Satz 2 ZPO betrifft die Fälle, bei denen das Gericht die Entscheidung auf einen tatsächlichen oder rechtlichen Gesichtspunkt stützen möchte, den das Gericht anders beurteilt als beide Parteien.

485 Erteilt das Gericht bei der Erörterung des Sach- und Streitstandes den Hinweis in der mündlichen Verhandlung **erstmalig**, wird das Gericht den Parteien Gelegenheit zur Stellungnahme geben. In diesem Fall sollte der Anwalt gegebenenfalls zu Protokoll geben, dass eine Äußerung im Termin für ihn nicht möglich ist, da er momentan nicht über die erforderlichen Informationen verfügt. Unter Bezugnahme auf § 139 Abs. 5 ZPO ist sodann ein **Schriftsatznachlass** zu beantragen. Nach § 139 Abs. 5 ZPO ist ein

---

[759] BGH NJW 1997, 398; NJW 1999, 1339.
[760] So BGH NJW 1984, 310 zu § 139 ZPO a.F.
[761] BGH NZBau 2004, 97; BGH NJW 2001, 2548 (2549); KG EWiR 2004, 219; Baumbach/Lauterbach/Albers-Hartmann, § 139 ZPO, Rn. 36.
[762] BGH NJW 2001, 2548 (2549).

Schriftsatznachlass nur auf Antrag und nicht auch von Amts wegen zu gewähren. Das Gericht hat folglich nicht von sich aus den Schriftsatznachlass zu gewähren.

**Nach Schluss der letzten mündlichen Verhandlung** eingegangener Vortrag bleibt gemäß § 296a ZPO grundsätzlich unberücksichtigt. Dies betrifft nachträgliche Angriffs- und Verteidigungsmittel bzw. nachträgliche Sachanträge. Dieses Vorbringen ist einfach unbeachtet zu lassen. Es bedarf keiner besonderen Zurückweisung durch das Gericht. Das Gericht muss allerdings den nachträglichen Schriftsatz zur Kenntnis nehmen, weil er Anlass zu einer **Wiedereröffnung** der Verhandlung gemäß § 156 ZPO geben könnte. Dabei ist streitig, ob das Gericht den Schriftsatz der Gegenseite zuleiten muss oder ob es ihn, falls er unberücksichtigt bleiben soll, lediglich zu den Akten zu nehmen hat. Gerade die Transparenz spricht dafür, dass der Schriftsatz der Gegenseite zugeleitet wird.[763]

486

Eine Ausnahme von diesem Grundsatz und eine Berücksichtigung des nachträglichen Vorbringens kommt in Betracht für **nachgelassene Schriftsätze** im Sinne des § 283 ZPO. Einen fristgemäß eingehenden Schriftsatz muss, einen verspätet eingegangenen Schriftsatz kann (Ermessen) das Gericht bei seiner Entscheidung berücksichtigen. Berücksichtigt wird jedoch nur die Entgegnung auf den Vortrag der Gegenseite, auf den sich die Partei im Termin nicht erklären konnte und zu dem ihr daher der Schriftsatznachlass gewährt worden ist. Darüber hinausgehendes Vorbringen und neue Anträge bleiben dagegen gemäß § 296a ZPO unberücksichtigt.[764]

487

Auf Grund eines nachträglichen Vorbringens kann die **mündliche Verhandlung** erneut **zu eröffnen** sein. Während § 156 Abs. 1 ZPO eine Ermessensvorschrift beinhaltet, sind in dem neuen § 156 Abs. 2 ZPO die Gründe genannt, bei deren Vorliegen die mündliche Verhandlung wiedereröffnet werden muss.

488

**b) Verspätetes Vorbringen**

*aa) § 296 Abs. 1 ZPO:* Um eine Prozessverschleppung zu verhindern, darf das Gericht gemäß §§ 296 Abs. 1, 530 Abs. 1 ZPO Angriffs- und Verteidigungsmittel (Behauptungen, Bestreiten und Beweisanträge im Sinne des § 282 Abs. 1 ZPO), deren sich eine Partei erst nach Ablauf einer ihr gesetzten Frist bedient, nur zulassen, wenn sie den Prozess nicht verzögern oder die Partei die **Verspätung** genügend entschuldigt.[765] Es handelt sich insoweit um eine **von Amts wegen** zu beachtende Vorschrift. Auf eine Rüge der Verspätung kommt es also nicht an. Ein verspätetes, verzögerndes und unentschuldigtes Vorbringen darf somit nicht Urteilsgrundlage werden.

489

Folgende Voraussetzungen müssen gegeben sein, damit eine Zurückweisung nach § 296 Abs. 1 ZPO erfolgen kann: Erforderlich ist zunächst eine **wirksame Fristsetzung** zur Klageerwiderung (§§ 276 Abs. 1 Satz 2, Abs. 3, 275 Abs. 1 Satz 1, Abs. 3 ZPO), zur Replik des Klägers (§§ 276 Abs. 3, 275 Abs. 4 ZPO), zur Ergänzung des Parteivortrags (§ 273 Abs. 2 Nr. 1 ZPO) oder zur Einspruchsbegründung (§ 340 Abs. 3 Satz 3

490

---

763 Zöller-Greger, § 296a ZPO, Rn. 3f.
764 BGH NJW 1993, 134.
765 Zöller-Greger, § 296 ZPO, Rn. 8.

ZPO). Die fristsetzende Verfügung muss dazu vom Vorsitzenden unterschrieben und der Partei gemäß § 329 Abs. 2 Satz 2 ZPO in beglaubigter Abschrift förmlich zugestellt worden sein.[766] Eine Belehrung über die Folgen einer Fristversäumung ist nur für die Klageerwiderung (§ 277 Abs. 2 ZPO) und für die Einspruchsbegründung (§ 340 Abs. 3 Satz 5 ZPO) vorgeschrieben. Zudem muss die Frist ausreichend lang bemessen sein.[767]

491  Für das **Verschulden** gilt eine Vermutung. Der Säumige muss sich folglich entlasten. Kein Verschulden liegt vor, wenn die Partei die Frist nicht hatte einhalten können. Es schadet leichte Fahrlässigkeit. Das Verschulden des Anwalts steht dem Verschulden der Partei gemäß § 85 Abs. 2 ZPO gleich.[768]

492  Weiterhin muss es überhaupt zu einer Verzögerung des gesamten Rechtsstreits gekommen sein. Dabei ist zunächst der streitige Begriff der **„Verzögerung"** zu klären. Die Verzögerung ist nach dem herrschenden realen (absoluten) Verzögerungsbegriff zu bejahen, wenn die Zulassung zu irgendeiner zeitlichen Verschiebung zwingt, die das Gericht nicht durch geeignete Terminsvorbereitung nach § 273 Abs. 2 oder § 358a ZPO verhindern kann. Eine Verzögerung tritt also bereits dann ein, wenn der Rechtsstreit bei Zulassung des verspäteten Vorbringens länger als bei Zurückweisung dauern würde; auf den Umstand, wann das Verfahren bei fristgerechtem Vorbringen beendet worden wäre, kommt es nicht an.[769]

493  Nach der Rechtsprechung des BVerfG[770] ist der vom BGH vertretene absolute Verzögerungsbegriff nicht verfassungswidrig. Eine Zurückweisung ist aber dann nicht gestattet, wenn offenkundig ist, dass dieselbe Verzögerung auch bei rechtzeitigem Vorbringen eingetreten wäre.

494  Nach beiden Auffassungen liegt **keine Verzögerung** in folgenden Fällen vor:
- Das verspätete Vorbringen ist rechtlich unerheblich, die Klage also gleichwohl unschlüssig bzw. die Verteidigung gleichwohl unerheblich bleibt.
- Die beweisbelastete Partei hat keine Beweise angeboten.
- Die erforderlichen Beweise sind bereits vollständig erhoben.
- Eine Beweisaufnahme kann sogleich im Termin erfolgen (Vernehmung sistierter Zeugen).
- Es ist ohnehin noch eine Beweisaufnahme erforderlich.
- Es ist ein Schriftsatznachlass gemäß § 283 ZPO erforderlich.[771]

495  *bb) § 296 Abs. 2 ZPO:* Neben § 296 Abs. 1 ZPO **kann das Gericht** verzögernde Angriffs- oder Verteidigungsmittel gemäß § 296 Abs. 2 ZPO zurückweisen, die von

---

766  BGH NJW 1990, 2389; NJW 1991, 2774.
767  BGH NJW 1994, 736.
768  Zöller-Greger, § 296 ZPO, Rn. 23ff.
769  BGHZ 75, 138; 76, 133 (135); 76, 236 (239); 86, 31; MünchKomm-Prüting, § 296 ZPO, Rn. 81; Schellhammer, Rn. 462; Deubner, NJW 1979, 337 (340).
770  BVerfG NJW 1987, 2733; NJW 1989, 705; NJW 1995, 1417; Zöller-Greger, § 296 ZPO, Rn. 22; Schneider, NJW 1980, 947 sowie NJW 1979, 2614; Leipold, ZZP 1993, 237 (250).
771  BGH NJW 1985, 1539 (1543); OLG Frankfurt NJW-RR 1992, 1405; Zöller-Greger, § 296 ZPO, Rn. 16.

einer Partei entgegen ihrer allgemeinen Prozessförderungspflicht aus § 282 ZPO nicht rechtzeitig in oder vor der mündlichen Verhandlung vorgebracht worden sind und es zu einer Verzögerung des Prozesses kommt. Voraussetzung ist allerdings eine grobe Nachlässigkeit der Partei oder ihres Prozessbevollmächtigten gemäß § 85 Abs. 2 ZPO.

## D. Zwangsvollstreckung

**Literatur** Blunck, Die Bezeichnung der Gegenleistung bei der Verurteilung zur Leistung Zug um Zug, NJW 1967, 1598; Heyers, Der Bauprozess – ein besonderes Risiko?, ZfBR 1979, 46; Quadbeck, Vollstreckung in Bausachen – Durchsetzung von Nachbesserungsansprüchen, MDR 2000, 570; Schilken, Wechselbeziehungen zwischen Vollstreckungsrecht und materiellem Recht bei Zug-um-Zug-Leistungen, AcP 181, 355; Schneider, Vollstreckung von Zahlungstiteln Zug um Zug gegen Ausführung handwerklicher Leistungen, DGVZ 1982, 37.

### I. Die Zwangsvollstreckung wegen einer Geldforderung aus Bauvertrag

### 1. Einfache Zug um Zug Verurteilung

Liegt dem Unternehmer/Auftragnehmer gegenüber dem Besteller/Auftragbeber ein vollstreckbarer Titel gemäß §§ 704, 794 Abs. 1 ZPO vor, entstehen im Rahmen der Zwangsvollstreckung vornehmlich dann Probleme, soweit der Zahlungstitel des Unternehmers/Auftragnehmers nur **Zug um Zug gegen Nacherfüllung** (= Mängelbeseitigung) vollstreckt werden kann. Die Vollstreckung ist demnach in erster Linie dann zulässig, wenn die Nachbesserung/Nacherfüllung unstreitig durchgeführt worden ist bzw. dem Gerichtsvollzieher durch öffentliche oder öffentlich beglaubigte Urkunde nachgewiesen wird, dass der Schuldner wegen der Gegenleistung befriedigt ist oder sich im Annahmeverzug befindet.[772, 773]

Gemäß § 756 ZPO kann der Unternehmer/Auftragnehmer in diesem Fall den titulierten Werklohnanspruch nur vollstrecken, wenn er vor der Vollstreckung seiner werkvertraglichen Verpflichtung zur Nacherfüllung in vollem Umfang nachgekommen ist.[774] Dabei muss der Unternehmer/Auftragnehmer – im Gleichklang zum materiellen

496

497

---

772 So kann der Gläubiger/Unternehmer den Gerichtsvollzieher beauftragen, dem Schuldner/Auftraggeber die Gegenleistung anzubieten, um ihn damit in Annahmeverzug zu setzen und sodann die Vollstreckung vorzunehmen (§ 84 Nr. 2 GVGA, LG Düsseldorf DGVZ 1991, 39; DGVZ 1991, 88 ff.

773 Zu beachten ist, dass eine Nachbesserung/Nacherfüllung in vielen Fällen ohne die Mitwirkung des Bauherrn/Auftraggebers nicht erfolgen kann. Weigert sich der Bauherr/Auftraggeber trotz entsprechender Aufforderung durch den Unternehmer/Auftragnehmer, einen ihm genehmen Termin für die Nachbesserung/Nacherfüllung zu nennen, so wird der Bauherr/Auftraggeber bereits durch die erfolglose Aufforderung zur Mitwirkung bei der Mängelbeseitigung in Verzug gesetzt. Dieser Annahmeverzug muss aber auch durch öffentliche Urkunde nachgewiesen werden. Der Nachweis bezieht sich dabei auf den Zugang der entsprechenden Aufforderung durch den Unternehmer/Auftragnehmer. Dabei muss nachgewiesen werden, dass der Bauherr/Auftraggeber in der Lage war, das mündliche oder schriftliche Angebot zur Mängelbeseitigung zur Kenntnis zu nehmen. Es empfiehlt sich für den Unternehmer/Auftragnehmer daher, die Aufforderung zur Benennung eines Nachbesserungstermins durch Gerichtsvollzieher zustellen zu lassen.

774 LG Stuttgart DGVZ 1990, 92.

## 2 § 2 Die Ansprüche des Auftragnehmers

Recht – auch im Vollstreckungsverfahren in Vorlage treten, denn erst nach durchgeführter ordnungsgemäßer Nachbesserung/Nacherfüllung kann er seinen Zahlungsanspruch gegenüber dem Bauherrn/Auftraggeber vollstrecken.[775]

498 Die negative Folge dieser Verlagerung der Austauschabwicklung in das Vollstreckungsverfahren ist darin zu sehen, dass den **Vollstreckungsorganen** die Prüfung und Entscheidung obliegt, festzustellen, ob der Auftragnehmer als Vollstreckungsgläubiger seine werkvertragliche Leistung in einer den Annahmeverzug begründenden Weise angeboten oder diese ordnungsgemäß erbracht hat.[776] [777]

499 So ist in der Praxis der Einwand des Vollstreckungsschuldners/Bauherrn vorprogrammiert, wonach die von dem Unternehmer/Auftragnehmer vorgenommene Nachbesserung/Nacherfüllung nicht, nur teilweise oder ganz oder gar unsachgemäß erfolgt sei. In diesem Fall muss der Gerichtsvollzieher selbstständig nachprüfen, ob die Nachbesserung/Nacherfüllung nach Wahl des Unternehmers/Auftragnehmers vor dem Hintergrund der Vorgaben des zu vollstreckenden Titels fachgerecht erbracht ist. Der Gerichtsvollzieher hat im Hinblick auf seine diesbezüglichen Feststellungen gemäß §§ 762, 763 ZPO eine **Niederschrift** anzufertigen. Kann der Gerichtsvollzieher aus eigener Sachkunde notwendigen Feststellungen nicht treffen, muss er einen **Sachverständigen** beiziehen, um sich durch diesen das Tatsachenwissen vermitteln zu lassen.[778]

500 Ein weiterer Problemkreis bei dieser Zug um Zug Verurteilung ist darin zu sehen, die vom Unternehmer/Auftragnehmer zu erbringende Zug um Zug Leistung zu bestimmen. So muss der Bauherr/Auftraggeber im Klageverfahren vor dem Hintergrund der Symptomtheorie den behaupteten Mangel nur umschreiben, aber keine Mängelursachen dartun. Zudem hat der zur Nachbesserung bzw. Nacherfüllung verpflichtete Unternehmer/Auftragnehmer gemäß § 635 BGB selbst in der Hand, zu bestimmen, welche Beseitigungsmaßnahmen er im Einzelfall ergreifen will.[779] Damit der Urteilstenor **vollstreckbar** ist, muss das Gericht – ggf durch Auswertung von Privatgutachten oder gerichtlicher Gutachten – feststellen, welche Mängel zu beseitigen sind. Dabei muss die Gegenleistung des Unternehmers/Auftragnehmers, die im Rahmen der Gewährleistungspflicht dem Bauherrn/Auftraggeber gegenüber geschuldet wird, **hinreichend genau beschrieben sein**. Anderenfalls ist der Titel für den Unternehmer/

---

775 Insbesondere kann der Auftragnehmer gegenüber dem Auftraggeber nicht verlangen, dass dieser den titulierten Zahlungsanspruch vor oder während der Durchführung der Nachbesserungs-/Nacherfüllungsarbeiten bei dem Gerichtsvollzieher zu hinterlegen hat, um eine angemessene Sicherheit eingeräumt zu bekommen, LG Stuttgart DGVZ 1990, 92; Schneider DGVZ 1982, 37 (38).
776 Schilken, AcP 181, 355 (358).
777 Die §§ 756, 765 ZPO durchbrechen mithin den Grundsatz einer formalisierten Zwangsvollstreckung, bei der den Vollstreckungsorganen die Prüfung materiell-rechtlicher Fragen und Einwendung untersagt ist.
778 Weigert sich der Gerichtsvollzieher einen Sachverständigen hinzuzuziehen, kann sich der vollstreckende Gläubiger/Unternehmer hiergegen mit der Erinnerung gemäß § 766 ZPO wehren. Daneben wird man aber auch die Feststellungsklage des Unternehmers für zulässig halten müssen, und zwar dahin, dass er ordnungsgemäß nachgebessert hat.
779 BGH BauR 1985, 355 (357); BauR 1973, 313 (316); BauR 1976, 430 (431); OLG Celle MDR 2001, 686; Quadbeck, MDR 2000, 570 (571); Heyers, ZfBR 1979, 49 (50).

Auftragnehmer nicht vollstreckbar.[780, 781] Insbesondere müssen demnach im Tenor Angaben über das Material, über die Merkmale der Herkunft sowie über Größe und dergleichen mehr gemacht werden.[782]

Muster: Zwangsvollstreckung

Frau Obergerichtsvollzieherin

■■■

In der Zwangsvollstreckungssache

der ■■■ GmbH, ■■■,

Gläubigerin

Prozessbevollmächtigte: ■■■

gegen

■■■, ■■■,

Schuldner

überreichen wir namens und mit Vollmacht der Gläubigerin das beiliegende Urteil des Landgerichts Berlin zum AZ: ■■■ vom 28. November 2004 mit dem Antrag, die nachfolgende Beträge im Wege der Zwangsvollstreckung beizutreiben:

Konkrete Forderungsaufstellung (Hauptforderung, festgesetzte Kosten, Kosten früherer Vollstreckungsmaßnahmen, Zinsen sowie Zwangsvollstreckungsgebühren)

Die Hauptforderung ist in Höhe eines Teilbetrages von EUR 6.276,18 ohne Einschränkungen vollstreckbar. Der Restbetrag in Höhe von EUR 12.243,27 kann von der Gläubigerin nur Zug um Zug gegen Mängelbeseitigung vollstreckt werden. Angaben zur Art und Weise der Mängelbeseitigung ergeben sich aus dem Tenor des beigefügten Urteils des Landgerichts Berlin vom 28. November 2004. Die Gläubigerin hat die von ihr geschuldeten Mängelbeseitigungsarbeiten inzwischen sach- und fachgerecht ausgeführt. Sollten Bedenken hinsichtlich der ordnungsgemäßen Durchführung der Mängelbeseitigungsarbeiten bestehen, so beantragen wir, einen Sachverständigen hinzuzuziehen.

Rechtsanwalt

## 2. Doppelte Zug um Zug Verurteilung

Eine **doppelte Zug um Zug Verurteilung** kommt dann in Betracht, wenn der Unternehmer/Auftragnehmer den Vergütungsanspruch nur Zug um Zug gegen Beseitigung der vom Bauherrn/Auftraggeber gerügten Mängel geltend machen kann. Muss der Unternehmer/Auftragnehmer im Rahmen der Nachbesserung/Nacherfüllung Leistun-

---

780 BGH NJW 1993, 3206 (3207); NJW 1994, 586 (587); OLG Düsseldorf NJW-RR 1999, 793; KG BauR 1999, 438; Schilken, AcP 181, 355 (360); Blunck, NJW 1967, 1598.
781 Der Bauherr/Auftraggeber kann aus dem Zug um Zug Urteil, das der Unternehmer/Auftragnehmer erstritten hat, nicht vollstrecken, AG Wuppertal DGVZ 1991, 43. Kommt der Unternehmer/Auftragnehmer also seiner Nachbesserungspflicht nicht nach, kann der Bauherr/Auftraggeber nicht etwa selbst den Weg des § 887 Abs. 1 ZPO bestreiten.
782 OLG Frankfurt JurBüro 1979, 1389; OLG Celle MDR 2001, 686.

gen erbringen, zu denen er nach dem Vertrag nicht verpflichtet war und erlangt der Bauherr/Auftraggeber insoweit Vorteile, weil ansonsten er für diese Leistungen, wenn sie von Anfang an erbracht worden wären, mehr hätte zahlen müssen (sog. Sowieso-Kosten),[783] dann kann der Unternehmer/Auftragnehmer dem Nachbesserungsanspruch des Bauherrn/Auftraggebers wiederum § 320 BGB entgegenhalten.[784] Somit kommt es zur doppelten Zug um Zug Verurteilung.

**503** Will der Unternehmer/Auftragnehmer vollstrecken, muss er den Bauherr/Auftraggeber entsprechend § 295 Satz 2 BGB auffordern, **den Zuschuss** zu seinen Gunsten zu **hinterlegen**. Hinterlegt der Bauherrn/Auftraggeber nicht, kann der Unternehmer/Auftragnehmer ohne weiteres vollstrecken, ohne nachgebessert haben zu müssen. Hinterlegt der Bauherrn/Auftraggeber den Zuschuss, muss der Unternehmer/Auftragnehmer den Mangel beseitigen. Danach kann er den Zahlungstitel vollstrecken. Dabei gelten die zur einfachen Zug um Zug Verurteilung dargestellten Besonderheiten des Vollstreckungsverfahrens.[785] Hat Bauherrn/Auftraggeber den Zuschuss hinterlegt und beseitigt der Unternehmer/Auftragnehmer den Mangel nicht, kann der Bauherrn/Auftraggeber nach angemessener Zeit Freigabe des Zuschusses verlangen.[786]

### II. Die Zwangsvollstreckung bei der Abnahmeklage

**504** Liegt dem Unternehmer/Auftragnehmer gegenüber dem Besteller/Auftrageber ein vollstreckbarer Titel gemäß §§ 704, 794 Abs. 1 ZPO vor, der auf **Abnahme einer Bauleistung** gerichtet ist,[787] richtet sich die Zwangsvollstreckung nach § 888 ZPO.

**505** Die Zwangsvollstreckung erfolgt in diesem Fall durch Verhängung von **Zwangsgeld** und **Zwangshaft**. Ein dementsprechender Beschluss ist vom Gläubiger beim Prozessgericht des ersten Rechtszuges als Vollstreckungsorgan zu beantragen. Verhängt werden können gemäß § 888 Abs. 1 Satz 2 ZPO Zwangsgeld bis zu EUR 25.000,– und gemäß §§ 888 Abs. 1 Satz 3, 913 ZPO Zwangshaft bis zu 6 Monaten. Beide Maßnahmen sind reine Beugemittel. Sie können deshalb mehrfach, auch abwechselnd verhängt werden.

**506** Der Festsetzungsbeschluss ist Vollstreckungstitel im Sinne des § 794 Abs. 1 Nr. 3 ZPO und muss dem Schuldner zugestellt werden. Er wird auf Antrag des Gläubigers nach §§ 803 ff. ZPO (Zwangsgeld) bzw. §§ 904-913 ZPO (Zwangshaft) durchgesetzt. Das Zwangsgeld wird vom Gerichtsvollzieher zugunsten der Staatskasse eingezogen.

**507** Muster: Zwangsvollstreckungsantrag auf Festsetzung eines Zwangsgelds/Zwangshaft zur Vornahme einer unvertretbaren Handlung gemäß § 888 ZPO

Amtsgericht ■■■

■■■

■■■

---

783 Vgl. hierzu die Ausführungen unter Rn. 555.
784 BGH BauR 1984, 401.
785 Vgl. hierzu die Ausführungen unter Rn. 496 ff.
786 BGH BauR 1984, 401.
787 Vgl. hierzu das Prozessformular unter Rn. 175.

In der Zwangsvollstreckungssache

der ■■■ GmbH, ■■■,

Gläubigerin,

Prozessbevollmächtigte: ■■■

gegen

den ■■■, ■■■,

Schuldner,

Prozessbevollmächtigte: ■■■

Namens und in Vollmacht der Gläubigerin überreichen wir in der Anlage A1 das rechtskräftige Urteil des Landgerichts ■■■ vom 17. August 2004 zum Aktenzeichen 16 O 573/04, welches dem Prozessbevollmächtigten des Schuldners am 06. September 2004 zugestellt worden ist. Wir beantragen nunmehr:

Zur Erzwingung der dem Schuldner aufgrund des rechtskräftigen Urteils des Landgerichts ■■■ vom 17. August 2004 zum Aktenzeichen 16 O 573/04 obliegenden unvertretbaren Handlung, das errichtete Einfamilienhaus in der ■■■ in ■■■ förmlich abzunehmen, wird gegen den Schuldner ein Zwangsgeld bis zu EUR 25.000,00, und für den Fall, dass dieses nicht beigetrieben werden kann, ersatzweise 6 Monate Zwangshaft festgesetzt.

Begründung:

Auf der Grundlage eines am 28. Juni 2003 geschlossenen Einheitspreisvertrages hat die Gläubigerin ein Einfamilienhaus auf dem Grundstück des Schuldners in ■■■, ■■■ errichtet. Die VOB/B ist auf der Grundlage einer Vereinbarung der Parteien Vertragsbestandteil geworden. Mit rechtskräftigem Urteil des Landgerichts ■■■ vom 17. August 2004 zum Aktenzeichen 16 O 573/04 ist der Schuldner verurteilt worden, das inzwischen fertiggestellte Einfamilienhaus gemäß § 12 Nr. 4 VOB/B förmlich abzunehmen.

Beweis: Urteil des Landgerichts ■■■ vom 17. August 2004 nebst Rechtskraftzeugnis – Anlage A2 –.

Mit Schreiben der Gläubigerin vom 13. September 2004 ist der Schuldner unter Fristsetzung bis zum 01. Oktober 2004 letztmalig aufgefordert worden, die förmliche Abnahme durchzuführen.

Beweis: Schreiben vom 13. September 2004 – Anlage A3 –.

Nach wie vor weigert sich der Schuldner, das von der Gläubigerin vertragsgemäß erstellte Einfamilienhaus abzunehmen. Das Vorbringen des Schuldners, es seien angeblich Mängel vorhanden, trifft nicht zu. So hat das Landgericht Berlin im Urteil vom 17. August 2004 festgestellt, dass die Gläubigerin den geschuldeten Werkerfolg vertragsgemäß und mangelfrei erbracht hat.

Beweis: Urteil des Landgerichts ■■■ vom 17. August 2004 – Anlage A2 –.

Da der Schuldner auch nach Vorliegen des rechtskräftigen Urteils des Landgerichts ■■■ nicht gewillt ist, die förmliche Abnahme durchzuführen, ist es nunmehr erforderlich, den Schuldner anzuhalten, der titulierten Verpflichtung im Urteil des Landgerichts ■■■ vom 17. August 2004 nachzukommen.

Rechtsanwalt

## § 3 Die Ansprüche des Auftraggebers gegen den Auftragnehmer

### A. Vorprozessuale Situation

#### I. Der Baumangel

**Literatur** Jung, Mängelansprüche und Zahlung bei Bauverträgen: VOB/B 2002 im Vergleich zur gesetzlichen Regelung, ZGS 2003, 68; Kemper, Neuregelung der Mängelansprüche in § 13 VOB/B-2002, BauR 2002, 1613; Merl, Schuldrechtsmodernisierungsgesetz und werkvertragliche Gewährleistung, in: Festschrift für Jagenburg, S. 597; Schudnagies, Das neue Werkvertragsrecht nach der Schuldrechtsreform, NJW 2002, 396; Siegburg, Der Baumangel nach der geplanten VOB/B 2002, in: Festschrift für Jagenburg, S. 839; Teichmann/Schröder, Anmerkung zum Urteil des BGH vom 16.07.1998 – VII ZR 350/96 –, JZ 1999, 799; Thode, Die wichtigsten Änderungen im BGB-Werkvertragsrecht: Schuldrechtsmodernisierungsgesetz und erste Probleme – Teil 1, NZBau 2002, 297; Vorwerk, Mängelhaftung des Werkunternehmers und Rechte des Bestellers nach neuem Recht, BauR 2003, 1; Weyer, § 13 VOB/B 2002: Viele Änderungen und was wirklich Neues?, BauR 2003, 613.

508 Gemäß § 633 Abs. 1 BGB sowie § 13 Nr. 1 Satz 1 VOB/B[788] besteht eine Verpflichtung des Unternehmers/Auftragnehmers, dem Besteller/Auftraggeber das Werk frei von Sach- und Rechtsmängel zu verschaffen.

#### 1. Vorliegen eines Sachmangels[789]

##### a) Beim BGB-Bauvertrag

509 *aa) Vorliegen eines Sachmangels bei Beschaffenheitsvereinbarung:* Vor dem Hintergrund des durch das SchRModG vorgegebenen dreistufigen Mangelbegriffs ist gemäß § 633 Abs. 2 Satz 1 BGB ein Werk zunächst dann frei von Sachmängeln, wenn es die **vereinbarte Beschaffenheit** hat. Der Sachmangel definiert sich vorrangig danach, ob das hergestellte Werk von der vereinbarten Beschaffenheit abweicht. Entspricht die Ist-beschaffenheit nicht der Sollbeschaffenheit, so liegt ein Sachmangel vor.[790]

510 Um festzustellen, ob ein Sachmangel vorliegt, ist in einem ersten Schritt die vertraglich vereinbarte Leistung zu bestimmen, was bei Bauverträgen immer wieder große Probleme aufwerfen wird, da Leistungsbeschreibungen in der Vielzahl leider unvollständig, ungenau, intransparent und wenig aussagekräftig sind. Ist nach dem Wortlaut des Bauvertrages eine eindeutige Beschaffenheitsvereinbarung zu verneinen, muss versucht werden, das von den Parteien Gewollte durch Auslegung gemäß §§ 133, 157, 242 BGB

---

788 Vgl. zur wirksamen Einbeziehung der VOB/B in den Bauvertrag die Ausführungen unter Rn. 84ff.
789 Eine detaillierte Auflistung von Beispielen für Sachmängel aus der Rechtsprechung findet sich bei Werner/Pastor, Rn. 1515.
790 Damit hat das Gesetz den subjektiven Mangelbegriff, der auch nach der alten – sprachlich noch anders lautenden – Regelung des § 633 Abs. 1 BGB a.F. maßgeblich war, übernommen, Vorwerk BauR 2003, 1 (3). Als Folge dessen könnte man der Auffassung sein, dass sich an der alten Rechtslage (insbesondere an dem vom BGH vertretenen subjektiven Mangelbegriff, BGH BauR 1995, 230) nichts geändert hat, so Schudnagies, NJW 2002, 396 (397); a.A. zutreffend Thode, NZBau 2002, 297 (303); Werner/Pastor, Rn. 1456.

zu ermitteln.[791] Steht sodann die vertraglich vereinbarten Soll-Beschaffenheit fest, ist in einem zweiten Schritt die Ist-Beschaffenheit zu ermitteln, um schließlich im Ergebnis festzuhalten, ob eine Abweichung und damit ein Sachmangel gegeben ist.

Probleme entstehen dann, wenn das hergestellte Werk die vereinbarte Beschaffenheit aufweist, sich aber nicht für die nach dem Vertrag vorausgesetzte Verwendung eignet. So müsste in diesem Fall nach dem Wortlaut des § 633 Abs. 2 Satz 1 BGB das Werk eigentlich fehlerfrei sein, wenn allein die nach dem Vertrag vereinbarten Leistungsschritte erfüllt worden sind, es aber dennoch funktionsuntauglich ist. Wäre dem so, würde § 633 Abs. 2 Satz 1 BGB n.F. im krassen Widerspruch zu dem von der Rechtsprechung für das Werkvertragsrecht entwickelten **funktionalen Mangelbegriff** stehen. Danach muss ein Werk ungeachtet der Einzelheiten der Leistungsbeschreibung dem vertraglich vorausgesetzten Zweck erfüllen und funktionsgerecht sein.[792]

511

Hat das Werk die vereinbarte Beschaffenheit, fehlt ihm aber gleichwohl die **Funktionstüchtigkeit**, ist auch nach neuem Recht ein Sachmangel zu bejahen. So hat der Gesetzgeber zwar die Funktionalität und Zweckentsprechung nicht § 633 Abs. 2 Satz 1 BGB, sondern vielmehr der zweiten Alternative des Sachmangelbegriffs in § 633 Abs. 2 Satz 2 Nr. 1 BGB zugeordnet. Das Tatbestandsmerkmal der vereinbarten Beschaffenheit darf aber nicht isoliert von den übrigen in § 633 Abs. 2 Satz 2 BGB aufgeführten Sachmangelkriterien gesehen werden. Aus ihnen ergibt sich eindeutig, dass das Werk für eine gewöhnliche Verwendung geeignet sein und eine Beschaffenheit aufweisen muss, die üblich ist und von dem Besteller nach der Art des Werkes erwartet werden kann. Da der Unternehmer/Auftragnehmer ein funktionsgerechtes Werk schuldet, liegt ein Mangel auch dann vor, wenn die Funktionstüchtigkeit beeinträchtigt ist bzw. die Werkleistung nicht den **anerkannten Regeln der Technik**[793] entspricht.[794, 795]

512

---

791 BGH JZ 1999, 797; OLG Bremen OLGR 2002, 147; Staudinger-Peters, § 633 BGB, Rn. 173; Ingenstau/Korbion-Wirth, § 13 Nr. 1 VOB/B, Rn. 22. Insoweit ist zu bedenken, dass im Bauvertrag, bei dem der Unternehmer/Auftragnehmer einen konkreten Erfolg zu erbringen hat, ohne Beschaffenheitsvereinbarungen bzw. definiertem „Verwendungszweck" im Sinne des § 633 Abs. 2 Satz 2 Nr. 1 BGB praktisch nicht denkbar ist, Wirth/Sienz/Englert-Grauvogel, Teil II, § 633, Rn. 22. Deshalb wird es in den meisten Fällen möglich sein, unter Berücksichtigung der gesamten Umstände des Vertragsschlusses zu einem eindeutigen Ergebnis des Gewollten zu kommen.

792 BGH BauR 1995, 230; BGHZ 139, 244; BauR 2000, 411; BauR 2001, 823; BauR 2002, 613 (616); Kniffka/Koeble, Kompendium Teil 6, Rn. 22 ff.

793 Vgl. zum Begriff der „Anerkannten Regeln der Technik" weiterführend: Kapellmann/Messerschmidt-Merkens, § 4 VOB/B, Rn. 54 ff.; Staudinger-Peters, § 633 BGB, Rn. 169 ff.; Werner/Pastor, Rn. 1459 ff.; Ingenstau/Korbion-Wirth, § 13 Nr. 1 VOB/B, Rn. 78 ff.

794 BGH BauR 1981, 577 (581); BauR 1989, 462; OLG Koblenz BauR 1995, 554 (556); Merl, Festschrift für Jagenburg, S. 597 (600 f.); Siegburg, Festschrift für Jagenburg, S. 839 (845); Staudinger-Peters, § 633 BGB, Rn. 168; Werner/Pastor, Rn. 1457 f.

795 So hat der Gesetzgeber eine Regelung, wonach die anerkannten Regeln der Technik einzuhalten sind, bewusst nicht in § 633 Abs. 2 BGB aufgenommen. Eine derartige Regelung hätte zu Missverständnissen bei der Frage geführt, ob der Unternehmer seine Leistungspflicht bereits dann erfüllt hat, wenn zwar die anerkannten Regeln beachtet worden sind, das Werk aber nicht die vertragsgemäße Beschaffenheit aufweist; kritisch dazu Siegburg, Festschrift für Jagenburg, S. 839 (842 f.). Damit ist offensichtlich, dass die vertragsgemäße Beschaffenheit ungeachtet etwaiger anerkannter Regeln der Technik vorrangig ist und vor allem die Funktionstauglichkeit des Werkes zum Inhalt hat. Weiterhin ist auch klar, dass die anerkannten Regeln der Technik zur Beschaffenheitsvereinbarung im Sinne des § 633 Abs. 2 Satz 1 BGB gehören und nicht erst bei der üblichen Beschaffenheit eine Rolle spielen, Siegburg, Festschrift für Jagenburg, S. 839 (844); Staudinger-Peters, § 633 BGB, Rn. 168.

# § 3 Die Ansprüche des Auftraggebers

513 *bb) Vorliegen eines Sachmangels ohne Beschaffenheitsvereinbarung:* Enthält der Vertrag dem entgegen keine Vereinbarung zur Beschaffenheit,[796] ist das Werk gemäß § 633 Abs. 2 Satz 2 Nr. 1 BGB mangelfrei, wenn es sich für die nach dem Vertrag vorausgesetzte, oder gemäß § 633 Abs. 2 Nr. 2 BGB für den Fall, dass nach dem Vertrag eine Verwendung nicht vorausgesetzt ist,[797] die **gewöhnliche Verwendung** eignet, wobei das Werk im letzten Fall eine Beschaffenheit aufweisen muss, die bei Werken der gleichen Art üblich ist und die der Besteller/Auftraggeber nach der Art des Werkes erwarten kann.

514 Schließlich steht es gemäß § 633 Abs. 2 Satz 3 BGB einem Sachmangel gleich, wenn der Unternehmer/Auftragnehmer ein anderes als das bestellte Werk oder das Werk in zu geringer Menge herstellt.

### b) Beim VOB-Bauvertrag

515 Für den **VOB-Bauvertrag** ist der Begriff des Sachmangels in § 13 Nr. 1 VOB/B definiert. **§ 13 Nr. 1 VOB/B** übernimmt in der Fassung von 2002 die in § 633 Abs. 2 Satz 1 und Satz 2 BGB enthaltene dreistufige Rangfolge des Sachmangelbegriffs, wonach primär auf die vereinbarte Beschaffenheit, nachrangig auf die vertraglich vorausgesetzte und letztrangig auf die gewöhnliche Verwendung, übliche Beschaffenheit und einen allgemeinen Erwartungshorizont abzustellen ist.[798] Hervorzuheben bleibt, dass in Abweichung zu § 633 Abs. 2 BGB die allgemein anerkannten Regeln der Technik gemäß § 13 Nr. 1 Satz 2 VOB/B ausdrücklich eine vertraglich vereinbarte Leistungspflicht des Auftragnehmers begründen.[799, 800] Verstößt der Auftragnehmer gegen die allgemein anerkannten Regeln der Technik, so begründet dies einen Sachmangel.[801]

516 Auch beim VOB-Bauvertrag steht es gemäß § 633 Abs. 2 Satz 3 BGB einem Sachmangel gleich, wenn der Unternehmer/Auftragnehmer ein anderes als das bestellte Werk oder das Werk in zu geringer Menge herstellt.[802]

### c) Verletzung der Prüfungs- und Anzeigepflicht des Unternehmers/Auftragnehmers

517 Unabhängig davon, ob ein BGB-Bauvertrag oder VOB-Bauvertrag vorliegt, hat der Unternehmer/Auftragnehmer, der seine Leistung in engem Zusammenhang mit der Vorarbeit eines anderen oder aufgrund dessen Planungen auszuführen hat, zu prüfen und gegebenenfalls Erkundigungen einzuziehen, ob diese Vorleistung eine geeignete

---

796 Die anderen beiden Alternativen des § 633 Abs. 2 BGB kommen also nur dann in Betracht, wenn eine Vereinbarung über die Beschaffenheit nicht vorliegt.
797 Ob eine nach dem Vertrag vorausgesetzte Verwendung vorliegt, ist anhand der Umstände des Vertragsschlusses und des Vertrages selbst zu ermitteln. Das Ergebnis wird beim Werkvertrag in aller Regel eine nach dem Vertrag vorausgesetzte Verwendung sein.
798 Bei dem in § 13 Nr. 1 VOB/B zusätzlich enthaltenen Passus „zurzeit der Abnahme" handelt es sich um ein ungeschriebenes Tatbestandsmerkmal des § 633 Abs. 2 BGB, Palandt-Sprau, § 633 BGB, Rn. 3.
799 Jung, ZGS 2003, 68 (69); Teichmann/Schröder, JZ 1999, 799 (800); Werner/Pastor, Rn. 1513; Ingenstau/Korbion-Wirth, § 13 Nr. 1 VOB/B, Rn. 35.
800 Vgl. zum Begriff der „Anerkannten Regeln der Technik" die Nachweise in Fn. 793.
801 BGH BauR 1981, 577; BauR 1984, 401; OLG Düsseldorf BauR 1995, 890; Kapellmann/Messerschmidt-Weyer, § 13 VOB/B, Rn. 29; Werner/Pastor, Rn. 1513; Ingenstau/Korbion-Wirth, § 13 Nr. 1 VOB/B, Rn. 62.
802 Kapellmann/Messerschmidt-Weyer, § 13 VOB/B, Rn. 35; Ingenstau/Korbion-Wirth, § 13 Nr. 1 VOB/B, Rn. 44, 46; MünchKomm-Busche, § 633 BGB, Rn. 31; a.A. Merl, Festschrift für Jagenburg, S. 597 (605).

Grundlage für sein Werk bietet und keine Eigenschaften aufweist, die den Erfolg seiner eigenen Arbeit infrage stellen kann.[803, 804]

Darüber hinaus ist der Unternehmer/Auftragnehmer verpflichtet, nach Prüfung der Umstände auf die für ihn erkennbare Fehlerhaftigkeit der Vorgabe bzw. der Vorleistung eines anderen Unternehmers **unverzüglich** hinzuweisen und **Bedenken** zu äußern. Kommt er der **Prüfungs- und Hinweispflicht** nicht nach, so ist seine Werkleistung gemäß § 633 Abs. 2 BGB bzw. § 13 Nr. 1 VOB/B mangelhaft.[805, 806]  518

Beim **VOB-Bauvertrag** folgt die Pflicht zur Anzeige von Bedenken aus § **4 Nr. 3 VOB/B**. Danach sind dem Auftraggeber gegenüber Bedenken unverzüglich – möglichst schon vor Beginn der Arbeiten – und schriftlich mitzuteilen. Beim BGB-Bauvertrag wird die Pflicht zur Anzeige von Bedenken aus §§ 631 Abs. 1, 633 Abs. 1 BGB bzw. § 242 BGB abgeleitet,[807] wobei in Ermangelung eines Schriftformerfordernisses der mündliche Hinweis ausreicht.[808]  519

### d) Zur Substantiierung des Sachmangels (Symptomtheorie)

Kommt es zu einem Streit der Vertragsparteien, ob ein Baumangel aufgetreten ist, so hat der Besteller/Auftraggeber diesen darzulegen.[809] Dabei ist der Baumangel so genau zu bezeichnen, dass der in Anspruch genommene Unternehmer/Auftragnehmer weiß, was ihm vorgeworfen und was von ihm als Abhilfe erwartet wird.[810, 811]  520

Der Besteller/Auftraggeber genügt regelmäßig dieser Darlegungspflicht, wenn er seinen Vortrag auf die **Symptome** beschränkt, aus einen er die Mangelhaftigkeit der Bauleistung herleitet. Ausreichend ist ein Sachvortrag, wonach die vom Besteller/Auftraggeber **festgestellten Erscheinungen** auf eine möglicherweise im Verantwortungsbereich des Bestellers/Auftraggebers liegende mangelhafte Werkleistung zurückzuführen sind.[812] Er ist nicht genötigt, auch die Gründe seiner Entstehung, also die Mängelursa-  521

---

803 BGH BauR 1970, 57 (58); BauR 1983, 70; BauR 1987, 79; Werner/Pastor, Rn. 1526; Kapellmann/Messerschmidt-Merkens, § 4 VOB/B, Rn. 67.
804 Der Umfang der Prüfungspflicht hängt von den Umständen des Einzelfalls ab, OLG Düsseldorf BauR 2002, 323; OLG Celle BauR 2002, 812; OLG Bremen BauR 2001, 1599; Werner/Pastor, Rn. 1520.
805 BGH BauR 1983, 70; BauR 1985, 561 (563); OLG Hamm BauR 1995, 852; OLG Koblenz BauR 1995, 395 (396); Staudinger-Peters, § 633 BGB, Rn. 62, 64; Werner/Pastor, Rn. 1519; Kapellmann/Messerschmidt-Merkens, § 4 VOB/B, Rn. 100; Ingenstau/Korbion-Wirth, § 13 Nr. 1 VOB/B, Rn. 102.
806 Beruht der Mangel auf einer ausdrücklichen Anweisung des Bestellers/Auftraggebers bei der Bauausführung, ist der Unternehmer/Auftragnehmer nicht zur (Nach-)Erfüllung verpflichtet, wenn er den Besteller/Auftraggeber auf die nachteiligen Folgen hingewiesen hat.
807 OLG Bremen BauR 2001, 1599; OLG Hamm NZBau 2001, 691; OLG Düsseldorf BauR 1998, 126 (127); Staudinger-Peters, § 633 BGB, Rn. 63.
808 BGH NJW 1960, 1813; Kleine-Möller/Merl/Oelmaier-Merl, § 12 Rn. 99.
809 BGH BauR 1974, 280; BauR 1982, 66 (67).
810 BGH BauR 1998, 632 (633); BauR 1993, 112 (115); BauR 1982, 66 (67); OLG Celle MDR 2001, 686.
811 Ein Nacherfüllungsbegehren, das nur allgemein Mängel rügt, ohne diese näher zu bezeichnen, ist gegenstandslos. Durch ein derartiges Begehren können nachteilige Rechtsfolgen zu Lasten des Unternehmers/Aufragnehmers nicht ausgelöst werden. Das gleiche gilt für Mängelrügen, die den Mangel nicht so lokalisieren, dass der Unternehmer/Auftragnehmer ihn auffinden kann.
812 BGH BauR 2000, 261; BauR 2002, 613 (617); BauR 1997, 1065; BauR 1997, 1029; BauR 1990, 356; Kapellmann/Messerschmidt-Weyer, § 13 VOB/B, Rn. 196; Ingenstau/Korbion-Wirth, § 13 Nr. 5 VOB/B, Rn. 34ff.

chen im Einzelnen anzugeben,[813] zumal der Besteller/Auftraggeber dem Unternehmer/Auftragnehmer ohnehin nicht vorschreiben kann, wie dieser eine etwaige Nachbesserung/Nacherfüllung durchzuführen hat.[814, 815]

### 2. Vorliegen eines Rechtsmangels

522 Das Werk ist gemäß § 633 Abs. 1 und 3 BGB frei von Rechtsmängeln, wenn Dritte im Bezug auf das Werk keine oder nur die im Vertrag übernommenen Rechte gegen den Besteller/Auftraggeber geltend machen können. Anzumerken bleibt, dass Rechte Dritter, die gegen den Besteller/Auftraggeber geltend gemacht werden können, auch dann einen **Rechtsmangel** darstellen, wenn sie diesen in der (vereinbarten, nach dem Vertrag vorausgesetzten oder sogar gewöhnlichen) Verwendung nicht beeinträchtigen.

523 § 13 Nr. 1 VOB/B enthält demgegenüber keine Definition des in § 633 Abs. 1 und 3 BGB geregelten Rechtsmangels, sodass die vorgenannte Gesetzesregelung für Rechtsmängel auch bei vereinbarter VOB/B mangels einer abschließenden Regelung in der VOB/B unmittelbar gilt.[816]

## II. Der Anspruch auf Mängelbeseitigung (Nachbesserung/Neuherstellung)

**Literatur:** Böhme, (Teil-)Identische Nachbesserungspflichten von Vor- und Nachunternehmer, in: Festschrift für von Craushaar, Seite 327; Groß, Beweislast bei in der Abnahme vorbehaltenen Mängeln, BauR 1995, 456; Gsell, Nutzungsentschädigung bei kaufrechtlicher Nacherfüllung?, NJW 2003, 1969; Jagenburg, Geldersatz für Mängel trotz vorbehaltsloser Abnahme?, BauR 1974, 361; Jagenburg, Die Rechtsprechung zum privaten Bau- und Bauvertragsrecht im Jahre 1969, NJW 1970, 1289; Kemper, Die Neuregelung der Mängelansprüche in § 13 VOB/B – 2002 –, BauR 2002, 1613; Kniffka, Änderung des Bauvertragsrechts im Abschlussbericht der Kommission zur Überarbeitung des Schuldrechts, ZfBR 1993, 97; Koeble, Rückforderung des Vorschusses? Ein Märchen!, in: Festschrift für Jagenburg, S. 371; Kohler, Das Werk im Kauf, in: Festschrift für Jagenburg, S. 379; Lenkert, Das modernisierte Verjährungsrecht, BauR 2002, 196; Malotki, Die unberechtigte Mangelbeseitigungsaufforderung – Ansprüche des Unternehmers auf Vergütung, Schadens- und Aufwendungsersatz, BauR 1998, 682; Mansel, Die Neuregelung des Verjährungsrechts, NJW 2002, 89;

---

813 BGH BauR 1999, 899; BauR 2000, 261; Ingenstau/Korbion-Wirth, § 13 Nr. 5 VOB/B, Rn. 34ff.
814 BGH BauR 1985, 355; BauR 1990, 356; BauR 1992, 503; BauR 2000, 261; BauR 2001, 630; BauR 2002, 784 (785); Werner/Pastor, Rn. 1472.
815 Technische Angaben des Bestellers/Auftraggebers zu der von ihm vermuteten Mängelursache sind auch dann nicht schädlich, wenn sie fehlerhaft sind. Führt der Besteller/Auftraggeber den Mangel auf eine bestimmte, möglicherweise unzutreffende Ursache zurück, ist der Unternehmer/Auftragnehmer nicht darauf beschränkt, diese Ursache zu überprüfen. Er ist stets verpflichtet, den Mangel, der sich aus der Mangelbeschreibung ergibt, vollständig zu beseitigen. Das bedeutet, dass der Unternehmer/Auftragnehmer sich auch nicht darauf beschränken darf, den Mangel nur an der Stelle zu beseitigen, an der er sich gezeigt hat. Eine Beschränkung auf die vom Besteller/Auftraggeber angegebenen Stellen ist mit der Bezeichnung einer Mangelerscheinung nicht verbunden. Deren Ursachen sind von der Rüge vollständig erfasst, BGH BauR 2002, 784; BauR 2001, 1897; BauR 2000, 261; BauR 1998, 682.
816 Kapellmann/Messerschmidt-Weyer, § 13 VOB/B, Rn. 2; ders., BauR 2003, 613 (614); Kemper, BauR 2002, 1613 (1614); Siegburg, Festschrift für Jagenburg, S. 839 (849); Ingenstau/Korbion-Wirth, § 13 Nr. 1 VOB/B, Rn. 7-9.

Neuhaus, Dreißig Jahre Gewährleistungshaftung im Baurecht – Vor und nach der Schuldrechtsmodernisierung, MDR 2002, 131; Vorwerk, Mängelhaftung des Werkunternehmers und Rechte des Bestellers nach neuem Recht, BauR 2003, 1.

### 1. Beim BGB-Bauvertrag

#### a) Vor der Abnahme

Der Besteller/Auftraggeber hat gegenüber dem Unternehmer/Auftragnehmer gemäß § 631 Abs. 1 BGB einen vertraglichen Erfüllungsanspruch auf Herstellung des versprochenen Werkes.[817] Nach § 633 Abs. 1 BGB hat der Unternehmer/Auftragnehmer dem Besteller/Auftraggeber das Werk **frei von Sach- und Rechtsmängeln** zu verschaffen.[818] Ist das Werk mit Mängeln behaftet, so hat der Unternehmer/Auftragnehmer die ihm obliegende Erfüllungspflicht verletzt. In diesem Fall kann der Besteller/Auftraggeber die Abnahme des errichteten Werkes verweigern und die Herstellung eines einwandfreien Werkes verlangen.[819]

524

Der Unternehmer/Auftragnehmer kann seine Verpflichtung zur Erfüllung, d.h. zur Erbringung eines mangelfreien Werkes, nach seiner Wahl durch eine **neue Herstellung** bzw. durch **Beseitigung der Mängel** am hergestellten Werk erfüllen.[820, 821]

525

Der Besteller/Auftraggeber, der den Unternehmer/Auftragnehmer vor der Abnahme auf Beseitigung von Mängeln verklagt, muss das Vorhandensein von Mängeln in der Klageschrift schlüssig dartun. Der ihm obliegenden Darlegungslast genügt der Besteller/Auftraggeber durch einen Hinweis auf ein mangelhaftes Ergebnis der Arbeit als Folge eines Mangels des Bauwerkes.[822] Abgekoppelt von der Darlegungslast trägt

526

---

[817] Bis zur Abnahme besteht der Erfüllungsanspruch, sodass sich die Rechte des Bestellers/Auftraggebers vor der Abnahme einerseits nach §§ 631 Abs. 1, 633 Abs. 1 BGB und andererseits nach dem allgemeinen Leistungsstörungsrecht richten. Der Besteller/Auftraggeber ist deshalb nicht gezwungen, die Bauleistung abzunehmen, um die Mängelrechte aus § 634 BGB geltend machen zu können. Er kann vielmehr ohne Abnahme vom Unternehmer/Auftragnehmer die Erbringung einer mangelfreien Leistung verlangen bzw. kann (nach Fristsetzung) unmittelbar auf die Vorschriften der §§ 280, 281, 323 BGB zurückgreifen, Palandt-Sprau, Vorb. vor § 633 BGB, Rn. 7; Werner/Pastor, Rn. 1545. Der Ablauf der dem Unternehmer/Auftragnehmer gesetzten Frist bewirkt auch keinen Untergang des Erfüllungsanspruchs, sondern erst die Ausübung eines Gestaltungsrechts (Rücktritt/Minderung) bzw. das Schadensersatzverlangen gemäß § 281 Abs. 4 BGB.
[818] OLG Düsseldorf NJW-RR 1998, 527; Böhme, Festschrift für von Craushaar, S. 327 ff.
[819] Liegt ein unwesentlicher Mangel vor, ist es dem Besteller/Auftraggeber gemäß § 640 Abs. 1 Satz 2 BGB untersagt, die Abnahme des ihm als Erfüllung angebotenen Werkes zu verweigern. Unwesentlich ist ein Mangel, wenn es dem Besteller/Auftraggeber zumutbar ist, die Leistung als im Wesentlichen vertragsgemäße Erfüllung anzunehmen und sich mit den Mängelrechten gemäß § 634 BGB zu begnügen. Dies ist anhand von Art und Umfang des Mangels sowie seiner konkreten Auswirkungen unter den Umständen des Einzelfalls unter Abwägung der beidseitigen Interessen zu beurteilen. Vgl. hierzu die Ausführungen unter Rn. 145.
[820] BGH BauR 1998, 124; OLG Dresden BauR 1998, 787 (790); OLG Düsseldorf BauR 1977, 418 (419); Werner/Pastor, Rn. 1553.
[821] Nach neuem Recht erlischt der Erfüllungsanspruch, sobald der Besteller/Auftraggeber mit der Selbstvornahme nach §§ 634 Nr. 2, 637 Abs. 1 BGB beginnt, Schadensersatz nach §§ 634 Nr. 4, 636, 280, 281 BGB begehrt oder von seinen Gestaltungsrechten (Rücktritt/Minderung) Gebrauch macht.
[822] BGH BauR 2002, 784; BauR 1985, 355.

der Unternehmer/Auftragnehmer bis zur Abnahme des Werkes die Beweislast dafür, dass das Werk vertragsgemäß, d.h. mangelfrei erbracht worden ist.[823, 824]

### b) Nach der Abnahme

**527** Hat der Besteller/Auftraggeber die Bauleistung abgenommen, erlischt der aus §§ 631 Abs. 1, 633 Abs. 1 BGB folgende Erfüllungsanspruch auf Verschaffung eines mangelfreien Werkes. Gemäß §§ 634 Nr. 1, 635 Abs. 1 BGB kann der Besteller/Auftraggeber bei Vorliegen eines Sachmangels vom Unternehmer/Auftragnehmer nunmehr die **Nacherfüllung** in Form einer **Nachbesserung/Neuherstellung** des Werkes verlangen.

**528** Der Anspruch auf (Nach-)Erfüllung besteht also letztlich fort, ist aber in seiner rechtlichen Qualität verändert.[825] Grundsätzlich kann der Besteller/Auftraggeber vom Unternehmer/Auftragnehmer nur noch die Beseitigung des Mangels und keine Neuherstellung mehr verlangen, da sich der Mangelbeseitigungsanspruch nach der Abnahme auf das abgenommene Werk beschränkt.[826] Ist der Mangel aber nur durch Neuherstellung zu beseitigen, ist auch nach Abnahme der Nacherfüllungsanspruch des Bestellers/Auftraggebers ausnahmsweise auf Neuherstellung gerichtet.[827] Weiterhin gelten für den Erfüllungsanspruch aus §§ 631 Abs. 1, 633 Abs. 1 BGB vor Abnahme und den Nacherfüllungsanspruch aus §§ 634 Nr. 1, 635 Abs. 1 BGB nach Abnahme unterschiedliche Verjährungsfristen, nämlich für erstere die Regelverjährung gemäß §§ 195, 199 BGB (3 Jahre) und für Letztere § 634a BGB (bei Bauwerken gemäß § 634a Abs. 1 Nr. 2 BGB 5 Jahre).[828] Schließlich ist nach Abnahme der Besteller/Auftraggeber für das Vorliegen eines Mangels beweisverpflichtet.

**529** Voraussetzungen für dem **Nacherfüllungsanspruch** gemäß §§ 634 Nr. 1, 635 BGB ist, dass das Werk des Unternehmers/Auftragnehmers einen Mangel aufweist.[829, 830] Insoweit kommt es für den Nacherfüllungsanspruch nicht darauf an, ob der Unternehmer/Auftragnehmer den Mangel verschuldet hat. Die Erfolgshaftung des Unternehmers/Auftragnehmers ist **verschuldensunabhängig**.[831] Schließlich kann der Nacherfüllungs-

---

823 BGH BauR 1993, 469; OLG Celle BauR 1995, 393 [jeweils für den Fall des gekündigten Bauvertrages]; Werner/Pastor, Rn. 1555, 1558. Nach der Abnahme muss der Besteller/Auftraggeber dem entgegen beweisen, dass die Werkleistung mit einem Mangel behaftet ist.
824 Anstelle des Erfüllungsanspruchs gemäß §§ 631 Abs. 1, 633 Abs. 1 BGB kann sich der Besteller/Auftraggeber vor der Abnahme wahlweise auch auf den Nacherfüllungsanspruch aus §§ 634 Nr. 1, 635 Abs. 1 BGB stützen. Insoweit ergänzt der Nacherfüllungsanspruch den Anspruch auf mangelfreie Verschaffung des Werkes und ist mit diesem teilidentisch, Staudinger-Peters, § 634 BGB, Rn. 9; Palandt-Sprau, Vorb. Von § 633 BGB, Rn. 7; Werner/Pastor, Rn. 1552. Streitig ist dem entgegen, ob auch die sonstigen Rechte des Bestellers/Auftraggebers aus § 634 BGB vor Abnahme anwendbar sind: bejahend Vorwerk, BauR 2003, 1 (8).
825 Staudinger-Peters, § 634 BGB, Rn. 23.
826 BGH BauR 1973, 313; Werner/Pastor, Rn. 1559.
827 Zur Begründung kann zudem auf das Wahlrecht des Unternehmers gemäß § 635 Abs. 1 BGB abgestellt werden, vgl. auch OLG Dresden BauR 1998, 787 (790); Werner/Pastor, Rn. 1559.
828 Staudinger-Peters, § 634 BGB, Rn. 23.
829 Vgl. dazu die Ausführungen unter Rn. 508ff.
830 Der Mangel kann auch auf eine Verletzung der Prüfungs- und Anzeigepflicht des Unternehmers/Auftragnehmers zurückzuführen sein. Vgl. hierzu die Ausführungen unter Rn. 517ff.
831 Der Unternehmer muss deshalb einen Mangel auch dann beseitigen, wenn ihm kein Vorwurf zu machen ist, etwa weil er unerkannt fehlerhaftes Material eingebaut hat oder die zum Zeitpunkt der Leistung anerkannten Regeln der Technik eingehalten hat.

anspruch, der nach Ablauf der Fertigstellungsfrist ohne Fristsetzung sofort fällig ist,[832] vom Besteller/Auftraggeber gegenüber dem Unternehmer/Auftragnehmer formlos – also auch mündlich – geltend gemacht werden.

Im Rahmen der Mängelbeseitigungsklage muss der Besteller/Auftraggeber den Mangel so **genau bezeichnen**, dass der Unternehmer/Auftragnehmer in der Lage ist, eine Nacherfüllung vorzunehmen. Es gelten die Grundsätze der von der Rechtsprechung entwickelten Symptomtheorie.[833, 834]   530

### c) Umfang des (Erfüllungs-)Nacherfüllungsanspruchs

Da dem Unternehmer/Auftragnehmer die Art und Weise der Nacherfüllung überlassen bleibt,[835] kann der Besteller/Auftraggeber grundsätzlich **nur auf Beseitigung** des Mangels, nicht aber auf Vornahme einer bestimmten Nacherfüllungsmodalität klagen.[836] Etwas anderes gilt für den Fall, wenn der Mangel nur auf eine bestimmte Art und Weise beseitigt werden kann.[837, 838]   531

Nacherfüllungen, die den vertraglich geschuldeten Erfolg nicht vollständig herbeiführen, muss der Besteller/Auftraggeber nicht akzeptieren. **Unzureichende Nacherfüllungsangebote** des Unternehmers/Auftragnehmers kann der Besteller/Auftraggeber demnach zurückweisen.[839, 840]   532

Bei der prozessualen Geltendmachung des Nacherfüllungsanspruchs sind die Sowieso-Kosten zu berücksichtigen, deren Zahlung der Unternehmer/Auftragnehmer als Zurückbehaltungsrecht gemäß § 320 BGB geltend machen kann.[841]   533

Kommt es zur **Neuherstellung** des Werkes, kann der Unternehmer/Auftragnehmer vom Besteller/Auftraggeber die Rückgewähr des bereits erbrachten mangelhaften Werkes gemäß § 635 Abs. 4 BGB nach den Rücktrittsvorschriften verlangen.[842] Der Verweis auf das Rücktrittsrecht hat zur Folge, dass der Besteller/Auftraggeber immer dann, wenn er das mangelhafte Werk nicht herausgeben kann, unter den Voraussetzungen des § 346 Abs. 2 BGB auf **Wertersatz** haftet. Ist der Anspruch auf Wertersatz gemäß § 346 Abs. 3 BGB ausgeschlossen, muss der Besteller/Auftraggeber nur die vor-   534

---

832  BGH BauR 2004, 1500.
833  Vgl. hierzu die Ausführungen unter Rn. 520 ff.
834  Trotz Fristsetzung erlischt der Nacherfüllungsanspruch erst dann, wenn der Besteller/Auftraggeber von seinen Mängelrechten Gebrauch macht, also sein Rücktritts- oder Minderungsrecht ausübt oder Schadensersatz verlangt.
835  BGH NJW 1973, 1792; BauR 1988, 97; Staudinger-Peters, § 634 BGB, Rn. 38; Werner/Pastor, Rn. 1565; kritisch zum Wahlrecht des Unternehmers: Kohler, Festschrift für Jagenburg, S. 379 (385).
836  BGH BauR 1973, 313; Staudinger-Peters, § 635 BGB, Rn. 38 f.; Werner/Pastor, Rn. 1566.
837  BGH BauR 1997, 638; OLG Köln BauR 1977, 275 (277); Werner/Pastor, Rn. 1565 f.
838  Vgl. dazu das nachfolgende Prozessformular.
839  BGH BauR 2004, 1500; Werner/Pastor, Rn. 1565.
840  Erklärt der Unternehmer, er werde nur wenige, unbedeutende Mängel beseitigen, die gravierenden jedoch nicht, muss der Besteller/Auftraggeber diese unvollständige Mängelbeseitigung nicht zulassen. Gleiches gilt, wenn der Mangel auf eine Weise beseitigt wird, die den vertraglich geschuldeten Erfolg des Werkes nicht erreicht.
841  Vgl. hierzu die Ausführungen unter Rn. 316 ff.
842  Staudinger-Peters, § 635 BGB, Rn. 12.

handene Bereicherung herausgeben. **Gezogene Nutzungen** hat er stets herauszugeben, wie § 346 Abs. 1 BGB belegt.[843] Ein Wertersatz für nicht gezogene Nutzung schuldet der Unternehmer/Auftragnehmer gemäß § 347 Abs. 1 BGB nur dann, wenn er diese nach den Regeln der ordnungsgemäßen Wirtschaft hätte ziehen können.

535 Der Besteller/Auftraggeber muss sich an **Sowieso-Kosten** beteiligen.[844] Gleiches gilt dann, wenn der Besteller/Auftraggeber den Mangel **mitverursacht** hat.[845] Schließlich muss der Besteller/Auftraggeber sich nach allgemeinen Grundsätzen auch die **Vorteile** anrechnen lassen, die er durch eine Mängelbeseitigung erhält.[846]

d) Kosten der Nachbesserung / Neuherstellung

536 Kommt es zu einer Beseitigung des Mangels durch den Unternehmer/Auftragnehmer, so hat dieser gemäß § 635 Abs. 2 BGB die zum Zwecke der Nacherfüllung erforderlichen Aufwendungen, insbesondere **Transport-, Wege-, Arbeits- und Materialkosten** zu tragen. Die Nacherfüllungsverpflichtung erstreckt sich dabei auch auf das, was vorbereitend erforderlich ist, um den Mangel an der eigenen Leistung zu beheben. Hinzu kommen die Arbeiten, die notwendig werden, um nach durchgeführter Mängelbeseitigung den davor bestehenden Zustand wiederherzustellen.[847]

537 Muster: Nacherfüllungsklage aus §§ 634 Nr. 1, 635 Abs.1 BGB[848]

Landgericht ▪▪▪

Klage
1. der ▪▪▪, ▪▪▪,
2. des ▪▪▪, ebenda,

Kläger

Prozessbevollmächtigte: ▪▪▪

gegen

die ▪▪▪ GmbH, ▪▪▪,

Beklagte

wegen: Mängelbeseitigung aus §§ 634 Nr. 1, 635 Abs.1 BGB,

Streitwert: EUR 55.000,–.

Namens und in Vollmacht der Kläger erheben wir gegen die Beklagte Klage und werden im Termin zur mündlichen Verhandlung beantragen:

---

843 Bedenken gegen diese Regelung äußern: Kniffka, ZfBR 1993, 97 (100); Gsell, NJW 2003, 1969; Kohler, Festschrift für Jagenburg, S. 379 (390).
844 Vgl. hierzu Ausführungen unter Rn. 555b).
845 Vgl. hierzu Ausführungen unter Rn. 555d) und e).
846 Vgl. hierzu Ausführungen unter Rn. 555c).
847 BGHZ 96, 221; NJW-RR 1999, 813; MünchKomm-Busche, § 635 BGB, Rn. 16; Palandt-Sprau, § 635 BGB, Rn. 6; Staudinger-Peters, § 635 BGB, Rn. 2; Werner/Pastor, Rn. 1569.
848 Fall nachgebildet BGH BauR 1997, 638.

1. Die Beklagte wird verurteilt, die Luftschalldämmung zwischen den Einfamilien-Reihenhäusern ■■■ 34 und 35 sowie 35 und 36 in ■■■ dergestalt nachzubessern, dass die Mindestwerte von 57 dB nach DIN 4109 erreicht werden und zwar mittels Durchsägens der Haustrennwände einschließlich aller Nebenarbeiten.
2. Es wird festgestellt, dass die Beklagte verpflichtet ist, den Klägern sämtliche Schäden zu ersetzen, die im Zusammenhang mit dem Schallmangel des Klagantrags zur Ziffer 1 entstehen.[849]

Falls das Gericht ein schriftliches Vorverfahren anordnet, wird schon jetzt für den Fall, dass die Beklagte nicht rechtzeitig ihre Verteidigungsabsicht erklärt, der Erlass eines Versäumnisurteils im schriftlichen Verfahren beantragt.

Begründung:

Mit der vorliegenden Klage begehren die Kläger Nachbesserung des Schallschutzes für drei Reihenhäuser, die sie von der Beklagten im Jahre 2004 haben errichten lassen. Darüber hinaus machen die Kläger einen Feststellungsantrag geltend.

1. Die Parteien schlossen am 17. Mai 2004 einen Bauvertrag über die Errichtung von drei Reihenhäusern in der ■■■ in ■■■. Gegenstand des Bauvertrages, bei dem die VOB/B nicht einbezogen worden ist, bildet eine detaillierte Baubeschreibung. Diese enthält unter Nr. 21 folgende Angabe: „Auf den Decken der Geschosse wird ein schwimmender Estrich auf geeigneten Dämmstoffen nach DIN 4108 und 4109 verlegt. Haustrennwände zweischalig (2 x 15,0 cm) mit dazwischen liegenden Weichfaserplatten ■■■ ".

Beweis: Bauvertrag vom 17. Mai 2004 – Anlage K1.

Rund 2 Monate nach dem Einzug der Kläger in das Haus ■■■ mussten diese feststellen, dass die Häuser ausgesprochen hellhörig sind. So ist der auf normale Zimmerlautstärke eingestellte Fernseher in den jeweils angrenzenden Reihenhäusern deutlich zu hören. Selbst Unterhaltungen der Nachbarn können von den Klägern durch die Wände vernommen werden.

Beweis: Sachverständigengutachten.

Im Zuge nachfolgend durchgeführter Recherchen haben die Kläger im Februar 2005 in Erfahrung gebracht, dass die Reihenhäuser nicht genügend schallisoliert sind. Messungen des von den Klägern beauftragten Sachverständigen Ditmar Müllerhoff haben ergeben, dass der Luftschallwert im vorliegenden Fall lediglich bei 52 dB liegt und damit der Mindestwert für Luftschall in Einfamilienhäusern von 57 dB gemäß DIN 4109 deutlich unterschritten wird.

Beweis: Sachverständigengutachten.

Mit der vorliegenden Klage verlangen die Kläger von der Beklagten Nachbesserung in einer konkreten Art und Weise, durch die ein bewertetes Schalldämmaß von zumindest 57 dB erreicht wird.

Mit Schreiben vom 12. März 2005 haben die Kläger die Beklagte aufgefordert, die vorbezeichneten Mängel binnen einer Frist von 3 Wochen zu beseitigen.

Beweis: Schreiben der Kläger vom 12. März 2005 – Anlage K2.

Mit Schreiben vom 04. April 2005 hat sich die Beklagte dahingehend eingelassen, der Schallschutz sei ausreichend. Er entspreche dem Mindestschallschutz nach DIN 4109.

---

849 Vgl. zum Feststellungsinteresse die Ausführungen unter Rn. 427 ff.

Weiter führte die Beklagte aus, dass man ohne Anerkennung einer Rechtspflicht bereit sei, den Luftschallmangel der Haustrennwände durch Aufbringen einer biegeweichen Vorsatzschale jeweils zu beseitigen, sodass ein bewertetes Schallschutzmaß erreicht werde.

Beweis: Schreiben der Beklagten vom 04. April 2005 – Anlage K3.

Der von den Klägern beauftragte Sachverständige ▬▬▬ ist nach Prüfung des Angebots der Beklagten zu dem Ergebnis gelangt, dass die von der Beklagten vorgeschlagene Mängelbeseitigung zu einer Luftschalldämmung von nur 54 dB führen würde. Auf eine dementsprechend ungenügende Mängelbeseitigungsmaßnahme müssen die Kläger sich nicht verweisen lassen.

Beweis: Sachverständigengutachten.

Nach Aussage des Sachverständigen ▬▬▬ kann eine erfolgreiche Mängelbeseitigungsmaßnahme nur auf eine konkrete Weise erfolgen, nämlich durch das Durchsägen der Gebäude.

Beweis: Sachverständigengutachten.

2. Die Kläger machen aus dem zwischen den Parteien abgeschlossenen BGB-Bauvertrag gemäß §§ 634 Nr. 1, 635 Abs. 1 BGB einen Nacherfüllungsanspruch geltend. Zwar bestimmt im Regelfall der Auftragnehmer, der das Recht noch nicht verloren hat, Mängel in dem von ihm erstellten Werk selbst zu beseitigen oder beseitigen zu lassen, auf welche Weise nachzubessern ist. Vor dem Hintergrund der bestehenden Rechtsprechung des BGH (BGH BauR 1997, 638) kann der Auftragnehmer jedoch zu einer bestimmten Nachbesserung verpflichtet sein, wenn nur durch diese der Mangel nachhaltig beseitigt und der vertraglich geschuldete Zustand erreicht werden kann. Diese Voraussetzungen liegen im vorliegenden Fall vor.

Die Beklagte kann sich auch nicht auf § 635 Abs. 3 BGB stützen. Unverhältnismäßigkeit ist nach dieser Norm nur dann anzunehmen, wenn einem objektiv geringen Interesse des Auftraggebers an einer völlig ordnungsgemäßen vertraglichen Leistung ein ganz erheblicher und deshalb vergleichsweise unangemessener Aufwand gegenübersteht. Hat der Auftraggeber hingegen objektiv ein berechtigtes Interesse an einer ordnungsgemäßen Erfüllung, kann ihm regelmäßig nicht wegen hoher Kosten die Nachbesserung verweigert werden. Die danach anzustellenden Abwägungen haben nichts mit dem Preis/Leistungsverhältnis des Vertrages zu tun. Ohne Bedeutung ist auch das Verhältnis von Nachbesserungsaufwand zum Vertragspreis. Im vorliegenden Fall steht der durch Nachbesserung in der von den Klägern begehrten Art und Weise erzielbare Erfolg bei Abwägung aller Umstände des Einzelfalles in einem vernünftigen Verhältnis zur Höhe des dafür erforderlichen Aufwandes. Da die Beklagte die von den Klägern begehrte Form der Nacherfüllung abgelehnt hat, ist Klage geboten.

Den Klägern steht für den Klageantrag zur Ziffer 2 auch das erforderliche Feststellungsinteresse im Sinne des § 256 ZPO zu, da die als Folge des Baumangels bei den Klägern eintretenden (Mangel-)Folgeschäden derzeit noch nicht abschließend bezifferbar sind.

Rechtsanwalt

### e) Die Selbstvornahme gemäß §§ 634 Nr. 2, 637 Abs. 1 BGB[850]

Der Besteller/Auftraggeber hat nach §§ 634 Nr. 2, 637 Abs. 1 BGB das Recht, den Mangel selbst zu beseitigen und Ersatz er erforderlichen **Aufwendungen** zu verlangen, wenn er dem Unternehmer/Auftragnehmer zuvor eine **angemessene Frist** gesetzt hat und diese erfolglos abgelaufen ist.[851] Nach § 634 Nr. 2 BGB kommt es auf einen Verzug[852] und das Vertretenmüssen des Unternehmers/Auftragnehmers nicht mehr an. Entscheidend ist nur, ob der Besteller/Auftraggeber dem Unternehmer/Auftragnehmer eine angemessene Frist[853] zur Mängelbeseitigung gesetzt hat.[854]

538

Eine Fristsetzung kann in folgenden Fällen **entbehrlich** sein: Gemäß §§ 637 Abs. 2 Satz 1, 323 Abs. 2 BGB ist eine Fristsetzung entbehrlich, wenn der Unternehmer/Auftragnehmer die Leistung **ernsthaft und endgültig verweigert hat**,[855] ein **Fixgeschäft**[856] vorliegt bzw. **besondere Umstände** gegeben sind,[857] die unter Abwägung der beidseitigen Interessen die sofortige Selbstvornahme rechtfertigen. Darüber hinaus ist

539

---

850 Der Besteller/Auftraggeber kann den Aufwendungsersatzanspruch nach § 637 Abs. 1 BGB nur dann geltend machen, wenn er von dem Unternehmer/Auftragnehmer die Beseitigung des Mangels gemäß §§ 634 Nr. 1, 635 Abs. 1 BGB verlangen kann, Staudinger-Peters, § 634 BGB, Rn. 68f.
851 Mit Ablauf dieser Frist hat der Unternehmer/Auftragnehmer seinen Anspruch darauf verloren, die Mängel selbst beseitigen zu dürfen, BGH BauR 2003, 693.
852 So noch § 633 Abs. 3 BGB a.F.
853 Welche Frist angemessen ist, bestimmt sich nach den Umständen des Einzelfalles. Sie muss so bemessen sein, dass der Schuldner in der Lage ist, den Mangel zu beseitigen. Erweist sich die Frist als unangemessen kurz, ist die Fristsetzung nicht unwirksam. Es läuft dann eine angemessene Frist. Vgl. zur Fristsetzung: MünchKomm-Busche, § 636 BGB, Rn. 7; Staudinger-Peters, § 634 BGB, Rn. 47; Werner/Pastor, Rn. 1582.
854 Die zu setzende Frist zur Nacherfüllung ist zu verbinden mit der Aufforderung zur Mängelbeseitigung. Die Aufforderung zur Mängelbeseitigung muss die Mängel so genau bezeichnen, dass der Unternehmer/Auftragnehmer in der Lage ist, zu erkennen, was von ihm verlangt wird. Es gilt die Symptomtheorie, vgl. hierzu Ausführungen unter Rn. 520ff.
855 Neben einer ausdrücklich erklärten endgültigen Leistungsverweigerung kann gegebenenfalls auch auf ein schlüssiges Verhalten des Unternehmers/Auftragnehmers abgestellt werden. Dabei ist das gesamte Verhalten des Unternehmers/Auftragnehmers zu würdigen. Die Frage, ob das Bestreiten der Mängel im Prozessverfahren eine endgültige Verweigerung der Mängelbeseitigung bedeutet, hängt gleichsam von den Umständen des Einzelfalls ab. Die Gesamtumstände des Falles müssen die Annahme rechtfertigen, dass der Unternehmer endgültig seinen Vertragspflichten nicht nachkommen will, sodass es ausgeschlossen erscheint, er werde sich von einer Fristsetzung umstimmen lassen, BGH BauR 1984, 181; NJW-RR 1993, 882 (883); OLG Düsseldorf BauR 2002, 963 (965); Fischer, BauR 1995, 452 (454); MünchKomm-Busche, § 636 BGB, Rn. 13; Staudinger-Peters, § 634 BGB, Rn. 54; Werner/Pastor, Rn. 1657.
856 MünchKomm-Busche, § 636 BGB, Rn. 14; Staudinger-Peters, § 634 BGB, Rn. 55.
857 § 323 Abs. 2 Nr. 3 BGB ist als Auffangtatbestand für die in den Nummern 1 und 2 nicht erfassten Fälle konzipiert und soll den Gerichten entsprechende Bewertungsspielräume geben. Er deckt die Fälle ab, bei denen der Gläubiger kein Interesse mehr an der Leistung hat, soweit nicht das besondere Interesse durch Bestimmung eines Liefertermins oder einer Lieferfrist bereits im Vertrag so herausgehoben worden ist, dass von einem Fixgeschäft ausgegangen werden kann. Beispielsfall für die Annahme Besonderer Umstände ist die „Selbstmahnung" des Schuldners.

eine Fristsetzung gemäß § 637 Abs. 2 Satz 2 BGB entbehrlich, wenn die Nacherfüllung **fehlgeschlagen**[858] oder dem Besteller/Auftraggeber **unzumutbar** ist.[859]

540 Beseitigt der Besteller/Auftraggeber den Mangel selbst oder lässt er ihn durch Dritte beseitigen, ohne dass dem Unternehmer/Auftragnehmer die Gelegenheit zur Mängelbeseitigung eingeräumt worden ist, kann er grundsätzlich **keine Kostenerstattung** für die Mängelbeseitigung §§ 634 Nr. 2, 637 Abs. 1 BGB verlangen. Auch **weitergehende Ansprüche** aus Geschäftsführung ohne Auftrag sowie Bereicherungsrecht sind in diesem Fall ausgeschlossen.[860] Zur Begründung wird darauf abgestellt, dass der Zweck der Regelung, nach der dem Unternehmer/Auftragnehmer eine Frist zur Nachbesserung eingeräumt werden muss, vereitelt würde, wenn der Besteller/Auftraggeber auch ohne dies einen Anspruch darauf hätte, die Kosten wenigstens teilweise erstattet zu bekommen. Dieser Zweck ist darin zu sehen, dem Unternehmer/Auftragnehmer die Gelegenheit zu geben, den Mangel zu prüfen und beseitigen zu können.

541 Der Besteller/Auftraggeber hat gemäß § 637 Abs. 1 BGB Anspruch auf Ersatz der für die Nacherfüllung **erforderlichen Aufwendungen**. Für die Bewertung der Erforderlichkeit ist auf den Aufwand und die damit verbundenen Kosten abzustellen, welche der Besteller/Auftraggeber im Zeitpunkt der Mängelbeseitigung als vernünftiger, wirtschaftlich denkender Bauherr aufgrund sachkundiger Beratung oder Feststellung aufwenden konnte und musste, wobei es sich um eine vertretbare Maßnahme der Schadensbeseitigung handeln muss.[861, 862]

---

858 Die wesentlichen Erscheinungsformen des Fehlschlagens sind die objektive oder subjektive Unmöglichkeit, die Unzulänglichkeit, die unberechtigte Verweigerung, die ungebührliche Verzögerung und der misslungene Versuch der Nachbesserung, BGH NJW 1994, 1004. Von einer fehlgeschlagenen Nachbesserung ist ferner dann auszugehen, wenn der Unternehmer/Auftragnehmer trotz Aufforderung durch den Besteller/Auftraggeber die Nacherfüllung nicht in angemessener Frist vorgenommen hat. Außerdem soll eine Nachbesserung auch dann fehlgeschlagen sein, wenn eine Frist gesetzt worden ist und vor Ablauf der Frist feststeht, dass die Frist nicht eingehalten werden kann. Wann die Nachbesserung eines Bauwerkes sonst fehlgeschlagen ist, hängt von den Umständen des Einzelfalles ab, BGH BauR 1982, 493; BauR 1985, 83; MünchKomm-Busche, § 636 BGB, Rn. 21; Staudinger-Peters, § 634 BGB, Rn. 59.
859 Darunter fallen alle diejenigen Fälle, in denen der Unternehmer/Auftragnehmer durch sein vorheriges Verhalten das Vertrauen in seine Leistungsfähigkeit oder Leistungsbereitschaft derart erschüttert hat, dass es dem Besteller/Auftraggeber nicht zumutbar ist, diesen Unternehmer/Auftragnehmer noch mit der Nacherfüllung zu befassen. Dazu gehört auch der Fall, dass die Mängel so zahlreich und gravierend sind, dass das Vertrauen in die Leistungsfähigkeit des Unternehmers/Auftragnehmers zu Recht nicht mehr besteht, MünchKomm-Busche, § 636 BGB, Rn. 22f.; Staudinger-Peters, § 634 BGB, Rn. 61.
860 BGH NJW 1966, 39; BGHZ 46, 246; BGHZ 70, 389 (398); NJW 1968, 43; ZfBR 1978, 77 (78); BauR 1987, 689; MünchKomm-Busche, § 637 BGB, Rn. 7; Staudinger-Peters, § 634 BGB, Rn. 42.
861 BGH BauR 1991, 651; BauR 1989, 97 (101); MünchKomm-Busche, § 637 BGB, Rn. 9-13; Staudinger-Peters, § 634 BGB, Rn. 71-74; Werner/Pastor, Rn. 1584.
862 Insoweit hat der Unternehmer/Auftragnehmer die zum Zweck der Nacherfüllung erforderlichen Aufwendungen zu tragen, insbesondere also Transport-, Wege-, Arbeits- und Materialkosten. Die Nachbesserungsverpflichtung erstreckt sich nicht darauf, die eigene mangelhafte Leistung nachträglich in einen mangelfreien Zustand zu versetzen. Sie umfasst alles, was vorbereitend erforderlich ist, um den Mangel an der eigenen Leistung zu beheben. Hinzu kommen die Arbeiten, die notwendig werden, um nach durchgeführter Mängelbeseitigung den davor bestehenden Zustand wiederherzustellen, BGH BauR 1986, 211.

Der Besteller/Auftraggeber muss die nach § 637 Abs. 1 BGB erstattungsfähigen Aufwendungen **nachvollziehbar abrechnen**.[863] Die Abrechnung muss derart sein, dass der Unternehmer/Auftragnehmer erkennen kann, welcher Mangel mit welchen Aufwendungen beseitigt wurde.

542

Der Besteller/Auftraggeber muss sich an **Sowieso-Kosten** beteiligen.[864] Gleiches gilt dann, wenn der Besteller/Auftraggeber den Mangel **mitverursacht** hat.[865] Schließlich muss der Besteller/Auftraggeber sich nach allgemeinen Grundsätzen auch die **Vorteile** anrechnen lassen, die er durch eine Mängelbeseitigung erhält.[866]

543

f) Der Kostenvorschussanspruch gemäß § 634 Nr. 2, 637 Abs. 3 BGB

Ist der Besteller/Auftraggeber berechtigt, gemäß § 637 Abs. 1 BGB[867] Mängel des Bauwerkes auf Kosten des Unternehmers/Auftragnehmers selbst oder durch Dritte beseitigen zu lassen, kann er von dem nachbesserungspflichtigen Unternehmer/Auftragnehmer gemäß § 637 Abs. 3 BGB einen die voraussichtlichen Mängelbeseitigungskosten deckenden **Vorschuss** verlangen.

544

Der Kostenvorschussanspruch umfasst die mutmaßlichen Nachbesserungskosten. Das sind die voraussichtlich erforderlichen Mängelbeseitigungs- oder Neuherstellungskosten.[868]

545

Da die Aufwendungen noch nicht feststehen, hat auf der Grundlage des Mangels eine Schätzung der voraussichtlich für die Mängelbeseitigung entstehenden Kosten zu erfolgen. Diese ist im Streitfall vom Gericht nach **§ 287 ZPO** vorzunehmen.[869] Schätzungsgrundlage ist grundsätzlich der Mangel. Zu diesem ist im Prozess nach allgemeinen Grundsätzen vorzutragen. Die Symptomtheorie gilt auch hier.[870] Zur Höhe muss der Besteller/Auftraggeber in einem Prozess nicht weiter substantiiert vortragen, soweit er dazu nicht in der Lage ist. Deshalb kann allein die Angabe des vom Besteller/Auftraggeber selbst geschätzten Mängelbeseitigungsbetrages reichen.[871] Nicht notwendig sind die Vorlage von Kostenvoranschlägen oder gar Sachverständigengutachten, mit denen die geltend gemachten Kosten untermauert werden müssten.[872] Das Gericht muss durch Sachverständigengutachten die tatsächlichen Grundlagen für den Vorschussanspruch klären, soweit diese streitig sind.[873]

546

---

863 Staudinger-Peters, § 634 BGB, Rn. 82; Palandt-Sprau, § 637 BGB, Rn. 10.
864 Vgl. hierzu Ausführungen unter Rn. 555b).
865 Vgl. hierzu Ausführungen unter Rn. 555d).
866 Vgl. hierzu Ausführungen unter Rn. 555c).
867 Vgl. hierzu Ausführungen unter rn. 538ff.
868 MünchKomm-Busche, § 637 BGB, Rn. 21; Staudinger-Peters, § 634 BGB, Rn. 76; Werner/Pastor, Rn. 1587.
869 Staudinger-Peters, § 634 BGB, Rn. 76; Vygen, Rn. 547; Werner/Pastor, Rn. 1593.
870 Vgl. hierzu Ausführungen unter Rn. 520ff.
871 BGH BauR 1989, 199 (200); BauR 1985, 355 (357); Werner/Pastor, Rn. 1593.
872 BGH BauR 1999, 631; Werner/Pastor, Rn. 1593.
873 Dazu gehören nicht nur der Mangel, sondern auch die voraussichtlichen Kosten. Gibt es verschiedene Mängelbeseitigungsmöglichkeiten, die zu unterschiedlichen Kosten führen, ist die günstigste Methode zugrunde zu legen, die den vertraglich geschuldeten Erfolg vollständig herbeiführt. Bei Streit über die Möglichkeiten der kostengünstigsten Sanierung trägt der Besteller die Beweislast.

## 3 § 3 Die Ansprüche des Auftraggebers

**547** Voraussetzung für die Durchsetzbarkeit des Kostenvorschussanspruchs ist, dass der Besteller/Auftraggeber sein Recht auf Nachbesserung bzw. Nacherfüllung noch nicht verloren hat[874] bzw. überhaupt willens ist, die Mängel zu beseitigen.[875]

**548** Der Besteller/Auftraggeber hat den Vorschuss später binnen angemessener Frist **abzurechnen**.[876, 877] Er hat nachzuweisen, dass er den an ihn gezahlten Betrag zur Nachbesserung verwandt hat.[878] Den nicht verbrauchten Teil des Vorschusses hat er **zurückzugewähren**.[879, 880] Der Besteller/Auftraggeber ist nicht gehindert, vor bestimmungsgemäßer Verwendung des Vorschusses Schadensersatz gemäß §§ 634 Nr. 4, 280 ff. BGB zu verlangen und mit diesem Anspruch gegen die Forderung des Unternehmers/Auftragnehmers auf Rückzahlung des Vorschusses **aufzurechnen**.[881]

**549** Das Urteil in einem Vorschussprozess schreibt den Betrag, den der Besteller/Auftraggeber vom Unternehmer/Auftragnehmer verlangen kann, **nicht rechtskräftig** fest. Reicht der Vorschuss folglich nicht aus, kann der Besteller/Auftraggeber vom Unternehmer/Auftragnehmer weitere Zahlungsbeträge verlangen. Voraussetzung hierfür ist allerdings, dass die Nachbesserungsarbeiten noch nicht abgeschlossen sind.[882]

**550** Muster: Klage auf Zahlung eines Kostenvorschusses zur Mängelbeseitigung gemäß §§ 634 Nr. 2, 637 Abs. 3 BGB

Landgericht ■■■

Klage

des ■■■, ■■■,

Klägers

Prozessbevollmächtigte: ■■■

gegen

die ■■■ GmbH, ■■■,

Beklagte

wegen: Kostenvorschuss zur Mängelbeseitigung gemäß §§ 634 Nr. 2, 637 Abs. 3 BGB,

---

874 Vgl. hierzu Ausführungen unter Rn. 551 ff.
875 BGH BauR 1982, 66 (67); BauR 1984, 406; OLG Nürnberg NZBau 2003, 614.
876 BGH BauR 1986, 345; Staudinger-Peters, § 634 BGB, Rn. 82; MünchKomm-Busche, § 637 BGB, Rn. 22; Werner/Pastor, Rn. 1605.
877 Grundsätzlich gelten für die Abrechnung des Vorschusses dieselben Anforderungen wie für die Abrechnung von getätigten Aufwendungen, BGH BauR 1989, 201.
878 BGH NJW 1967, 1366; Werner/Pastor, Rn. 1597.
879 BGH BauR 1984, 406; BauR 1985, 569; BauR 1988, 592; Werner/Pastor, Rn. 1597.
880 Es handelt sich nicht um einen bereicherungsrechtlichen Anspruch (Werner/Pastor, Rn. 1605 (str.); OLG Schleswig NJW-RR 1998, 1105 (1106)), sondern um einen vertraglichen Anspruch in Verbindung mit § 637 Abs. 3 BGB.
881 BGH BauR 1989, 201; Koeble, Festschrift für Jagenburg, S. 371; Staudinger-Peters, § 634 BGB, Rn. 84; MünchKomm-Busche, § 637 BGB, Rn. 23; Werner/Pastor, Rn. 1607.
882 Staudinger-Peters, § 634 BGB, Rn. 76; MünchKomm-Busche, § 637 BGB, Rn. 21; Werner/Pastor, Rn. 1597.

Streitwert: EUR 15.000,–.

Namens und in Vollmacht des Klägers erheben wir gegen die Beklagte Klage und werden im Termin zur mündlichen Verhandlung beantragen:

Die Beklagte wird verurteilt, an den Kläger EUR 15.000,– nebst Zinsen in Höhe von acht Prozentpunkten über dem Basiszinssatz hieraus seit Rechtshängigkeit zu bezahlen.

Falls das Gericht ein schriftliches Vorverfahren anordnet, wird schon jetzt für den Fall, dass die Beklagte nicht rechtzeitig ihre Verteidigungsabsicht erklärt, der Erlass eines Versäumnisurteils im schriftlichen Verfahren beantragt.

Begründung:

Der Kläger macht mit der vorliegenden Klage einen Vorschussanspruch wegen zahlreicher Mängel an den Sandstein- und Stuckelementen der Straßen- und Hoffassade des Gebäudes ▬▬▬ in ▬▬▬ geltend.

1. Die Parteien haben am 23. August 2004 einen schriftlichen Pauschalpreis-Bauvertrag über die Erbringung von Fassadenreinigungsarbeiten an der Straßen- und Hoffassade des Gebäudes ▬▬▬ in ▬▬▬ abgeschlossen. Die VOB/B ist nicht zur Grundlage des Vertrages erklärt worden. Der Pauschalpreisvertrag beinhaltet eine detaillierte Leistungsbeschreibung mit Leistungsverzeichnis. Das auf Einheitspreisbasis abgegebene Angebot der Klägerin belief sich auf EUR 41.345,26. In dem am 23. August 2004 abgeschlossenen Bauvertrag einigten sich die Parteien auf einen Pauschalpreis von EUR 40.000,– für alle im Vertrag genannten Arbeiten.

   Beweis: Bauvertrag vom 23. August 2004 nebst Leistungsbeschreibung mit Leistungsverzeichnis – Anlage K1.

2. In der Zeit vom 27. August 2004 bis zum 11. September 2004 führte die Beklagte die Fassadenreinigungsarbeiten aus.

3. Mit Einwurfeinschreiben vom 18. September 2004 wurde der Kläger aufgefordert, die Arbeiten der Beklagten abzunehmen. Die Parteien vereinbarten telefonisch einen Abnahmetermin für den 26. September 2004.
   Anlässlich der Besichtigung der Arbeiten der Beklagten am 26. September 2004 wurden massive Schädigung der Sandstein- und Stuckelemente der Straßen- und Hoffassade des Gebäudes ▬▬▬ durch den Architekten ▬▬▬, den der Kläger mit der Durchführung der förmlichen Abnahme beauftragt hatte, festgestellt. Da die von der Beklagten geschuldeten Leistungen nicht vertragsgerecht und mangelfrei erbracht worden sind, verweigerte der Kläger am 26. September 2004 die Abnahme.

   Beweis: Zeugnis des Herrn Dipl.-Ing. ▬▬▬, ▬▬▬

4. Zur Reinigung der Sandsteinelemente der Straßen- und Hoffassade wurde seitens der Beklagten nicht das in der Pos. 02.14. vertraglich vereinbarte JOS-Verfahren angewendet. Vielmehr hat die Beklagte die Fassade unter Druck und mit Einsatz eines scharfkantigen Strahlmittels (sog. Sakressiv-Strahlmittel) gereinigt. Durch den Einsatz dieses Strahlmittels wurde die weiche obere Schicht der Sandstein- und Stuckelemente erheblich abgearbeitet und somit nachhaltig beschädigt. Die Oberfläche der Standstein- und Stuckelemente ist nunmehr rau und offenporig, sodass Feuchtigkeit und Schmutz eindringen kann.

   Beweis: Sachverständigengutachten.

5. Der Kläger forderte die Beklagte mit Schreiben vom 11. November 2004 unter Fristsetzung bis zum 15. Dezember 2004 auf, die vorbeschriebenen Mängel an den Sandstein- und Stuckelementen der Straßen- und Hoffassade zu beseitigen.
Beweis: Schreiben des Klägers vom 11. November 2004 – Anlage K2.
Mit Schreiben vom 10. Dezember 2004 hat die Beklagte eine Beseitigung der Mängel abgelehnt.
Beweis: Schreiben der Beklagten vom 10. Dezember 2004 – Anlage K3.

6. Der Kläger hat durch den Dipl.-Ing. ■■■ ein Privatgutachten mit der Fragestellung erstellen lassen, welche Maßnahmen anzustellen sind, um die eingetretene Schädigung der Sandstein- und Stuckelemente der Straßen- und Hoffassade zu beseitigen. Der Gutachter ■■■ ist zu dem Ergebnis gelangt, dass die Sandsteine zu überschleifen und zu spachteln sind. Sodann ist die Fassade zu hydrophobieren. Gleichzeitig sind die Stuckteile unter der Verdachung durch Auftrag und Anarbeiten einer geeigneten farblich passenden Stuckmasse und überschleifen derselben zu sanieren. Die Kosten der Maßnahmen wurden im anhängigen Leistungsverzeichnis dokumentiert. Danach belaufen sich die Mängelbeseitigungskosten auf brutto EUR 15.192,24.
Beweis: Gutachten des Dipl.-Ing. ■■■ nebst Leistungsverzeichnis vom 05. Januar 2005 – Anlage K4.
Die vom Kläger angesetzten EUR 15.000,– für die Mängelbeseitigung sind angemessen.

Beweis: Sachverständigengutachten.

Dem Kläger steht gemäß §§ 634 Nr. 2, 637 Abs. 3 BGB ein Vorschussanspruch zu. Insbesondere liegen die Voraussetzungen für das Selbstvornahmerecht mit Aufwendungsersatzanspruch gemäß § 637 Abs. 1 BGB vor, da der Beklagten eine angemessene Frist zur Mängelbeseitigung gesetzt worden ist. Der Kläger will die Mängel auf der Grundlage des Gutachtens des Dipl.-Ing. ■■■ beseitigen lassen.

Rechtsanwalt

g) Die Abwehr der Mängelbeseitigungsklage durch den Unternehmer/ Auftragnehmer

551 *aa) Unmögliche Mängelbeseitigung gemäß § 275 BGB:* Der Nacherfüllungsanspruch geht unter, wenn die Nacherfüllung **unmöglich** ist. Dies ergibt sich aus § 275 Abs. 1 BGB, der in § 635 Abs. 3 BGB zwar nicht ausdrücklich benannt wird, allerdings gleichwohl zur Anwendung kommen muss, da etwas Unmögliches nicht geschuldet sein kann.[883]

552 Daneben kann sich der Unternehmer/Auftragnehmer im Prozess auf die Einrede aus §§ 635 Abs. 3, 275 Abs. 2 BGB stützen. Diese Einrede kommt dann zur Anwendung, wenn die Nacherfüllung einen Aufwand erfordert, der in einem groben Missverhältnis zum Leistungsinteresse des Bestellers/Auftraggebers steht. Es geht insoweit um Konstellationen, die nach dem alten Recht als sog. **praktische oder faktische Unmöglichkeit** bezeichnet worden sind.[884]

---

883 Staudinger-Peters, § 634 BGB, Rn. 52; MünchKomm-Busche, § 635 BGB, Rn. 26; Werner/Pastor, Rn. 1556.
884 Staudinger-Peters, § 635 BGB, Rn. 6; MünchKomm-Busche, § 635 BGB, Rn. 29-34; Werner/Pastor, Rn. 1556.

Nach §§ 635 Abs. 3, 275 Abs. 3 BGB kann der Unternehmer/Auftragnehmer die Leistung ferner verweigern, wenn er sie **persönlich zu erbringen** hat und sie ihm unter Abwägung des seiner Leistung entgegenstehenden Hindernisses mit dem Leistungsinteresse des Bestellers/Auftraggebers nicht zugemutet werden kann. Soweit es um die Mängelbeseitigung geht, ist § 275 Abs. 2 BGB nicht auf Bauverträge zugeschnitten und wird daher kaum Anwendung finden.[885]

553

*bb) Die verweigerte Nacherfüllung bei unverhältnismäßigen Kosten gemäß § 635 Abs. 3 BGB:* § 635 Abs. 3 BGB gewährte dem Unternehmer/Auftragnehmer eine Einrede für den Fall, dass die Mängelbeseitigung einen **unverhältnismäßigen Aufwand** erfordert. Insoweit sind Aufwendungen für die Beseitigung eines Werkmangels dann unverhältnismäßig, wenn der damit in Richtung auf die Beseitigung des Mangels erzielte Erfolg oder Teilerfolg bei Abwägung aller Umstände des Einzelfalles in keinem vernünftigen Verhältnis zur Höhe des dafür gemachten Geldaufwandes steht.[886] **Unverhältnismäßigkeit** wird in aller Regel anzunehmen sein, wenn einem objektiv geringen Interesse des Bestellers an einer völlig ordnungsgemäßen Vertragsleistung ein ganz erheblicher und deshalb unangemessener Aufwand gegenübersteht. Ist die Funktionsfähigkeit des Werkes spürbar beeinträchtigt, so kann Nachbesserung regelmäßig nicht wegen hoher Kosten verweigert werden.[887]

554

*cc) Berücksichtigung von Sowieso-Kosten, Mitverschulden sowie der Vorteilsausgleichung:* Der Besteller/Auftraggeber muss sich an etwaig entstehenden **Sowieso-Kosten** beteiligen.[888] Ferner muss sich der Besteller/Auftraggeber auch an den Aufwendungen für die Mängelbeseitigung beteiligen, wenn er den Mangel **mitverursacht** hat, § 254 BGB.[889] Der Besteller/Auftraggeber muss sich schließlich nach allgemeinen Grundsätzen auch die **Vorteile** anrechnen lassen, die er durch eine Mängelbeseitigung erhält.[890]

555

Vor dem Hintergrund dieser Grundsätze kann der Besteller/Auftraggeber im Einzelfall verpflichtet sein, gegenüber dem Unternehmer/Auftragnehmer den Anteil an der Mängelhaftung zu übernehmen, der durch die **Sowieso-Kosten** entstanden ist, bzw. den Anteil zu übernehmen, der ihm als Gebrauchsvorteil zugeflossen ist oder den er als Vorteil durch die Mängelbeseitigung erlangt sowie den Anteil zu übernehmen, den er aufgrund seines Mitverschuldens oder das seiner Erfüllungsgehilfen zu tragen hat. Stützt sich der Besteller/Auftraggeber in einem solchen Fall auf den Nacherfüllungsanspruch, ist dem Unternehmer/Auftragnehmer nicht zuzumuten, ohne entsprechende Absicherung wegen dieses Kostenanteils in Vorleistung zu gehen. Vorprozessual hat der Besteller/Auftraggeber deshalb, wenn der Unternehmer/Auftragnehmer dies ver-

555a

---

885 Staudinger-Peters, § 635 BGB, Rn. 7; MünchKomm-Busche, § 635 BGB, Rn. 35 f.; Werner/Pastor, Rn. 1556.
886 BGH BauR 2002, 345; BauR 1997, 638; BauR 1995, 540 (541); Werner/Pastor, Rn. 1574.
887 OLG Düsseldorf BauR 1987, 572; BauR 1993, 82; MünchKomm-Busche, § 635 BGB, Rn. 37 f.; Staudinger-Peters, § 635 BGB, Rn. 8-11; Werner/Pastor, Rn. 1575.
888 Vergleiche hierzu die Ausführungen in Rn. 555a) und b).
889 Vergleiche hierzu die Ausführungen in Rn. 555d) und e).
890 Vergleiche hierzu die Ausführungen in Rn. 555c).

langt, eine Sicherheit zu stellen.[891, 892, 893] Wenn der Besteller/Auftraggeber in diesem Fall die **Sicherheitsleistung verweigert**, wird der Unternehmer/Auftragnehmer von der Nachbesserungspflicht frei.[894] Darf der Auftragnehmer die Mängelbeseitigung vor dem Hintergrund dieser Ausführungen verweigern und lässt der Besteller/Auftraggeber den Mangel selbst beseitigen, verliert er jeden Kostenerstattungsanspruch.[895] Leistet der Besteller/Auftraggeber hingegen die Sicherheit, muss der Unternehmer/Auftragnehmer die Nachbesserung vornehmen. Nach ordnungsgemäßer Erfüllung kann er Zahlung verlangen und bei Weigerung auf die Sicherheit zurückgreifen.

555b  Der Besteller/Auftraggeber ist verpflichtet, sich mit den sog. **Sowieso-Kosten** an der Mängelhaftung des Unternehmers/Auftragnehmers zu beteiligen. Erlangt der Besteller/Auftraggeber allein durch die Mängelhaftung außerhalb ohnehin bestehender vertraglicher Verpflichtungen des Auftragnehmers Vorteile, so hat er sie auszugleichen.[896] Der Unternehmer/Auftragnehmer darf nicht mit den Kosten solcher Maßnahmen belastet werden, um die das Werk bei ordnungsgemäßer Ausführung von vornherein teurer geworden wäre.[897] Geht es um die Bezifferung der Sowieso-Kosten, müssen diejenigen Mehraufwendungen ermittelt werden, die bei Befolgung des mit der Mängelbeseitigung vorgesehenen Planungsverlaufs entstanden wären.[898] Dabei sind die Kosten, um die das Werk von vornherein teurer geworden wäre, auf der Grundlage des Preisstandes im Zeitpunkt der ordnungsgemäßen Errichtung zu ermitteln.[899]

555c  Zu prüfen bleibt, ob der Unternehmer/Auftragnehmer eine Reduzierung des für die Mängelbeseitigung erforderlichen Betrages mit der Begründung gelten machen kann, dass der Besteller/Auftraggeber durch die Nacherfüllung eine insgesamt längere Lebensdauer des Werkes erhält, Renovierungen erspart hat bzw. das mangelhafte Werk bis zur Mängelbeseitigung nutzen konnte. Den Einwand einer Vorteilsausgleichung wegen einer durch die verzögerte Mängelbeseitigung verlängerten Lebensdauer des Werkes weist der BGH regelmäßig zurück. Zutreffend verneint der BGH einen solchen Abzug „Neu für Alt" dann, wenn die erlangten Vorteile ausschließlich auf einer Verzögerung der Mängelbeseitigung beruhen und sich der Besteller/Auftraggeber jahrelang mit einem fehlerhaften Werk begnügen musste. Der Unternehmer/Auftragnehmer soll dadurch, dass der Vertragszweck nicht sogleich, sondern erst später im Rahmen der Mängelhaftung erreicht wird, keine Besserstellung erfahren.[900] Die vorgenannte Rechtsprechung des BGH muss aber dann in Frage gestellt werden, wenn sich die Mängel

---

891 BGH BauR 1984, 310.
892 Macht der Auftraggeber gegen den Auftragnehmer auf Geld gerichtete Mängelhaftungsansprüche geltend gemacht, werden seine Zuschussanteile abgezogen.
893 Hat der Auftragnehmer die Mängelbeseitigung auf eigene Kosten vorgenommen, steht ihm in Höhe der Beteiligungspflicht des Auftraggebers ein Erstattungsanspruch zu. Er kann den Zuschuss also auch nachträglich einfordern, BGH BauR 1984, 395 (398).
894 BGH BauR 1976, 430 (432).
895 BGH BauR 1984, 395 (400).
896 BGHZ 91, 206; BauR 1990, 84.
897 BGH BauR 1990, 360.
898 BGH BauR 1984, 510; BauR 1993, 722.
899 BGH BauR 1993, 722.
900 BGHZ 91, 206.

beim Besteller/Auftraggeber erst nach Jahren gezeigt haben. In diesem Fall muss bei einer Mängelbeseitigung – insbesondere bei einer Neuherstellung – ein Abzug „Neu für Alt" vorgenommen werden.

Beruhen die Fehlerhaftigkeit des Werkes oder der weitere Schaden auf einem Fehlverhalten des Bestellers/Auftraggebers, so ist dieses **Mitverschulden** gemäß § 254 BGB zu berücksichtigen. § 254 BGB gilt zwar unmittelbar nur für die Leistung von Schadensersatz. Als Ausprägung eines allgemeinen Rechtsgedankens ist er nach Treu und Glauben auch auf die werkvertragliche Nachbesserung anzuwenden. Liegt ein Mitverschulden vor, muss sich der Besteller/Auftraggeber den Umständen nach angemessen an den Mängelbeseitigungskosten beteiligen.

555 d

Der Besteller/Auftraggeber haftet gemäß §§ 254 Abs. 2, 278 BGB für das Verschulden von **Erfüllungsgehilfen**. Voraussetzung hierfür ist, dass der Besteller/Auftraggeber gegenüber dem in Anspruch Genommenen eine eigene Verbindlichkeit zu erfüllen hat. Ist das der Fall und hat ein Erfüllungsgehilfe Pflichtwidrigkeiten begangen, muss sich der Besteller/Auftraggeber ein Mitverschulden zurechnen lassen. Nach den von der Rechtsprechung entwickelten Grundsätzen muss sich der Besteller/Auftraggeber gegenüber dem in Anspruch genommenen Unternehmer/Auftragnehmer das Planungsverschulden der von ihm eingesetzten Fachleute zurechnen lassen.[901, 902] Dagegen muss der Besteller/Auftraggeber sich das Aufsichtsverschulden der von ihm eingesetzten Bauleitung nicht zurechnen lassen. Denn der Besteller/Auftraggeber schuldet dem Unternehmer/Auftragnehmer zwar eine ausführungsreife Planung, nicht jedoch die Bauaufsicht.[903] Wird der Unternehmer/Auftragnehmer in Anspruch genommen, kann er das Verschulden des Vorunternehmers im Regelfall nicht haftungsmindernd geltend machen. Der Vorunternehmer ist nach der Rechtsprechung des BGH kein Erfüllungsgehilfe des Bestellers/Auftraggebers im Verhältnis zum Unternehmer/Auftragnehmer. Etwas anderes gilt nur, wenn der Besteller/Auftraggeber gegenüber dem Unternehmer/Auftragnehmer die Verpflichtung zur mangelfreien Vorunternehmerleistung als vertragliche Schuld übernommen hat.[904]

555 e

*dd) Vorbehaltslos Abnahme des Werkes gemäß § 640 Abs. 2 BGB:* Hat der Bauherr das Werk in Kenntnis der Mängel abgenommen und keinen Vorbehalt erklärt, so ist der Nacherfüllungsanspruch des Bestellers gemäß § 640 Abs. 2 BGB ausgeschlossen.[905] Abweichend von § 13 Nr. 5 Abs. 1 Satz 3 VOB/B sind beim BGB-Bauvertrag die Mängelbeseitigungsarbeiten nicht abzunehmen. § 640 Abs. 2 BGB kann in diesem Fall folglich keine Anwendung finden.[906]

556

---

901  BGH BauR 1984, 395; BGHZ 95, 128; BauR 1985, 561.
902  Der Hauptunternehmer haftet dem Nachunternehmer für Planungsfehler seines Auftraggebers, wenn diese ursächlich für den Baumangel sind. Das gilt jedenfalls dann, wenn der Hauptunternehmer sich verpflichtet hat, dem Nachunternehmer die Planung zu stellen, BGH BauR 1987, 86 (88).
903  BGH BauR 1982, 514 (516).
904  BGHZ 95, 128.
905  Staudinger-Peters, § 640 BGB, Rn. 61 f.
906  OLG München MDR 1984, 141.

**557** Muster: Klageerwiderung des Auftragnehmers gegen eine Mängelbeseitigungsklage (Vorliegen einer Abnahme, Bestreiten der Mängel, Geltendmachen eines Zurückbehaltungsrechts bei Sowieso-Kosten)

Landgericht ▄▄▄

In dem Rechtsstreit

▄▄▄./. ▄▄▄ GmbH

Az.▄▄▄

zeigen wir an, dass wir die Beklagte im Klageverfahren anwaltlich vertreten. In der mündlichen Verhandlung werden wir beantragen:

Die Klage wird abgewiesen.

Begründung:
1. Zutreffend sind die Ausführungen in der Klageschrift, wonach die Klägerin die Beklagte mit BGB-Einheitspreisvertrag vom 28. Juni 2003 beauftragt hat, die Dachterrasse in der ▄▄▄ in ▄▄▄ zu fliesen. Dabei beschränkten sich die von der Beklagten vertraglich zu erbringenden Leistungen ausschließlich auf das Aufkleben der von der Klägerin selbst gestellten Terracotta-Fliesen.
Die Beklagte hat die vertraglich geschuldeten Leistungen in der Zeit vom 04. Juli 2003 bis zum 11. Juli 2004 ausgeführt. Seit August 2003 nutzt die Klägerin die Dachterrasse.
2. Die Ausführungen in der Klageschrift, wonach eine Abnahme der von der Klägerin erbrachten Leistungen bisher nicht stattgefunden haben soll, treffen nicht zu. Richtig ist, dass die Parteien in dem Bauvertrag vom 28. Juni 2003 eine förmliche Abnahme vereinbart haben.
Zwar hat die zwischen den Parteien vereinbarte förmliche Abnahme nicht stattgefunden, doch steht dies einer konkludenten Abnahme nicht entgegen.[907] Durch die Ingebrauchnahme der Dachterrasse hat die Klägerin stillschweigend zum Ausdruck gebracht, dass sie das Werk als im Wesentlichen vertragsgerecht ansieht.
Zudem haben die Vertragsparteien die Vereinbarung über die förmliche Abnahme aufgehoben.[908] Von einer solchen stillschweigenden Aufhebung der Vereinbarung über die förmliche und vom Vorliegen einer stillschweigenden Abnahme ist dann auszugehen, wenn längere Zeit nach der Benutzung des Bauwerks keine der Parteien auf die förmliche Abnahme zurückkommt (BGH BauR 1977, 344). Unerheblich ist, ob die Parteien sich der Tatsache bewusst waren, dass eine förmliche Abnahme vorgesehen war oder ob sie das nur vergessen haben. Diese Voraussetzungen liegen im vorliegenden Fall vor: So hat die Klägerin die vorliegende Mängelbeseitigungsklage – ohne je vorher einen Mangel gerügt zu haben – erst 18 Monate nach Ingebrauchnahme der Dachterrasse erhoben. Damit steht fest, dass die von der Beklagten erbrachten Leistungen gemäß § 640 BGB abgenommen worden sind. Deshalb trägt die Klägerin die Darlegungs- und Beweislast für das Vorliegen der behaupteten Mängel.
3. Es wird bestritten, dass im Dezember 2004 Feuchtigkeitsflecken in dem unter der Dachterrasse befindlichen Wohnzimmer der Klägerin aufgetreten sind. Ferner wird bestritten, dass Wasser durch die im Jahre 2003 auf dem vorhandenen Estrich verlegten Flie-

---

[907] Vgl. hierzu die Ausführungen unter Rn. 171.
[908] Vgl. hierzu die Ausführungen unter Rn. 170.

sen in die unter der Dachterrasse befindliche Decke eingedrungen ist und zu den in der Klageschrift behaupteten Feuchtigkeitsschäden geführt hat. Die Leistungen der Beklagten sind vertragsgemäß und mangelfrei erbracht worden. Hervorzuheben bleibt, dass die Beklagte für die Beschaffenheit des bereits seit Jahren vorhandenen Estrichs, auf den die Fliesen aufgeklebt worden sind, nicht verantwortlich ist. Die Beklagte war gemäß Werkvertrag vom 28. Juni 2003 ausschließlich dazu verpflichtet, die von der Klägerin gestellten Fliesen auf den bereits vorhandenen Estrich aufzukleben.
Unter Verwahrung gegen die Beweislast: Sachverständigengutachten, Augenschein.

4. Selbst wenn die Ausführungen der Klägerin zur unstreitig nicht erfolgten Bedenkenanmeldung der Beklagten im Hinblick auf die möglicherweise schadhafte Feuchtigkeitsisolierung als Folge eines schadhaften Estrichs zutreffen würden, wäre die Klage abzuweisen.

a) So war die Feuchtigkeit im Estrich und damit in der Decke unter der Dachterrasse bereits im Zeitpunkt der Abnahme vorhanden. Die Beklagte hat sie jedoch nicht gerügt. Da es zu einer Abnahme in Kenntnis des Mangels gekommen ist, steht der Klägerin gemäß § 640 Abs. 2 BGB kein Nacherfüllungsanspruch mehr zu.

b) Weiterhin macht die Beklagte gegen den Mängelbeseitigungsanspruch der Klägerin ein Zurückbehaltungsrecht geltend. Hintergrund für dieses Zurückbehaltungsrecht ist ein Anspruch der Beklagten gegen die Klägerin auf eine Zuschusszahlung (Sowieso-Kosten). Das Aufbringen einer einwandfreien Feuchtigkeitsisolierung nebst Abtrag des vorhandenen Estrichs sowie Einbringung eines neuen Estrichs auf der Dachterrasse hätte für die Klägerin von vornherein zusätzliche Kosten begründet. Diese eigentlichen Baukosten (Sowieso-Kosten)[909] hat sie jetzt zu tragen. Im Einzelnen handelt es sich um folgende zusätzliche Kosten:

(substantiierte Aufschlüsselung nach Positionen).

Die Beklagte verlangt Sicherheitsleistung für den ihr zustehenden Zuschussanspruch in Höhe von EUR ... Solange diese Sicherheit nicht geleistet ist, steht der Beklagten ein Zurückbehaltungsrecht zu.[910] [911]

Rechtsanwalt

## 2. Beim VOB-Bauvertrag

a) Vor der Abnahme

aa) § 4 Nr. 6 VOB/B: Nach § 4 Nr. 6 VOB/B sind **Stoffe oder Bauteile**, die dem Vertrag oder den Proben nicht entsprechen,[912] auf Anordnung des Auftraggebers innerhalb

---

909 Vgl. hierzu die Ausführungen unte Rn. 555 b).
910 Der Auftragnehmer kann den Zuschussanspruch nicht aktiv geltend machen. Vor Ausführung der Arbeiten steht dem Auftragnehmer zur ein Anspruch auf Sicherheitsleistung zu, den er über ein Zurückbehaltungsrecht geltend machen muss, BGH BauR 1984, 395.
911 Werden die Mängel dem entgegen vom Auftragnehmer anerkannt, so sollte der Klageantrag Zug um Zug gegen Sicherheitsleistung für den Zuschussanspruch anerkannt werden.
912 Die Stoffe/Bauteile sind unter Zugrundelegung objektiver Kriterien [anders als bei § 4 Nr. 1 Abs. 4 Satz 1 VOB/B] dann vertragswidrig, wenn sie nach Güte oder sonstiger Beschaffenheit von den vertraglichen Vereinbarungen, also in erster Linie von der Leistungsbeschreibung abweichen. Ist die Leistungsbeschreibung nicht erschöpfend, so sind die Anerkannten Regeln der Technik sowie die einschlägigen Gütevorschriften zu beachten, Kapellmann/Messerschmidt-Merkens, § 4 VOB/B, Rn. 134.

einer vom Auftraggeber bestimmten Frist[913] von der Baustelle zu entfernen.[914] Geschieht dies nicht, so können sie auf Kosten des Auftragnehmers entfernt oder für seine Rechnung veräußert werden.

559 Bei § 4 Nr. 6 VOB/B handelt sich insoweit um einen sog. **vorweggenommenen Mängelbeseitigungsanspruch**,[915] dessen Zweck darauf abzielt, einer bevorstehenden Mangel- und Vertragswidrigkeit der geschuldeten Leistung mit dem Ziel der vertragsgemäßen Erfüllung vorbeugen zu können. Folglich ist der Anwendungsbereich auf solche Stoffe und Bauteile beschränkt, die auf der Baustelle lagern und noch nicht verbaut worden sind.[916] Nach dem Einbau der Stoffe/Bauteile gilt § 4 Nr. 7 VOB/B.[917]

560 Werden die Stoffe/Bauteile vom Auftragnehmer innerhalb der vom Auftraggeber gesetzten Frist nicht beseitigt, gibt § 4 Nr. 6 Satz 2 VOB/B dem Auftraggeber ein **Selbsthilferecht**. Der Auftraggeber kann die vertragswidrigen Stoffe/Bauteile selbst oder durch einen Dritten von der Baustelle entfernen und vom Auftragnehmer analog § 670 BGB **Kostenersatz** verlangen.[918] Daneben hat der Auftraggeber auch einen klagbaren **Anspruch auf Ausführung** der Anordnung.[919]

561 Stellt sich allerdings später heraus, dass die Stoffe/Bauteile doch vertragsgemäß waren, können nunmehr dem Auftragnehmer weitreichende Folgeansprüche entstehen, nämlich Schadensersatzansprüche aus § 6 Nr. 6 VOB/B[920] sowie Vergütungsansprüche gemäß § 2 Nr. 5[921] und 6 VOB/B.[922] Zudem werden die Ausführungsfristen gemäß § 6 Nr. 1, 2 und 4 VOB/B verlängert und es entsteht unter Umständen für den Auftragnehmer ein Kündigungsrecht aus § 9 VOB/B.[923]

562 *bb) § 4 Nr. 7 Satz 1 VOB/B:*[924] Leistungen, die schon **während der Ausführung** als **mangelhaft oder vertragswidrig** erkannt werden, weil vertragswidrige Stoffe/Bauteile eingebaut worden sind oder Mängel der Bauausführung vorhanden sind, hat der Auftragnehmer gemäß § 4 Nr. 7 Satz 1 VOB/B auf eigene Kosten durch mangelfreie zu ersetzen.

---

913 Es muss sich um eine angemessene Frist handeln, vgl. hierzu die Ausführungen unter Rn. 538.
914 Voraussetzung ist eine für den Auftragnehmer verbindliche Anweisung des Auftraggebers, in der die zu entfernenden Stoffe/Bauteile konkret bezeichnet werden, BGH NJW 1984, 2457; NJW 1977, 1966; Ingenstau/Korbion-Oppler, § 4 Nr. 6 VOB/B, Rn. 8.
915 Beck'scher VOB-Kommentar-Hofmann, § 4 Nr. 6 VOB/B, Rn. 6; Vygen, Rn. 485; Ingenstau/Korbion-Oppler, § 4 Nr. 6 VOB/B, Rn. 2.
916 § 4 Nr. 6 VOB/B gilt insoweit nur für solche Stoffe/Bauteile, die die der Auftragnehmer selbst geliefert oder durch Dritte hat liefern lassen, Kapellmann/Messerschmidt-Merkens, § 4 VOB/B, Rn. 132; Ingenstau/Korbion-Oppler, § 4 Nr. 6 VOB/B, Rn. 3.
917 Nicklisch/Weick, § 4 VOB/B, Rn. 82; Vygen, Rn. 485; Werner/Pastor, Rn. 1610; Kapellmann/Messerschmidt-Merkens, § 4 VOB/B, Rn. 131; Korbion/Hochstein/Keldungs, Rn. 526.
918 Beck'scher VOB-Kommentar-Hofmann, § 4 Nr. 6 VOB/B, Rn. 59; Heiermann/Riedl/Rusan, § 4 VOB/B, Rn. 77; Ingenstau/Korbion-Oppler, § 4 Nr. 6 VOB/B, Rn. 16; Kapellmann/Messerschmidt-Merkens, § 4 VOB/B, Rn. 143.
919 Beck'scher VOB-Kommentar-Hofmann, § 4 Nr. 6 VOB/B, Rn. 6; Kapellmann/Messerschmidt-Merkens, § 4 VOB/B, Rn. 146.
920 Vgl. hierzu die Ausführungen unter Rn. 274 ff.
921 Vgl. hierzu die Ausführungen unter Rn. 212 ff.
922 Vgl. hierzu die Ausführungen unter Rn. 273 ff.
923 Vgl. hierzu die Ausführungen unter Rn. 259 ff.
924 Vgl. hierzu das Muster einer vergleichbaren Klageschrift (beim BGB-Bauvertrag) unter Rn. 537 ff.

Bei § 4 Nr. 7 Satz 1 VOB/B handelt es sich um den **Erfüllungsanspruch** des Auftraggebers, durch den der Auftragnehmer verschuldensunabhängig verpflichtet wird, bereits vor der Abnahme mangelhafte/vertragswidrige Leistungen zu entfernen und durch mangelfreie zu ersetzen.[925]

563

Voraussetzung den Erfüllungsanspruch aus § 4 Nr. 7 Satz 1 VOB/B ist, dass die Leistung des Auftragnehmers **mangelbehaftet** oder sonst **vertragswidrig** ist.[926] Weiter müssen die Mängel bzw. die Vertragswidrigkeit vom Auftraggeber „während der Ausführung" erkannt werden. Mit dieser Voraussetzung wird klargestellt, dass es sich bei § 4 Nr. 7 Satz 1 VOB/B um einen Mängelbeseitigungsanspruch vor Abnahmereife handelt.[927] Ist das Werk bereits abgenommen worden oder aber abnahmereif im Sinne des § 12 Nr. 1 VOB/B (wobei die Abnahme vom Auftraggeber grundlos verweigert wird), ergeben sich die Mängelbeseitigungsansprüche des Auftraggebers ausschließlich aus § 13 Nr. 5 VOB/B.[928]

564

Im Rahmen der Mängelbeseitigungsklage muss der Auftraggeber den Mangel so genau bezeichnen, dass der Auftragnehmer in der Lage ist, eine Nacherfüllung vorzunehmen. Es gelten die Grundsätze der von der Rechtsprechung entwickelten **Symptomtheorie**.[929] Es ist dann Sache des verklagten Auftragnehmers, eine ordnungsgemäße Vertragserfüllung darzutun und zu beweisen.[930]

565

Da dem Auftragnehmer die Art und Weise der Nacherfüllung (in Form der Nachbesserung oder Neuherstellung)[931] überlassen bleibt,[932] kann der Auftraggeber grundsätzlich nur auf **Beseitigung des Mangels**, nicht aber auf Vornahme einer bestimmter Nacherfüllungsmodalität klagen.[933] Etwas anderes gilt für den Fall, wenn der Mangel nur auf eine bestimmte Art und Weise beseitigt werden kann.[934]

566

Kommt es zu einer Beseitigung des Mangels durch den Auftragnehmer, so hat dieser gemäß **§ 635 Abs. 2 BGB** die zum Zwecke der Nacherfüllung erforderlichen Aufwendungen, insbesondere Transport-, Wege-, Arbeits- und Materialkosten zu tragen.[935]

567

---

925 BGHZ 55, 354; NJW 1982, 1524; Kapellmann/Messerschmidt-Merkens, § 4 VOB/B, Rn. 153, 159; Werner/Pastor, Rn. 1611; Ingenstau/Korbion-Oppler, § 4 Nr. 7 VOB/B, Rn. 2.
926 Vgl. hierzu die Ausführungen unter Rn. 515 ff.
927 BGHZ 50, 160; Beck'scher VOB-Kommentar-Kohler, § 4 VOB/B, Rn. 41; Kapellmann/Messerschmidt-Merkens, § 4 VOB/B, Rn. 157; Werner/Pastor, Rn. 1611; Ingenstau/Korbion-Oppler, § 4 Nr. 7 VOB/B, Rn. 6.
928 § 13 Nr. 5 VOB/B ist auch dann abschließend, wenn sich der Auftraggeber die Ansprüche aus § 4 Nr. 7 VOB/B bei der Abnahme vorbehalten hat, BGH BauR 1975, 344; Jagenburg, BauR 1974, 361; Werner/Pastor, Rn. 1612; Ingenstau/Korbion-Oppler, § 4 Nr. 7 VOB/B, Rn. 6.
929 Vgl. hierzu die Ausführungen unter Rn. 520 ff.
930 BGHZ 28, 288; Groß, BauR 1995, 456; Ingenstau/Korbion-Oppler, § 4 Nr. 7 VOB/B, Rn. 17; Werner/Pastor, Rn. 1614.
931 Kapellmann/Messerschmidt-Merkens, § 4 VOB/B, Rn. 159; Ingenstau/Korbion-Oppler, § 4 Nr. 7 VOB/B, Rn. 18.
932 BGH NJW 1973, 1792; BauR 1988, 97; Werner/Pastor, Rn. 1614.
933 Werner/Pastor, Rn. 1614.
934 BGH BauR 1997, 638; Werner/Pastor, Rn. 1614. Vgl. hierzu die Ausführungen unter Rn. 531.
935 Kapellmann/Messerschmidt-Merkens, § 4 VOB/B, Rn. 160; Ingenstau/Korbion-Oppler, § 4 Nr. 7 VOB/B, Rn. 19.

# § 3 Die Ansprüche des Auftraggebers

**568** Der Erfüllungsanspruch des Auftraggebers aus § 4 Nr. 7 Satz 1 VOB/B geht unter, wenn die Mängelbeseitigung im Sinne des § 275 BGB unmöglich ist und sich der Auftragnehmer in den Fällen des § 275 Abs. 2 und 3 BGB auf die Einrede der Unmöglichkeit berufen hat.[936]

**569** § 635 Abs. 3 BGB, der auch beim VOB-Bauvertrag analog zur Anwendung kommt,[937] gewährt dem Auftragnehmer eine Einrede für den Fall, dass die Mängelbeseitigung einen **unverhältnismäßigen Aufwand** erfordert. Insoweit sind Aufwendungen für die Beseitigung eines Werkmangels dann unverhältnismäßig, wenn der damit in Richtung auf die Beseitigung des Mangels erzielte Erfolg oder Teilerfolg bei Abwägung aller Umstände des Einzelfalles in keinem vernünftigen Verhältnis zur Höhe des dafür gemachten Geldaufwandes steht.[938]

**570** Bei der prozessualen Geltendmachung des Mängelbeseitigungsanspruchs sind die **Sowieso-Kosten** zu berücksichtigen, deren Zahlung der Auftragnehmer als Zurückbehaltungsrecht gemäß § 320 BGB geltend machen kann.[939] Ferner muss sich der Auftraggeber gemäß § 254 BGB auch an den Aufwendungen für die Mängelbeseitigung beteiligen, wenn er den Mangel **mitverursacht** hat.[940] Der Auftraggeber muss sich schließlich nach allgemeinen Grundsätzen auch die Vorteile anrechnen lassen, die er durch eine Mängelbeseitigung erhält.[941]

**571** Zu beachten bleibt, dass das **Selbstvornahmerecht des Auftraggebers** nicht aus § 4 Nr. 7 VOB/B folgt und auch § 637 Abs. 1 BGB nicht analog anwendbar ist. Wäre dem so, würde ein von der VOB/B nicht gewolltes Konfliktpotential auf der Baustelle geschaffen. Denn es würden dort sowohl der Auftragnehmer wie auch der mit der Selbstvornahme beauftragte Drittunternehmer Erfüllungs- sowie Nacherfüllungshandlungen erbringen wollen. Deshalb sieht die VOB/B eine Regelung vor, die dieses Konfliktpotential vermeidet. Danach ist grundsätzlich eine Fristsetzung mit Kündigungsandrohung[942] gemäß § 4 Nr. 7 VOB/B und eine schriftliche Kündigung gemäß § 8 Nr. 3 Abs. 2 und Nr. 5 VOB/B erforderlich, bevor das Selbstvornahmerecht entsteht.[943]

---

936 BGH NJW 1968, 1524; Beck'scher VOB-Kommentar-Kohler, § 4 Nr. 7 VOB/B, Rn. 69; Kapellmann/Messerschmidt-Merkens, § 4 VOB/B, Rn. 162. Vgl. hierzu die Ausführungen unter Rn. 551 ff.
937 Werner/Pastor, Rn. 1614; Kapellmann/Messerschmidt-Merkens, § 4 VOB/B, Rn. 162; Ingenstau/Korbion-Oppler, § 4 Nr. 7 VOB/B, Rn. 20 ff.
938 BGH BauR 2002, 345; BauR 1997, 638; BauR 1995, 540 (541); Kapellmann/Messerschmidt-Merkens, § 4 VOB/B, Rn. 163. Vgl. hierzu die Ausführungen unter Rn. 554.
939 Vgl. hierzu die Ausführungen unter Rn. 555 b).
940 Vgl. hierzu Ausführungen unter Rn. 555 d).
941 Vgl. hierzu Ausführungen unter Rn. 555 c).
942 In Ausnahmefällen bedarf es der Fristsetzung und Beseitigungsaufforderung nicht. Dies ist der Fall, wenn die Beseitigung des Mangels unmöglich, von dem Unternehmer ernsthaft und endgültig verweigert worden oder durch die mangelhafte Leistung eine Gefährdung des Vertragszweckes eingetreten ist, BGH BauR 1997, 1027. Vgl. hierzu Ausführungen unter Rn. 539.
943 BGH BauR 1986, 573; BauR 1997, 1027; ZfBR 1998, 31; BauR 2000, 1481; OLG Düsseldorf BauR 1994, 369 (370); Kapellmann/Messerschmidt-Merkens, § 4 VOB/B, Rn. 149; Werner/Pastor, Rn. 1618. A.A. Nicklisch/Weick, § 4 VOB/B, Rn. 113 a ff.

b) Nach der Abnahme

*aa) Mängelbeseitigungsanspruch gemäß § 13 Nr. 5 Abs. 1 VOB/B:*[944] § 13 Nr. 5 Abs. 1 VOB/B bestimmt, dass der Auftragnehmer alle **während der Verjährungsfrist** hervortretenden Mängel, die auf eine **vertragswidrige Leistung** zurückzuführen sind,[945] auf seine Kosten zu beseitigen hat. Der Anspruch entspricht den Regelungen der §§ 634 Nr. 1, 635 Abs. 1 BGB, unterscheidet sich aber insofern von diesen Normen, als er erst ab Abnahme gilt.[946]

572

Voraussetzung für den Mängelbeseitigungsanspruch aus § 13 Nr. 5 Abs. 1 Satz 1 VOB/B ist, dass die Leistung des Auftragnehmers mangelbehaftet ist.[947] Weiter erfordert der Mängelbeseitigungsanspruch aus § 13 Nr. 5 Abs. 1 VOB/B eine Mängelrüge des Auftraggebers, die grundsätzlich auch mündlich erfolgen kann.[948] Die **Schriftform** ist nur für die Verjährung des Mängelbeseitigungsanspruchs gemäß § 13 Nr. 5 Abs. 1 Satz 2 VOB/B von Bedeutung.[949] Die Mängelrüge muss aber ersehen lassen, was vom Auftragnehmer nachgebessert werden soll.[950] Dabei muss der Auftraggeber den der Mängelrüge zugrunde liegenden Mangel bezeichnen. Es gilt die **Symptomtheorie**.[951]

573

Eine Aufforderung nach § 13 Nr. 5 Abs. 1 Satz 1 VOB/B kann im Einzelfall **entbehrlich** sein. Dies ist dann der Fall, wenn der Auftraggeber aus dem Verhalten des Auftragnehmers zweifelsfrei erkennen muss, dass der Auftragnehmer eine Aufforderung zur Mängelbeseitigung nicht nachkommen wird[952] bzw. eine Mängelbeseitigung endgültig und ernsthaft abgelehnt hat.[953] Hat sich der Auftragnehmer als völlig unzuverlässig erwiesen, wird man gleichsam auf eine ausdrückliche Mängelrüge des Auftraggebers verzichten können.[954]

574

Da dem Auftragnehmer die Art und Weise der Nacherfüllung (in Form der Nachbesserung oder Neuherstellung) überlassen bleibt,[955] kann der Auftraggeber grundsätzlich nur auf **Beseitigung des Mangels**, nicht aber auf Vornahme einer bestimmter Nacher-

575

---

944 Vgl. hierzu das Muster einer vergleichbaren Klageschrift (beim BGB-Bauvertrag) unter Rn. 537.
945 Probleme im Hinblick auf die Frage der Zurechenbarkeit bestehenden Mängel bestehen dann, wenn an der Bauleistung noch andere Auftragnehmer oder der Auftraggeber selbst mitgewirkt haben. Für § 13 Nr. 5 Abs. 1 VOB/B reicht es aus, wenn die Leistung des Auftragnehmers mitursächlich war, Kapellmann/Messerschmidt-Weyer, § 13 VOB/B, Rn. 188.
946 Vgl. hierzu die Ausführungen in Fn. 824.
947 Vgl. hierzu die Ausführungen unter Rn. 515f.
948 BGH NJW 1959, 142; BauR 1972, 311; Beck'scher VOB-Kommentar-Kohler, § 13 Nr. 5 VOB/B, Rn. 42; Ingenstau/Korbion-Wirth, § 13 Nr. 5 VOB/B, Rn. 90; Kapellmann/Messerschmidt-Weyer, § 13 VOB/B, Rn. 191.
949 Vgl. hierzu die Ausführungen unter Rn. 597f.
950 OLG Düsseldorf BauR 2002, 963 (965); BauR 2001, 645; OLG Brandenburg NJW-RR 2000, 1620 (1621); Malotki, BauR 1998, 682 (684); Beck'scher VOB-Kommentar-Kohler, § 13 Nr. 5 VOB/B, Rn. 40; Werner/Pastor, Rn. 1625; Ingenstau/Korbion-Wirth, § 13 Nr. 5 VOB/B, Rn. 30ff.
951 Vgl. hierzu Ausführungen unter Rn. 520ff.
952 BGHZ 46, 242; WM 1974, 932; Werner/Pastor, Rn. 1626.
953 OLG Düsseldorf BauR 2001, 645 (646); BauR 2002, 963 (965); Ingenstau/Korbion-Wirth, § 13 Nr. 5 VOB/B, Rn. 50.
954 So Ingenstau/Korbion-Wirth, § 13 VOB/B, Rn. 469; Werner/Pastor, Rn 1626.
955 Kapellmann/Messerschmidt-Weyer, § 13 VOB/B, Rn. 208; Ingenstau/Korbion-Wirth, § 13 Nr. 5 VOB/B, Rn. 60; Werner/Pastor, Rn. 1627.

füllungsmodalität klagen.⁹⁵⁶ Etwas anderes gilt für den Fall, dass der Mangel nur auf eine bestimmte Art und Weise beseitigt werden kann.⁹⁵⁷

576 Kommt es zu einer Beseitigung des Mangels durch den Auftragnehmer, so hat dieser gemäß § 635 Abs. 2 BGB die zum Zwecke der Nacherfüllung erforderlichen Aufwendungen, insbesondere Transport-, Wege-, Arbeits- und Materialkosten zu tragen.⁹⁵⁸

577 Der Mängelbeseitigungsanspruch des Auftraggebers aus § 13 Nr. 5 VOB/B geht unter, wenn die Mängelbeseitigung im Sinne des § 275 BGB unmöglich ist oder sich der Auftragnehmer in den Fällen des § 275 Abs. 2 und 3 BGB auf die Einrede der Unmöglichkeit berufen hat.⁹⁵⁹

578 § 635 Abs. 3 BGB, der auch beim VOB-Bauvertrag analog zur Anwendung kommt,⁹⁶⁰ gewährt dem Auftragnehmer eine Einrede für den Fall, dass die Mängelbeseitigung einen unverhältnismäßigen Aufwand erfordert. Insoweit sind Aufwendungen für die Beseitigung eines Werkmangels dann unverhältnismäßig, wenn der damit in Richtung auf die Beseitigung des Mangels erzielte Erfolg oder Teilerfolg bei Abwägung aller Umstände des Einzelfalles in keinem vernünftigen Verhältnis zur Höhe des dafür gemachten Geldaufwandes steht.⁹⁶¹

579 Bei der prozessualen Geltendmachung des Mängelbeseitigungsanspruchs sind die Sowieso-Kosten zu berücksichtigen, deren Zahlung der Auftragnehmer als Zurückbehaltungsrecht gemäß § 320 BGB geltend machen kann.⁹⁶² Ferner muss sich der Auftraggeber auch an den Aufwendungen für die Mängelbeseitigung beteiligen, wenn er den Mangel gemäß § 254 BGB mitverursacht hat.⁹⁶³ Der Auftraggeber muss sich schließlich nach allgemeinen Grundsätzen auch die Vorteile anrechnen lassen, die er durch eine Mängelbeseitigung erhält.⁹⁶⁴

580 *bb) Die Selbstvornahme und der Aufwendungsersatzanspruch gemäß § 13 Nr. 5 Abs. 2 VOB/B:* Die Voraussetzungen der Selbstvornahme sind in § 13 Nr. 5 Abs. 2 VOB/B geregelt. Danach kann der Auftraggeber die Mängel auf Kosten des Auftragnehmers selbst beseitigen lassen, wenn dieser der Aufforderung des Auftraggebers zur Nachbesserung/Neuherstellung in angemessener Frist nicht nachgekommen ist.

---

956 Werner/Pastor, Rn. 1627.
957 BGH BauR 1986, 93; OLG München NJW 1987, 1234; Werner/Pastor, Rn. 1627; Kapellmann/Messerschmidt-Weyer, § 13 VOB/B, Rn. 208, 209.
958 Kapellmann/Messerschmidt-Weyer, § 13 VOB/B, Rn. 212ff.; Ingenstau/Korbion-Wirth, § 13 Nr. 5 VOB/B, Rn. 73; Werner/Pastor, Rn. 1627.
959 Vgl. hierzu die Ausführungen unter Rn. 553.
960 Werner/Pastor, Rn. 1614.
961 BGH BauR 2002, 345; BauR 1997, 638; BauR 1995, 540 (541). Vgl. hierzu die Ausführungen unter Rn. 554.
962 Kapellmann/Messerschmidt-Weyer, § 13 VOB/B, Rn. 221. Vgl. hierzu die Ausführungen unter Rn. 316 ff.; 555a).
963 Vgl. hierzu die Ausführungen unter Rn. 555d).
964 Kapellmann/Messerschmidt-Weyer, § 13 VOB/B, Rn. 225ff. Vgl. hierzu die Ausführungen unter Rn. 555c).

## A. Vorprozessuale Situation

Voraussetzungen für § 13 Nr. 5 Abs. 2 VOB/B ist ein bestehender fälliger Mängelbeseitigungsanspruch[965] sowie eine Mängelbeseitigungsaufforderung unter Setzung einer **angemessenen Frist**[966] zur Nacherfüllung.[967] Auf ein Vertretenmüssen des Auftragnehmers kommt es nicht an.[968]

581

Eine Fristsetzung kann in folgenden Fällen **entbehrlich** sein:[969] Gemäß §§ 637 Abs. 2 Satz 1, 323 Abs. 2 BGB, der auch beim VOB-Bauvertrag zur Anwendung kommt, ist eine Fristsetzung entbehrlich, wenn der Auftragnehmer die Leistung **ernsthaft und endgültig verweigert** hat,[970] ein **Fixgeschäft** vorliegt, bzw. **besondere Umstände** vorliegen,[971] die unter Abwägung der beidseitigen Interessen die sofortige Selbstvornahme rechtfertigen. Darüber hinaus ist eine Fristsetzung gemäß § 637 Abs. 2 Satz 2 BGB entbehrlich, wenn die Nacherfüllung **fehlgeschlagen**[972] oder dem Auftraggeber **unzumutbar** ist.[973]

582

Beseitigt der Auftraggeber den Mangel **selbst** oder lässt er ihn durch Dritte beseitigen, ohne dass dem Auftragnehmer die Gelegenheit zur Mängelbeseitigung eingeräumt worden ist, kann er grundsätzlich keine Kostenerstattung für die Mängelbeseitigung gemäß § 13 Nr. 5 Abs. 2 VOB/B verlangen. Auch weitergehende Ansprüche aus Geschäftsführung ohne Auftrag sowie Bereicherungsrecht sind in diesem Fall ausgeschlossen.[974]

583

Der Auftraggeber hat gemäß § 13 Nr. 5 Abs. 2 VOB/B Anspruch auf Ersatz der für die Nacherfüllung **erforderlichen Aufwendungen**. Für die Bewertung der Erforderlichkeit ist auf den Aufwand und die damit verbundenen Kosten abzustellen, welche der Auf-

584

---

965 BGH BauR 1984, 395; Kapellmann/Messerschmidt-Weyer, § 13 VOB/B, Rn. 243; Ingenstau/Korbion-Wirth, § 13 Nr. 5 VOB/B, Rn. 106 ff. Beachte: Der Mängelbeseitigungsanspruch des Auftraggebers aus § 13 Nr. 5 VOB/B geht unter, wenn die Mängelbeseitigung im Sinne des § 275 BGB unmöglich ist oder sich der Auftragnehmer in der Fällen des § 275 Abs. 2 und 3 BGB auf die Einrede der Unmöglichkeit berufen hat. § 635 Abs. 3 BGB, der auch beim VOB-Bauvertrag analog zur Anwendung kommt, gewährt dem Auftragnehmer eine Einrede für den Fall, dass die Mängelbeseitigung einen unverhältnismäßigen Aufwand erfordert. Insoweit sind Aufwendungen für die Beseitigung eines Werkmangels dann unverhältnismäßig, wenn der damit in Richtung auf die Beseitigung des Mangels erzielte Erfolg oder Teilerfolg bei Abwägung aller Umstände des Einzelfalles in keinem vernünftigen Verhältnis zur Höhe der dafür gemachten Geldaufwandes steht.
966 Welche Frist angemessen ist, bestimmt sich nach den Umständen des Einzelfalles. Sie muss so bemessen sein, dass der Schuldner in der Lage ist, den Mangel zu beseitigen. Erweist sich die Frist als unangemessen kurz, ist die Fristsetzung nicht unwirksam. Es läuft dann eine angemessene Frist. Vgl. zur Fristsetzung: Werner/Pastor, Rn. 1628, 1521; Ingenstau/Korbion-Wirth, § 13 Nr. 5 VOB/B, Rn. 110 ff.; Kapellmann/Messerschmidt-Weyer, § 13 VOB/B, Rn. 248.
967 Die zu setzende Frist zur Nacherfüllung ist zu verbinden mit der Aufforderung zur Mängelbeseitigung. Die Aufforderung zur Mängelbeseitigung muss die Mängel so genau bezeichnen, dass der Auftragnehmer in der Lage ist, zu erkennen, was von ihm verlangt wird. Es gilt die Symptomtheorie.
968 Werner/Pastor, Rn. 1628.
969 Kapellmann/Messerschmidt-Weyer, § 13 VOB/B, Rn. 226; Ingenstau/Korbion-Wirth, § 13 Nr. 5 VOB/B, Rn. 131 ff.
970 Vgl. hierzu die Ausführungen unter Rn. 539.
971 Vgl. hierzu die Ausführungen unter Rn. 539.
972 Vgl. hierzu die Ausführungen unter Rn. 539.
973 Vgl. hierzu die Ausführungen unter Rn. 539.
974 BGH NJW 1966, 39; BGHZ 46, 246; BGHZ 70, 389 (398); NJW 1968, 43; ZfBR 1978, 77 (78); BauR 1988, 82; BauR 1987, 689; Ingenstau/Korbion-Wirth, § 13 Nr. 5 VOB/B, Rn. 125 f.; Werner/Pastor, Rn. 1629; Kapellmann/Messerschmidt-Weyer, § 13 VOB/B, Rn. 252.

traggeber im Zeitpunkt der Mängelbeseitigung als vernünftiger, wirtschaftlich denkender Bauherr aufgrund sachkundiger Beratung oder Feststellung aufwenden konnte und musste, wobei es sich um eine vertretbare Maßnahme der Schadensbeseitigung handeln muss.[975]

585 Der Auftraggeber hat die nach § 13 Nr. 5 Abs. 2 VOB/B erstattungsfähigen Aufwendungen nachvollziehbar **abrechnen**. Die Abrechnung muss derart sein, dass der Auftragnehmer erkennen kann, welcher Mangel mit welchen Aufwendungen beseitigt wurde.

586 Der Auftraggeber muss sich an **Sowieso-Kosten** beteiligen.[976] Gleiches gilt dann, wenn der Auftraggeber den Mangel **mitverursacht** hat.[977] Schließlich muss der Auftraggeber sich nach allgemeinen Grundsätzen auch die **Vorteile** anrechnen lassen, die er durch eine Mängelbeseitigung erhält.[978]

587 Ist der Auftraggeber berechtigt, gemäß § 13 Nr. 5 Abs. 2 VOB/B Mängel des Bauwerkes auf Kosten des Auftragnehmers selbst oder durch Dritte beseitigen zu lassen, kann er von dem nachbesserungspflichtigen Auftragnehmer gemäß § 637 Abs. 3 BGB, der auch beim VOB-Bauvertrag zur Anwendung kommt,[979] einen die voraussichtlichen Mängelbeseitigungskosten deckenden Vorschuss verlangen.[980] Der Kostenvorschussanspruch umfasst die mutmaßlichen Nachbesserungskosten. Das sind die voraussichtlich erforderlichen Mängelbeseitigungs- oder Neuherstellungskosten.[981, 982]

### 3. Zur Verjährung des Mängelbeseitigungsanspruchs[983]

#### a) Beim BGB-Bauvertrag

588 Der auf **Verschaffung** eines mangelfreien Werkes gerichtete Erfüllungsanspruch des Bestellers/Auftraggebers aus § 631 Abs. 1 BGB vor Abnahme unterliegt der 3-jährigen regelmäßigen Verjährungsfrist des §§ 195, 199 BGB.[984]

589 Die Verjährung des **Nacherfüllungsanspruchs** gemäß §§ 634 Nr. 1, 635 Abs. 1 BGB sowie des Aufwendungsersatzanspruchs bei **Selbstvornahme** gemäß §§ 634 Nr. 2, 637 Abs. 1 BGB bzw. des **Kostenvorschussanspruchs** aus § 637 Abs. 3 BGB richtet sich nach § 634a Abs. 1 BGB. Nach § 634a Abs. 1 Nr. 2 BGB gilt die 5-jährige Verjährungsfrist für Mängelansprüche bei einem Bauwerk oder einem Werk, dessen Erfolg in

---

975 BGH BauR 1991, 651; BauR 1989, 97 (101); Ingenstau/Korbion-Wirth, § 13 Nr. 5 VOB/B, Rn. 154 ff.; Werner/Pastor, Rn. 1632; Kapellmann/Messerschmidt-Weyer, § 13 VOB/B, Rn. 254, 255.
976 Vgl. hierzu die Ausführungen unter Rn. 555a).
977 Vgl. hierzu die Ausführungen unter Rn. 555d).
978 Vgl. hierzu die Ausführungen unter Rn. 555c).
979 Kapellmann/Messerschmidt-Weyer, § 13 VOB/B, Rn. 263; Werner/Pastor, Rn. 1633; Ingenstau/Korbion-Wirth, § 13 Nr. 5 VOB/B, Rn. 179 f.
980 Vgl. hierzu das Muster einer vergleichbaren Klageschrift (beim BGB-Bauvertrag) unter Rn. 544 ff.
981 Ingenstau/Korbion-Wirth, § 13 Nr. 5 VOB/B, Rn. 179; Werner/Pastor, Rn. 1587.
982 Vgl. zu den Voraussetzungen sowie zum Umfang des Kostenvorschussanspruchs die Ausführungen unter Rn. 544 ff.
983 Wegen allgemein geltender Besonderheiten des Verjährungsrechts einschließlich Hemmungs- und Unterbrechungstatbestände kann auf die die Ausführungen unter Rn. 336 ff. verwiesen werden.
984 Staudinger-Peters, § 634a BGB, Rn. 8. Vgl. hierzu die Ausführungen unter Rn. 336.

der Erbringung von Planungs- und Überwachungsleistungen bestehen. Die Verjährungsfrist beginnt gemäß § 634a Abs. 2 BGB mit Abnahme des Werkes.

Eine Sonderregelung für den Fall, dass der Unternehmer/Auftragnehmer den Mangel **arglistig** verschwiegen hat, ergibt sich aus § 634a Abs. 3 BGB. Danach gilt die 3-jährige regelmäßige Verjährungsfrist gemäß §§ 195, 199 BGB, allerdings mit der Einschränkung des § 634a Abs. 3 Satz 2 BGB, dass die Verjährung nicht vor dem Ablauf der Verjährungsfrist aus § 634a Abs. 1 BGB eintritt. Diese Regelung ist auch für das **Organisationsverschulden** des Auftragnehmers entsprechend anzuwenden.[985]

590

Ist zwischen den Parteien eine abweichende Verjährungsfrist **individuell** vereinbart worden, so gilt diese vereinbarte Frist.[986]

591

### b) Beim VOB-Bauvertrag

Für den **Erfüllungsanspruch** auf Mängelbeseitigung vor Abnahme gemäß § 4 Nr. 7 Satz 1 VOB/B gilt die 3-jährige regelmäßige Verjährungsfrist des §§ 195, 199 BGB.[987] **Nach der Abnahme** verjähren die ursprünglich gemäß § 4 Nr. 7 VOB/B begründeten Ansprüche, soweit sie sich mit denen aus § 13 Nr. 5 VOB/B inhaltlich decken, innerhalb der Fristen des § 13 Nr. 4 VOB/B.[988]

592

Die Dauer der Verjährungsfrist für den Mängelbeseitigungsanspruch nach Abnahme gemäß § 13 Nr. 5 VOB/B ist in § 13 Nr. 4 VOB/B geregelt.

593

Gemäß § 13 Nr. 4 VOB/B beträgt die Dauer der gemäß **§ 13 Nr. 4 Abs. 3 VOB/B** mit Abnahme beginnenden Verjährungsfrist:

594

- für Bauwerke 4 Jahre
- für Arbeiten an einem Grundstück und für die vom Feuer berührten Teile von Feuerungsanlagen 2 Jahre
- für feuerberührte und abgasdämmende Teile von industriellen Anlagen 1 Jahr
- bei maschinellen/elektrotechnischen Anlagen oder Teilen davon, bei denen die Wartung Einfluss auf die Sicherheit und Funktionsfähigkeit hat, 2 Jahre, wenn der Auftraggeber sich dafür entschieden hat, dem Auftragnehmer die Wartung für die Dauer der Verjährungsfrist nicht zu übertragen

Hat der Auftragnehmer den Mangel **arglistig** verschwiegen, ist § 634a Abs. 3 BGB entsprechend auch beim VOB-Bauvertrag anzuwenden.[989] Gleiches gilt für das Organisationsverschulden des Auftragnehmers.[990]

595

---

[985] Mansel, NJW 2002, 89 (96); Lenkert, BauR 2002, 196 (209); Neuhaus, MDR 2002, 131 (134); Staudinger-Peters, § 634a BGB, Rn. 43; Werner/Pastor, Rn. 2385.
[986] Voraussetzung ist, dass die Vorgaben aus § 202 BGB beachtet werden. Vgl. hierzu die Ausführungen unter Rn. 342 ff.
[987] BGH NJW 1974, 1707; MDR 1972, 410; Werner/Pastor, Rn. 2387; Ingenstau/Korbion-Oppler, § 4 Nr. 7 VOB/B, Rn. 25.
[988] BGH BauR 1971, 51; BauR 1982, 277; Kapellmann/Messerschmidt-Weyer, § 13 VOB/B, Rn. 94.
[989] Werner/Pastor, Rn. 2391; Ingenstau/Korbion-Wirth, § 13 Nr. 4 VOB/B, Rn. 115 ff.; Kapellmann/Messerschmidt-Weyer, § 13 VOB/B Rn. 128.
[990] Mansel, NJW 2002, 89 (96); Lenkert, BauR 2002, 196 (209); Neuhaus, MDR 2002, 131 (134); Werner/Pastor, Rn. 2391; Kapellmann/Messerschmidt-Weyer, § 13 VOB/B, Rn. 131 ff.; Ingenstau/Korbion-Wirth, § 13 Nr. 4 VOB/B, Rn. 130 ff.

# 3 § 3 Die Ansprüche des Auftraggebers

**596** Ist zwischen den Parteien eine abweichende Verjährungsfrist **individuell** vereinbart worden, so gilt diese vereinbarte Frist.[991]

**597** Die **schriftliche Mängelanzeige** des Auftraggebers gemäß § 13 Nr. 5 Abs. 1 VOB/B gegenüber dem Auftragnehmer hat eine **verjährungsverlängernde Wirkung**. So bewirkt der Zugang der schriftlichen Mängelanzeige eine einmalige Verlängerung der Verjährungsfrist des § 13 Nr. 4 VOB/B um weitere zwei Jahre, wobei die Verjährung nicht vor Ablauf der Regelfrist nach § 13 Nr. 4 VOB/B oder der an ihre Stelle vereinbarten Frist eintritt.[992] Sie hat – weil es nur um ein Hinausschieben des Endes einer Verjährungsfrist geht – „quasiunterbrechende" Wirkung.[993] Zu beachten bleibt, dass die verjährungsverlängernde Wirkung nur dann eintritt, wenn der Auftraggeber in der schriftlichen Mängelanzeige den einzelnen Baumangel nach Art und Umfang genau bezeichnet hat. Es gilt die Symptomtheorie des BGH.[994]

**598** Beseitigt der Auftragnehmer die vom Auftraggeber gerügten Mängel vollständig, so beginnt gemäß § 13 Nr. 5 Abs. 1 Satz 3 VOB/B für diese Leistungen eine neue 2-jährige Verjährungsfrist mit der Abnahme der Mängelbeseitigungsarbeiten an zu laufen, wobei die neue Verjährungsfrist nicht vor Ablauf der Regelfristen des § 13 Nr. 4 VOB/B bzw. der an ihrer Stelle vereinbarten Frist endet. Hat der Auftragnehmer nur unvollständig nachgebessert, ohne den eigentlichen Mangel zu beheben, erfasst die neue Verjährungsfrist nicht nur die gerügten, aber unvollständig nachgebesserten Mangelerscheinungen, sondern nach der Symptomtheorie[995] auch den für die Mangelerscheinungen ursächlichen Mangel.[996]

### III. Die Mängelrechte Rücktritt, Minderung und Schadensersatz

**Literatur:** Aurnhammer, Verfahren zur Bestimmung von Wertminderung bei (Bau-)Mängeln und (Bau-)Schäden, BauR 1978, 356; Aurnhammer, Der Wert des Sachverständigengutachtens – Der Beurteilungsweg über das Zielbaumverfahren, BauR 1983, 97; Derleder, Der Wechsel zwischen den Gläubigerrechten bei Leistungsstörungen und Mängeln, NJW 2003, 998; Däubler, Neues Schuldrecht – ein erster Überblick, NJW 2001, 3729; Gaier, Das Rücktritts(folgen)recht nach dem Schuldrechtsmodernisierungsgesetz, WM 2002, 1; Kaiser; Die Rechtsfolgen des Rücktritts in der Schuldrechtsreform, JZ 2001, 1057; Kratzenberg, Der Beschluss des DVA-Hauptausschuss zur Neuherausgabe der VOB 2002 (Teile A und B), NZBau 2002, 177; Pauly, Zur Frage der Berechnung des Minderungsbetrages und des Minderwertes beim Bauvertrag am Beispiel von Schallschutzmängeln, BauR 2002, 1321; Schlechtriem, Außervertragliche Haftung für Bearbeitungsschäden und weiterfressende Mängel bei Bauwerken, ZfBR

---

991 Voraussetzung ist, dass die Vorgaben aus § 202 BGB beachtet werden. Vgl. hierzu die Ausführungen unter Rn. 342.
992 BGH BauR 19990, 723; OLG Schleswig BauR 1995, 101 (102); Kapellmann/Messerschmidt-Weyer, § 13 VOB/B, Rn. 192; Werner/Pastor, Rn. 2336.
993 OLG Oldenburg VersR 1975, 289; Kapellmann/Messerschmidt-Weyer, § 13 VOB/B, Rn. 192; Werner/Pastor, Rn. 2337.
994 Vgl. hierzu die Ausführungen unter Rn. 520 ff.
995 Vgl. hierzu die Ausführungen unter Rn. 520 ff.
996 BGH BauR 1989, 606 (607); OLG Schleswig OLGR 1997, 254; Werner/Pastor, Rn. 2442.

1992, 95; Voit, Die Änderungen des allgemeinen Teils des Schuldrechts durch das Schuldrechtsmodernisierungsgesetz und ihre Auswirkungen auf das Werkvertragsrecht, BauR 2002, 154; von Westphalen, Das Kondensatorurteil des BGH – Mangelbeseitigungsaufwendungen und Versicherungsschutz, ZIP 1992, 532; Westermann, Das Schuldrecht, 2002.

### 1. Beim BGB-Bauvertrag

#### a) Rücktritt

*aa) Rücktritt gemäß §§ 634 Nr. 3, 323, 326 Abs. 5, 346 Abs. 1 BGB:* Ist das Werk mit einem Mangel behaftet,[997] kann der Besteller/Auftraggeber unter den Voraussetzungen der §§ 634 Nr. 3, 636, 323, 326 Abs. 5 BGB vom Vertrag zurücktreten.

599

Das **Rücktrittsrecht** ist verschuldensunabhängig[998] und steht dem Besteller/Auftraggeber als einseitiges Gestaltungsrecht zu. Der Rücktritt setzt neben der Mangelhaftigkeit der Werkleistung voraus, dass eine dem Unternehmer/Auftragnehmer gesetzte angemessene Frist zur Nacherfüllung erfolglos verstrichen ist.[999]

600

Ist der Nacherfüllungsanspruch fällig, kann der Besteller/Auftraggeber dem Unternehmer/Auftragnehmer eine **angemessene Frist** zur Nacherfüllung bestimmen. Ist die Frist zu kurz bemessen, so wird eine angemessene Frist in Gang gesetzt.[1000] In bestimmten Fällen kann eine Fristsetzung entbehrlich sein: Gemäß § 323 Abs. 2 BGB ist eine Fristsetzung entbehrlich, wenn der Unternehmer/Auftragnehmer die Leistung **ernsthaft und endgültig** verweigert hat,[1001] ein **Fixgeschäft** vorliegt bzw. **besondere Umstände** vorliegen,[1002] die unter Abwägung der beidseitigen Interessen die sofortige Selbstvornahme rechtfertigen. Gleiches gilt dann, wenn die Nacherfüllung dem Unternehmer/Auftragnehmer gemäß § 275 BGB **unmöglich** (und in den Fällen des § 275 Abs. 2 und 3 BGB verweigert worden)[1003] ist bzw. der Unternehmer/Auftragnehmer die Nacherfüllung wegen **unverhältnismäßig hoher Kosten** gemäß §§ 635 Abs. 3, 636 BGB verweigert hat. Schließlich ist eine Fristsetzung gemäß § 636 BGB auch dann entbehrlich, wenn die Nacherfüllung **fehlgeschlagen**[1004] oder dem Besteller **unzumutbar** ist.[1005]

601

---

997 Vgl. hierzu die Ausführungen unter Rn. 509 ff.
998 Der Besteller/Auftraggeber kann also auch den Rücktritt erklären, wenn der Unternehmer/Auftragnehmer den Mangel seiner Leistung nicht verschuldet hat. Dabei ist an den Fall zu denken, dass der Unternehmer/Auftragnehmer nach den anerkannten Regeln der Technik gearbeitet hat und trotzdem die Funktionstauglichkeit des Werkes nicht gewährleistet ist. Vgl. hierzu die Ausführungen unter Rn. 512.
999 Dass das Rücktrittsrecht ein nachrangiges Gewährleistungsrecht ist und voraussetzt, dass dem Werkunternehmer zuvor eine angemessene Frist zur Nacherfüllung gesetzt worden ist, ergibt sich nicht unmittelbar aus dem Wortlaut des § 634 Nr. 3 BGB, sondern daraus, dass in § 634 Nr. 3 BGB auf § 636 und §§ 326 Abs. 5, 323 BGB verwiesen wird.
1000 BGH WM 1986, 1255; BauR 2000, 98; OLG Düsseldorf BauR 1982, 587 (589); Palandt-Sprau, § 634 BGB, Rn. 5; Werner/Pastor, Rn. 1656.
1001 Vgl. hierzu die Ausführungen unter Rn. 539.
1002 Vgl. hierzu die Ausführungen unter Rn. 539.
1003 Vgl. hierzu die Ausführungen unter Rn. 553.
1004 Vgl. hierzu die Ausführungen unter Rn. 539.
1005 Vgl. hierzu die Ausführungen unter Rn. 539.

# 3 § 3 Die Ansprüche des Auftraggebers

602 Das Rücktrittsrecht des Bestellers/Auftraggebers ist gemäß § 323 Abs. 5 Satz 2 BGB **ausgeschlossen**, wenn der Mangel unerheblich ist. Gleiches gilt dann, wenn der Besteller/Auftraggeber für den Umstand, der ihn zum Rücktritt berechtigen würde, allein oder weit überwiegend verantwortlich ist, oder wenn der vom Unternehmer/ Auftragnehmer nicht zu vertretende Umstand zu einer Zeit eintritt, zu welcher der Besteller/Auftraggeber in Verzug der Annahme ist.[1006]

603 Der Rücktritt wandelt das bisherige Vertragsverhältnis in ein Rückgewähr- und Abwicklungsverhältnis um.[1007] Die bisherigen Leistungsansprüche und Leistungspflichten erlöschen. Nach dem Rücktritt sind nach § 346 Abs. 1 BGB die empfangenen Leistungen zurückzugewähren und die gezogenen Nutzungen herauszugeben. Bei Bauleistungen ist die Rückgewähr eines Bauwerkes oder eines Teils davon gemäß § 346 Abs. 2 Nr. 2 BGB in der Regel ausgeschlossen, da die Werkleistung beim Rückbau regelmäßig zerstört oder anderweitig unbrauchbar wird und damit die Rückgewähr nach der Natur des Erlangten ausgeschlossen ist.[1008] Der Besteller/Auftraggeber hat in diesem Fall gemäß § 346 Abs. 2 BGB Wertersatz zu leisten, wobei gemäß § 346 Abs. 2 Satz 2 BGB bei der Berechnung dieses **Wertansatzes** grundsätzlich die im Vertrag bestimmte Gegenleistung (also der Werklohn) zugrunde zu legen ist.[1009]

604 Nach § 346 Abs. 1 BGB sind zudem die **gezogenen Nutzungen** herauszugeben. Dabei sind gemäß § 100 BGB die Gebrauchsvorteile zu ersetzen. Berechnet werden die Gebrauchsvorteile nach einer zeitanteiligen linearen Wertminderung im Vergleich zwischen tatsächlichem Gebrauch und voraussichtlicher Gesamtnutzungsdauer.[1010]

605 *bb) Rücktritt gemäß § 323 BGB bei verzögerter Bauausführung:* Beim BGB-Bauvertrag kann der Besteller/Auftraggeber bei einer verzögerten Bauausführung nach § 323 BGB zurücktreten. Eine Bauleistung ist ganz oder zum Teil nicht rechtzeitig hergestellt, wenn Fälligkeit der Leistung eingetreten, das Werk aber noch nicht vollständig hergestellt und noch nicht abgeliefert ist.

---

1006 Dieser Ausschluss des Rücktrittsrechts betrifft solche Fälle, bei denen der Mangel auf einer fehlerhaften Leistungsbeschreibung beruht und dieser Planungsfehler die weit überwiegende Verantwortlichkeit des Bestellers/Auftraggebers begründet. Denkbar ist darüber hinaus, dass der Besteller/Auftraggeber gegen ihm obliegende Kooperationspflichten verstößt, BGH ZfBR 2000, 170; NJW 1996, 2158; OLG Köln NJW-RR 2002, 15; OLG Düsseldorf NZBau 2000, 427; Werner/Pastor, Rn. 1664. Ob ein derartig schwer wiegender Verantwortungsbeitrag des Bestellers/Auftraggebers vorliegt, ist eine Wertungsfrage, die nur unter Berücksichtigung der Umstände des Einzelfalles möglich ist. Darin liegt ein gewisses Gefährdungspotential für den Besteller/Auftraggeber, denn es kann sein, dass seine Wertung in einem Gerichtsverfahren nicht bestätigt wird, sodass dann feststeht, dass sein Rücktritt unberechtigt war.
1007 BGH NJW 1998, 3268.
1008 Voit, BauR 2002, 154; Gaier, WM 2002, 1 (4); Werner/Pastor, Rn. 1664; a.A. Kaiser, JZ 2001, 1057 (1059).
1009 Kritisch dazu Voit, BauR 2002, 159, wonach es nicht sein könne, dass der Besteller/Auftraggeber eine „Vergütung" für eine Leistung zu zahlen habe, die als Teilleistung für ihn wertlos ist. Ist das Werk mangelbehaftet, ist die Gegenleistung – vergleichbar zur Minderung – um den Mängelbeseitigungsaufwand und einen etwaig verbleibenden Minderwert zu kürzen, Gaier, WM 2002, 1 (5); Staudinger-Peters, § 634 BGB, Rn. 94; Werner/ Pastor, Rn. 1664.
1010 BGH NJW 1996, 250 (252); Gaier, WM 2002, 1 (6). Bei Grundstücken kann auf den objektiven Mietwert abgestellt werden, BGHZ 87, 296, 301; NJW 1992, 892. Soweit dieser durch die Mängel der Bauleistung gemindert ist, muss auch eine Minderung der Gebrauchsvorteile stattfinden.

Ein Rücktritt vom Bauvertrag ist allerdings erst dann möglich, wenn dem Unternehmer/Auftragnehmer eine **angemessene Frist** zur Leistung oder Nacherfüllung gesetzt worden ist.[1011] Eine Fristsetzung ist nur in den in § 323 Abs. 2 BGB genannten Ausnahmefällen **entbehrlich**, insbesondere, wenn der Unternehmer/Auftragnehmer die Leistung endgültig und ernsthaft verweigert oder der Unternehmer/Auftragnehmer seine Vertragspflichten in einem Maße schlecht erfüllt hat, dass dem Besteller/Auftraggeber ein Festhalten am Vertrag nicht zugemutet werden kann.[1012]

606

Hat eine **teilweise Erfüllung** des Vertrages für den Besteller/Auftraggeber kein Interesse, so kann er von dem ganzen Vertrag zurücktreten. Ein Rücktrittrecht entfällt gemäß 242 BGB bei unerheblicher Verzögerung bzw. dann, wenn der Besteller/Auftraggeber die Verzögerung selbst zu vertreten hat.[1013] Der Rücktritt vom Vertrag steht dem Anspruch auf Ersatz des bis zum Rücktritt eingetreten Verzögerungsschadens nicht entgegen.[1014]

607

### b) Minderung gemäß §§ 634 Nr. 3, 638 Abs. 1 BGB

Gemäß §§ 634 Nr. 3, 638 Abs. 1 BGB kann der Besteller/Auftraggeber die mangelhafte Leistung[1015] behalten und den Werklohn herabzusetzen. Dabei stellt das Minderungsrecht des Bestellers/Auftraggebers ein Gestaltungsrecht dar und muss durch die einseitige gestaltende **Erklärung**[1016] des Bestellers/Auftraggeber gegenüber dem Unterneh-mer/Auftragnehmer vollzogen werden.[1017]

608

Durch die Bezugnahme auf das Rücktrittsrecht im § 638 Abs. 1 Satz 1 BGB ist klargestellt, dass sämtliche Voraussetzungen des Rücktritts vorliegen müssen, bevor der Besteller/Auftraggeber den Werklohnanspruch des Unternehmers/Auftragnehmers mindern kann.[1018] Anders als beim Rücktritt (§ 323 Abs. 5 Satz 2 BGB) ist eine Minderung gemäß § 638 Abs. 1 Satz 2 BGB auch bei **unerheblichen Mängeln**[1019] möglich.

609

Bei der **Berechnung des Minderungsbetrages** ist auf die Kosten der Mängelbeseitigung abzustellen, wobei gegebenenfalls ein verkehrsmäßiger (merkantiler) bzw. verbliebener technischer Minderwert zusätzlich auszugleichen ist. Etwas anderes gilt für den Fall, dass der Unternehmer/Auftragnehmer die Mängelbeseitigung wegen der unverhältnismäßig hohen Kosten verweigert, die Nacherfüllung unmöglich ist oder die Leistungsverweigerungsrechte aus § 275 Abs. 2 und 3 BGB geltend gemacht werden. In diesem

610

---

1011 Vgl. hierzu die Ausführungen unter Rn. 538.
1012 Vgl. hierzu die Ausführungen unter Rn. 539.
1013 Palandt-Heinrichs, S. 323 BGB, Rn. 29.
1014 Palandt-Heinrichs, S. 323 BGB, Rn. 3.
1015 Vgl. hierzu die Ausführungen unter Rn. 509 ff.
1016 Sind auf Bestellerseite mehrere beteiligt, muss die Minderung gemäß § 638 Abs. 2 BGB von allen zusammen erklärt werden. Sind auf Unternehmerseite mehrere beteiligt, muss die Minderung gegenüber sämtlichen Unternehmern erklärt werden.
1017 Mit dem Zugang der Gestaltungserklärung hat der Besteller/Auftraggeber das ihm zustehende Wahlrecht zwischen dem ihm zustehenden Rechten wegen eines Mangels getroffen. Diese Wahl ist bindend. In Angleichung zum Rücktrittsrecht (vgl. insoweit § 325 BGB) kann der Besteller/Auftraggeber auch nach der Wahl der Minderung noch auf den Schadensersatzanspruch statt der Leistung übergehen, Westermann-Maifeld, S. 266; Derleder, NJW 2003, 998 (1002).
1018 Vgl. hierzu die Ausführungen unter Rn. 602 ff.
1019 Vgl. hierzu die Ausführungen in Fn. 602.

# § 3 Die Ansprüche des Auftraggebers

Fall muss die Minderung nach der gesetzlichen Formel des § 638 Abs. 3 BGB ermittelt werden.[1020] Bei der Ermittlung des Minderungsbetrages bei Schönheitsfehlern ist auf die Beeinträchtigung des Geltungswerts abzustellen.[1021]

**611** Der Besteller/Auftraggeber hat bei der Minderungsklage alle Umstände vorzutragen, aus denen sich der Minderwert der Bauleistung errechnet. Der Umfang der Minderung kann von dem Besteller/Auftraggeber meistens nur geschätzt werden. Es muss daher zukünftig in aller Regel für die Höhe des Minderwertes ein **Sachverständigengutachten** eingeholt werden, denn eine gerichtliche Schätzung (§ 287 ZPO) muss erkennen lassen, in welcher Weise z.B. die notwendigen Mängelbeseitigungskosten bei der Schätzung des Minderungsbetrages berücksichtigt worden sind.[1022]

**612** Hat der Besteller/Auftraggeber mehr als die geminderte Vergütung bezahlt, so ist ihm der **Mehrbetrag** nach den Rücktrittsvorschriften zu erstatten, § 638 Abs. 4 BGB.

**613** Muster: Klage auf Minderung gemäß §§ 634 Nr. 3, 638 Abs. 1 BGB

Landgericht ■■■

Klage

des ■■■, ■■■,

Kläger

Prozessbevollmächtigte: ■■■

gegen

die ■■■ GmbH, ■■■,

Beklagte

wegen: Minderung gemäß §§ 634 Nr. 3, 638 Abs. 1 BGB,

Streitwert: EUR 5.923,25.

Namens und in Vollmacht des Klägers erheben wir gegen die Beklagte Klage und werden im Termin zur mündlichen Verhandlung beantragen:

Die Beklagte wird verurteilt, an den Kläger EUR 5.923,25 nebst Zinsen in Höhe von fünf Prozentpunkten über dem Basiszinssatz hieraus seit Rechtshängigkeit zu bezahlen.

Falls das Gericht ein schriftliches Vorverfahren anordnet, wird schon jetzt für den Fall, dass die Beklagte nicht rechtzeitig ihre Verteidigungsabsicht erklärt, der Erlass eines Versäumnisurteils im schriftlichen Verfahren beantragt.

Begründung:

Der Kläger macht mit der vorliegenden Klage gegen die Beklagte wegen der von der Beklagten mangelhaft erbrachten Lackierarbeiten im Gebäude ■■■ in ■■■ eine Minderung gemäß §§ 634 Nr. 3, 638 Abs. 1 BGB geltend.

---

[1020] Vgl. hierzu entwickelte Schätzungsmethoden, wie z.B. das Zielbaumverfahren, Aurnhammer, BauR 1978, 356 und BauR 1983, 97; Pauly, BauR 2002, 1323; Staudinger-Peters, § 634 BGB, Rn. 100 ff.
[1021] Vgl. hierzu das nachfolgende Prozessformular zu § 13 Nr. 6 VOB/B.
[1022] BGHZ 77, 320 (326).

1. Die Parteien haben am 11. Juli 2004 einen schriftlichen Einheitspreis-Bauvertrag über die Erbringung umfangreicher Maler- und Lackierarbeiten in den 4 Treppenhäusern des Gebäudes ▄▄▄ in ▄▄▄ abgeschlossen. Die VOB/B ist nicht zur Grundlage des Vertrages erklärt worden. Der Einheitspreisvertrag beinhaltet eine detaillierte Leistungsbeschreibung mit Leistungsverzeichnis. Das auf Einheitspreisbasis abgegebene Angebot der Beklagten belief sich auf EUR 163.816,76.

   Beweis: Bauvertrag vom 11. Juli 2004 nebst Leistungsbeschreibung mit Leistungsverzeichnis – Anlage K1.

2. In der Zeit vom 13. Juli 2004 bis zum 05. August 2004 hat die Beklagte die geschuldeten Maler- und Lackierarbeiten ausgeführt. Nach Durchführung der von der Beklagten erbrachten Leistungen vereinbarten die Parteien für den 10. August 2004 einen Termin zur förmlichen Abnahme der Leistungen der Beklagten. Anlässlich der Besichtigung des Treppenhauses im linken Seitenflügel im Zuge der förmlichen Abnahme musste der Kläger feststellen, dass die von der Beklagten erbrachten Lackierarbeiten der Eingangstüren sowie des Treppengeländers mangelbehaftet sind. So scheinen die Türen und das Treppengeländer von der Beklagten nicht fachgerecht grundiert worden zu sein. Jedenfalls ist festzustellen, dass der aufgebrachte Lack zum einen nicht ausreichend deckt und zum anderen sich teilweise auch schon wieder ablöst (bzw. mit dem Fingernagel leicht abgekratzt werden kann). Der Kläger hat diese Mängel im Abnahmeprotokoll vom 10. August 2004 mit einer detaillierten Beschreibung gerügt und sich dabei vor dem Hintergrund des § 640 Abs. 2 BGB alle Rechte vorbehalten.

   Beweis: Vorlage von Fotos – Anlage K2 –; Augenschein; Abnahmeprotokoll vom 10. August 2004 – Anlage K3.

3. Mit Einwurfeinschreiben vom 15. August 2004 wurde die Beklagte aufgefordert, die beschriebenen Mängel der Lackierarbeiten im Treppenhaus des linken Seitenflügels auf der Grundlage der Beschreibung im Abnahmeprotokoll vom 10. August 2004 zu beseitigen.

   Beweis: Einwurfeinschreiben vom 15. August 2004 – Anlage K4.

4. Mit Schreiben vom 20. August 2004 hat die Beklagte eine Nachbesserung ohne weitere Begründung abgelehnt.

   Beweis: Schreiben der Beklagten vom 20. August 2004 – Anlage K5.

5. Nach dem Gutachten des Sachverständigen ▄▄▄ vom 01. September 2004 belaufen sich die Mängelbeseitigungskosten für das Vorbereiten, Grundieren und Lackieren der Eingangstüren sowie des Treppengeländers auf EUR 5.923,25. Im Hinblick auf eine Aufschlüsselung dieses Betrages in Einzelpositionen wird auf das dem vorgenannten Gutachten anliegende Leistungsverzeichnis verwiesen. Weiter kommt der Gutachter zu dem Ergebnis, dass nach Mängelbeseitigung kein merkantiler Minderwert beim Kläger verbleibt. Das Gutachten des Sachverständigen ▄▄▄ nebst Leistungsverzeichnis in Anlage 1 wird vorsorglich zum Vortrag in der Klageschrift erklärt.

   Beweis: Gutachten des Dipl.-Ing. ▄▄▄ vom 01. September 2004 – Anlage K6 –; Sachverständigengutachten.

   Die Höhe der Minderung wird auf der Grundlage der anfallenden Mängelbeseitigungsarbeiten geltend gemacht.

Rechtsanwalt

### c) Schadensersatz gemäß §§ 634 Nr. 4, 280 ff. BGB[1023]

614 Die Vorschrift des § 634 Nr. 4 BGB begründet keinen eigenständigen werkvertraglichen Schadensersatzanspruch, vielmehr wird auf das allgemeine Leistungsstörungsrecht und die Regelungen in den §§ 280 ff. BGB verwiesen. Folgende Anspruchsgrundlagen kommen für den Schadensersatzanspruch des Bestellers/Auftraggeber in Betracht:

615 *aa) Ersatz des Mangelfolgeschadens gemäß §§ 634 Nr. 4, 280 Abs. 1 BGB:* Ein Anspruch des Bestellers/Auftraggebers auf Ersatz der Schäden, die ihm in Folge der Pflichtverletzung des Unternehmers/Auftragnehmers entstanden sind, folgt aus §§ 634 Nr. 4, 280 Abs. 1 BGB.

616 Dieser neben der Leistung stehende Schadensersatzanspruch setzt voraus, dass es in Folge des **Mangels des Werkes**[1024] zu einem Schaden des Bestellers/Auftraggebers an dessen **sonstigen Rechtsgütern** gekommen ist. Eine Fristsetzung ist für den Anspruch auf Ersatz des Mangelfolgeschadens nicht erforderlich. Allerdings muss der Unternehmer/Auftragnehmer den Mangel zu **vertreten** haben, wobei gemäß § 280 Abs. 1 Satz 2 BGB das Verschulden des Unternehmers/Auftragnehmers vermutet wird. Der Unternehmer muss sich folglich entlasten.[1025]

617 Ersetzt werden die **Folgeschäden am Bauwerk**[1026] sowie solche Schäden, die nicht mehr in unmittelbaren, engen Zusammenhang mit dem Mangel eingetreten sind.[1027] Dazu gehören auch die Kosten für die Anmietung einer Ersatzwohnung während der Mängelbeseitigung,[1028] der Anspruch auf Ersatz des entgangenen Gewinns während der Mangelhaftigkeit oder Mängelbeseitigung[1029] die mängelbedingten Mehraufwendungen[1030] sowie die der Mängelbeseitigung zuzuordnenden Sachverständigenkosten.[1031] Als Mangelfolgeschaden ist ferner ein eventuell zu ersetzender **Nutzungsausfall** einzuordnen. Nutzungsausfall kommt in Betracht, wenn der Auftraggeber das Bauwerk

---

1023 Der Schadensersatzanspruch ist gemäß § 325 BGB nicht dadurch ausgeschlossen, dass der Besteller/Auftraggeber vom Vertrag zurückgetreten ist oder die Werkvergütung gemindert hat. Der Besteller/Auftraggeber kann daher trotz Rücktritt oder Minderung Schadensersatz oder Aufwendungsersatz verlangen. Rücktritt und Minderung stehen zueinander in einem Ausschließlichkeitsverhältnis. In einem Ausschließlichkeitsverhältnis stehen nach dem Wortlaut des Gesetzes auch der Anspruch auf Schadensersatz und Aufwendungsersatz.

1024 Vgl. hierzu die Ausführungen unter Rn. 509 ff.

1025 Vgl. hierzu die Ausführungen unter Rn. 454 ff.

1026 Insoweit geht es um eine Beeinträchtigung des Eigentums des Bestellers/Auftraggebers: BGH BauR 1975, 130; BauR 1990, 466 [Schäden am Wandanstrich und an verlegten Teppichfußböden infolge einer fehlerhaften Feuchtigkeitsisolierung]; NJW 1963, 805 [Schäden am Bauwerk infolge mangelhafter Rohr- und Putzarbeiten].

1027 BGHZ 58, 305; NJW 1982, 2244; VersR 1962, 480 [Wasserschäden nach Bruch eingebauter Heizkörper]; NJW 1979, 1651 [Beschädigung von Gegenständen nach Absturz eines nicht richtig befestigten Regals]; BauR 1972, 127 [Schäden durch auslaufendes Öl infolge fehlerhafter Montage einzelner Teile ölführender Leitungen]; BGHZ 115, 32 [Folgen eines Einbruchs nach fehlerhaftem Einbau einer Alarmanlage].

1028 BGHZ 46, 238.

1029 BGH BauR 1976, 354; BauR 1978, 402; BauR 2000, 1190.

1030 BGH BauR 1992, 504.

1031 BGH BauR 2002, 86; BauR 1971, 51; BGHZ 92, 308 (310).

infolge des Mangels nicht nutzen kann.[1032] Schließlich zählt zum Mangelfolgeschaden auch ein **merkantiler Minderwert**, der von vornherein trotz ordnungsgemäßer Nachbesserung verbleibt.[1033]

*bb) Ersatz des Mangelschadens gemäß §§ 634 Nr. 4, 280 Abs. 1 und 3, 281 BGB:* Ist die Nacherfüllung noch möglich,[1034] bestimmt sich der Schadensersatzanspruch des Bestellers/Auftraggebers gegen den Unternehmer/Auftragnehmer nach §§ 634 Nr. 4, 280 Abs. 1 und 3, 281 BGB.

618

Der Schadensersatzanspruch statt der Leistung setzt voraus, dass es bei Vorliegen eines Mangels des Werkes[1035] zum erfolglosen Ablauf einer dem Unternehmer/Auftragnehmer gesetzten **angemessenen Frist**[1036] zur Nacherfüllung gekommen ist. Die Fristsetzung ist dann **entbehrlich**, wenn eine endgültige und ernsthafte Erfüllungsverweigerung des Unternehmers/Auftragnehmers[1037] vorliegt bzw. besondere Umstände[1038] gemäß § 281 Abs. 2 BGB entgegenstehen. Eine Fristsetzung ist gemäß § 636 BGB auch dann entbehrlich, wenn die Nacherfüllung fehlgeschlagen[1039] oder dem Besteller/Auftraggeber unzumutbar ist.[1040] Schließlich ist eine Fristsetzung auch dann gemäß §§ 635 Abs. 3, 636 BGB entbehrlich, wenn der Unternehmer/Auftragnehmer sie wegen unverhältnismäßig hoher Kosten verweigert hat.[1041]

619

Schließlich setzt der Schadensersatzanspruch voraus, dass ein **Verschulden** des Unternehmers/Auftragnehmers vorliegt. Das Verschulden wird gemäß § 280 Abs. 1 Satz 2 BGB vermutet, was zur Folge hat, dass die Haftung nur dann entfällt, wenn der Unternehmer/Auftragnehmer sich entlasten kann.[1042]

620

Zu beachten bleibt weiterhin, dass der Anspruch auf (Nach-)Erfüllung gemäß § 281 Abs. 4 BGB ausgeschlossen ist, sobald der Besteller/Auftraggeber Schadensersatz statt der Leistung verlangt.

621

---

1032  Bei Sachen, auf deren ständige Verfügbarkeit die eigenwirtschaftliche Lebenshaltung des Menschen angewiesen ist, kann der zeitweise Verlust der Nutzungsmöglichkeit ein Vermögensschaden sein. Der Ersatz der verlorenen Nutzungsmöglichkeit muss grundsätzlich Fällen vorbehalten bleiben, in denen sich die Funktionsstörung typischerweise auf die materielle Lebenshaltung signifikant auswirkt, BGHZ 98, 212; BauR 1980, 271; BGHZ 101, 325; NJW 1987, 771.
1033  BGH BauR 1986, 103.
1034  Ist die Nacherfüllung von Anfang an unmöglich, so ergibt sich der Schadensersatzanspruch des Bestellers/Auftraggebers aus § 311a Abs. 2 BGB. Gemäß § 311a Abs. 2 Satz 2 BGB ist der Unternehmer/Auftragnehmer nicht zum Schadensersatz verpflichtet, wenn er das Leistungshindernis bei Vertragsschluss nicht kannte und seine Unkenntnis auch nicht zu vertreten hat. Bei nachträglicher Unmöglichkeit der Nacherfüllung ergibt sich der Schadensersatzanspruch des Bestellers/Auftraggebers aus §§ 634 Nr. 4, 280 Abs. 1 und 3, 283 BGB. Eine Fristsetzung zur Mängelbehebung ist in beiden Fällen nicht erforderlich. Im Übrigen kann auf die nachstehenden Ausführungen verwiesen werden.
1035  Vgl. hierzu die Ausführungen unter Rn. 509 ff.
1036  Vgl. hierzu die Ausführungen unter Rn. 538.
1037  Vgl. hierzu die Ausführungen unter Rn. 539.
1038  Vgl. hierzu die Ausführungen unter Rn. 539.
1039  Vgl. hierzu die Ausführungen unter Rn. 539.
1040  Vgl. hierzu die Ausführungen unter Rn. 539.
1041  Vgl. hierzu die Ausführungen unter Rn. 554.
1042  Vgl. hierzu die Ausführungen unter Rn. 604.

# § 3 Die Ansprüche des Auftraggebers

**622** Liegen diese Voraussetzungen vor, kann der Besteller/Auftraggeber **Schadensersatz statt der Leistung** verlangen. Beim sog. **kleinen Schadensersatzanspruch** erhält der Besteller/Auftraggeber gemäß § 281 Abs. 1 Satz 1 BGB als Ersatz die Wertdifferenz zwischen der mangelfreien und der mangelhaften Leistung. Bereits der Mangel selbst ist Schaden.[1043] Die Bewertung des Schadens erfolgt nach der Differenzhypothese.[1044]

**623** Beim **großen Schadensersatz**, der gemäß § 281 Abs. 1 Satz 3 BGB nur bei erheblichen Mängeln geltend gemacht werden kann,[1045] weist der Besteller/Auftraggeber die ganze Leistung zurück und begehrt in diesem Umfang Kompensation. Er macht den durch die Nichterfüllung des gesamten Vertrages entstandenen Schaden geltend. Der Schadensersatz statt der ganzen Leistung wird in Bausachen hauptsächlich in zwei Konstellationen geltend gemacht. In der ersten Konstellation lässt der Besteller/Auftraggeber das Werk anderweitig fertig stellen. Der Schadensersatz berechnet sich dann nach den Mehrkosten, die durch die anderweitige Fertigstellung entstanden sind und allen weiteren Schäden, die durch die Nichterfüllung entstehen. Von den Kosten des Drittunternehmers ist bei dieser Berechnung der Werklohn des Altunternehmers abzuziehen, weil dieser nicht mehr zu entrichten ist.[1046] In der zweiten Konstellation lässt der Besteller/Auftraggeber das Werk überhaupt nicht mehr fertig stellen. Der Schadensersatzanspruch berechnet sich dann nach dem Vermögensverlust, den der Besteller/Auftraggeber infolge des Scheiterns des Objekts erlitten hat.

**624** *cc) Ersatz des Verzögerungsschadens gemäß §§ 280 Abs. 1 und 2, 286 BGB:* Zu beachten bleibt, dass § 286 BGB in § 634 Nr. 4 BGB nicht erwähnt ist. § 634 Nr. 4 BGB verweist jedoch auf § 280 BGB, der in Abs. 2 wiederum auf § 286 BGB verweist. Verzögert sich die Nacherfüllung, so kann der Besteller/Auftraggeber bei Verzug des Unternehmers/Auftragnehmers gemäß §§ 280 Abs. 1 und 2, 286 BGB **Ersatz des Verzögerungsschaden** verlangen.[1047]

---

1043 BGH BauR 2003, 123; Staudinger-Peters, § 634 BGB, Rn. 131ff. Dieser Schaden ist grundsätzlich nach § 249 BGB zu ersetzen, allerdings findet § 249 BGB nur mit einer wesentlichen Einschränkung Anwendung. So besteht der Anspruch auf Naturalrestitution nicht, denn er wäre der Sache nach auf den Anspruch auf mangelfreie Herstellung, also auf Erfüllung. Der Erfüllungsanspruch ist aber gemäß § 281 Abs. 4 BGB ausgeschlossen. Deshalb kann der Besteller/Auftraggeber nach § 249 BGB nur einen geldwerten Ausgleich verlangen.
1044 Der Besteller/Auftraggeber kann die Minderung des Verkehrswertes verlangen, d.h. die Differenz zwischen Verkehrswert mit Mangel und ohne Mangel unter Berücksichtigung des Berechnungsmodus des § 638 Abs. 3 BGB, BGH BauR 1995, 388. Der mangelbedingte Minderwert kann auch nach den Aufwendungen berechnet werden, die zur vertragsgemäßen Herstellung des Werkes notwendig sind, BGH BauR 2003, 1209.
1045 Betrachtet man vor dem Hintergrund des § 281 Abs. 1 Satz 3 BGB die Frage des Vorliegens einer unerheblichen Pflichtverletzung, muss die Abgrenzung zu dem Vorliegen unwesentlicher Mängel im Sinne des § 640 BGB (vgl. hierzu Ausführungen unter Rn. 174) beachtet werden. Unwesentlich im Sinne des § 640 BGB ist ein Mangel, wenn er an Bedeutung so weit zurücktritt, dass es unter Abwägung der beiderseitigen Interessen für den Besteller zumutbar ist, eine zügige Abwicklung des gesamten Vertragsverhältnisses nicht länger aufzuhalten und deshalb nicht mehr auf den Vorteilen zu bestehen, die sich ihm vor vollzogener Abnahme bieten, BGH BauR 1981, 284. Geht es um die Abnahmepflicht, so ist Unwesentlichkeit das maßgebliche Kriterium für die Abnahmepflicht. Schließlich ist darauf hinzuweisen, dass ein unwesentlicher Mangel im Sinne des § 640 BGB grundsätzlich eine unerhebliche Pflichtverletzung im Sinne des § 281 Abs. 1 Satz 3 BGB begründet. Umgehrt ist dies zu verneinen.
1046 BGHZ 27, 215; Staudinger-Peters, § 634 BGB, Rn. 130.
1047 Daneben kann der Besteller/Auftraggeber alle anderen Schäden liquidieren, die er infolge der Nichterfüllung hat, also z.B. Nutzungsausfall, Abschreibungsausfall usw., Däubler, NJW 2001, 3729 (3731).

### d) Ersatz vergeblicher Aufwendungen gemäß § 284 BGB[1048]

In den Fällen, in denen der Besteller/Auftraggeber einen Anspruch auf Schadensersatz statt der Leistung hat, kann er stattdessen **Ersatz seiner vergeblichen Aufwendungen** verlangen, die er im Vertrauen auf den Erhalt der Leistung gemacht hat und billiger Weise machen durfte, es sei denn, deren Zweck wäre auch ohne die Pflichtverletzung des Schuldners nicht erreicht worden.

Muster: Schadensersatzklage gemäß §§ 634 Nr. 4, 280, 281 BGB

Landgericht ▬▬▬

Klage

des ▬▬▬, ▬▬▬,

Klägers

Prozessbevollmächtigte: ▬▬▬

gegen

die ▬▬▬ GmbH, ▬▬▬,

Beklagte

wegen: Schadensersatz gemäß §§ 634 Nr. 4, 280, 281 BGB,

Streitwert: EUR 20.948,94.

Namens und in Vollmacht des Klägers erheben wir gegen die Beklagte Klage und werden im Termin zur mündlichen Verhandlung beantragen:

Die Beklagte wird verurteilt, an den Kläger EUR 20.948,94 nebst Zinsen in Höhe von acht Prozentpunkten über dem Basiszinssatz hieraus seit Rechtshängigkeit zu bezahlen.

Falls das Gericht ein schriftliches Vorverfahren anordnet, wird schon jetzt für den Fall, dass die Beklagte nicht rechtzeitig ihre Verteidigungsabsicht erklärt, der Erlass eines Versäumnisurteils im schriftlichen Verfahren beantragt.

Begründung:

Der Kläger macht mit der vorliegenden Klage gegen die Beklagte wegen zahlreicher Mängel an dem von der Beklagten in das Gebäude ▬▬▬ in ▬▬▬ eingebauten Buchenparketts Schadensersatzansprüche gemäß §§ 634 Nr. 4, 280, 281 BGB geltend.
1. Die Parteien haben am 13. November 2003 einen schriftlichen Einheitspreis-Bauvertrag über die Erbringung von Parkettverlegearbeiten in dem Gebäude ▬▬▬ in ▬▬▬ abgeschlossen. Die VOB/B ist nicht zur Grundlage des Vertrages erklärt worden. Der Ein-

---

[1048] Der Aufwendungsersatzanspruch ist nicht dadurch ausgeschlossen, dass der Besteller/Auftraggeber vom Vertrag zurückgetreten ist oder die Werkvergütung gemindert hat. Der Besteller/Auftraggeber kann daher trotz Rücktritt oder Minderung Schadensersatz oder Aufwendungsersatz verlangen. Rücktritt und Minderung stehen zueinander in einem Ausschließlichkeitsverhältnis. In einem Ausschließlichkeitsverhältnis stehen nach dem Wortlaut des Gesetzes auch der Anspruch auf Schadensersatz und Aufwendungsersatz.

heitspreisvertrag beinhaltet eine detaillierte Leistungsbeschreibung mit Leistungsverzeichnis. Das auf Einheitspreisbasis abgegebene Angebot der Klägerin belief sich auf EUR 84.319,26.

Beweis: Bauvertrag vom 13. November 2003 nebst Leistungsbeschreibung mit Leistungsverzeichnis – Anlage K1.

2. In der Zeit vom 20. November 2003 bis zum 11. Januar 2004 führte die Beklagte die Parkettverlegearbeiten aus.
3. Die Leistungen der Beklagten wurde nach Fertigstellung am 16. Januar 2004 bei einer gemeinsamen Begehung, die der von dem Kläger dafür beauftragte Architekt Dipl.-Ing. ■■■ durchgeführt hat, abgenommen.

Beweis: Vorlage des Abnahmeprotokolls vom 16. Januar 2004 – Anlage K2.

In dem Abnahmeprotokoll sind keine Mängel aufgeführt, weil diese zu diesem Zeitpunkt nicht erkennbar waren.
Unter Verwahrung gegen die Beweislast: Zeugnis des Architekten Dipl.-Ing. ■■■, ■■■

4. Etwa acht Monate nach der Abnahme traten in der Wohnung im 1. Obergeschoss erhebliche Fugen zwischen den verlegten Eichenholzparkettstäben auf. Die mittlere Fugenbreite konnte durch den vom Kläger beauftragen Sachverständigen Dipl.-Ing. ■■■ zwischen 3,00 mm und 8,00 mm ermittelt werden. Anlässlich der Begutachtung konnte ferner festgestellt werden, dass die verlegten Parkettstäbe mit an Sicherheit grenzender Wahrscheinlichkeit zum Zeitpunkt der Verlegung eine Holzfeuchtigkeit von > 14 % aufwiesen. Der zulässige Wert der Holzfeuchte im Wohnhausbau sollte gemäß DIN 18356 „Parkettarbeiten" und DIN 280 (Herstellerrichtlinie) bei 9 % plus/minus 2 Prozentpunkten liegen und nicht überschritten werden.

Beweis: Gutachten des Sachverständigen Dipl.-Ing. ■■■ vom 13. Oktober 2004 – Anlage K3 –; Sachverständigengutachten.

5. Mit Einwurfeinschreiben vom 18. Oktober 2004 wurde die Beklagte aufgefordert, die einzeln aufgezeigten Mängel des Parkettbodens im 1. Obergeschoss des Gebäudes ■■■ zu beseitigen.

Beweis: Einwurfeinschreiben vom 18. Oktober 2004 – Anlage K4.

6. Nachdem die Beklagte eine Nachbesserung des mangelbehafteten Parkettbodens abgelehnt hat, macht der Kläger Schadensersatzansprüche nach §§ 634 Nr. 4, 280, 281 BGB geltend.
Dabei ist darauf hinzuweisen, dass sich der Kläger gegenüber Herrn ■■■ vertraglich verpflichtet hat, diesem die Nutzung der Wohnung im 1. Obergeschoss auf der Grundlage eines Mietvertrages entgeltlich zur Verfügung zu stellen. Diese Verpflichtung kann der Kläger für den Zeitraum der Mängelbeseitigung wegen der durchzuführenden Arbeiten nicht erfüllen, sodass der Mieter in diesem Zeitraum in einem Hotel untergebracht werden muss. Diese Mehrkosten sind ebenfalls adäquat kausal verursacht durch die Pflichtverletzung der Beklagten. Darüber hinaus müssen sämtliche Möbel der Wohnung für den betreffenden Zeitraum der Mängelbeseitigung (drei Wochen) kostenpflichtig abtransportiert und zwischengelagert werden.
Die geltend gemachten Schäden werden wie folgt beziffert:
a) Mängelbeseitigungskosten
Gemäß eingeholtem Kostenvoranschlag vom 10. November 2004 betragen die nachstehend spezifizierten Kosten der Mängelbeseitigung EUR 10.628,76 netto und EUR 12.329,36 brutto.

Beweis: Vorlage des Angebots der Firma ■■■ GmbH vom 10. November 2004 – Anlage K5 –; Sachverständigengutachten.

Im Einzelnen sind folgende Arbeiten erforderlich:
- Ausbau des vorhandenen Parkettbodens in der betroffenen Wohnung = EUR 1.005,92,
- Neuverlegung des Parkettbodens (Eichenholzstäbe) 436 qm = EUR 7.293,82,
- Demontage und Montage von 212 m Fußleisten = EUR 2.329,02.

b) Einlagerung der Wohnungseinrichtung
Gemäß eingeholtem Kostenvoranschlag vom 13. November 2004 betragen die Kosten der für die Mängelbeseitigung erforderlichen Abholung der gesamten Wohnungseinrichtung einschließlich Einlagerung selbiger für 28 Tage inklusive Nebenkosten
netto                              EUR 3.550,50
zzgl. 16 % Umsatzsteuer            EUR 568,08
Gesamtbetrag                       EUR 4.118,58.
Im Hinblick auf die einzelnen Positionen der von der Umzugsfirma zu erbringenden Leistungen wird vollinhaltlich Bezug genommen auf den Kostenvoranschlag vom 13. November 2004.

Beweis: Vorlage des Kostenangebotes der Firma ■■■ GmbH vom 13. November 2004 – Anlage K6 –; Sachverständigengutachten.

c) Mietausfall
Für den Zeitraum der Mängelbeseitigung kann der Kläger von dem Beklagten den vereinbarten Mietzins nicht einfordern. Der monatliche Mietzins, der Grundlage des Mietvertrages mit Herrn ■■■ bildet, beläuft sich auf EUR 2.345,–. Damit ergibt sich bei einer voraussichtlichen Mängelbeseitigungszeit von 28 Tagen ein weiterer Schaden des Klägers in Höhe von EUR 2.345,–.

d) Hotelkosten
Gemäß eingeholtem Angebot des Hotels ■■■ in ■■■ , einem Hotel niedrigerer Preisklasse, beträgt der Preis für einen 28tägigen dortigen Hotelaufenthalt á EUR 77,– pro Übernachtung inklusive Umsatzsteuer EUR 2.156,–.

Beweis: Vorlage des Angebots des Hotels ■■■ vom 25. Oktober 2004 – Anlage K7 –; Sachverständigengutachten.

7. Mithin ergibt sich eine Gesamtforderung in Höhe von EUR 20.948,94, die die Beklagte dem Kläger gemäß §§ 634 Nr. 4, 280, 281 BGB zu erstatten hat.

Rechtsanwalt

## 2. Beim VOB-Bauvertrag

a) Rücktritt beim VOB-Bauvertrag

Die VOB/B enthält keine ausdrückliche Regelung zum **Rücktritt**. Insoweit vertritt der Deutsche Vergabe- und Vertragsausschuss (DVA) die Auffassung, die wirtschaftlichen Effekte eines Rücktritts könnten in Extremfällen im Wege der Minderung bzw. über einen Schadensersatzanspruch erreicht werden, sodass für einen Rücktritt kein prakti-

627

sches Bedürfnis bestehe. Ob der Rücktritt beim VOB-Bauvertrag ausgeschlossen ist, ist in Ermangelung einer abschließenden Entscheidung des BGH weiterhin offen.[1049]

### b) Minderung gemäß § 13 Nr. 6 VOB/B

628 Gemäß § 13 Nr. 6 Satz 1 VOB/B kann der Auftraggeber durch Erklärung gegenüber dem Auftragnehmer die Vergütung mindern (§ 638 BGB), sofern die Beseitigung des Mangels für den Auftraggeber **unzumutbar** ist, sie **unmöglich** ist oder einen **unverhältnismäßig** hohen Aufwand erfordern würde und deshalb von dem Auftragnehmer verweigert wird.

629 Vor diesem Hintergrund kommt der Minderung nach § 13 Nr. 6 VOB/B als Gestaltungsrecht lediglich eine **Hilfs- und Ergänzungsfunktion** zu. So wird einerseits dem Interesse des Auftraggebers, eine vertragsgemäße Bauleistung zu erhalten, und andererseits dem Interesse des Auftragnehmers, das Mängelbeseitigungsrecht zu schützen, der unbedingte Vorrang eingeräumt. Denn solange der Auftraggeber noch einen Anspruch auf Nachbesserung/Neuherstellung bzw. Eigenherstellung hat, scheidet ein Recht auf Minderung aus.[1050]

630 Neben dem Vorliegen eines dem Auftragnehmer zurechenbaren Mangels im Sinne des § 13 Nr. 1 VOB/B[1051] setzt eine Minderung durch den Auftraggeber voraus, dass eine der drei Fallalternativen des § 13 Nr. 6 VOB/B erfüllt sind: Der Auftraggeber kann den Werklohnanspruch mindern, wenn die Beseitigung des Mangels sowohl durch den Unternehmer als auch durch den Auftraggeber im Wege des Selbsthilferechts unmöglich ist.[1052] Gleiches gilt dann, wenn die Beseitigung des Mangels einen unverhältnismäßigen Aufwand erfordert und deshalb vom Auftragnehmer verweigert wird.[1053] Schließlich kann zur Begründung des Minderungsrechts darauf abzustellen sein, dass die Beseitigung des Mangels für den Auftraggeber unzumutbar ist.[1054]

631 Bei der **Berechnung des Minderungsbetrages** ist grundsätzlich auf die Kosten der Mängelbeseitigung abzustellen, wobei gegebenenfalls ein verkehrsmäßiger (merkantiler) bzw. verbliebener technischer Minderwert zusätzlich auszugleichen ist. Etwas anderes gilt für den Fall, dass der Auftragnehmer die Mängelbeseitigung wegen der unverhält-

---

1049 Nach Ingenstau/Korbion-Wirth, § 13 Nr. 6 VOB/B, Rn. 79f. und Nicklisch/Weick, § 13 VOB/B, Rn. 218 ist aus der Gesamtregelung zur Mängelhaftung in der VOB/B zu folgern, dass der Rücktritt im VOB-Bauvertrag ausgeschlossen ist. Der BGH hat die Frage, ob eine Wandelung (jetzt Rücktritt) im VOB-Bauvertrag ausgeschlossen ist, offen gelassen, BGHZ 42, 232. Nach Kratzenberg, NZBau 2002, 177 (182) kann der Rücktritt im VOB-Bauvertrag zumindest wirksam abbedungen werden.
1050 Kapellmann/Messerschmidt-Weyer, § 13 VOB/B, Rn. 291.
1051 Vgl. hierzu die Ausführungen unter Rn. 515ff.
1052 Kapellmann/Messerschmidt-Weyer, § 13 VOB/B, Rn. 295ff.; Ingenstau/Korbion-Wirth, § 13 Nr. 6 VOB/B, Rn. 23ff. Vgl. hierzu die Ausführungen unter Rn. 551ff.
1053 Kapellmann/Messerschmidt-Weyer, § 13 VOB/B, Rn. 300ff.; Ingenstau/Korbion-Wirth, § 13 Nr. 6 VOB/B, Rn. 31ff. Vgl. hierzu die Ausführungen unter Rn. 554.
1054 Kapellmann/Messerschmidt-Weyer, § 13 VOB/B, Rn. 293ff.; Ingenstau/Korbion-Wirth, § 13 Nr. 6 VOB/B, Rn. 17ff. Vgl. hierzu die Ausführungen unter Rn. 539.

nismäßig hohen Kosten verweigert[1055] bzw. die Nacherfüllung unmöglich ist. In diesem Fall muss die Minderung nach der gesetzlichen Formel des § 638 Abs. 3 BGB ermittelt werden.[1056] Bei der Ermittlung der Minderungshöhe bei Schönheitsfehlern ist auf die Beeinträchtigung des Geltungswerts abzustellen.[1057]

632

Der Auftraggeber hat bei der Minderungsklage alle Umstände vorzutragen, aus denen sich der Minderwert der Bauleistung errechnet. Der Umfang der Minderung kann von dem Auftraggeber meistens nur geschätzt werden. Es muss daher zukünftig in aller Regel für die Höhe des Minderwertes ein **Sachverständigengutachten** eingeholt werden, denn eine gerichtliche Schätzung (§ 287 ZPO) muss erkennen lassen, in welcher Weise z.B. die notwendigen Mängelbeseitigungskosten bei der Schätzung des Minderungsbetrages berücksichtigt worden sind.[1058]

633

Muster: Klage auf Minderung gemäß § 13 Nr. 6 VOB/B

Landgericht ■■■

Klage

des ■■■, ■■■,

Klägers

Prozessbevollmächtigte: ■■■

gegen

die ■■■ GmbH, ■■■,

Beklagte

wegen: Minderung gemäß § 13 Nr. 6 VOB/B,

Streitwert: EUR 6.750,–.

Namens und in Vollmacht des Klägers erheben wir gegen die Beklagte Klage und werden im Termin zur mündlichen Verhandlung beantragen:

Die Beklagte wird verurteilt, an den Kläger EUR 6.750,– nebst Zinsen in Höhe von fünf Prozentpunkten über dem Basiszinssatz hieraus seit Rechtshängigkeit zu bezahlen.

Falls das Gericht ein schriftliches Vorverfahren anordnet, wird schon jetzt für den Fall, dass die Beklagte nicht rechtzeitig ihre Verteidigungsabsicht erklärt, der Erlass eines Versäumnisurteils im schriftlichen Verfahren beantragt.

---

1055 Die Mängelbeseitigungskosten scheiden in diesem Fall als Bezugspunkt deshalb aus, weil der Auftragnehmer wegen des hohen Aufwands die Mängelbeseitigung ja gerade nicht schuldet. Schuldet er aber nicht die Mängelbeseitigung, so darf er auch nicht mit den für die Mängelbeseitigung anfallenden Kosten belastet werden; Kapellmann/Messerschmidt-Weyer, § 13 VOB/B, Rn. 314.
1056 Vgl. hierzu entwickelte Schätzungsmethoden, wie z.B. das Zielbaumverfahren, Aurnhammer, BauR 1978, 356 und 1983, 97; Pauly, BauR 2002, 1323.
1057 Vgl. hierzu das nachfolgende Prozessformular zu § 13 Nr. 6 VOB/B.
1058 BGHZ 77, 320 (326).

# § 3 Die Ansprüche des Auftraggebers

Begründung:

Der Kläger macht mit der vorliegenden Klage gegen die Beklagte wegen der von der Beklagten auf das Dach des Gebäudes ▬▬ in ▬▬ aufgebrachten mangelbehafteten Dachziegel eine Minderung gemäß § 13 Nr. 6 VOB/B geltend.

1. Die Parteien haben am 16. August 2004 einen schriftlichen Pauschalpreis-Bauvertrag über die Neueindeckung des Dachstuhls des Gebäudes ▬▬ in ▬▬ mit glasierten schwarzen Bieberschwanzziegeln abgeschlossen. Die VOB/B ist zur Grundlage des Vertrages erklärt worden. Der Pauschalpreisvertrag beinhaltet eine detaillierte Leistungsbeschreibung mit Leistungsverzeichnis. Das auf Einheitspreisbasis abgegebene Angebot der Beklagten belief sich auf EUR 76.816,76. In dem am 16. August 2004 abgeschlossenen Bauvertrag einigten sich die Parteien auf einen Pauschalpreis von EUR 75.000,– für alle im Vertrag genannten Arbeiten.

   Beweis: Bauvertrag vom 16. August 2004 nebst Leistungsbeschreibung mit Leistungsverzeichnis – Anlage K1.

2. In der Zeit vom 23. August 2004 bis zum 05. September 2004 hat die Beklagte die geschuldeten Dacheindeckungsarbeiten ausgeführt. Nach Durchführung der von der Beklagten erbrachten Leistungen vereinbarten die Parteien für den 07. September 2004 einen Termin zur förmlichen Abnahme der Leistungen der Beklagten. Anlässlich der Besichtigung des Dachs im Zuge der förmlichen Abnahme musste der Kläger feststellen, dass die von der Beklagten verlegten Bieberschwanzziegel optische Mängel aufweisen, die seitens des Klägers im Abnahmeprotokoll vom 07. September 2004 gerügt worden sind. Bei etwa 30 % der glasierten schwarzen Bieberschwanzziegel weist die Glasur feine Haarrisse auf.

   Beweis: Vorlage von Fotos – Anlage K2 –; Augenschein.

   Der Kläger hat einen auf dem Dach verlegten Bieberschwanzziegel mit vorhandenen Haarrissen der Herstellerfirma zur Stellungnahme vorgelegt. Nach Aussage der ▬▬ GmbH im Schreiben vom 28. September 2004 ist der vorgelegte Dachziegel ordnungsgemäß produziert worden. So sollen die Haarrisse darauf zurückzuführen sein, dass die Dachziegel beim Transport durch die Beklagte zur Baustelle erheblichen Erschütterungen ausgesetzt waren.

   Beweis: Schreiben der ▬▬ GmbH vom 28. September 2004 – Anlage K3.

   Der vom Kläger beauftragte Privatgutachter ▬▬ ist nach Besichtigung der Mangelerscheinungen am Bieberschwanzziegeldach des Klägers zu dem Ergebnis gelangt, dass eine Beseitigung der Mängel an den Bieberschwanzziegeln nur dadurch erfolgen könne, dass das gesamte Dach nach vollständigem Entfernen aller Bieberschwanzziegel durch die Beklagte mit mangelfreien Bieberschwanzziegeln neu eingedeckt wird. Für diese Form der Mängelbeseitigung fallen der Beklagten Kosten in Höhe von rund EUR 66.000,– an. Nach Mitteilung des Sachverständigen Hohl ist das einfache Austauschen einzelner Bieberschwanzdachziegel nicht möglich.

   Beweis: Gutachten des Sachverständigen ▬▬ vom 03. Oktober 2004 – Anlage K4 –; Sachverständigengutachten.

3. Mit Einwurfeinschreiben vom 18. September 2004 wurde die Beklagte aufgefordert, die detailliert beschriebenen Mängel der auf dem Dach des Gebäudes ▬▬ in ▬▬ verlegten Bieberschwanzziegel zu beseitigen.

   Beweis: Einwurfeinschreiben vom 18. September 2004 – Anlage K5.

4. Mit Schreiben vom 15. Oktober 2004 hat die Beklagte eine Nachbesserung der mangelbehafteten Dachziegel abgelehnt. Zur Begründung hat die Beklagte im vorgenannten Schreiben ausgeführt, die von dem Kläger geforderte Mängelbeseitigung sei unverhältnismäßig.

Beweis: Schreiben der Beklagten vom 25. Oktober 2004 – Anlage K6.

Weiter hat die Beklagte ausgeführt, dass es sich bei den Haarrissen der Glasur lediglich um optische Mängel handeln würde. Dabei hat die Beklagte zur Begründung dieser Auffassung ein Privatgutachten des Sachverständigen Dipl.-Ing. ■■■ vom 02. Oktober 2004 vorgelegt, wonach bestätigt wird, dass die vorhandenen Haarrisse der Glasur zu keinen weitergehenden Schäden dieser Ziegel führen wird. Darüber hinaus hat der Sachverständige ■■■ bestätigt, dass die Haarrisse in der Glasur auf einen unsachgemäßen Transport der Dachziegel zurückzuführen sind.

Beweis: Gutachten des Sachverständigen Dipl.-Ing. ■■■ vom 02. Oktober 2004 – Anlage K7.

Nach alle dem geht auch der Kläger nunmehr davon aus, dass eine Nacherfüllung einen unverhältnismäßig hohen Aufwand erfordern würde, der im Verhältnis zu dem dadurch zu erzielenden Vorteil einer Beseitigung der optischen Mängel in keinem Verhältnis steht. Als Folge dessen macht der Kläger mit der vorliegenden Klage einen Minderungsanspruch aus § 13 Nr. 6 VOB/B geltend.

Bei der Bemessung der Minderung wegen der vorliegenden optischen Beeinträchtigungen ist entsprechend dem Charakter auf die Beeinträchtigung des Geltungswerts abzustellen.[1059] Die Höhe der Minderung wird auf der Grundlage des vereinbarten Werklohns von EUR 75.000,– wie folgt berechnet:

Der vom Kläger beauftragte Sachverständige ■■■ geht davon aus, dass der technische Wert der Dachziegel mit 70 % und der optische Wert mit 30 % anzusetzen ist.

Im Hinblick auf den 30 %igen Anteil, der auf den optischen Wert der Dachziegel entfällt, ist von einem 30 %igem Mängelbefall der aufgebrachten Bieberschwanziegel auszugehen.

Beweis: Gutachten des Sachverständigen ■■■ vom 03. Oktober 2004 – Anlage K4 –; Sachverständigengutachten.

Vor diesem Hintergrund ist der Minderungsbetrag im Einzelnen wie folgt zu berechnen: Von dem Pauschalpreis in Höhe von EUR 75.000,– entfallen 30 % auf den optischen Wert der von der Beklagten verlegten Dachziegel. Es geht folglich um EUR 22.500,–. Von dieser Summe entfallen auf die mangelbehafteten Bieberschwanzdachziegel 30 %, was einer Summe in Höhe von EUR 6.750,– gleichkommt. Damit ergibt sich ein Minderwert in Höhe von EUR 6.750,–.

Anzumerken bleibt, dass der Kläger die Schlussrechnung der Beklagten unter Vorbehalt in voller Höhe gezahlt hat. Da die Beklagte eine Zahlung des von dem Kläger geltend gemachten Betrages mit Schreiben vom 11. November 2004 endgültig abgelehnt hat, ist nunmehr Klage geboten.

Beweis: Schreiben der Beklagten vom 11. November 2004 – Anlage K8.

Rechtsanwalt

---

[1059] Vgl. hierzu OLG Düsseldorf NJW-RR 1994, 342; OLG Celle BauR 1998, 401; OLG Düsseldorf BauR 1999, 404; Kapellmann/Messerschmidt-Weyer, § 13 VOB/B, Rn. 315.

### c) Schadensersatz gemäß § 4 Nr. 7 Satz 2 VOB/B

634 Vor der Abnahme hat der Auftragnehmer neben dem Mängelbeseitigungsanspruch aus § 4 Nr. 7 Satz 1 VOB/B gemäß § 4 Nr. 7 Satz 2 VOB/B[1060] einen Schadensersatzanspruch, wenn der Auftragnehmer den Mangel oder die Vertragswidrigkeit im Sinne des §§ 276, 278 BGB zu vertreten hat.

635 Mit dem Anspruch aus § 4 Nr. 7 Satz 2 VOB/B kann kein Schadensersatz statt der Leistung geltend gemacht werden. Vielmehr erfasst der Anspruch nur **solche Schäden**, die bei weiter bestehendem Vertrag trotz der Mängelbeseitigung oder der Beseitigung der sonstigen Vertragswidrigkeit verbleiben.[1061]

636 Ersetzt werden die **Folgeschäden am Bauwerk**[1062] sowie solche Schäden, die nicht mehr in unmittelbaren, engen Zusammenhang mit dem Mangel eingetreten sind.[1063] Dazu gehören auch die Kosten für die Anmietung einer Ersatzwohnung während der Mängelbeseitigung,[1064] der Anspruch auf Ersatz des entgangenen Gewinns während der Mangelhaftigkeit oder Mängelbeseitigung[1065] die mängelbedingten Mehraufwendungen[1066] sowie die der Mängelbeseitigung zuzuordnenden Sachverständigenkosten.[1067] Als Mangelfolgeschaden ist ferner ein eventuell zu ersetzender **Nutzungsausfall** einzuordnen. Nutzungsausfall kommt in Betracht, wenn der Auftraggeber das Bauwerk infolge des Mangels nicht nutzen kann.[1068] Schließlich zählt zum Mangelfolgeschaden auch ein **merkantiler Minderwert**, der von vornherein trotz ordnungsgemäßer Nachbesserung verbleibt.[1069]

637 Der Schadensersatzanspruch gemäß § 4 Nr. 7 Satz 2 VOB/B steht dem Auftraggeber nur bis zur Abnahme zu, danach gilt allein § 13 Nr. 7 VOB/B.

### d) Schadensersatz gemäß § 13 Nr. 7 VOB/B

638 Der Schadensersatzanspruch aus § 13 Nr. 7 VOB/B steht in Anspruchskonkurrenz zu dem Recht auf Nachbesserung, Kostenserstattung oder Minderung.[1070] Eine vorbehaltlose Abnahme lässt den Schadensersatzanspruch unberührt.[1071] Insoweit ist auf § 640

---

1060 Vgl. hierzu die Ausführungen unter Rn. 562 ff.
1061 Es geht demnach um den engen und entfernten Mangelfolgeschäden des Auftraggebers, BGH BauR 2000, 1479; BGH NJW 1982, 1524; Leinemann-Sterner, § 4 VOB/B, Rn. 103; Kapellmann/Messerschmidt-Merkens, § 4 VOB/B, Rn. 165 f.; Ingenstau/Korbion-Oppler, § 4 Nr. 7 VOB/B, Rn. 27; Werner/Pastor, Rn. 1738.
1062 Kapellmann/Messerschmidt-Merkens, § 4 VOB/B, Rn. 166; Ingenstau/Korbion-Oppler, § 4 Nr. 7 VOB/B, Rn. 28. Vgl. hierzu die Ausführungen unter Rn. 617.
1063 Vgl. hierzu die Ausführungen unter Rn. 617.
1064 BGHZ 46, 238; Kapellmann/Messerschmidt-Merkens, § 4 VOB/B, Rn. 166.
1065 Kapellmann/Messerschmidt-Merkens, § 4 VOB/B, Rn. 166. Vgl. hierzu die Ausführungen unter Rn. 617.
1066 BGH BauR 1992, 504; Kapellmann/Messerschmidt-Merkens, § 4 VOB/B, Rn. 166.
1067 BGH BauR 2002, 86; BauR 1971, 51; BGHZ 92, 308 (310); Kapellmann/Messerschmidt-Merkens, § 4 VOB/B, Rn. 166.
1068 Vgl. hierzu die Ausführungen unter Rn. 617.
1069 BGH BauR 1986, 103; Kapellmann/Messerschmidt-Merkens, § 4 VOB/B, Rn. 166.
1070 Kaiser, Rn. 1178; Heiermann/Riedl/Rusan, § 13 VOB/B, Rn. 179; Kapellmann/Messerschmidt-Weyer, § 13 VOB/B, Rn. 340.
1071 OLG Hamm NJW-RR 1991, 277; Kapellmann/Messerschmidt-Weyer, § 13 VOB/B, Rn. 342.

Abs. 2 BGB zu verweisen. Der Anspruch erlischt nicht, wenn der Auftraggeber das Grundstück veräußert, bevor er den zur Mängelbeseitigung erforderlichen Geldbetrag erhalten hat.[1072]

*aa) § 13 Nr. 7 Abs. 1 VOB/B:* Gemäß § 13 Nr. 7 Abs. 1 VOB/B haftet der Auftragnehmer bei schuldhaft verursachten Mängeln für Schäden aus der Verletzung des **Lebens**, des **Körpers** oder der **Gesundheit**. Mit § 13 Abs. 1 VOB/B wird § 309 Nr. 7a) BGB Rechnung getragen, wonach in Allgemeinen Geschäftsbedingungen ein Ausschluss oder eine Begrenzung der Haftung für Schäden aus der Verletzung des Lebens, des Körpers oder der Gesundheit, die auf einem schuldhaften Verhalten beruhen, nicht ausgeschlossen werden kann.[1073]

639

*bb) § 13 Nr. 7 Abs. 2 VOB/B:* Gemäß § 13 Nr. 7 Abs. 2 VOB/B haftet der Auftragnehmer dem Auftraggeber auf Schadensersatz, wenn er den Mangel **vorsätzlich oder grob fahrlässig** verursacht hat. Es kommt insoweit nicht darauf an, ob ein wesentlicher Mangel vorliegt oder nicht. Die Haftung umfasst sämtliche Schäden (also Mangel- wie auch Mangelfolgeschäden). Mit der Regelung in § 13 Nr. 7 Abs. 2 VOB/B wird § 307 Nr. 7 b) BGB Rechnung getragen.[1074]

640

*cc) § 13 Nr. 7 Abs. 3 Satz 1 VOB/B – kleiner Schadensersatz:* Gemäß § 13 Nr. 7 Abs. 3 Satz 1 VOB/B hat der Auftragnehmer dem Auftraggeber den Schaden an der baulichen Anlage zu ersetzen, zu deren Herstellung, Instandhaltung oder Änderung die Leistung dient, wenn ein wesentlicher Mangel vorliegt, der die Gebrauchsfähigkeit erheblich beeinträchtigt und auf ein Verschulden des Auftragnehmers zurückzuführen ist.

641

Es muss ein **wesentlicher Mangel** die Gebrauchsfähigkeit erheblich beeinträchtigen. Bei der Beurteilung, ob eine wesentlicher Mangel vorliegt, ist zum einen die Verkehrsauffassung, zum anderen das Interesse des Auftraggebers unter besonderer Berücksichtigung des von ihm verfolgten Nutzungs- und Verwendungszwecks maßgebend.[1075] Relevant ist nur ein wesentlicher Mangel, der die **Gebrauchsfähigkeit erheblich beeinträchtigt**. Der Wert oder die Tauglichkeit zu dem gewöhnlichen oder dem nach dem Vertrag vorausgesetzten Gebrauch muss (erheblich) aufgehoben oder gemindert sein.[1076] Schließlich ist ein **Verschulden** des Auftragnehmers oder seines Erfüllungsgehilfen gemäß §§ 276, 278 BGB erforderlich.[1077]

642

§ 13 Nr. 7 Abs. 3 Satz 1 VOB/B erfasst nach seinem Inhalt den **kleinen Schadensersatz**. Es ist dem Auftraggeber der Schaden an der baulichen Anlage zu ersetzen, zu

643

---

1072 BGH NJW 1987, 645.
1073 Ingenstau/Korbion-Wirth, § 13 Nr. 7 VOB/B, Rn. 37 ff.
1074 Ingenstau/Korbion-Wirth, § 13 Nr. 7 VOB/B, Rn. 41 ff.
1075 OLG Celle BauR 1996, 263; OLG Düsseldorf BauR 1997, 355; OLG Nürnberg NJW-RR 1993, 1300; Kapellmann/Messerschmidt-Weyer, § 13 VOB/B, Rn. 333; Ingenstau/Korbion-Wirth, § 13 Nr. 7 VOB/B, Rn. 58 ff.; Werner/Pastor, Rn. 1725; Kleine-Möller/Merl/Oelmaier-Merl, § 12 VOB/B, Rn. 725.
1076 BGH BauR 1971, 124; Ingenstau/Korbion-Wirth, § 13 Nr. 7 VOB/B, Rn. 687; Beck'scher VOB-Kommentar-Kohler, § 13 Nr. 7 VOB/B, Rn. 51; Heiermann/Riedl/Rusan, § 13 VOB/B, Rn. 187; Kapellmann/Messerschmidt-Weyer, § 13 VOB/B, Rn. 334; Siegburg, Rn. 1295.
1077 Ingenstau/Korbion-Wirth, § 13 Nr. 7 VOB/B, Rn. 70 ff.

## § 3 Die Ansprüche des Auftraggebers

deren Herstellung, Instandsetzung oder Änderung die Leistung dient. Es handelt sich dabei in erster Linie um den Mangelschaden.[1078]

644 Fraglich bleibt, ob der kleine Schadensersatzanspruch auch die sog. engen Mangelfolgeschäden umfasst.[1079, 1080] Mit dem SchRModG ist nunmehr im Bereich von §§ 634 Nr. 4, 280, 281 BGB die Unterscheidung zwischen engen und entfernten Mangelfolgeschäden und die Folgefrage, welche Verjährungsfrist zur Anwendung kommt, weggefallen. Da es das Ziel der Neufassung der VOB/B im Jahre 2002 war, die einzelnen Regelungen des SchRModG konsequent auch im Bereich der VOB/B umzusetzen, ist davon auszugehen, dass § 13 Nr. 7 Abs. 3 Satz 1 VOB/B künftig ausschließlich auf die Mangelschäden an der baulichen Anlage selbst zugeschnitten ist. § 13 Nr. 7 Abs. 3 Satz 2 VOB/B wäre dann die Anspruchsgrundlage für die engen und entfernten Mangelfolgeschäden. So ist nämlich nicht einsehbar, warum in der VOB/B die Unterscheidung zwischen engen und entfernten Mangelfolgeschäden fortleben sollte, obwohl sie im Bürgerlichen Gesetzbuch keine Rolle mehr spielt.[1081]

645 Als **Mangelschaden** kann der Auftraggeber mit § 13 Nr. 5 Abs. 3 Satz 1 VOB/B auch die Mängelbeseitigungskosten geltend machen.[1082, 1083] Zudem werden durch § 13 Nr. 7 Abs. 3 Satz 1 VOB/B auch solche Nachteile abgedeckt, die trotz erfolgter oder möglicher Nachbesserung bzw. trotz Minderung der Vergütung fortbestehen.[1084]

646 *dd) § 13 Nr. 7 Abs. 3 Satz 2 VOB/B – großer Schadensersatz:* Will der Auftraggeber einen Schaden geltend machen, der über den in § 13 Nr. 7 Abs. 3 Satz 1 VOB/B erfassten Schaden hinausgeht und der ursächlich auf einen Baumangel zurückzuführen ist, so kann dies beim VOB-Bauvertrag nur im Rahmen des § 13 Nr. 7 Abs. 3 Satz 2 VOB/B erfolgen.

647 Gemäß § 13 Nr. 7 Abs. 3 Satz 2 VOB/B ist ein **Mangelfolgeschaden** nur dann zu ersetzen, wenn der Mangel auf einem **Verstoß gegen die anerkannten Regeln der Technik** beruht, wenn der Mangel in dem **Fehlen einer vertraglich vereinbarten Beschaffenheit** besteht oder soweit der Unternehmer den Schaden durch **Versicherung** seiner gesetzlichen Haftpflicht gedeckt hat oder durch eine solche zu tarifmäßigen, nicht auf außer-

---

1078 Kapellmann/Messerschmidt-Weyer, § 13 VOB/B, Rn. 344f.
1079 So Kapellmann/Messerschmidt-Weyer, § 13 VOB/B, Rn. 331, 344f., Werner/Pastor, Rn. 1730f.
1080 Der BGH hat dies vor dem Hintergrund der alten Fassung von § 13 Nr. 7 Abs. 2 VOB/B bejaht, BGHZ 46, 238 (240); BGHZ 58, 332 (340); BauR 1982, 505. Hervorzuheben bleibt, dass der BGH mit dieser Aufteilung in enge und entfernte Mangelfolgeschäden die zu § 635 BGB a.F. ergangene Rechtsprechung in der VOB/B konsequent fortgesetzt hat, BGHZ 58, 332 (340).
1081 Vgl. in der Tendenz BGH IBR 2004, 493.
1082 BGH BauR 1980, 1952; BauR 1982, 277; BauR 1987, 89; Kapellmann/Messerschmidt-Weyer, § 13 VOB/B, Rn. 340, Werner/Pastor, Rn. 1721; Kleine-Möller/Merl/Oelmaier-Merl, § 12 VOB/B, Rn. 741.
1083 Entsprechend § 13 Nr. 5 Abs. 2 VOB/B setzt der Schadensersatzanspruch des Auftraggebers dann voraus, dass dem Auftragnehmer zuvor eine angemessene Frist zur Mängelbeseitigung gesetzt worden ist, die ergebnislos verstrichen ist, Kapellmann/Messerschmidt-Weyer, § 13 VOB/B, Rn. 341.
1084 Werner/Pastor, Rn. 1729.

gewöhnliche Verhältnisse abgestellten Prämien und Prämienzuschlägen bei einem im Inland zum Geschäftsbetrieb zugelassen Versicherer hätte decken können.[1085, 1086]

Ersetzt werden die **Folgeschäden am Bauwerk**[1087] sowie solche Schäden, die nicht mehr in unmittelbaren, engen Zusammenhang mit dem Mangel eingetreten sind.[1088] Dazu gehören auch die Kosten für die Anmietung einer Ersatzwohnung während der Mängelbeseitigung,[1089] der Anspruch auf Ersatz des entgangenen Gewinns während der Mangelhaftigkeit oder Mängelbeseitigung[1090] die mängelbedingten Mehraufwendungen[1091] sowie die der Mängelbeseitigung zuzuordnenden Sachverständigenkosten.[1092] Als Mangelfolgeschaden ist ferner ein eventuell zu ersetzender **Nutzungsausfall** einzuordnen. Nutzungsausfall kommt in Betracht, wenn der Auftraggeber das Bauwerk infolge des Mangels nicht nutzen kann.[1093] Schließlich zählt zum Mangelfolgeschaden auch ein **merkantiler Minderwert,** der von vornherein trotz ordnungsgemäßer Nachbesserung verbleibt.[1094]

648

Muster: Klage auf Schadensersatz gemäß § 13 Nr. 7 VOB/B

649

Landgericht ■■■

**Klage**
1. des ■■■, ■■■,
2. der ■■■, ebenda,

Kläger

Prozessbevollmächtigte: ■■■

gegen

die ■■■ GmbH, ■■■,

Beklagte

wegen: Schadensersatz aus § 13 Nr. 7 VOB/B,

---

1085 Der Auftraggeber trägt die Beweislast für einen Baumangel im Sinne des § 13 Nr. 7 Abs. 3 Satz 1 VOB/B und des dadurch eingetretenen Schadens sowie seines Umfanges. Er muss erforderlichenfalls beweisen, dass der Schaden, dessen Ersatz er beansprucht, durch die Nachbesserung oder die Minderung nicht ausgeglichen ist oder ausgeglichen werden kann. Ist der Beweis gelungen, so ist es Sache des Auftragnehmers, sich zu entlasten, also darzutun, dass die mangelhafte Bauleistung nicht auf sein Verschulden zurückgeht.
1086 Soweit es um die Frage geht, ob der Auftragnehmer den Schaden durch eine Haftpflichtversicherung gedeckt hat oder hätte decken können, obliegt dem Auftraggeber die Beweislast. Zwar ist es für den Auftraggeber kaum möglich und auch kaum zumutbar, den Beweis für das Vorliegen einer Versicherung zu führen. Er kann aber ohne weiteres den Nachweis der Möglichkeit eines entsprechenden Versicherungsschutzes erbringen.
1087 Werner/Pastor, Rn. 1727. Vgl. hierzu die Ausführungen unter Rn. 617.
1088 Vgl. hierzu die Ausführungen unter Rn. 617.
1089 BGHZ 46, 238; Werner/Pastor, Rn. 1736.
1090 Werner/Pastor, Rn. 1730. Vgl. hierzu die Ausführungen unter Rn. 617.
1091 BGH BauR 1992, 504; Werner/Pastor, Rn. 1730.
1092 BGH BauR 2002, 86; BauR 1971, 51; BGHZ 92, 308 (310); Werner/Pastor, Rn. 1730.
1093 Vgl. hierzu die Ausführungen unter Rn. 617.
1094 BGH BauR 1986, 103; Werner/Pastor, Rn. 1730.

vorläufiger Streitwert: EUR 44.168,51.[1095]

Namens und in Vollmacht der Kläger erheben wir gegen die Beklagte Klage und werden im Termin zur mündlichen Verhandlung beantragen:
1. Die Beklagte wird verurteilt, an die Klägerin zu 2) ein angemessenes Schmerzensgeld – mindestens jedoch EUR 15.000,00 – für den Zeitraum bis zur letzten mündlichen Verhandlung nebst Zinsen in Höhe von fünf Prozentpunkten über dem Basiszinssatz hieraus seit Rechtshängigkeit zu bezahlen.[1096]
2. Es wird festgestellt, dass die Beklagte verpflichtet ist, der Klägerin zu 2) sämtliche materiellen und immateriellen Schäden – letztere, soweit sie nach der mündlichen Verhandlung entstehen – aus dem Unfall vom 23. Oktober 2004 in dem Gebäude ▄▄▄ in ▄▄▄ zu bezahlen, soweit die Ansprüche nicht auf Sozialversicherungsträger oder sonstige Dritte übergehen.
3. Die Beklagte wird verurteilt, an die Kläger zu 1) und 2) EUR 13.168,51 nebst Zinsen in Höhe von fünf Prozentpunkten über dem Basiszinssatz hieraus seit Rechtshängigkeit zu bezahlen.
4. Es wird festgestellt, dass die Beklagte verpflichtet ist, den Klägern zu 1) und 2) sämtliche Schäden zu ersetzen, die im Zusammenhang mit der Explosion eines Heizkörpers am 23. Oktober 2004 im Gebäude ▄▄▄ in ▄▄▄ entstanden sind bzw. noch entstehen.

Falls das Gericht ein schriftliches Vorverfahren anordnet, wird schon jetzt für den Fall, dass die Beklagte nicht rechtzeitig ihre Verteidigungsabsicht erklärt, der Erlass eines Versäumnisurteils im schriftlichen Verfahren beantragt.

Begründung:

Die Kläger machen mit der vorliegenden Klage gegen die Beklagte wegen zahlreicher Schäden, die im Zusammenhang mit der Planung, der Errichtung sowie der Inbetriebnahme einer funktionstüchtigen Solaranlage zur Brauchwasser-, Schwimmbaderwärmung und zur Heizungsunterstützung bei den Klägern entstanden sind, Schadensersatzansprüche gemäß § 13 Nr. 7 VOB/B geltend.
1. Die Kläger zu 1) und 2) sowie die Beklagte haben am 16. Juni 2004 einen schriftlichen Einheitspreis-Bauvertrag über die Planung und Errichtung einer funktionstüchtigen und auf die spezifisch vorhandenen Gegebenheiten zugeschnittene Solaranlage zur Brauchwasser-, Schwimmbaderwärmung und zur Heizungsunterstützung in dem Gebäude ▄▄▄ in ▄▄▄ abgeschlossen. Die VOB/B ist zur Grundlage des Vertrages erklärt worden. Der Einheitspreisvertrag beinhaltet eine detaillierte Leistungsbeschreibung mit Leistungsverzeichnis. Das auf Einheitspreisbasis abgegebene Angebot der Beklagten belief sich auf EUR 28.617,68.

Beweis: Bauvertrag vom 16. Juni 2004 nebst Leistungsbeschreibung mit Leistungsverzeichnis – Anlage K1.

2. In der Zeit vom 18. Juni 2004 bis zum 11. August 2004 führte die Beklagte die Arbeiten aus. Nach Fertigstellung der Leistungen wurde den Klägern zu 1) und zu 2) durch einen Mitarbeiter der Beklagten (Herr ▄▄▄) der Gebrauch der Anlage erklärt. Zwar hat die im Bau-

---

[1095] Im Einzelnen sind diesem vorläufigen Streitwert die beiden Leistungsanträge mit EUR 15.000,– und EUR 13.168,51 zugrunde gelegt worden. Für die beiden Feststellungsanträge sind unter Berücksichtigung eines 20%igen Abschlags (Thomas/Putzo, § 3 ZPO, Rn. 65) je EUR 8.000,– angesetzt worden.
[1096] Von der Geltendmachung einer Geldrente sowie des Haushaltsführungsschadens wurde in diesem Prozessformular aus Vereinfachungsgründen abgesehen.

vertrag vom 16. Juni 2004 geregelte förmliche Abnahme nach Auffassung der Kläger nicht stattgefunden, die Kläger gehen aber dennoch vom Vorliegen einer Abnahme gemäß § 12 VOB/B aus, da sie die Anlage nach der Übergabe durch die Beklagte in Betrieb genommen haben.

3. Die später aufgetretenen Mängel der Solaranlage, die zu den nachfolgend beschriebenen Schädigungen der Kläger geführt haben, waren im Zeitpunkt der Übergabe der Solaranlage nicht erkennbar.
Am 23. Oktober 2004 explodierte ein Heizkörper im an das Schwimmbad angrenzenden Umkleidebereich des Gebäudes ■■■, nachdem die Klägerin zu 2), ihr Sohn (■■■) sowie ihre Tochter (■■■) gerade damit beschäftigt waren, sich umzuziehen. Dabei kam es dazu, dass die Klägerin zu 2) im Gesicht und im rechten Schulterbereich mit aus dem explodierten Heizkörper austretenden kochend heißen Gemisch von Wasser und Kühlflüssigkeit bespritzt wurde. Zudem flossen ca. 30 bis 40 Liter dieses Gemischs auf das in diesem Bereich verlegte Parkett aus Bambusholz, das vollkommen durchfeuchtet wurde. Weitere Feuchtigkeitsschäden zeigen sich an der an der Wand befindlichen Seidentapete.

Beweis: Zeugnis des ■■■ sowie der ■■■, ...

Die Explosion des Heizkörpers im an das Schwimmbad angrenzenden Umkleidebereich ist darauf zurückzuführen, dass die Beklagte die Solaranlage am Heizkreislauf angeschlossen hatte. Dabei bleibt anzumerken, dass eine Solaranlage bei 6 bar Druck und einer Temperatur der Heizflüssigkeit von über 120 Grad betrieben wird. Die Beklagte hätte wissen müssen, dass eine Solaranlage aufgrund des verwendeten hohen Drucks und der heißen Temperaturen gerade nicht über eine Heizungsanlage betrieben werden darf.

Beweis: Sachverständigengutachten.

Im Einzelnen sind den Klägern durch diesen Verstoß gegen die anerkannten Regeln der Technik folgende Schäden entstanden:
a) Als Folge der Explosion des Heizkörpers erlitt die Klägerin zu 2) erhebliche Brandverletzungen im Gesicht und im rechten Schulterbereich.

Beweis: Gutachten des Dr. med. ■■■⊘ Anlage K2 –; Sachverständigengutachten.

Die Klägerin zu 2) war für drei Wochen in stationärer Behandlung im Krankenhaus ■■■. In den nachfolgenden fünf Wochen war die Klägerin zu 2) auf dem rechten Auge nahezu vollständig erblindet. Erst danach besserte sich das Sehvermögen der Klägerin zu 2) wieder langsam. Zum gegenwärtigen Zeitpunkt ist das Sehvermögen auf dem rechten Auge zu etwa 25 % eingeschränkt. Die übrigen Verletzungen waren etwa vier Monate nach der Explosion abgeklungen und verheilt.

Beweis: wie vor.

Die Klägerin zu 2) wird aller Wahrscheinlichkeit nach ihr Leben lang unter einer Einschränkung des Sehvermögens leiden müssen.

Beweis: wie vor.

Die Klägerin zu 2) ist Heilpraktikerin. Sie betreibt eine Praxis in ■■■. Durch die Einschränkung des Sehvermögens wird die Klägerin besonders getroffen, da sie Patienten nur noch sehr eingeschränkt behandeln kann.
Die Klägerin zu 2) fordert von der Beklagten ein angemessenes Schmerzensgeld in Höhe von mindestens EUR 15.000,–. Die Beklagte haftet der Klägerin zu 2) auf ein angemesse-

nes Schmerzensgeld gemäß § 13 Nr. 7 Abs. 1 VOB/B sowie § 823 Abs. 1 BGB, jeweils in Verbindung mit § 253 Abs. 2 BGB. Dabei stellt die Klägerin zu 2) die genaue Höhe des Schmerzensgeldes in das Ermessen des erkennenden Gerichts. Der Feststellungsantrag ist zulässig, da die Entwicklung der eingeschränkten Sehfähigkeit der Klägerin zu 2) zum gegenwärtigen Zeitpunkt nicht verbindlich prognostiziert werden kann.

b) Die Kläger haben sofort nach Explosion des Heizkörpers am 23. Oktober 2004 den Sanitärnotdienst ■■■ GmbH mit dem Auswechseln des geborstenen Heizkörpers, der Abdichtung des betroffenen Heizungskreislaufs sowie die vorübergehende Außerbetriebnahme der Solaranlage beauftragt. Vorsorglich wird darauf hingewiesen, dass die Kläger wegen der kalten Außentemperaturen von nur 5 Grad jedenfalls berechtigt waren, die Mängel der Solaranlage (Abkoppelung von der Heizungsanlage) unverzüglich zu beseitigen. Die Firma ■■■ GmbH hat noch am Samstag den geborstenen Heizkörper durch einen neuen Heizkörper ausgetauscht. Am Sonntag, den 24. Oktober 2004 wurde die Anbindung der Solaranlage an die im Haus ■■■ befindliche Heizungsanlage vorübergehend gekappt. Für diese Arbeiten berechnete die ■■■ GmbH den Klägern einen Betrag in Höhe von EUR 1.376,00.

Beweis: Rechnung der Rohrfrei Adam GmbH vom 28. Oktober 2004 – Anlage K3.

c) Aufgrund der Feuchtigkeitseinwirkung auf die hinter dem Heizkörper befindliche Seidentapete kam es dazu, dass sich diese in einem Bereich von 13 m∞ um den geborstenen Heizkörper herum ablöste. Am 11. November 2004 beauftragten die Kläger die Firma ■■■ GmbH damit, die vorhandene Tapete in diesem Raum abzureißen sowie eine neue Tapete aufzubringen und zu überstreichen. Für diese Arbeiten berechnete die Firma ■■■ GmbH der Klägerin zu 1) und 2) einen Betrag in Höhe von EUR 2.470,00.

Beweis: Rechnung der Firma ■■■ GmbH vom 28. November 2004 – Anlage K4.

d) Weiterhin musste das durchnässte Bambusparkett im Heizungsbereich zunächst getrocknet und sodann abgeschliffen und neu versiegelt werden. Die Klägerin beauftragte die Firma ■■■ GmbH mit diesen Arbeiten. Die Firma ■■■ GmbH berechnete der Klägerin für die Trocknungsarbeiten sowie das Abschleifen und Neuversiegeln des betroffenen Parkettbodens einen Betrag in Höhe von EUR 4.650,71.

Beweis: Rechnung der Firma ■■■ GmbH vom 12. Dezember 2004 – Anlage K5.

4. Schließlich bleibt anzumerken, dass die Kläger am Montag, den 25. Oktober 2004 der Beklagten von der Explosion des Heizkörpers Mitteilung machten. Die vorgenannten Kläger forderten die Beklagte mit Schreiben vom 26. Oktober 2004 unter Fristsetzung bis zum 10. November 2004 auf, die Mängel an der Solaranlage zu beseitigen. Dabei teilten die Kläger der Beklagten mit, dass der mit der unmittelbaren Mängelbeseitigung beauftragte Installateurmeister ■■■ anlässlich der Schadensbehebung am 23. und 24. Oktober 2004 mitgeteilt habe, dass die Solaranlage, die mit einem Druck von mindestens 6 bar und einer Temperatur von über 120 Grad betrieben wird, nicht an die Heizungsrohre des Einfamilienhauses angeschlossen werden dürfe.

Beweis: Schreiben der Kläger vom 25. Oktober 2004 – Anlage K6 –; Zeugnis des ■■■, ■■■; Sachverständigengutachten.

Mit Schreiben vom 29. Oktober 2004 hat die Beklagte eine Beseitigung der Mängel endgültig abgelehnt.

Beweis: Schreiben der Beklagten vom 29. Oktober 2004 – Anlage K7.

Am 05. November 2004 haben die Kläger die Firma ▪▪▪ GmbH damit beauftragt, die Mängel der Solaranlage zu beseitigen. Die Firma ▪▪▪ GmbH hat die Mängelbeseitigungsarbeiten, die in der als Anlage K8 beigefügten Rechnung im Einzelnen aufgeschlüsselt sind, durchgeführt. Nunmehr ist die Solaranlage fachgerecht montiert und nach Einregulierung in Betrieb. Die Firma ▪▪▪ GmbH berechnete den Klägern hierfür einen Betrag in Höhe von EUR 4.671,80.

Beweis: Rechnung der Firma ▪▪▪ GmbH vom 20. November 2004 – Anlage K8.

Der mit der Klage zur Ziffer 3 geltend gemachte bezifferbare Schaden der Kläger beläuft sich auf insgesamt EUR 13.168,51.

5. Nach Aussage des Sachverständigen ▪▪▪ vom 18. Dezember 2004 ist zu befürchten, dass durch den Anschluss der Solaranlage an den Heizkreislauf des Heizungsanlage im Gebäude ▪▪▪ die über die 20 Jahre alten Heizungsrohre nebst Abdichtungen als Folge der hohen Druckbelastung möglicherweise Schaden genommen haben könnten. Aus diesem Grunde ist eine abschließende Bezifferung des Schadensersatzanspruchs derzeit nicht möglich und es besteht ein Feststellungsinteresse, dass die Kläger mit dem Klageantrag zur Ziffer 4 verfolgen.

Beweis: Gutachten des Dipl.-Ing. ▪▪▪ vom 18. Dezember 2004 – Anlage K9 –; Sachverständigengutachten

6. Es wird hier die Auffassung vertreten, dass die Beklagte den Klägern gemäß § 13 Nr. 7 Abs. 2 VOB/B für sämtliche eingetretenen Schäden haftet, da die Beklagte den Mangel grob fahrlässig verursacht hat. Dabei umfasst § 13 Nr. 7 Abs. 2 VOB/B sämtliche Schäden (also Mangel- wie auch Mangelfolgeschäden). Der Beklagten, ein Fachunternehmen für die Planung und Errichtung von einzeln konzipierten Solaranlagen, hätte ohne weiteres einleuchten müssen, dass es bei der Anbindung einer Solaranlage, die mit einem Druck von mindestens 6 bar und einer Wassertemperatur von 120 Grad betrieben wird, an die im Gebäude ▪▪▪ befindliche Heizungsanlage älterer Bauart zu einer Explosion einer Leitung oder eines Heizkörpers kommen kann. Nimmt ein spezialisierter Fachbetrieb entgegen der anerkannten Regeln der Technik solche Handlungen vor, die darüber hinaus ohne weiteres erkennbar Schäden von erheblichem Ausmaß verursachen können, so ist dies grob fahrlässig. Das Verhalten der vor Ort arbeitenden Angestellten ▪▪▪ und ▪▪▪ muss sich die Beklagte gemäß § 278 BGB zurechnen lassen.
Jedenfalls haftet die Beklagte auch für die eingetretenen Schäden gemäß § 13 Nr. 7 Abs. 3 Satz 1 und 2 VOB/B. Dabei sind auch die Mangelfolgeschäden gemäß § 13 Nr. 7 Abs. 3 Satz 2 VOB/B zu ersetzen, wenn der Mangel auf einem Verstoß gegen die anerkannten Regeln der Technik beruht. Dies ist im folgenden Fall zu bejahen.

Rechtsanwalt

## 3. Zur Verjährung der Mängelrechte[1097]

### a) Beim BGB-Bauvertrag

In § 634a Abs. 4 BGB wird für das **Rücktrittsrecht** und in § 634a Abs. 5 BGB für das **Minderungsrecht** auf § 218 BGB verwiesen.[1098] Danach ist der Rücktritt bzw. die Min-

650

---

1097 Wegen allgemein geltender Besonderheiten des Verjährungsrechts einschließlich Hemmungs- und Unterbrechungstatbestände kann auf die die Ausführungen unter Rn. 342 ff. verwiesen werden.
1098 Werner/Pastor, Rn. 2383.

derung unwirksam, wenn der Anspruch auf die Nacherfüllung verjährt ist. Der Nacherfüllungsanspruch verjährt nach § 634a Abs. 1 BGB.

651 Die Verjährung des **Schadensersatzanspruchs** gemäß §§ 634 Nr. 4, 280ff. BGB bzw. des Anspruchs nach § 284 BGB auf Ersatz nutzloser Aufwendungen richtet sich nach § 634a Abs. 1 BGB. Nach § 634a Abs. 1 Nr. 2 BGB gilt die 5-jährige Verjährungsfrist für Mängelansprüche bei einem Bauwerk oder einem Werk, dessen Erfolg in der Erbringung von Planungs- und Überwachungsarbeitenhilfe bestehen. Die Verjährungsfrist beginnt gemäß § 634a Abs. 2 BGB mit **Abnahme** des Werkes.

652 Eine Sonderregelung für den Fall, dass der Unternehmer/Auftragnehmer den Mangel **arglistig** verschwiegen hat, ergibt sich aus § 634a Abs. 3 BGB. Danach gilt die 3-jährige regelmäßige Verjährungsfrist gemäß §§ 195, 199 BGB, allerdings mit der Einschränkung des § 634a Abs. 3 Satz 2 BGB, dass die Verjährung nicht vor dem Ablauf der Verjährungsfrist aus § 634a Abs. 1 BGB eintritt. Diese Regelung ist auch für das **Organisationsverschulden** des Auftragnehmers entsprechend anzuwenden.[1099] Ist zwischen den Parteien eine abweichende Verjährungsfrist individuell vereinbart worden, so gilt diese vereinbarte Frist.[1100]

b) Beim VOB-Bauvertrag

653 Die Dauer der Verjährungsfrist wird für alle Mängelansprüche nach Abnahme, also den Anspruch auf **Minderung** gemäß § 13 Nr. 6 VOB/B und **Schadensersatz** gemäß § 13 Nr. 7 VOB/B in § 13 Nr. 4 VOB/B geregelt.

654 Folgende **Ausnahmen** sind zu berücksichtigen:
- Bei dem Schadensersatzanspruch gelten gemäß § 13 Nr. 7 Abs. 4 VOB/B die gesetzlichen Gewährleistungsvorschriften des § 634a BGB,[1101] soweit sich der Auftragnehmer nach § 13 Nr. 7 Abs. 3 VOB/B durch Versicherung geschützt hat oder hätte schützen können oder soweit ein besonderer Versicherungsschutz vereinbart war.[1102]
- Für den Schadensersatzanspruch aus § 4 Nr. 7 Satz 2 VOB/B gilt die regelmäßige Verjährungsfrist des §§ 195, 199 BGB.[1103]
- Hat der Auftragnehmer den Mangel arglistig verschwiegen, ist § 634a Abs. 3 BGB entsprechend auch beim VOB-Bauvertrag anzuwenden.[1104] Diese Regelung gilt auch für das Organisationsverschulden des Auftragnehmers.[1105]

---

[1099] Mansel, NJW 2002, 89 (96); Lenkert, BauR 2002, 196 (209); Neuhaus, MDR 2002, 131 (134); Werner/Pastor, Rn. 2385; Kapellmann/Messerschmidt-Weyer, § 13 VOB/B, Rn. 131ff.; Ingenstau/Korbion-Wirth, § 13 Nr. 4 VOB/B, Rn. 130ff.

[1100] Voraussetzung ist, dass die Vorgaben aus § 202 BGB beachtet werden. Vgl. hierzu die Ausführungen unter Rn. 342.

[1101] Vgl. hierzu die Ausführungen unter Fn. 651.

[1102] Kapellmann/Messerschmidt-Weyer, § 13 VOB/B, Rn. 375, 377.

[1103] BGH NJW 1974, 1707; MDR 1972, 410; Werner/Pastor, Rn. 2387.

[1104] Werner/Pastor, Rn. 2391; Kapellmann/Messerschmidt-Weyer, § 13 VOB/B, Rn. 128.

[1105] Mansel, NJW 2002, 89 (96); Lenkert, BauR 2002, 196 (209); Neuhaus, MDR 2002, 131 (134); Werner/Pastor, Rn. 2391; Kapellmann/Messerschmidt-Weyer, § 13 VOB/B, Rn. 131ff.; Ingenstau/Korbion-Wirth, § 13 Nr. 4 VOB/B, Rn. 130ff.

- Ist zwischen den Parteien eine abweichende Verjährungsfrist individuell vereinbart worden, so gilt diese vereinbarte Frist.[1106]

### IV. Weitergehende Ansprüche

#### 1. Schadensersatzanspruch des Bestellers/Auftraggebers gemäß § 280 Abs. 1 BGB bei der Verletzung von Nebenpflichten

Ein Anspruch aus § 280 Abs. 1 BGB kommt sowohl beim BGB-Bauvertrag wie auch beim VOB-Bauvertrag dann in Betracht, wenn es um die **Verletzung vertraglicher Nebenpflichten** geht und der eingetretene Schaden nicht mangelbedingt ist.[1107] Geht es um die Haftung des Unternehmer/Auftragnehmer, ist in erster Linie an die Verletzung von Schutz- und Sorgfaltspflichten im Hinblick auf eine Verletzung der Rechtsgüter des Bestellers/Auftraggebers zu denken.[1108] Aber auch die Verletzung von Beratungs-, Hinweis-, Anzeige- und Aufklärungspflichten können eine Pflichtverletzung des Unternehmers/Auftragnehmers begründen.[1109][1110]

655

Neben dem Vorliegen einer Nebenpflichtverletzung, für deren Vorliegen der Besteller/Auftraggeber grundsätzlich darlegungs- und beweisverpflichtet ist, muss der Unternehmer/Auftragnehmer schuldhaft im Sinne der §§ 276, 278 BGB gehandelt haben. Gemäß § 280 Abs. 1 Satz 2 BGB wird das Verschulden vermutet.[1111] Der Vertragspartner muss dementsprechend dartun und unter Beweis stellen, dass ihn kein Verschulden trifft.

656

#### 2. Rücktrittsrecht und Schadensersatzanspruch des Bestellers/Auftraggebers beim BGB-Bauvertrag vor Abnahme

Beim BGB-Bauvertrag kann der Besteller/Auftraggeber bei einer **verzögerten Bauausführung** gemäß § 323 Abs. 1 BGB, bei einer Nebenpflichtverletzung (im Sinne des § 241 Abs. 2 BGB) gemäß § 324 BGB sowie bei unmöglicher Leistungserbringung gemäß § 326 Abs. 5 BGB vom Bauvertrag zurücktreten.[1112]

657

---

1106 Voraussetzung ist, dass die Vorgaben aus § 202 BGB beachtet werden. Vgl. hierzu die Ausführungen unter Rn. 342.
1107 Für mangelbedingte Schäden stellen § 634 Nr. 4, 280ff BGB bzw. §§ 4 Nr. 7, 13 Nr. 7 VOB/B abschließende Regelungen dar, Kapellmann/Messerschmidt-Weyer, § 13 VOB/B, Rn. 390.
1108 OLG Hamm NJW-RR 1998, 91; OLG Düsseldorf NJW-RR 1997, 975; OLG Düsseldorf BauR 1992, 377; Staudinger-Peters, § 634 BGB, Rn. 138; Kapellmann/Messerschmidt-Weyer, § 13 VOB/B, Rn. 390.
1109 BGH ZfBR 1998, 91; OLG Hamm ZfBR 1995, 313; OLG Hamm BauR 1997, 859; OLG Dresden NJW-RR 1998, 373; LG Berlin NJW-RR 1997, 852; Staudinger-Peters, § 634 BGB, Rn. 140.
1110 So sind in der VOB/B zahlreiche Nebenpflichten des Auftragnehmers ausdrücklich erwähnt: § 15 Nr. 3 – Anzeigepflicht vom Beginn der Ausführung von Stundenlohnarbeiten, § 6 Nr. 1 – Anzeigepflicht bei Behinderung und Unterbrechung der Bauausführung, § 6 Nr. 3 – Pflicht zur Weiterführung der Arbeiten trotz Behinderung im Rahmen der Möglichkeiten, § 4 Nr. 9 – Anzeigepflicht anlässlich einer Entdeckung, § 4 Nr. 8 – Subunternehmerverbot, § 4 Nr. 5 – Allgemeine Schutzpflichten des Unternehmers, § 4 Nr. 1 Abs. 4 – Überprüfungspflicht des Unternehmers bei Anordnungen des Bestellers/Auftraggebers. Diese in der VOB/B geregelten Nebenpflichten des Auftragnehmers folgen letztlich aus dem Grundsatz von Treu und Glauben und sind demnach über § 242 BGB auch auf den BGB-Bauvertrag übertragbar.
1111 Vgl. hierzu die Ausführungen unter Rn. 454.
1112 Gleichwohl hat das Rücktrittsrecht in der Baupraxis praktisch keine Bedeutung, da eine Rückabwicklung erbrachter Bauleistungen nur auf kompliziertem Wege möglich ist. Vgl. hierzu die Ausführungen unter Rn. 599.

**658** Im Fall der verzögerten Bauausführung ist ein Rücktritt allerdings erst dann möglich, wenn dem Unternehmer/Auftragnehmer eine **angemessene Frist** zur Leistung gesetzt worden ist. Eine Fristsetzung ist nur in den in § 323 Abs. 2 BGB genannten Ausnahmefällen entbehrlich.[1113]

**659** Hat der Besteller/Auftraggeber an einer **teilweisen Erfüllung** des Vertrages kein Interesse, kann er gemäß § 323 Abs. 5 Satz 1 BGB von dem Bauvertrag insgesamt zurücktreten. Gemäß § 323 Abs. 6 BGB ist der Rücktritt ausgeschlossen, wenn der Besteller/Auftraggeber für den Umstand, der ihn zum Rücktritt berechtigen würde, allein oder weit überwiegend verantwortlich ist.

**660** Gleichermaßen kann der Besteller/Auftraggeber beim BGB-Bauvertrag bei einer verzögerten Bauausführung gemäß § 281 Abs. 1 BGB, bei einer Nebenpflichtverletzung (im Sinne des § 241 Abs. 2 BGB) gemäß § 282 BGB sowie bei unmöglicher Leistungserbringung gemäß §§ 283 sowie 311a Abs. 2 BGB **Schadensersatz** statt der Leistung vom Unternehmer/Auftragnehmer verlangen.[1114]

**661** Im Fall der **verzögerten Bauausführung** ist ein Schadensersatzanspruch statt der Leistung allerdings erst dann möglich, wenn dem Unternehmer/Auftragnehmer eine angemessene Frist zur Leistung gesetzt worden ist.[1115] Eine Fristsetzung ist nur in den in § 281 Abs. 2 BGB genannten Ausnahmefällen entbehrlich.

**662** Hat der Besteller/Auftraggeber an einer **teilweisen Erfüllung** des Vertrages kein Interesse, kann er gemäß § 281 Abs. 1 Satz 2 BGB Schadensersatz statt der ganzen Leistung verlangen.

**663** Befindet sich der Unternehmer/Auftragnehmer gemäß § 286 BGB im Schuldnerverzug, kann der Besteller/Auftraggeber den Verzögerungsschaden entweder als Rechnungsposten in den „Nichterfüllungsschaden" einbeziehen oder aber selbstständig über §§ 280 Abs. 1, 2; 286 BGB geltend machen.

### 3. Ansprüche des Auftragnehmers bei verzögerte Bauausführung beim VOB-Bauvertrag

**664** Im Fall der **verzögerten Bauausführung** ist ein Rücktrittsrecht des Auftraggebers beim VOB-Bauvertrag ausgeschlossen. Es gelten ausschließlich §§ 5, 6 Nr. 6 und 8 Nr. 3 VOB/B.[1116]

**665** Ist dem Auftragnehmer vor dem Hintergrund des § 286 BGB in Verbindung mit § 5 Nr. 1 bis 3 VOB/B eine verzögerte Bauausführung vorzuwerfen, kann der Auftraggeber bei gleichzeitiger Aufrechterhaltung des Bauvertrages gemäß § **6 Nr. 6 VOB/B** Schadensersatz verlangen.[1117] Dabei kann der Auftraggeber den nachweislich entstandenen Schaden geltend machen, wobei dies für den entgangenen Gewinn nur dann gilt, wenn dem Auftragnehmer grobe Fahrlässigkeit oder Vorsatz vorzuwerfen ist. Ist die

---

1113 Vgl. hierzu die Ausführungen unter Rn. 539.
1114 Gemäß § 325 BGB können Rücktritt und Schadensersatz nebeneinander geltend gemacht werden.
1115 Vgl. hierzu die Ausführungen unter Rn. 538.
1116 OLG Köln, SFH, Nr. 7 zu § 8 VOB/B; OLG Düsseldorf BauR 1992, 541; Werner/Pastor, Rn. 1815.
1117 OLG Düsseldorf NJW-RR 2000, 231.

Bauverzögerung dem entgegen auf einen Baumangel zurückzuführen, sind die §§ 4 Nr. 7 Satz 2 sowie 13 Nr. 7 VOB/B einschlägig. In diesem Fall gilt die vorgenannte Beschränkung des Schadensersatzanspruchs nicht.

Ein **entgangener Gewinn** kann vom Auftraggeber auch dann geltend gemacht werden, wenn der Auftragnehmer die Bauausführung vereitelt, was dann anzunehmen ist, wenn er die Erfüllung des Bauvertrages ernsthaft und endgültig verweigert, ohne hierzu berechtigt zu sein.[1118] Dabei steht diesem Schadensersatzanspruch des Auftraggebers nicht entgegen, dass er am Vertrag weiter festhält und die Erfüllung durch den Auftragnehmer durchsetzt.

666

Als **Verzugsschäden** sind alle unmittelbaren und mittelbaren Schäden auszugleichen, die auf eine schuldhaft zögerliche Bauausführung seitens des Auftragnehmers zurückzuführen sind. Es handelt sich in der Regel um erhöhte Materialkosten sowie zusätzliches Architektenhonorar oder Gutachtenkosten.[1119]

667

### 4. Schadensersatzanspruch des Bestellers/Auftraggebers aus unerlaubter Handlung gemäß § 823 Abs. 1 BGB

Fraglich ist, ob bei Baumängeln neben der vertraglichen Mängelhaftung zugleich auch Ansprüche aus unerlaubter Handlung gemäß § 823 Abs. 1 BGB begründet sein können. Dabei ist eine Haftung des Unternehmers/Auftragnehmers für Baumängel aus § 823 Abs. 1 BGB immer dann von Bedeutung, wenn vertragliche Mängelrechte bereits früher als der deliktsrechtliche Anspruch verjährt sind.[1120]

668

Nach der ständigen Rechtsprechung des BGH ist eine **unerlaubte Handlung** bei Baumängeln nur dann zu bejahen, wenn durch die fehlerhafte Bauleistung in eine bereits vorhandene und vorher unversehrt gewesene im Eigentum des Bestellers/Auftraggebers bzw. eine Dritten stehende Sache eingegriffen wird. Der eingetretene Schaden darf also **nicht stoffgleich** sein mit dem Mangel, der dem Bauwerk von Anfang an anhaftet.[1121] Die mangelhafte Errichtung eines Bauwerks selbst ist also für sich allein noch keine Eigentumsverletzung, denn darin erweist sich lediglich ihr Mangelunwert.[1122]

669

---

1118 BGH BauR 1976, 126; ZfBR 1980, 229.
1119 § 5 Nr. 4 VOB/B gewährt dem Auftraggeber neben dem Anspruch auf Schadensersatz wahlweise ein Kündigungsrecht. Vgl. hierzu die Ausführungen unter Rn. 571. Wegen des Schadensersatzanspruchs aus § 8 Nr. 3 VOB/B kann auf die Ausführungen unter Rn. 248 f. verwiesen werden.
1120 Während die in § 634 Nr. 4 BGB sowie § 13 Nr. 7 VOB/B geregelten Mängelansprüche des Bestellers/Auftraggebers nach § 634a BGB (bei Bauwerken 5 Jahre) sowie § 13 Nr. 4 VOB/B (in der Regel 4 Jahre) verjähren, gilt bei der Delikthaftung die regelmäßige Verjährung gemäß §§ 195, 199 Abs. 1 BGB. Zwar beträgt die regelmäßige Verjährung gemäß § 195 BGB drei Jahre, doch bleibt zu beachten, dass diese regelmäßige Verjährungsfrist erst am Schluss des Jahres beginnt, in dem der Anspruch entstanden ist und eine Kenntnis bzw. eine grob fahrlässige Unkenntnis des Anspruchsinhabers um den Anspruch vorliegt, Kapellmann/Messerschmidt-Weyer, § 13 VOB/B, Rn. 394.
1121 BGH BauR 2001, 800 (801); BauR 1992, 388; BauR 1985, 595 (596); Staudinger-Peters, § 634 BGB, Rn. 144; Werner/Pastor, Rn. 1840; Kapellmann/Messerschmidt-Weyer, § 13 VOB/B, Rn. 392.
1122 BGH BauR 1992, 388 (391); OLG München OLGR 1995, 2 (3); von Westphalen, ZIP 1992, 532; Werner/Pastor, Rn. 1839; Kapellmann/Messerschmidt-Weyer, § 13 VOB/B, Rn. 392, Staudinger-Peters, § 634 BGB, Rn. 144.

670 Vor diesem Hintergrund ist eine Eigentumsverletzung dann zu bejahen, wenn auf im Eigentum des Bestellers/Auftraggebers bzw. eines Dritten stehende Sachen eingewirkt wird, die überhaupt nicht in das auszuführende Werk einbezogen waren. Folglich muss sich der Mangel auf die schon vorhandenen, bis dahin unversehrt gewesenen Teile des zu behandelnden Gegenstandes ausgewirkt und diese dadurch beschädigt haben. Weiterhin liegt eine Eigentumsverletzung auch dann vor, wenn nur ein selbstständig abgrenzbares Einzelteil mit Gesamtfunktion mangelbehaftet war und zu einem Schaden an der übrigen einwandfreien Gesamtanlage führt.[1123, 1124]

671 Ist ein deliktischer Schadensersatzanspruch aus § 823 Abs. 1 BGB zu bejahen, beschränkt sich der Ersatzanspruch des Bestellers/Auftraggebers auf den Betrag, der zur Herstellung des ursprünglichen Zustandes erforderlich ist.[1125]

### B. Die Sicherung bauvertragliche Ansprüche beim Vorliegen von Mängeln

672 Beispielsfall:

673 Ihr Mandant, der Eigentümer eines Mehrfamilienhauses ist, berichtet, dass er die X-GmbH im Zuge einer von ihm durchgeführten Fassadenerneuerung beauftragt hat, den neuen Putz aufzubringen. Zwei Monate nach förmlicher Abnahme der von der X-GmbH geschuldeten Leistungen hat sich gezeigt, dass der Putz an der Vorderfront der Fassade im Bereich zwischen dem 2. und 3. OG in großem Umfang gerissen ist. Der Putz ist teilweise locker und fällt ab. Die X-GmbH weist jegliche Verantwortlichkeit von sich.

674 Der Rechtsanwalt geht ein erhebliches Risiko ein, wenn er in diesem Fall nach Erhalt der Information durch seinen Mandanten kurzerhand Klage einreicht. Betrachtet man die Angelegenheit genauer, so hängt die Frage des Bestehens eines **Mängelanspruchs** des Mandanten von zahlreichen bisher ungeklärten Vorfragen ab. Dabei geht es um die Frage, ob die Feststellungen des Mandanten zutreffen. Ferner darum, welche Maßnahmen zur Beseitigung der Mängel erforderlich sind und welche Kosten bei der Beseitigung der Mängel entstehen?

675 Der vorgenannte Fall belegt, dass man bei der Vorbereitung eines Bauprozesses ohne Durchführung eines **selbstständigen Beweisverfahrens** praktisch nicht mehr auskommen wird. Mit dem selbstständigen Beweissicherungsverfahren (§§ 485 ff. ZPO) wird den Baubeteiligten ein sinnvolles und schlagkräftiges Sicherungsmittel an die Hand gegeben, um eine **vorweggenommene Tatsachenfeststellung** frühzeitig klären und dadurch einen Hauptsacheprozess vorbereiten zu können. Das konkrete Ziel der

---

1123 BGH DB 1978, 1878; Kaiser, Rn. 162; Schlechtriem, ZfBR 1992, 95 (100); Staudinger-Peters, § 634 BGB, Rn. 144; Kapellmann/Messerschmidt-Weyer, § 13 VOB/B, Rn. 392.

1124 Dies muss auch dann gelten, wenn mangelhafte Einzelteile in ein Bauwerk eingebracht werden, denn in diesem Fall werden mangelbehaftete Bauteile mit einwandfreien verbunden und dabei durch einen Mangel die anderen Teile oder sogar die gesamte neue Sache beschädigt oder unbrauchbar, BGH BauR 1992, 388 (392).

1125 Es handelt sich dabei nicht um einen Vorschussanspruch. Der Anspruch aus § 823 Abs. 1 BGB ist erst nach der Schadensbeseitigung abzurechnen.

Beweissicherung kann dabei vielfältiger Natur sein. Im Bauprozess geht es jedoch regelmäßig darum:
- Baumängel und deren Ursachen festzustellen
- die Sanierungsmaßnahmen und Mängelbeseitigungskosten zu präzisieren
- die Verantwortlichkeit für Mängel festzustellen
- einen Bautenstand festzustellen, bzw.
- Mengen und Massen und deren Richtigkeit festzustellen

Wegen der Einzelheiten der Durchführung eines selbstständigen Beweisverfahrens ist auf die Ausführungen in „§ 4 Das selbstständige Beweisverfahren" zu verweisen.

### C. Prozess

Prozessuale Besonderheiten stellen sich, wenn es um die Ansprüche des Auftraggebers gegen den Auftragnehmer geht, nicht. Es kann deshalb auf die umfassenden Ausführungen unter § 2 C. II. verwiesen werden.

### D. Zwangsvollstreckung

**Literatur:** Guntau, Fälle zum Vollstreckungsrecht nach §§ 887-890 ZPO, JuS 1983, 687.

Liegt dem Besteller/Auftraggeber gegenüber dem Unternehmer/Auftragnehmer ein vollstreckbarer Titel gemäß §§ 704, 794 Abs. 1 ZPO vor, entstehen im Rahmen der Zwangsvollstreckung in der Praxis regelmäßig dann Probleme, wenn sich die nach dem Titel zu vollstreckende Leistung auf eine **Beseitigung von Mängeln** bezieht.

Da dem Unternehmer/Auftragnehmer sowohl beim BGB-Bauvertrag wie auch beim VOB-Bauvertrag die Art und Weise der Nacherfüllung überlassen bleibt,[1126] kann der Besteller/Auftraggeber grundsätzlich nur auf **Beseitigung des Mangels**, nicht aber auf Vornahme einer bestimmten Nacherfüllungsmodalität klagen.[1127]

Vor diesem Hintergrund können im Zwangsvollstreckungsverfahren erste Probleme dann entstehen, wenn es um die Frage geht, ob überhaupt ein **vollstreckungsfähiger Titel** vorliegt. Von einem vollstreckungsfähigen Titel kann nur dann ausgegangen werden, wenn die zu vollstreckende Handlung (Baumaßnahme) aus dem Vollstreckungstitel selbst erkennbar ist. Dabei muss die Tenorierung für sich verständlich sein und auch für jeden Dritten erkennen lassen, was der Besteller/Auftraggeber als Vollstreckungsgläubiger von dem Unternehmer/Auftragnehmer als Vollstreckungsschuldner verlangen kann.[1128] Ist der Titel nicht bestimmt genug, fehlt ihm die Vollstreckungsfähigkeit.

---

[1126] BGH NJW 1973, 1792; BauR 1988, 97; Werner/Pastor, Rn. 1565.
[1127] BGH BauR 1973, 313; Werner/Pastor, Rn. 1566. Etwas anderes gilt für den Fall, wenn der Mangel nur auf eine bestimmte Art und Weise beseitigt werden kann. In diesem Fall kann der Besteller/Auftraggeber ausnahmsweise die Vornahme einer bestimmten Art und Weise der Mängelbeseitigung bzw. Neuherstellung klagen, BGH BauR 1997, 638; OLG Köln BauR 1977, 275 (277); Werner/Pastor, Rn. 1565f.
[1128] BGH BauR 1993, 111 (115); OLG Koblenz BauR 1999, 942 (943) und BauR 1998, 1050; OLG Stuttgart NJW-RR 1999, 792.

# § 3 Die Ansprüche des Auftraggebers

**681** Ist der Unternehmer/Auftragnehmer zu einer Mängelbeseitigungshandlung verurteilt worden, richtet sich die Vollstreckung nach §§ 887, 888 ZPO. § 887 ZPO kommt dann zur Anwendung, wenn vom Schuldner eine Handlung verlangt werden kann, die vertretbar ist. Eine Handlung ist **vertretbar**, wenn es dem Gläubiger wirtschaftlich gleichgültig ist, wer die Handlung vornimmt, und die Vornahme durch einen Dritten rechtlich zulässig ist.[1129] Dem entgegen ist eine Handlung dann **unvertretbar**, wenn sie ein Dritter nicht vornehmen darf oder kann, oder nicht so vornehmen kann, wie es dem Schuldner möglich ist, sie also nur von dem Schuldner erbracht werden kann. Bezieht sich der Titel auf eine Mängelbeseitigungshandlung, handelt es sich regelmäßig um eine vertretbare Handlung.[1130]

**682** Bei Vorliegen des vollstreckbaren Titels ist dem Vollstreckungsschuldner zur Erbringung der Leistungshandlung eine **angemessene Ausführungsfrist** zuzubilligen.[1131] Gerade bei größeren Bauvorhaben muss dem Vollstreckungsschuldner ein längerer Zeitraum zur Einrichtung der Baustelle sowie Vornahme der Nachbesserung bzw. Neuherstellung eingeräumt werden. Erst dann, wenn der Vollstreckungsschuldner die Vornahme der Handlung ausdrücklich verweigert bzw. die vom Vollstreckungsgläubiger gesetzte angemessene Ausführungsfrist ergebnislos verstrichen ist, kann der Vollstreckungsgläubiger einen Antrag nach § 887 Abs. 1 ZPO stellen.[1132]

**683** Hängt die Vornahme der vom Vollstreckungsschuldner zu erbringenden Handlungen von einer **Mitwirkungshandlung** des Bestellers/Auftraggebers ab, ist ein Antrag des Vollstreckungsgläubigers gemäß § 887 Abs. 1 ZPO abzulehnen, wenn der Vollstreckungsschuldner die Erbringung der Mängelbeseitigung angeboten hat, diese aber von dem Vollstreckungsgläubiger grundlos verweigert wird.[1133] Gleiches gilt dann, wenn der Vollstreckungsgläubiger die zur Mängelbeseitigung erforderlichen Pläne und Unterlagen nicht zur Verfügung stellt. Sind behördliche Genehmigungen erforderlich, müssen diese von dem Vollstreckungsgläubiger eingeholt werden. Dies betrifft auch notwendige Vorarbeiten des Vollstreckungsgläubigers, auf die der Vollstreckungsschuldner aufbaut. Im Falle der **doppelten Zug um Zug Verurteilung** braucht der Auftraggeber/Besteller nicht vorzuleisten, sondern muss den Zuschussbetrag nur tatsächlich anbieten. Sodann hat der Vollstreckungsschuldner die Nachbesserungsarbeiten zu erbringen und erhält daraufhin den Zuschuss ausgezahlt. Im Falle seiner Weigerung hat er unbeschränkt die Zwangsvollstreckung gemäß § 887 ZPO zu dulden.[1134]

**684** Im Rahmen des Vollstreckungsverfahrens gemäß § 887 Abs. 1 ZPO wird der Vollstreckungsgläubiger nach Anhörung des Vollstreckungsschuldners (§ 891 ZPO) durch

---

[1129] OLG Hamm OLGZ 1967, 250; Werner/Pastor, Rn. 2756.
[1130] BGH BauR 1993, 111 (112); BauR 1994, 40). Anders OLG München NJW-RR 1992, 768 für den Fall, dass mehrere Unternehmer/Auftragnehmer zusammenwirken müssen. Hier soll § 888 ZPO einschlägig sein.
[1131] OLG München MDR 1962, 487; Werner/Pastor Rn. 2759.
[1132] OLG Zweibrücken JurBüro 1982, 939 (941). Bestreitet der Vollstreckungsschuldner im Verfahren nach § 887 Abs. 1 ZPO, dass ihm seitens des Vollstreckungsgläubigers eine angemessene Frist zur Mängelbeseitigung bzw. Neuherstellung gesetzt worden ist, so ist diesbezüglich gegebenenfalls Beweis zu erheben.
[1133] OLG Zweibrücken JurBüro 1982, 939 (941).
[1134] BGH BauR 1984, 401. Vgl. hierzu die Ausführungen unter Rn. 502 ff.

Beschluss des Prozessgerichts erster Instanz als Vollstreckungsorgan ermächtigt, die Handlung auf Kosten des Vollstreckungsschuldners vorzunehmen.[1135, 1136]

Auf Antrag des Vollstreckungsgläubigers ist der Vollstreckungsschuldner gemäß § 887 Abs. 2 ZPO zu einer **Kostenvorschusszahlung** zu verurteilen. Die Höhe des Vorschusses richtet sich nach den voraussichtlichen Kosten, die durch das Gericht nach billigem Ermessen aufgrund einer Schätzung festzulegen sind.[1137] Der Beschluss ist Titel nach § 794 Abs. 1 Nr. 3 ZPO und als Kosten der Zwangsvollstreckung wie eine Geldforderung aufgrund des isolierten Ersatzvornahmebeschlusses nach § 887 ZPO zu vollstrecken (788 Abs. 1 Satz 1 ZPO).

685

Im Rahmen des § 887 Abs. 2 ZPO geht es lediglich um eine überschlägige und nicht in Rechtskraft erwachsene Feststellung der **voraussichtlichen Kosten**. Der Vollstreckungsgläubiger hat über den Vorschuss nach Mängelbeseitigung **abzurechnen**.[1138] Der Vollstreckungsschuldner hat deshalb die Abrechnung des Vollstreckungsgläubigers über den gezahlten Vorschuss abzuwarten. Wird der vom Vollstreckungsschuldner gezahlte Vorschuss vom Vollstreckungsgläubiger nicht verbraucht, ist dieser an den Unternehmer/Auftragnehmer zurückzuzahlen.[1139]

686

Macht der Vollstreckungsschuldner materiell-rechtliche Einwendungen gegen den vollstreckbaren Anspruch (insbesondere wegen Erfüllung) geltend, so sind diese im Verfahren nach §§ 887, 891 ZPO vom Prozessgericht nicht zu berücksichtigen. Der Vollstreckungsschuldner muss vielmehr vor demselben Gericht – aber ggf. vor einem anderen Spruchkörper – **Vollstreckungsgegenklage** erheben. Nur wenn die Erfüllung offenkundig ist oder vom Vollstreckungsgläubiger nach Anhörung des Vollstreckungsschuldners nicht mehr bestritten wird, erübrigt sich eine Klage nach § 767 ZPO, da sodann dem Antrag des Vollstreckungsgläubigers nach § 887 ZPO das Rechtsschutzbedürfnis fehlt.[1140]

687

Nach § 788 Abs. 1 ZPO fallen die **Kosten der Zwangsvollstreckung**, soweit sie notwendig waren, dem Vollstreckungsschuldner zur Last und sind sogleich mit dem zur Zwangsvollstreckung stehenden Anspruch beizutreiben.

688

---

1135 Streitig ist, ob in dem Antrag und/oder Beschluss nach § 887 Abs. 1 ZPO die Art und Weise der geschuldeten Handlung offen bleiben darf. Bejahend: OLG Hamm MDR 1983, 850; OLG München MDR 1987, 945; OLG Hamm BauR 1996, 900 (902). Verneinend: OLG Bamberg NJW-RR 2000, 358; OLG Stuttgart NJW-RR 1999, 792; OLG Frankfurt, JurBüro 1988, 259.
1136 Im Beschlusstenor wird nicht mit aufgenommen, wer mit der Bauleistung beauftragt werden kann. Für die Kosten der Entscheidung gelten gemäß § 891 Satz 2 ZPO die §§ 91-93, 95-100, 106 und 107 ZPO entsprechend.
1137 Aufgabe des Vollstreckungsgerichts wird es im Einzelfall sein, durch Auslegung des Titels Inhalt und Umfang der Nachbesserungspflicht zu klären, denn andernfalls wird es kaum in der Lage sein, sachgerecht über den Antrag des Gläubigers nach § 887 Abs. 2 ZPO zu entscheiden, BGH BauR 1993, 111 (114); OLG Köln OLGR 1996, 271.
1138 Werner/Pastor, Rn. 2781.
1139 OLG Düsseldorf BauR 1978, 503 (505).
1140 Guntau, JuS 1983, 687 (689).

# § 3 Die Ansprüche des Auftraggebers

**689** Muster: Zwangsvollstreckungsantrag auf Ermächtigung zur Ersatzvornahme sowie Leistung eines Kostenvorschusses gemäß § 887 ZPO

Amtsgericht ■■■

In der Zwangsvollstreckungssache
1. der ■■■, ■■■,
2. des ■■■, ebenda,

Gläubiger –,

Prozessbevollmächtigte: ...

gegen

die ■■■ GmbH, ■■■,

Schuldnerin –,

Prozessbevollmächtigte: ...

Namens und in Vollmacht der Gläubiger überreichen wir in der Anlage A1 das Urteil des Landgerichts ■■■ vom 17. April 2004 zum Aktenzeichen ■■■, welches dem Prozessbevollmächtigten der Schuldnerin am 06. Mai 2004 zugestellt worden ist. Wir beantragen nunmehr:

1. Die Gläubiger werden ermächtigt, die der Schuldnerin aufgrund des vorstehenden Titels obliegende Handlung, die Luftschalldämmung zwischen den Einfamilien-Reihenhäusern ■■■ 34, 35 und 36 in ■■■ der Gestalt nachzubessern, dass die Mindestwerte von 57 dB nach DIN 4109 erreicht werden und zwar mittels Durchsägen der Haustrennwände einschließlich aller Nebenarbeiten, auf Kosten der Schuldnerin vornehmen zu lassen.
2. Die Schuldnerin wird verurteilt, für die Kosten, die zur Vornahme der in Ziffer 1 des Antrags bezeichneten Handlungen entstehen, einen Vorschuss in Höhe von EUR 55.000,00 an die Gläubiger zu bezahlen.
3. Uns eine vollstreckbare Ausfertigung des Ermächtigungsbeschlusses zu erteilen.

Begründung:

Mit Urteil des Landgerichts ■■■ vom 17. April 2004 zum Aktenzeichen ■■■ ist die Schuldnerin verurteilt worden, die Luftschalldämmung zwischen den Einfamilien-Reihenhäusern ■■■ 34, 35 und 36 in ■■■ der Gestalt nachzubessern, dass die Mindestwerte von 57 dB nach DIN 4109 erreicht werden und zwar mittels Durchsägen der Haustrennwände einschließlich aller Nebenarbeiten. Dieser Verpflichtung ist die Schuldnerin bis heute nicht nachgekommen, obwohl ihr dies möglich war. Mit Schreiben vom 15. Juni 2004 unter Fristsetzung bis zum 15. Oktober 2004 sind die vorgenannten Mängelbeseitigungsarbeiten letztmalig angemahnt worden. Da die der Schuldnerin gesetzte Frist ergebnislos verstrichen ist, ist es notwendig, die Gläubiger zur Vornahme der geschuldeten Handlungen auf Kosten der Schuldnerin zu ermächtigen. Wir überreichen in der Anlage A2 den Kostenvoranschlag der Firma ■■■, ■■■, wonach sich die Kosten der Ersatzvornahme voraussichtlich auf EUR 55.000,00 belaufen.

Beweis: Angebot der Firma ■■■ vom 18. Oktober 2004 – Anlage A2.

Rechtsanwalt

# § 4 Das selbstständige Beweisverfahren

**Literatur:** Booz, Beweissicherungsverfahren in der Gesetzesänderung, BauR 1989, 30; Cuypers, Das selbständige Beweisverfahren in der juristischen Praxis, NJW 1994, 1985; Deckert, Die Klagebefugnis bei Gewährleistungsansprüchen wegen anfänglicher Baumängel am Gemeinschaftseigentum der neu erstellen Eigentumswohnanlage, ZfBR 1984, 161; Hansens, Die wichtigsten Änderungen im Bereich der Zivilgerichtsbarkeit aufgrund des Rechtspflege-Vereinfachungsgesetzes, NJW 1991, 953; Hesse, Feststellung von Mängelursachen im Beweissicherungsverfahren, BauR 1984, 23; Kamphausen, Nochmals: Sachverständigenablehnung im Beweissicherungsverfahren, BauR 1984, 31; Heyers, Entwicklung des Meinungsstandes zu einigen aktuellen Fragen des Beweissicherungsrechtes, BauR 1996, 268; Hoeren, Streitverkündung im selbständigen Beweisverfahren, ZZP 95, Bd. 108, 343; Kunze, Streitverkündung im selbständigen Beweisverfahren, NJW 1996, 102; Parmentier, Förmliche Zustellung der Streitverkündungsschrift – Anmerkung zu dem Beitrag von Schulz, BauR 2001, 327 ff., BauR 2001, 888; Pauly, Das selbständige Beweisverfahren in Bausachen, JR 1996, 269; Pauly, Das selbständige Beweisverfahren in der Baurechts-Praxis, MDR 1997, 1087; Quack, Neuerungen für den Bauprozess, vor allem beim Beweisverfahren. Zur Bedeutung der Änderungen der ZPO durch das Rechtspflege-Vereinfachungsgesetz, BauR 1991, 278; Quack, Streitverkündung im selbständigen Beweisverfahren und kein Ende?, BauR 1994, 153; Rosenberger, Wohnungseigentümer: Geltendmachung von Gewährleistungsansprüchen; AGB: Vertragstyp und Abtretung von Gewährleistungsrechten, BauR 1980, 267; Schmitz, Einzelne Probleme des gerichtlichen Beweissicherungsverfahrens in Bausachen, BauR 1981, 40; Schneider, Die neue Rechtsprechung zum zivilprozessualen Beweisrecht (II), MDR 1975, 538; Scholtissek, Sind im selbständigen Beweisverfahren Fragen bezüglich erforderlicher Maßnahmen zur Beseitig und er festgestellten Mängel und hierfür aufzuwendende Kosten zulässig?, BauR 2000, 1118; Schreiber, Das selbständige Beweisverfahren, NJW 1991, 2600; Schulze, Ablehnung von Sachverständigen im Beweissicherungsverfahren, NJW 1984, 1019; Siegburg, Zum Beweisthema des Beweisbeschlusses beim Sachverständigenbeweis über Baumängel, BauR 2001, 875; Thomas, Streitverkündung und Nebenintervention im selbständigen Beweisverfahren, BauR 1992, 299; Weise, Die Bedeutung der Mangelerscheinungen im Gewährleistungsrecht, BauR 1991, 19; Weyer, Erste praktische Erfahrungen mit dem neuen selbständigen Beweisverfahren, BauR 1992, 313; Wirth, Streitverkündung im selbständigen Beweisverfahren, BauR 1992, 300; Wussow, Probleme der gerichtlichen Beweissicherung in Baumängelsachen, NJW 1969, 1401.

## A. Inhalt und Bedeutung des selbstständigen Beweisverfahrens

Zum Zwecke der Vorbereitung eines Hauptsacheprozesses wird den Baubeteiligten mit dem selbstständigen Beweisverfahren ein effizientes Sicherungsmittel zur Verfügung gestellt, um eine **vorweggenommene Tatsachenfeststellung** bewirken zu können. Das konkrete Ziel der Beweissicherung kann dabei vielfältiger Natur sein. Im Bauprozess geht es jedoch regelmäßig darum:

690

- Baumängel und deren Ursachen festzustellen
- die Sanierungsmaßnahmen und Mängelbeseitigungskosten zu präzisieren
- die Verantwortlichkeit für Mängel festzustellen
- einen Bautenstand festzustellen bzw.
- Mengen und Massen und deren Richtigkeit festzustellen

**691** Darüber hinaus dient das selbstständige Beweisverfahren der Entlastung der Gerichte von vermeidbaren Prozessen und einer Erleichterung bzw. Beschleunigung der Prozessführung.[1141] Ein selbstständiges Beweisverfahren macht selbst dann Sinn, wenn dem Anspruchsteller bereits ein Privatgutachten vorliegt. Wird ein **Privatgutachten** in einem laufenden Hauptsacheverfahren als Beweismittel eingeführt, dann handelt es sich grundsätzlich nur um einen substantiierten, urkundlich belegten Parteivortrag, und nicht um einen Sachverständigenbeweis, der im Rahmen eines selbstständigen Beweisverfahrens gemäß § 493 Abs. 1 ZPO eingeholt werden kann.[1142]

**692** Eine rechtliche Verbindung zu einem bestimmten Rechtsstreit ist für ein selbstständiges Beweisverfahren nicht notwendig. Das Gericht muss gemäß § 485 Abs. 2 Satz 2 ZPO allerdings prüfen, ob aus den Tatsachen, die durch die Beweiserhebung festgestellt werden sollen, überhaupt ein bürgerlicher Rechtsstreit entstehen kann.

**693** Es ist nicht notwendig, dass überhaupt ein Rechtsstreit anhängig gemacht wird. Dies gilt deshalb, da das selbstständige Beweisverfahren erklärtermaßen dazu dient, Bauprozesse schon im Vorfeld zu vermeiden.[1143] Als Folge dessen ist darauf hinzuweisen, dass mit dem Antrag auf Beweissicherung der Anspruch, um dessen Willen die Beweissicherung vorgenommen wird, nicht rechtshängig wird. Die Einleitung des selbstständigen Beweisverfahrens führt gem. § 204 Abs. 1 Nr. 7 BGB allerdings zu einer **Hemmung der Verjährung**.[1144]

**694** Ein Beweissicherungsantrag ist jedoch unzulässig, wenn über dasselbe Thema bereits im Hauptsacheprozess Beweis angeordnet worden ist (§ 485 Abs. 3 ZPO) oder wenn das Verfahren, auf das sich der Antrag beziehen könnte, rechtskräftig abgeschlossen ist.

**B. Besondere Zulässigkeitsvoraussetzungen**

**695** Das Gericht ist an den Tatsachenvortrag des Antragstellers gebunden und muss dem Antrag stattgeben, wenn das selbstständige Beweisverfahren nach einer der nachfolgenden Alternativen des § 485 ZPO zulässig ist. Die Erheblichkeit der Beweistatsachen

---

1141 Zöller-Herget, Vor § 485 ZPO, Rn. 2; Werner/Pastor, Rn. 1.
1142 Ein Privatgutachten kann jedoch auf Antrag der vorlegenden Partei als Urkundsbeweis, auch gegen den Willen des Beklagten, verwertet werden, falls es dem Gericht gemäß § 286 ZPO zum Nachweis der behaupteten Tatsache genügt. Dasselbe gilt, wenn beide Parteien mit der Verwertung einverstanden sind. Das Gericht muss in diesen Fällen die Parteien darauf hinweisen, dass es die Urkunde zum Beweis verwerten will. Diese Urkunde erbringt den Beweis, dass der Privatgutachter die im Gutachten getroffenen Feststellungen und Bewertungen gemacht hat, nicht aber, dass sie auch tatsächlich zutreffen (§ 416 ZPO).
1143 So dient das selbstständige Beweisverfahren gerade der Vermeidung eines Bauprozesses im Vorfeld. Konsequenter Weise sieht § 492 Abs. 3 ZPO auch lediglich einen Erörterungs-/Vergleichstermin vor; vgl. insoweit auch.
1144 Vgl. hierzu die weitergehenden Ausführungen unter Rn. 737 ff.

oder etwaige Erfolgsaussichten einer Klage sind nicht zu prüfen. Es kommt auch nicht darauf an, ob die begehrte Beweissicherung überhaupt durchführbar ist. Es ist vielmehr einer Frage, die sich erst bei der Durchsetzung des Beweisbeschlusses stellt und hier gegebenenfalls einer weiteren Klärung bedarf.

### I. Zustimmung des Gegners gemäß § 485 Abs. 1, 1. Alt. ZPO

Während oder außerhalb eines Streitverfahrens (Hauptsacheprozess) ist das selbstständige Beweisverfahren gemäß § 485 Abs. 1, 1. Alt. ZPO zulässig, wenn der **Gegner zustimmt**.[1145, 1146] Dabei beschränkt sich die Beweiserhebung nicht nur auf die Einholung eines **Sachverständigengutachtens**. Auch eine im selbstständigen Beweisverfahren durchgeführte **Zeugenvernehmung** beziehungsweise **Augenscheinsnahme** kommt in Betracht.[1147]

Da eine Zustimmung des Gegners nach § 485 Abs. 1 1. Alt. ZPO nur ausnahmsweise vorliegen wird, ist der Antrag in der Regel auf § 485 Abs. 1 2. Alternative ZPO und sie insoweit notwendige „Veränderungsgefahr" zu stützen.

### II. Veränderungsgefahr gemäß § 485 Abs. 1, 2. Alt. ZPO

Gemäß § 485 Abs. 1, 2. Alt. ZPO ist das selbstständige Beweisverfahren auch außerhalb eines Streitverfahrens (Hauptsacheprozess) ohne Zustimmung des Gegners zulässig, wenn zu Besorgen ist, dass das **Beweismaterial verloren** oder seine **Benutzung erschwert** wird.[1148]

So besteht beim Vorliegen von Baumängeln in der Regel die Gefahr, dass eine Veränderung des gegenwärtigen Zustands des Bauwerks unmittelbar bevor steht, was dann zur Folge hat, dass eine später durchgeführte Augenscheinseinnahme bzw. eine Begutachtung des gerügten Baumangels durch einen Sachverständigen praktisch zu spät kommen würde, weil eine Tatsachenfeststellung vor dem Hintergrund des veränderten Istzustandes unmöglich ist oder zumindest erschwert wird. Dabei ist insbesondere an Mängel an Vorgewerken zu denken, die durch die Ausführung von Nachfolgearbeiten nicht mehr oder nur noch schwer feststellbar sind. Alleine der Umstand, dass der Antragssteller das Beweismittel prinzipiell durch geeignete Maßnahmen oder durch ein Unterlassen von Veränderungen erhalten kann, führt nicht dazu, dass der Antrag auf gerichtliche Beweissicherung unzulässig ist. Vielmehr kommt es insoweit allein auf die Frage der **Zumutbarkeit der Beweismittelerhaltung** an.[1149]

---

1145 Bei der Zustimmung, die gegenüber dem Gericht zu erklären ist, handelt es sich um eine unwiderrufliche und nicht anfechtbare Prozesshandlung; (hM) Cuypers, NJW 1994, 1985; Wussow, NJW 1969, 1401; Schmitz, BauR 1981, 40; Kleine-Möller/Merl/Oelmaier-Oelmeier/Kleine-Möller, § 17 Rn. 99; a.A. Pauly, JR 1996, 269 (271); Wieczorek, § 485 ZPO, B III b (mit bejahter Widerruflichkeit); Weise, Rn. 171.
1146 Zum Nachweis der Zustimmung durch den Gegen reicht eine Glaubhaftmachung (§ 294 ZPO) aus; Zöller-Herget, § 485 ZPO, Rn. 2.
1147 Denkbare ist eine Zeugenvernehmung wegen eines Auslandsaufenthaltes oder des hohen Alters eines Zeugen; vgl. insoweit OLG Nürnberg NJW-RR 1998, 575.
1148 Wie bereits bei § 485 Abs. 1, 1. Alt. ZPO ausgeführt, bezieht sich die Beweiserhebung auch bei § 485 Abs. 1, 2. Alt. ZPO nicht nur auf die Einholung eines Sachverständigengutachtens, sondern gleichsam auch auf die Augenscheinsnahme und die Zeugenvernehmung.
1149 OLG Köln MDR 1994, 94; LG Heilbronn BauR 1980, 93 Heyers, BauR 1986, 268ff.; Weise, Rn. 188f.

700 Streitig ist die Frage, ob sich das selbstständige Beweissicherungsverfahren nach § 485 Abs. 1 ZPO in Abgrenzung zum Verfahren nach § 485 Abs. 2 ZPO ausschließlich auf die Mängelfeststellung bezieht[1150] oder aber durch den Sachverständigen auch die **Mängelursachen**, die Verantwortlichkeit eines Baubeteiligten, die notwendigen Mängelbeseitigungsarbeiten sowie die Mängelbeseitigungskosten ermittelt werden können.[1151] Schließlich ist ein selbstständiger Beweisantrag nach § 485 Abs. 1 ZPO unstreitig unzulässig, der auf eine reine **Ausforschung** hinausläuft.[1152]

### III. Sachverständigenbeweis gemäß § 485 Abs. 2 ZPO

701 Ist ein Rechtsstreit noch nicht anhängig, kann gemäß § 485 Abs. 2 ZPO die schriftliche Begutachtung durch einen **Sachverständigen** beantragt werden, wenn ein rechtliches Interesse daran besteht, dass
- der Zustand oder der Wert einer Sache,
- die Ursachen eines Sachschadens oder Sachmangels bzw.
- der Aufwand für die Beseitigung eines Sachschadens oder Sachmangels festgestellt wird.

702 Wichtig ist, dass bei § 485 Abs. 2 ZPO das Verfahren nicht von einem drohenden Beweismittelverlust abhängig ist.[1153] Im Rahmen des selbstständigen Beweisverfahrens nach § 485 Abs. 2 ZPO ist eine über den allein vorgesehenen Sachverständigenbeweis hinausgehende Beweiserhebung etwa durch Einnahme eines gerichtlichen Augenscheins oder Vernehmung von Zeugen nicht zulässig.[1154]

703 Nach herrschender Meinung beschränken sich bei § 485 Abs. 2 ZPO die Feststellungen des **Zustands** oder dem **Wert einer Sache** durch den Sachverständigen nicht nur auf das, was sich den Sachverständigen bei einer Ortsbesichtigung darbietet, sondern auch auf Tatsachen, die erst nach eingehender Untersuchung – u.U. auch nach einem Eingriff in die Bausubstanz – festzustellen sind.[1155] Richtigerweise kann auch nach dem früheren Zustand einer Sache gefragt werden.[1156] Dies ist insbesondere dann von Relevanz, wenn es um die Frage der Arglist des Antragsgegners geht.

704 Die **Ursachenfeststellung** beschränkt sich nicht nur auf die Ermittlung der Kausalität, sondern erfasst auch die Zuordnung des Schadens/Mangels auf die am Beweisverfahren beteiligten Personen.[1157] Deren Mitverursachung kann mit einer Quote verdeutlicht werden, wobei diese allein den Anteil der Verursachung, nicht den rechtlichen

---

1150 So Schreiber, NJW 1991, 2600f.; MünchKomm-Schreiber, § 485 ZPO, Rn. 12; Weise, Rn. 195.
1151 So Werner/Pastor, Rn. 24; Quack, BauR 1991, 278 (281); Weyer, BauR 1992, 313 (317); Scholtissek, BauR 2000, 1118ff.; Booz, BauR 1989, 30 (33).
1152 OLG Köln BauR 2002, 1120; KG BauR 1992, 407; OLG Frankfurt BauR 1995, 275; LG Frankenthal MDR 1984, 854; LG Heilbronn BauR 1980, 93; Siegburg, BauR 2001, 875 (884); Weise, Rn. 134ff.
1153 OLG Frankfurt BauR 1993, 637 (638).
1154 OLG München OLGR 2000, 346.
1155 OLG Düsseldorf NJW-RR 1997, 1360. Gemäß § 404a Abs. 1 ZPO wird das Gericht den Sachverständigen in diesem Fall anweisen, für die Beseitigung der als Folge der Untersuchung angerichteten Schäden Sorge zu tragen.
1156 Kleine-Möller/Merl/Oelmaier-Oelmeier/Kleine-Möller, § 17 Rn. 117.
1157 OLG München BauR 1998, 363; Thüringisches OLG BauR 2001, 1945; Weise, Rn. 219.

Haftungsanteil festlegt.¹¹⁵⁸ Die **Feststellung des Aufwands** umfasst nicht nur die Ermittlung der Beseitigungskosten, sondern auch die Darstellung der notwendigen bautechnischen Maßnahmen.¹¹⁵⁹

Sinn und Zweck des § 485 Abs. 2 ZPO ist es, Streitfragen mithilfe eines unparteiischen Sachverständigen abzuklären und einer Einigung zuzuführen. Ein **rechtliches Interesse**, das gemäß § 487 Nr. 4 ZPO Zulässigkeitsvoraussetzung ist, wird gemäß § 485 Abs. 2 Satz 2 ZPO dann zu bejahen sein, wenn die Feststellung der Vermeidung eines Rechtsstreits dienen kann. Geboten ist eine großzügige Auslegung.¹¹⁶⁰ Es ist innerhalb von Rechtsbeziehungen selbst dann zu bejahen, wenn der Antragsgegner bisher jegliche Vergleichsbereitschaft hat vermissen lassen. Soll die Verjährung durch das selbstständige Beweisverfahren gehemmt werden, besteht immer ein rechtliches Interesse.

Ein rechtliches Interesse kann daher allenfalls zu verneinen sein, wenn es an jeglichem rechtlichen Bezug zum Antragsgegner fehlt.¹¹⁶¹ Dies ist dann gegeben, wenn ganz offensichtlich ist, dass Ansprüche, aus denen die begehrte Feststellung hergeleitet werden kann, offensichtlich nicht bestehen, der Beweissicherungsantrag folglich als mutwillig zu bezeichnen ist. Er ist dann als rechtsmissbräuchlich zurückzuweisen.¹¹⁶²

## C. Die Antragsschrift

§§ 486 Abs. 4, 487 ZPO stellen klar, dass das selbstständige Beweisverfahren eines Antrages bedarf und welche Voraussetzungen er erfüllen muss. Der Antrag muss enthalten:
- die Bezeichnung des Gegners, § 487 Nr. 1 ZPO
- die Bezeichnung der Tatsachen, über die Beweis erhoben werden soll, § 487 Nr. 2 ZPO
- die Benennung der Zeugen oder die Bezeichnung der übrigen nach § 485 ZPO zulässigen Beweismittel, § 487 Nr. 3 ZPO

---

1158 OLG Frankfurt BauR 2000, 1370; OLG München OLGZ 1992, 470; OLG Düsseldorf NJW-RR 1997, 1312; OLG Düsseldorf BauR 1996, 896.
1159 OLG München BauR 1998, 363.
1160 OLG Stuttgart BauR 2000, 923; KG KGR 1999, 33 und 219; OLG Koblenz OLGR 1998, 431.
1161 BGH IBR 2004, 733; OLG Köln NJW-RR 1996, 573 (574); OLG Düsseldorf NJW-RR 2001, 1725 (1726).
1162 Das Rechtsschutzinteresse ist deshalb zu bejahen, wenn der Auftraggeber nach einer Neuherstellung neue Mängel rügt (LG Stuttgart BauR 2000, 924), die Begutachtung durch einen Sachverständigen unabdingbar ist (Werner/Pastor, Rn. 35; Cuypers, NJW 1994, 1985 (1987)), es um die Inanspruchnahme eines Bürgen geht (OLG Frankfurt MDR 1991, 989), eine Regresshaftung droht, ein Streitverkünder, der in einem selbstständigen Beweisverfahren dem Streitverkündenden (dort: Antragsgegner) beigetreten ist, gegen diesen ein neues Beweisverfahren anstrengt, selbst dann, wenn noch keine konkreten Regressansprüche angedroht sind (OLG Stuttgart BauR 2000, 923), Verjährung droht (Schreiber, BauR 1991, 2600 (2601); Koeble, S. 107; Weise, Rn. 207; a.A. LG Amberg BauR 1984, 93) oder möglicherweise bereits eingetreten ist (OLG Düsseldorf BauR 2001, 128). Das Rechtsschutzinteresse ist dem entgegen zu verneinen, wenn ein Verzicht des Antragstellers auf seine Gewährleistungsansprüche vorliegt (OLG Karlsruhe BauR 1997, 356), ein selbstständiges Beweisverfahren bereits stattgefunden hat, an dem der Antragsteller als Antragsgegner beteiligt war (OLG Düsseldorf BauR 1997, 515 (517)), es ausschließlich um die Lösung von Rechtsfragen geht (OLG München BauR 1993, 117), die streitigen Tatsachen ausschließlich zwischen dem Antragsteller und seinem Streitverkündeten oder Streithelfer relevant werden (KG KGR 1999, 396), ein Leistungsverzeichnis für die Mängelbeseitigung erstellt werden soll (Weyer, BauR 1992, 313 (315f.)).

- die Glaubhaftmachung der Tatsachen, die die Zulässigkeit des selbstständigen Beweisverfahrens und die Zuständigkeit des Gerichts begründen sollen, § 487 Nr. 4 ZPO

708 Anwaltszwang besteht für den Antrag gemäß § 486 Abs. 4 ZPO nicht.

709 Muster: Antrag auf Durchführung eines selbstständigen Beweisverfahrens

Landgericht ▪▪▪

▪▪▪

Antrag auf Durchführung eines selbstständigen Beweisverfahrens

In Sachen

▪▪▪, ▪▪▪,

Antragstellerin

Verfahrensbevollmächtigte: ▪▪▪

gegen

▪▪▪ GmbH, ▪▪▪,

Antragsgegnerin

beantragen wir Namens und in Vollmacht der Antragstellerin zur Sicherung des Beweises gemäß §§ 485ff ZPO anzuordnen, dass Beweis über Mängel der Putzarbeiten an der Fassade des Hauses ▪▪▪, ▪▪▪, durch Einholung eines schriftlichen Sachverständigengutachtens erhoben werden soll. Dabei soll sich die Beweiserhebung auf folgende Fragen erstrecken:
1. An der Vorderfront der Fassade des Mehrfamilienhauses ▪▪▪ in ▪▪▪ ist im Bereich zwischen dem 2. und 3. OG der Putz in großem Umfang gerissen. Der Putz ist teilweise locker und fällt ab. Die Oberfläche des aufgebrachten Putzes ist nicht ausreichend fest, so dass kein dauerhafter Haftverbund mit den Mauerwerk zustande kam.
2. Welches sind die Ursachen für die Mängel? Liegt ein Verstoß gegen die anerkannten Regeln der Baukunst vor?
3. Welche Maßnahmen sind zur Beseitigung der Mängel erforderlich?
4. Welche Kosten entstehen für die Beseitigung der Mängel?

Es wird beantragt, den Beweissicherungsbeschluss ohne mündliche Verhandlung zu erlassen.

Begründung:

Der Antragsteller ist Eigentümer des Mehrfamilienhauses ▪▪▪ in ▪▪▪. Mit Werkvertrag vom 23. Januar 2004 beauftragte er die Antragstellerin im Zuge einer Fassadenerneuerung mit der Aufbringung des neuen Putzes.

Glaubhaftmachung: Werkvertrages vom 23. Januar 2004 – Anlage A1 –.

Die Antragsgegnerin hat dem Antragsteller die von ihr erbrachten Bauleistungen am 30. April 2004 übergeben. Sie wurden gemäß § 12 Nr. 4 VOB / B förmlich abgenommen.

Zwei Monate nach Abnahme traten erstmals die im vorliegenden Antrag bezeichneten Mängel auf, die bisher nicht beseitigt worden sind. Die Antragsgegnerin bestreitet ihre Verantwortlichkeit.

Glaubhaftmachung: Eidesstattliche Versicherung des Antragstellers vom 27. Juli 2004 – Anlage A2 –.

Ein Rechtsstreit zwischen dem Antragsteller und der Antragsgegnerin noch nicht anhängig.

Glaubhaftmachung: wie vor

Das gemäß § 485 Abs. 2 ZPO erforderliche rechtliche Interesse an der beantragten Beweiserhebung ist zu bejahen, denn die begehrten Feststellungen können dazu führen, dass ein sich eventuell anschließender Hauptsacheprozess vermieden wird. Zudem dienen die vom Sachverständigen zu treffenden Feststellungen der Vorbereitung des Hauptsacheprozesses.

Gemäß § 486 Abs. 2 ZPO wäre das angerufene Gericht zur Entscheidung in der Hauptsache berufen. Die Antragsgegnerin hat ihren allgemeinen Gerichtsstand (§§ 12, 17 ZPO) in ■■■. Die Mängelbeseitigungsarbeiten werden mit Sicherheit einen Betrag von 5.000,– € übersteigen – sie werden sogar voraussichtlich 23.000,– € betragen – so dass das angerufene Landgericht ■■■ insoweit zuständig ist.

Glaubhaftmachung: wie vor.

Abschließend verweisen wir auf die besondere Eilbedürftigkeit des vorliegenden Antrags und erbitten eine möglichst schnelle Entscheidung.

Rechtsanwalt


Anlage A2: Eidesstattliche Versicherung

Ich, ■■■, geboren am ■■■, wohnhaft ■■■, bin mir der strafrechtlichen Konsequenzen einer falschen eidesstattlichen Versicherung bewusst und erkläre in Kenntnis an Eides statt, was folgt:

Ich bin Eigentümer des Mehrfamilienhauses ■■■ in ■■■. Mit Werkvertrag vom 23.01.2004 habe ich im Zuge einer Fassadenerneuerung die ■■■ GmbH, ■■■, mit der Aufbringung des neuen Putzes beauftragt. Die von der Dümmel GmbH erbrachten Bauleistungen sind förmlich abgenommen worden. Zwei Monate nach Abnahme kam es an der Vorderfront der Fassade des Mehrfamilienhauses im Bereich zwischen dem 2. und 3. OG im Putz zu Rissen in großem Umfang. Der Putz ist teilweise locker und fällt ab. Die Oberfläche des aufgebrachten Putzes ist nicht ausreichend fest, so dass kein dauerhafter Haftverbund mit den Mauerwerk zustande kam. Ein Rechtsstreit ist zwischen mit und der ■■■ GmbH noch nicht anhängig. Ich will die Mängel alsbald beseitigen lassen. Ein längeres Zuwarten ist in Anbetracht des Umstandes, dass Teile des Putzes herabfallen können, nicht möglich. Die Mängelbeseitigungsarbeiten werden voraussichtlich 23.000,– € betragen.

■■■

# § 4 Das selbstständige Beweisverfahren

## I. Die Parteien des selbstständigen Beweisverfahrens

710 Auf der Seite des **Antragstellers** kann der Einzelne Wohnungseigentümer auch ohne eines hierzu ermächtigenden Beschlusses der WEG wegen eines Nachbesserungs- bzw. Erfüllungsanspruchs als Anspruchsteller ein den konkreten Anspruch vorbereitendes Beweisverfahren einleiten.[1163] Gleiches gilt gemäß § 27 Abs. 2 Nr. 4 WEG auch für den Verwalter.[1164]

711 Wer **Antragsgegner** des selbstständigen Beweisverfahrens ist, wird durch den Antragsteller bestimmt. Von entscheidender Bedeutung ist die richtige Auswahl des Antragstellers und des Antragsgegners. Dieses hat materiell-rechtliche Bedeutung, da nur bei Personenidentität mit anspruchsberechtigten Gläubiger und verpflichtetem Schuldner eine Verjährungshemmung eintritt.[1165] Hinzu kommt eine prozessrechtliche Bedeutung, da nur bei einer Personengleichheit auf der Aktiv- wie Passivseite im selbstständigen Beweisverfahren gewonnene Beweismittel im Hauptsacheprozess gemäß § 493 ZPO benutzt werden können. Immer dann, wenn mehrere Schadensverursacher in Betracht kommen, wie z.B. der Architekt, der Sonderfachmann, der Rohbauunternehmer und andere Handwerker, sollten alle denkbaren Schadensverursacher als Antragsgegner benannt werden, um die vorgenannten rechtlichen Wirkungen des selbstständigen Beweisverfahrens gegenüber allen möglichen Schadensverursachern eintreten zu lassen.[1166]

712 Denkbar ist darüber hinaus ein **Antrag gegen Unbekannt**, der allerdings nur dann in Betracht kommt, wenn dem Antragsteller überhaupt kein denkbarer Verursacher bekannt ist.[1167] In diesem Fall führt der Antrag im selbstständigen Beweisverfahren betreffend der Mängelansprüche allerdings zu keiner Verjährungshemmung.[1168]

## II. Die Streitverkündung im selbstständigen Beweisverfahren

713 Die Frage nach einer **Streitverkündung** stellt sich in erster Linie dann, wenn der Auftraggeber als Antragsteller gegen den Generalunternehmer als Antragsgegner ein selbstständiges Beweisverfahren eingeleitet hat, um Baumängel feststellen zu lassen. In diesem Fall ist der Generalunternehmer daran interessiert, seinerseits seinen Vertragspartner, den Nachunternehmer wegen der in Betracht kommen Regressansprüche an dem Beweisverfahren zu beteiligen, damit die rechtlichen Wirkungen auch gegenüber diesem Dritten eintreten. Gleiches gilt dann, wenn der Antragsgegner als Gesamtschuldner in Anspruch genommen wird. Auch hier hat der Antragsgegner Interesse, Dritte – nämlich die übrigen möglichen Haftpflichtigen – in das Verfahren einzubeziehen.

---

1163 BGH BauR 1991, 606; BauR 1980, 69; Rosenberger, BauR 1980, 267 (270).
1164 BGH BauR 1983, 255; BauR 1980, 69 (71); Deckert, ZfBR 1984, 161 (162); a.A. LG Köln BauR 1976, 443.
1165 Vgl. hierzu die weitergehenden Ausführungen unter Rn. 737 ff.
1166 OLG München BauR 1998, 363; OLG Düsseldorf NJW-RR 1997, 1312; OLG Frankfurt BauR 1995, 275; BGH BauR 1980, 364 (365); Wussow, NJW 1969, 1401 (1407). Zum Streitwert: OLG Düsseldorf BauR 1995, 586.
1167 Kleine-Möller/Merl/Oelmaier-Oelmeier/Kleine-Möller, § 17 Rn. 36 ff.
1168 BGH BauR 1980, 364.

Dabei war die Frage, ob außerhalb eines Hauptsacheverfahrens eine Streitverkündung zulässig ist, lange Zeit umstritten.[1169] Nach Auffassung des BGH und einem Großteil der Instanzgerichte ist die Streitverkündung im selbstständigen Beweisverfahren zulässig.[1170] Dies hat zur Folge, dass die Streitverkündungsschrift ohne Prüfung ihrer Zulässigkeit an den Streitverkündungsempfänger zuzustellen ist.[1171] Nach Zustellung der Streitverkündungsschrift ist über die Zulässigkeit erst im Hauptsacheprozess zu befinden.

714

Auf der **Rechtsfolgenseite** bewirkt eine Streitverkündung im selbstständigen Beweisverfahren, dass gemäß § 204 Abs. 1 Nr. 6 BGB eine **Verjährungshemmung** eintritt und dem Streitverkündungsempfänger gemäß §§ 68, 493 Abs. 1 ZPO das **Ergebnis der Beweiserhebung** in einem nachfolgenden (Regress-)Prozess entgegengehalten werden kann.[1172]

715

Kommt es zu einem Beitritt des Streitverkündungsempfängers auf Seiten des Streitverkünders, bezieht sich der Beitritt – ohne dass es einer ausdrückliche Erklärung über den Beitrittsumfang bedarf – nur auf solche Regressansprüche, denen sich der Streithelfer vor dem Hintergrund der Streitverkündungsschrift und deren Inhalt im Falle des Unterliegens des Streitverkünders ausgesetzt sieht.[1173] Gleichsam kann es für den Streitverkündungsempfänger wiederum von Interesse sein, wegen möglicher Ersatzansprüche gegenüber weiterer Nachunternehmer eine weitere Streitverkündung veranlassen.[1174] Sollte der Streitverkündungsempfänger – was selten der Fall sein wird – dem Antragsteller beitreten, so sind seine ergänzenden Beweisantritte als eigene Beweisermittlungsanträge zu werten, die sodann den allgemeinen Regeln des selbstständigen Beweisverfahrens unterliegen.[1175]

716

Erfolgt eine Streitverkündung im selbstständigen Beweisverfahren (auch) aus verjährungshemmenden Gesichtspunkten, ist zu bedenken, dass beim VOB-Vertrag die **sog. Quasi-Unterbrechung** des § 13 Nr. 5 Satz 2 VOB/B auch durch eine Streitverkündung im selbstständigen Beweisverfahren herbeigeführt werden kann, dabei aber die bloße

717

---

[1169] Unproblematischen zulässig ist eine Streitverkündung dem entgegen innerhalb eines Hauptsacheverfahrens; Werner/Pastor, Rn. 47.
[1170] BGH BauR 1997, 347; BauR 1998, 172; KG NJW-RR 2000, 513; LG Karlsruhe BauR 2000, 441; OLG Hamm OLGR 1997, 62; OLG Thüringen OLGR 1996, 69; OLG Düsseldorf OLGR 1996, 244; OLG Frankfurt BauR 1995, 426; OLG Koblenz MDR 1994, 619; OLG Celle OLGR 1994, 44; OLG München BauR 1996, 589; OLG Köln BauR 1993, 249; Kunze, NJW 1996, 102; Hoeren, ZZP 95, Bd. 108, 343; Thomas, BauR 1992, 299; Wirth, BauR 1992, 300; Quack, BauR 1994, 153; Weise, Rn. 335 ff. Gegen seine Zulässigkeit: OLG Hamm OLGR 1992, 113 (114); LG Stuttgart BauR 1992, 267; Cuypers, NJW 1994, 1985 (1991).
[1171] OLG München NJW 1993, 2756 (2757); OLG Hamm OLGR 1994, 71; OLG Celle OLGR 1994, 44; Parmentier, BauR 2001, 888.
[1172] Kommt es zu den besagten Rückgriffsansprüchen, so wird der Streitverkündete in diesem Hauptprozess nicht mehr mit dem Einwand gehört, die Parteien des selbstständigen Beweisverfahrens hätten die Beweiserhebung unzureichend durchgeführt. Wegen der Einzelheiten zur Streitverkündung ist auf die nachfolgenden Ausführungen unter Rn. 441 ff. zu verweisen.
[1173] OLG Düsseldorf OLGR 1997, 35.
[1174] LG Karlsruhe BauR 2000, 441; a.A. LG Berlin BauR 1996, 435.
[1175] Denkbar ist auch der umkehrte Fall, bei dem der Beitritt durch den Streitverkündeten auf Antragsgegnerseite erfolgt. Beweisantritte des Streithelfers stellen einen zulässigen Gegenantrag dar, wenn sich der Streithelfer an den Rahmen des ursprünglichen Beweisthemas hält und die Beweiserhebung nicht über Gebühr verzögert wird; OLG Düsseldorf OLGR 1996, 244 (245), a.A. OLG Thüringen OLGR 1996, 69 (70).

Mitteilung der von dem Antragsteller gerügten Mängel durch Übersendung der Antragsschrift und die Aufforderung, dem Antraggegner beizutreten, nicht ausreicht. In diesem Fall ist zusätzlich ein schriftliches Mängelbeseitigungsverlangen im Sinne des § 13 Nr. 5 Abs. 1 VOB/B zu übermitteln, damit die Regelfrist des § 13 Nr. 4 VOB/B entsprechend verlängert werden.[1176]

### III. Die Tatsachenbezeichnung

718 Es genügt, wenn der Antragsgegner die **Beweistatsachen in groben Zügen** darstellt, wenn ihm eine weitere Substantiierung – für die die Einholung eines Privatgutachtens notwenig wäre – nicht möglich oder zumutbar ist.[1177] Auf der anderen Seite gilt es zu bedenken, dass eine reine Ausforschung im selbstständigen Beweisverfahren unzulässig ist.[1178] Deshalb müssen die Tatsachen möglichst genau beschrieben werden: Bei Baumängeln sind das äußere Erscheinungsbild sowie die Lage des Mangels zu umschreiben.[1179] Darauf aufbauend können Fragestellungen folgen, warum ein Mangel vorliegt, die Frage nach Art und Umfang sowie der Ursachen des Mangels bzw. schließlich die Frage nach dem Beseitigungsaufwand sowie den erforderlichen Maßnahmen.

### IV. Die Bezeichnung der Beweismittel

719 Zulässige Beweismittel sind zu benennen. Zu den zulässigen Beweismitteln gehören – je nachdem, ob es sich um ein Verfahren nach § 485 Abs. 1 ZPO oder § 485 Abs. 2 ZPO handelt – neben der Benennung von **Zeugen** die Einnahme von **Augenschein** und die Vernehmung eines **Sachverständigen** sowie die Einholung des schriftlichen Sachverständigengutachtens. Generell unzulässig sind die Parteivernehmung und der Urkundsbeweis. Der Sachverständige ist durch das Gericht auszuwählen.[1180]

720 Da das Gutachten gemäß § 493 ZPO als ein vor dem Prozessgericht erstattetes betrachtet wird, ist es konsequent, den Parteien des selbstständigen Beweisverfahrens ein **Ablehnungsrecht** bezüglich des Sachverständigen gemäß § 406 ZPO zuzubilligen, wenn ein Grund vorliegt, der geeignet ist, Misstrauen gegen die Unparteilichkeit des Sachverständigen zu rechtfertigen.[1181] Soweit der Grund bereits bekannt ist, muss der

---

1176 OLG Hamm OLGR 1997, 62 (63).
1177 KG BauR 1992, 407; OLG Köln BauR 1988, 241; OLG Düsseldorf MDR 1981, 324; Hesse, BauR 1984, 22 (28); Wussow, NJW 1969, 1401 (1407); Kleine-Möller/Merl/Oelmaier-Oelmeier/Kleine-Möller, § 17 Rn. 40 ff.
1178 KG NJW-RR 1999, 1369; OLG Köln BauR 2002, 1120; OLG Hamburg OLGR 1999, 144; OLG Düsseldorf JurBüro 1992, 426; Siegburg, BauR 2001, 875 (884); Weise, Rn. 134 ff.
1179 BGH BauR 1988, 476; BauR 1989, 79; BauR 1997, 1029. Dem Antragsteller hilft die Symptom-Rechtsprechung des BGH, vgl. auch die Ausführungen unter Rn. 520 f.
1180 LG Schwerin BauR 2001, 849; OLG Celle BauR 1996, 144 (145); OLG Düsseldorf OLGZ 1994, 95; OLG Köln BauR 1992, 408; OLG Frankfurt OLGR 1992, 51; Schreiber, NJW 1991, 2600 (2602); Weyer, BauR 1992, 313 (319); Booz, BauR 1989, 30 (37). Einvernehmlich können die Parteien allerdings ein Sachverständigen bestimmen, OLG Brandenburg OLGR 1995, 34.
1181 Als Ablehnungsgrund kommt beispielsweise in Betracht, dass der Sachverständige bei seinem Ortstermin nur eine Partei zugezogen hat bzw. in gleicher Sache für eine Partei bereits als Privatgutachter entgeltlich tätig war. OLG Frankfurt BauR 2001, 991 (992); OLG Düsseldorf NJW-RR 1997, 1428; OLG Oldenburg OLGR 1996, 273; OLG Celle BauR 1996, 144; OLG Schleswig BauR 1993, 117; KG KGR 1996, 191; OLG Hamburg MDR 1969, 489; LG Mainz BauR 1991, 510; weiterführend: Kleine-Möller/Merl/Oelmaier, § 17 Rn. 270 ff.; Kniffka/Koeble, Kompendium Teil 4, Rn. 25 f.

Ablehnungsantrag bereits im selbstständigen Beweisverfahren und binnen der in § 406 ZPO vorgesehenen **Frist** gestellt werden, will der Ablehnende seines Rechts nicht verlustig gehen.[1182]

Muster: Ablehnung eines Sachverständigen

Landgericht ■■■

In dem selbstständigen Beweissicherungsverfahren

■■■./. ■■■ GmbH

Az. ■■■

beantragen wir namens und in Vollmacht der Antragsgegnerin, den mit Beweisbeschluss vom 15. August 2004 zum Sachverständigen bestellten ■■■, ■■■, in ■■■, wegen Besorgnis der Befangenheit abzulehnen.

Begründung:

Das Gericht hat mit Beweisbeschluss vom 15. August 2004, der Antragsgegnerin am 20. August 2004 zugestellt, den Sachverständigen ■■■ bestellt. Die Antragsgegnerin hat vom Bauleiter des Antragstellers am 10. Oktober 2004 erfahren, dass der vorbenannte Sachverständige bereits im Sommer 2004 für den Antragsteller ein entgeltliches Privatgutachten erstellt hat, das dasselbe Gebäude betrifft, welches nunmehr Gegenstand der Beweiserhebung ist.

Glaubhaftmachung: Eidesstattliche Versicherung des Bauleiters ■■■ vom 14. Oktober 2004 – Anlage E1.

Damit liegt ein Ablehnungsgrund nach § 406 Abs. 1 ZPO vor.

Rechtsanwalt

## V. Die Glaubhaftmachung mittels eidesstattlicher Versicherung

Die Tatsachen, die die Zulässigkeit des selbstständigen Beweisverfahrens und die Zuständigkeit des Gerichts begründen sollen, sind vom Antragsteller gemäß § 287 Nr. 4 ZPO glaubhaft zu machen. Gemäß § 294 ZPO kann sich der Antragsteller zur **Glaubhaftmachung** aller Beweismittel bedienen, also auch der Versicherung an Eides statt.

## D. Zuständigkeitsfragen

Ist der Rechtsstreit bereits **anhängig**,[1183] ist der Antrag gemäß § 486 Abs. 1 ZPO beim Prozessgericht zu stellen. Unbedenklich ist in diesem Zusammenhang die gleichzeitige Einreichung von Klage und dem Antrag auf Einleitung eines selbstständigen Beweisverfahrens.

---

1182 OLG München NJW 1984, 1048; BauR 1985, 241; OLG Düsseldorf NJW-RR 1986, 63; OLG Köln OLGR Köln 1992, 247; Kamphausen, BauR 1984, 31; Schulze, NJW 1984, 1019 (1020).
1183 Es kommt insoweit nicht auf die Rechtshängigkeit an, OLG Braunschweig NdsRpfl. 1983, 141.

724 Ist ein Rechtsstreit noch **nicht anhängig**, ist der Antrag gemäß § 486 Abs. 2 ZPO bei dem Gericht zu stellen, das nach dem Vortrag des Antragstellers zur Entscheidung in der Hauptsache berufen wäre. Folgt auf das Beweisverfahren ein Streitverfahren nach, kann sich der Antragsteller gemäß § 486 Abs. 2 Satz 2 ZPO nicht mehr auf die Unzuständigkeit des von ihm benannten Gerichts berufen. Für die sachliche Zuständigkeit kommt vor dem Hintergrund des maßgeblichen in Betracht kommenden Streitwerts des Hauptsacheprozesses gemäß § 486 Abs. 2 Satz 1 in Verbindung mit §§ 2, 3 ZPO sowohl das Amtsgericht wie auch das Landgericht in Betracht. In § 486 Abs. 2 Satz 1 ZPO wird auch die örtliche Zuständigkeit bestimmt. Unter mehreren Gerichtsständen, die für den Hauptsacheprozess in Betracht kommen, kann der Antragsteller gemäß § 35 ZPO wählen.[1184, 1185]

725 Bei **dringender Gefahr** kann gemäß § 486 Abs. 3 ZPO der Antrag beim Amtsgericht gestellt werden, in dessen Bezirk das Bauwerk liegt.[1186]

### E. Die Beweisaufnahme

#### I. Der Beweisbeschluss nebst Durchführung der Beweisaufnahme

726 Im Regelfall entscheidet das Gericht gemäß § 490 Abs. 1 ZPO **ohne mündliche Verhandlung** durch Beschluss über den Antrag.[1187] Dabei steht es im Ermessen des Gerichts, ob dem Antragsgegner vor Erlass dieses Beschlusses rechtliches Gehör gewährt wird.[1188] In der Praxis wird dem Antragsgegner allerdings regelmäßig rechtliches Gehör gewährt.

727 Dem Beweisbeschluss nachfolgend ordnet das Gericht die eigentliche Beweisaufnahme erst dann an, wenn der Antragsteller als Kostenschuldner gemäß § 22 Abs. 1 GKG den angeforderten Auslagenvorschuss für die Entschädigung von Zeugen und Sachverständigen eingezahlt hat. Der Antragsteller ist der von der Zahlung dieses Vorschusses einstweilen befreit, wenn ihm für das selbstständige Beweisverfahren Prozesskostenhilfe bewilligt worden ist. Dagegen werden die Gerichtsgebühren im selbstständigen Beweisverfahren in der Regel erst nach Durchführung des Verfahrens eingezogen.

728 Für den Fall, dass der vom Gericht beauftragte Sachverständige Unterlagen – z.B. Ausführungspläne usw. – benötigen sollte, die sich beim Antragsgegner befinden, kann das Gericht nach den §§ 142, 144 ZPO die Vorlage – auch durch einen Dritten – anord-

---

1184 OLG Zweibrücken BauR 1997, 885. Wegen der Einzelnen Gerichtsstände ist auf die Ausführungen unter Rn. 408 ff. zu verweisen.
1185 Richtet sich das selbstständige Beweisverfahren gegen mehrere Antragsgegner, für die ein gemeinsamer Gerichtsstand nicht begründet ist, so kann der Antragsteller gemäß § 36 Abs. 1 Nr. 3 ZPO durch das zuständige Gericht einen gemeinsamen Gerichtsstand bestimmen lassen; Hansens, NJW 1991, 953.
1186 Kleine-Möller/Merl/Oelmaier-Oelmeier/Kleine-Möller, § 17 Rn. 90.
1187 Die Anordnung einer mündlichen Verhandlung zur Entscheidung über den Antrag steht im Ermessen des Gerichts, Kleine-Möller/Merl/Oelmaier-Oelmeier/Kleine-Möller, § 17 Rn. 123.
1188 Dass dem Antragsgegner erst nach Beschlussfassung rechtliches Gehör gewährt wird, stellt ein Ausnahmefall dar, der nur dann zulässig ist, wenn gewichtige Interessen die Überraschung des Antragsgegners erfordern oder die Eilbedürftigkeit alsbaldiger Feststellungen dazu zwingt, Kleine-Möller/Merl/Oelmaier-Oelmeier/Kleine-Möller, § 17 Rn. 36.

nen. Selbstverständlich muss der Antragsgegner in der Lage sein, den Termin zur Beweisaufnahme wahrnehmen zu können. Er ist gemäß § 491 Abs. 1 ZPO dementsprechend rechtzeitig zu laden.[1189]

Sowohl der Antragssteller wie auch der Antragsgegner haben das Recht, die mündliche **Vernehmung des Sachverständigen** durch das Gericht zu beantragen, wenn der Sachverständige in seinem schriftlichen Gutachten Beweisfragen nur lückenhaft oder unklar beantwortet hat. Dabei ist der nach Vorliegen desselben innerhalb einer angemessenen Frist[1190] gestellt werden.

Muster: Antrag auf Ladung des Sachverständigen zur Erörterung seines Gutachtens

Landgericht ▪▪▪

In dem selbstständigen Beweissicherungsverfahren

▪▪▪. /. ▪▪▪ GmbH

Az. ▪▪▪

beantragen wir namens und in Vollmacht der Antragsgegnerin gemäß § 411 Abs. 3 ZPO:
1. Der mit Beweisbeschluss vom 15.08.2004 zum Sachverständigen bestellte ▪▪▪, ▪▪▪, in ▪▪▪, soll sein schriftliches Gutachten vom 11. Dezember 2004 in einem Anhörungstermin mündlich erläutern.
2. Es soll das Erscheinen des Sachverständigen angeordnet werden.

Begründung:

Der Sachverständige ▪▪▪ hat sein Gutachten am 11. Dezember 2004 erstellt. Es ist der Antragsgegnerin am 27. Dezember 2004 zugegangen. Die Antragsgegnerin erachtet besonders folgende Punkte des Gutachtens für erläuterungsbedürftig: ▪▪▪

Die Antragsgegnerin behält sich vor, im Anhörungstermin zusätzliche Fragen zu stellen.

Rechtsanwalt

## II. Rechtsbehelfe

Wird der Antrag teilweise oder vollständig **zurückgewiesen**, so kann der Antragsteller gemäß § 568 ZPO **sofortige Beschwerde** einlegen.[1191] Gleiches gilt bei Zurückweisung eines Gegenantrags oder bei Nichtzustellung der Streitverkündungsschrift.[1192]

Der Beschluss, der einem Beweissicherungsantrag stattgibt, ist nach § 490 Abs. 2 Satz 2 ZPO **unanfechtbar**.[1193] Geht der Beschluss über den Antrag des Antragstellers hinaus, so ist der Beschluss anfechtbar und muss auch insoweit aufgehoben wer-

---

1189 Schneider, MDR 1975, 538 (540); Kleine-Möller / Merl / Oelmaier-Oelmeier / Kleine-Möller, § 17 Rn. 255.
1190 Bei schwierigen und umfangreichen Gutachten ist eine Frist von 3 Monaten ausreichend und angemessen; OLG Celle OLGR 1999, 141 und OLGR 2000, 288; Werner / Pastor, Rn. 174 mit weiten Nachweisen in Fn. 291.
1191 OLG Frankfurt OLGR 2000, 18 (19); LG Mannheim MDR 1969, 931; Zöller-Herget, § 490 ZPO, Rn. 4.
1192 OLG Düsseldorf BauR 1996, 896; OLG München NJW-RR 1996, 1277; LG Köln BauR 1994, 407.
1193 OLG Brandenburg BauR 2001, 1143; OLG Frankfurt BauR 1999, 1206. Zur Beschwerde bei Überschreitung: OLG Frankfurt NJW-RR 1990, 1206.

den.¹¹⁹⁴ Der Beweisbeschluss ist nur unter den Voraussetzungen des § 360 ZPO abänderbar.¹¹⁹⁵ Er kann aufgehoben werden, wenn das Gericht später die Beweiserhebung doch noch für unzulässig hält, was allerdings nur dann gilt, wenn die Beweise noch nicht erhoben sind. Gegen eine Aufhebung kann eine sofortige Beschwerde eingelegt werden.¹¹⁹⁶

## F. Gegenantrag

**733** Der Antragsgegner kann im Rahmen des selbstständigen Beweisverfahrens seinerseits einen **Gegenantrag** stellen.¹¹⁹⁷ Dies ist insbesondere dann sinnvoll, wenn die Gefahr besteht, dass die vom Antragsteller mit der Antragsschrift gestellten Fragen, die Inhalt des Beweisbeschlusses sind, nicht ausreichen, alle Streitfragen angemessen zu beantworten. Mit dem Stellen eines Gegenantrags wird der Antragsgegner selbst zum Antragsteller des Verfahrens.

**734** Muster: Gegenantrag

Landgericht ▬▬▬

In dem selbstständigen Beweissicherungsverfahren

▬▬▬ ./. ▬▬▬ GmbH

Az. ▬▬▬

beantragen wir namens und in Vollmacht der Antragsgegnerin, im Wege des Gegenbeweisantrags zur Sicherung des Beweises gemäß §§ 485 ff. ZPO anzuordnen, dass Beweis durch schriftliche Begutachtung durch den vom Gericht mit Beweisbeschluss vom 15. August 2004 zum Sachverständigen bestellte ▬▬▬, ▬▬▬, in ▬▬▬, zu folgender Frage erhoben wird:
1. An der Vorderfront der Fassade des Mehrfamilienhauses ▬▬▬ in ▬▬▬ ist im Bereich zwischen dem 2. und 3. OG das Mauerwerk der Außenwand durchfeuchtet.
2. Welches sind die Ursachen für die Mängel?
Es wird beantragt, den Beweissicherungsbeschluss ohne mündliche Verhandlung zu erlassen.
Begründung:
Im Zuge einer Besichtigung der Fassade hat die Antragsgegnerin festgestellt, dass es in der fraglichen Außenwand zu einem Rohrbruch gekommen sein muss. Das Mauerwerk ist in den Bereichen, wo die Risse im Putz aufgetreten sind, vollkommen durchfeuchtet. Das rechtliche Interesse des Antragsgegners an dem Gegenbeweisantrag ist bereits darin zu erblicken, dass sich die Parteien nach Beendigung der Beweiserhebung einigen können. Sollte dies nicht der Fall sein, dienen die Feststellungen des Sachverständigen zur Vorbereitung der Prozessführung in der Hauptsache.

Rechtsanwalt

---

1194 OLG Frankfurt NJW-RR 1990, 1023.
1195 Auch der Abänderungsbeschluss ist unanfechtbar; Weise, Rn. 279.
1196 OLG Frankfurt OLGR 1996, 83; LG Mannheim MDR 1978, 323.
1197 OLG Rostock BauR 2001, 1141; OLG Nürnberg MDR 2001, 512; OLG Hamburg OLGR 2001, 256.

## G. Ergänzungsantrag

Ein vom Antragsteller gestellter **Ergänzungs- bzw. Erweiterungsantrag** ist dann zulässig, wenn er denselben Tatsachkomplex wie der ursprüngliche Antrag betrifft und das selbstständige Beweisverfahren noch nicht abgeschlossen ist.

Muster: Ergänzungsantrag

Landgericht ■■■

■■■

In dem selbständigen Beweissicherungsverfahren

■■■ ./. ■■■ GmbH

14 OH 76 / 04

beantragen wir Namens und in Vollmacht des Antragstellers, zur Sicherung des Beweises über den Antrag vom 27. Juli 2004 und den entsprechenden Beweisbeschluss vom 15. August 2004 hinaus gemäß §§ 485 ff. ZPO die schriftliche Begutachtung durch einen Sachverständigen anzuordnen, dass Beweis über Mängel der Putzarbeiten an der Fassade des Hauses ■■■ erhoben werden soll. Dabei soll sich die Beweiserhebung auf folgende Fragen erstrecken:
1. An der Vorderfront der Fassade des Mehrfamilienhauses ■■■ in ■■■ ist im Bereich zwischen dem 5. und 6. OG der Putz in großem Umfang gerissen. Der Putz ist teilweise locker und fällt ab. Die Oberfläche des aufgebrachten Putzes ist nicht ausreichend fest, so dass kein dauerhafter Haftverbund mit den Mauerwerk zustande kam.
2. Welches sind die Ursachen für die Mängel? Liegt ein Verstoß gegen die anerkannten Regeln der Baukunst vor?
3. Welche Maßnahmen sind zur Beseitigung der Mängel erforderlich?
4. Welche Kosten entstehen für die Beseitigung der Mängel?

Als Sachverständiger wird bezeichnet: ■■■, ■■■, ■■■.

Es wird beantragt, den Beweissicherungsbeschluss ohne mündliche Verhandlung zu erlassen.

Begründung:
1. Der Antragsteller hat mit Antrag vom 27. Juli 2004 die Durchführung eines selbständigen Beweisverfahrens begehrt. Sein Gegenstand sind Mängel der Putzarbeiten. Das Gericht hat dazu den Beweisbeschluss vom 15. August 2004 erlassen.
Der vom Gericht bestellte Sachverständige ■■■, ■■■, ■■■, ist bisher nicht tätig geworden.
Nunmehr stellte sich heraus, dass dieselben Mängel auch im Bereich zwischen dem 5. und 6. OG auftreten. Sie betreffen ebenfalls die Arbeiten der Antragsgegnerin.
Glaubhaftmachung: Eidesstattliche Versicherung des Antragstellers – Anlage A3 –.
2. Das gemäß § 485 Abs. 2 ZPO erforderliche rechtliche Interesse an der beantragten Beweiserhebung ist zu bejahen, denn die begehrten Feststellungen können dazu führen, dass ein sich eventuell anschließender Hauptsacheprozess vermieden wird. Zudem dienen die vom Sachverständigen zu treffenden Feststellungen der Vorbereitung des Hauptsacheprozesses.

Das angerufene Gericht ist nach § 486 Abs. 2 ZPO zuständig, zumal es sich nur um eine Erweiterung des Antrags vom 27. Juli 2004 und damit des Beweisbeschlusses vom 15. August 2004 handelt.

Es wird auf die besondere Eilbedürftigkeit des vorliegenden Antrags hingewiesen und eine schnelle Entscheidung erbeten.

Rechtsanwalt

### H. Rechtswirkungen des selbstständigen Beweisverfahrens

737 Neben dem eigentlichen Effekt der Beweissicherung nach § 493 ZPO[1198] tritt gemäß § 204 Abs. 1 Nr. 7 BGB mit der Zustellung des Antrags auf Durchführung eines selbstständigen Beweisverfahrens eine **Verjährungshemmung** ein.[1199]

738 Gibt es mehrere Gläubiger, so tritt die Verjährungshemmung durch ein selbstständiges Beweisverfahren grundsätzlich nur für die Ansprüche desjenigen Gläubigers ein, der das selbstständige Beweisverfahren durchgeführt hat. Entsprechendes gilt, wenn ein Antragsteller bei mehreren Verpflichteten das selbstständige Beweisverfahren nur gegen einen seiner Schuldner als Antragsgegner durchführt.[1200] Jeder Schuldner muss formell in das Verfahren einbezogen werden.[1201] Bilden die Schuldner z.B. eine ARGE, so reicht es aus, wenn der Antragsteller das Verfahren gegen die ARGE selbst richtet. Will er die Verjährungshemmung allerdings für alle ARGE-Mitglieder herbeiführen, so muss er die Antragsschrift auf alle ARGE-Mitglieder beziehen.

739 Darüber hinaus wird die Verjährungshemmung nur für solche Ansprüche erreicht, die im Antrag und damit im Beweisbeschluss in tatsächlicher Hinsicht konkret bezeichnet sind (Mangelidentität). Die Baumängel müssen zumindest ihrem äußeren Erscheinungsbild nach genau angegeben werden, wobei über dieses sämtliche mit der gleichen Ursache zusammenhängenden Schäden und Folgen erfasst sind (sog. Symptomtheorie).[1202]

740 Die Verjährungshemmung beginnt mit dem Eingang des Antrags auf Durchführung des selbstständigen Beweisverfahrens beim Gericht.[1203] Die **Hemmung der Verjährung endet** nach § 204 Abs. 2 Satz 1 BGB sechs Monate nach der rechtskräftigen Entscheidung oder anderweitigen Beendigung des eingeleiteten Verfahrens. Da ein Beweisverfahren in der Praxis nur durch einen den Antrag zurückweisenden Beschluss rechtskräftig abgeschlossen werden kann, kommt es in der Regel entscheidend auf dessen Beendigung an. Dabei tritt die Beendigung des selbstständigen Beweisverfahrens mit

---

1198 Weiterführend: Kleine-Möller/Merl/Oelmaier-Oelmeier/Kleine-Möller, § 17 Rn. 298ff.; Kniffka/Koeble, Kompendium Teil 4, Rn. 32.
1199 Nach dem BGB in der bis zum 31.12.2001 geltenden Fassung hatte das selbstständige Beweisverfahren dem entgegen noch eine die Verjährung unterbrechende Wirkung.
1200 BGH BauR 1980, 364; LG Marburg BauR 1990, 738 (739); Pauly, MDR 1997, 1087.
1201 BGH NJW 1980, 1458.
1202 BGH BauR 1997, 1065; BauR 1997, 1029; OLG Düsseldorf NJW-RR 1997, 976; OLG Köln NJW-RR 1993, 553; Weise, BauR 1991, 19ff.; Quack, BauR 1991, 278 (280f.). Vgl. hierzu auch die Ausführungen unter Rn. 520f.
1203 BGH ZfBR 1991, 152; OLG Karlsruhe OLGR 1999, 158.

dem Zugang der Feststellung der Beweiserhebung ein, sofern die Parteien nicht innerhalb der ihnen einzuräumenden Prüfungsfrist einen Antrag auf Anhörung des Sachverständigen stellen oder Einwendungen vortragen.[1204]

## I. Kostenerstattung

Die Kosten des selbstständigen Beweisverfahrens[1205] gehören zu den **Kosten des Hauptverfahrens,** so dass sie von der dort getroffenen Kostenentscheidung mit umfasst werden.[1206] Kommt es also im Anschluss an ein selbstständiges Beweisverfahren zu einem Hauptsacheprozess, ist dort über die Kosten des selbstständigen Beweisverfahrens zu befinden. Über die Erstattungsfähigkeit der Kosten des selbstständigen Beweisverfahrens wird im **Kostenfestsetzungsverfahren** gemäß § 104 ZPO des Hauptsacheprozesses entschieden.[1207, 1208]

741

Vor dem Hintergrund, dass die Gerichtsgebühren und die Sachverständigenentschädigung teilweise[1209] als außergerichtliche Kosten des nachfolgenden Rechtsstreits angesehen werden, muss der beauftragte Prozessbevollmächtigter besonders dann aufpassen, wenn er später ein Prozessvergleich mit Kostenaufhebung abschließt. Dem Rechtsanwalt ist dringend anzuraten, in diesem Fall eine ausdrückliche Regelung betreffend der Kosten des selbstständigen Beweisverfahrens in den Vergleich aufzunehmen.

742

Für den Fall dass es im Anschluss an ein selbstständiges Beweisverfahren zu keinem Hauptsacheprozess kommt, hat der Antragsgegner und der Streithelfer[1210] gemäß § 494a ZPO die Möglichkeit, einen gegen den Antragsteller gerichteten **Kostentitel** zu erlangen. Insoweit ist gemäß **§ 494a ZPO** nach Beendigung der Beweiserhebung auf Antrag ohne mündliche Verhandlung anzuordnen, dass der Antragsteller binnen einer zu bestimmenden Frist Klage zu erheben hat. Folgt er dieser Aufforderung nicht, das

743

---

1204 BGH BauR 2002, 1115; OLG Hamm OLGR 1999, 401 (402); Pauly, MDR 1997, 1087 (1089).
1205 Gerichtsgebühren: Von den Gerichtsgebühren ist die die 1,0 Verfahrensgebühr (vgl. § 34 GKG, Nr. 1610) sowie die Sachverständigenentschädigung umfasst. Anwaltsgebühren: Nach dem RVG stellt das selbstständige Beweisverfahren nunmehr gebührenrechtlich eine eigene Angelegenheit dar. Dies ergibt sich daraus, dass das Beweisverfahren in dem zur Definition des „Rechtszuges" neugefassten § 19 Abs. 1 Nr. 3 RVG nicht mehr genannt wird. Trotz des Umstandes, dass das Beweisverfahren eine selbstständige Angelegenheit darstellt, wird die dort verdiente Verfahrensgebühr auf diejenige aus einem nachfolgenden Rechtsstreit angerechnet (Vorbemerkung 3, Abs. 3 und 5 VV). Der Rechtsanwalt kann aber immerhin, auch nach der Abschaffung der Beweisgebühr, neben der Verfahrensgebühr (Nr. 3100) von 1,3 jetzt schon im Beweisverfahren eine 1,2 Terminsgebühr (Nr. 3104) verdienen, die auf den nachfolgenden Rechtsstreit nicht angerechnet wird. Darüber hinaus kann er die erhöhte 1,5 Einigungsgebühr (Nr. 1000) verdienen, wenn er bei der Streitbeilegung zu diesem Verfahrensstand mitwirkt.
1206 BGHZ 20, 4 (15); BauR 1989, 601 (603).
1207 BGH BauR 1996, 386; Kniffka/Koeble, Kompendium Teil 4, Rn. 33.
1208 Im Kostenfestsetzungsverfahren sind die Kosten des selbstständigen Beweisverfahrens dann zu berücksichtigen, wenn die Parteien des selbstständigen Beweisverfahrens mit denen der Hauptsache identisch sind; BGH BauR 1989, 601 (603); OLG Koblenz MDR 2000, 669; OLG Köln OLGR 1993, 265. Zudem muss der Streitgegenstand von beiden Verfahren identisch sein. Insoweit ist zu berücksichtigen, dass der Streitgegenstand des selbstständigen Beweisverfahrens sämtliche Ansprüche umfasst, die mithilfe der zu sichernden Beweise durchgesetzt werden können. Weiterführend zur Kostenerstattung bei fraglicher Streitgegenstandsidentität: Werner/Pastor, Rn. 124ff.
1209 So: OLG Oldenburg OLGR 2000, 12; OLG Bamberg OLGR 1998, 263; OLG Hamm JurBüro 2000, 257.
1210 OLG Karlsruhe NJW-RR 2001, 214; BauR 1999, 1210.

## § 4 Das selbstständige Beweisverfahren

Gericht auf Antrag durch Beschluss auszusprechen, dass er die dem Gegner entstandenen Kosten zu tragen hat.[1211, 1212] Gegen den Beschluss nach § 494a Abs. 2 Satz 1 ZPO ist die **sofortige Beschwerde** zulässig.

744 Wird der Antrag auf Einleitung eines selbstständigen Beweisverfahrens als unzulässig zurückgewiesen, ist ein Kostenfestsetzungsverfahren unzulässig.[1213] Im Falle der Erledigterklärung ergeht keine Kostenentscheidung.[1214] Bei Rücknahme des Antrags ist eine Kostenentscheidung gegen den Antragsteller zu erlassen.[1215]

745 Hat ein an einem Bauprozess Beteiligter ein **Privatgutachten** in Auftrag gegeben, so besteht gegebenenfalls ein materiell-rechtlicher Anspruch auf Kostenerstattung. Gutachterkosten, die von dem Bauherren aufgewendet worden sind, um eventuell Schäden festzustellen oder um abzuklären, welche Maßnahmen zur Schadensbeseitigung erforderlich sind, sind Mangelfolgeschäden.[1216] Insoweit ist der materiell-rechtliche Erstattungsanspruch bei Bestehen eines Bauvertrages ein Schadensersatzanspruch aus §§ 634 Nr. 4, 280 Abs. 1 BGB bzw. § 13 Nr. 7 VOB/B.

746 Wählt eine Partei im Mängelprozess dagegen das Kostenfestsetzungsverfahren, so sind materiell-rechtliche Gesichtspunkte für die Kostenerstattung nicht maßgebend. Vielmehr kommt es darauf an, ob die aufgewandten Kosten für Privatgutachten als notwendige Kosten im Sinne des § 91 ZPO anzusehen sind. Vor Prozessbeginn eingeholte Gutachten sind nur dann erstattungsfähig, soweit die angefallenen Kosten mit einem konkreten bevorstehenden Rechtsstreit in einem konkreten bevorstehenden Rechtsstreit in einer unmittelbaren Beziehung stehen, also prozessbezogen waren.

---

1211 Stellt der Streithelfer den Antrag nach § 494a ZPO ohne Zustimmung des Antragsgegners, so ist dieser Antrag unbeachtlich; OLG Karlsruhe OLGR 1999, 427.
1212 Weiterführend zur Kostenentscheidung nach § 494a Abs. 2 ZPO: Werner/Pastor, Rn. 128ff.
1213 OLG Braunschweig BauR 1993, 122; OLG Stuttgart BauR 1995, 278; OLG Brandenburg BauR 1996, 584.
1214 OLG Frankfurt BauR 1996, 587; OLG Stuttgart BauR 1994, 141.
1215 OLG München BauR 1994, 276; BauR 1994, 664; LG Schwerin BauR 1996, 756; Kniffka/Koeble, Kompendium Teil 4, Rn. 34.
1216 BGH BauR 2002, 86 (87); NJW-RR 1998, 1027; BauR 1985, 83; BauR 1970, 244 (245).

## Stichwortverzeichnis

Verweise erfolgen auf Randnummern

Abgeschlossene Teilleistungen 139
Abgrenzung von öffentlichen und privaten Baurecht 401 ff.
Ablehnungsrecht 720
Abnahme 133, 165, 338
– Aufhebung 136
– ausdrückliche 135, 166
– beim gekündigten Bauvertrag 146
– Entbehrlichkeit 146
– fiktive 143 ff., 144, 172, 173
– förmliche 135, 136, 167,
– grundlose Ablehnung 146
– tatsächliche 166
– Vereinbarung 168
Abnahmeklage beim VOB-Bauvertrag (Muster) 175
Abnahmeprotokoll 7, 135
Abnahmereife 172
Abnahmeverweigerung 174
Abrechnung 385, 585
Abrechnung bei außerordentlicher Kündigung 252
Abrechnung bei Kündigung gem. §§ 642, 643 BGB 256 f.
Abrechnung bei Kündigung wegen Behinderung 253, 267
Abrechnung beim Wegfall einzelner Leistungen 229, 230
Abrechnung der Aufwendungen 542
Abrechnung der voraussichtlichen Kosten 686
Abrechnung des Vorschussanspruchs 548
Abrechnung, prüfbare 176, 182
Abschlagsforderungen 142, 190, 341
Abschlagsrechnung 7, 176, 176, 348
Abschlagszahlungen 138, 187
Abstecken der Hauptachsen 261
Abtretung 15
Aktivlegitimation 357, 421 ff.
Alleinunternehmer 37, 39
Allgemeine Geschäftsbedingungen 81, 363
andere Anordnungen 213
Änderung der Bauumstände 211

Änderung der Zufahrtswege 211
Änderung des Bauentwurfs 213 ff.
Änderung des Leistungsbeschrieb 214
anderweitiger Erwerb 236 ff.
Anerkannte Regeln der Technik 512, 647
Anerkenntnis 232
Angebotsblankett 114
angemessene Ausführungsfrist 682
angemessene Entschädigung 262, 265
angemessene Fristsetzung 381, 538, 581, 601, 606, 619, 658
Anhörung der Parteien 17
Ankündigungspflicht 222
Annahmeverzug 284 ff., 318, 496
Anordnung der Arbeitsunterbrechung 211
Anordnungen zur Erbringung zusätzlicher Leistungen 220 ff.
Anscheinsbeweis 455 f.
Ansprüche aus Bereicherungsrecht 297 ff.
– Umfang des Bereicherungsanspruchs 298
Antrag auf Fristsetzung zur Erhebung der Hauptsacheklage 370
Antrag gegen unbekannt 712
Antragsgegner 711
Antragsschrift 707
Antragsteller 710
Anzeige, unverzügliche 232
Arbeitsunterbrechung 211
ARGE 18
Arglistiges Verschweigen 652
Arglistiges Verschweigen des Mangels 590
Aufforderungsschreiben § 648a BGB (Muster) 382
aufgedrängte Bereicherung 299
Aufhebung 170
Aufhebungsverfahren 370
Auflassungsklage, Gegenstandswert 68 f.
Aufmaß 116, 178, 179
– einseitiges Aufmaß 180
– gemeinsames Aufmaß 118, 179
Aufrechnung 300 ff., 468 ff., 548
– Ausschluss 311 f.

# Stichwortverzeichnis

Aufrechnungserklärung 313
Aufrechnungslage 304 ff.
Aufrechnungsverbot 312
Aufrechterhaltung der öffentlichen Ordnung auf der Baustelle 261
auftragslos erbrachte Leistungen 231 ff.
- beim BGB-Bauvertrag 234
- beim VOB-Bauvertrag 231 ff.
Aufwandsvertrag 112
Aufwendungen, Abrechnung 542
Aufwendungsersatzanspruch 580 ff., 589
Augenschein 719
Augenscheinsnahme 696
ausdrückliche Abnahme 135, 166
Ausforschungsbeweis 700
Ausführungsfrist, angemessene 682
Auskunft über den voraussichtlichen Beginn der Ausführungen 261
Auslegung 510
Ausschluss der Aufrechnung 311 ff.
Ausschluss der Einwendung gegen die Prüfbarkeit 184
Ausschluss des § 648 BGB 388
Ausschlusswirkung 325
Ausschluss des Rücktrittrechts 602
Ausschlusswirkung, Hinweis 329
außergerichtliche Streitbeilegung 31 f.
außerordentliche Kündigung 248 ff., 259, 264 ff.

Bauausführung, verzögerte 605, 657, 661, 664
Baubeteiligte, Vernehmung 261
Baubetreuer 76 f.
Bauentwurf, Änderung 213 ff.
Baugenehmigung, Fehlen 109
Baugrundänderung 211
Bauhandwerkersicherung 373 ff.
Bauhandwerkersicherungshypothek 353 ff.
Bauhandwerkersicherungshypothek, einstweilige Verfügung (Muster) 368
Bauhandwerkersicherungshypothek, Klage auf Eintragung (Muster) 372
Bauherr 33
Bauherrengemeinschaft 72 ff.
- Vertragsverhältnisse 74 ff.
bauliche Vorleistungen 277
Baumangel 509 ff., 515, 564, 572 f.., 616
Baumodelle 33 ff.

Bausolländerungen 196, 341
Baustopp 211
Bautenstand 347
Bauträgermodell 48 ff.
- dinglicher Eigentumserwerb 51
- klassische Konfliktsituationen 52 ff.
- Vertragsbeziehungen 49
Bauträgervertrag 48
- Rücktritt 53, 71
Bauträgervertrag Fälligkeitsvoraussetzungen für den Zahlungsanspruch 56 ff.
- Abschlagszahlungsvereinbarung 62
- Auflassung 66 ff.
- Aufrechnung mit Gegenforderungen 63
- Leistungsverweigerungsrecht 63 f.
- Zahlungsplan 57
Bauumstände 213 f.
Bauumstände, Änderung 211
Bauvertrag 7, 95
Bauzeitänderung 213
Bauzeitanordnung 213 f.
Bauzeitverschiebung 211
Bedenkenanmeldung 518
Behauptungslast, sekundäre 464
Behinderung 268 f., 383, 561
Behinderungsanzeige 278
Behinderungskosten 383
Behinderungsschaden 665
Beitritt des Streitverkündungsempfängers 439 f.
berechtigte Geschäftsführung 292
Bemessung des Ersatzanspruchs 286
Berechnung der Minderung 610
Berechnung des Mindestbetrages 631
Bereicherungsanspruch, Voraussetzung 297
Bereicherungsrecht, Ansprüche 297 ff.
- Umfang des Bereicherungsanspruchs 298
Bereitstellen der Ausführungsunterlagen 261
Bereitstellen des Baugrundstücks 261
Berufungsverfahren 28
Beseitigungsbegehren des Baunachbarn 404 f.
besondere Umstände 539, 582, 601, 619
Bestimmtheit der Gegenforderung 470
Bestreiten 460 ff.
Bestreiten mit Nichtwissen 465

Beweis des ersten Anscheins 455 f.
Beweisbeschluss 726 ff.
Beweiserleichterung 454
Beweislast 16, 453
Beweislastumkehr 454
Beweisverfahren, selbständiges 346 ff., 349 ff., 675, 690 ff.
– Antrag (Muster) 709
– Rechtsbehelfe 731 f.
– Rechtswirkung 737 ff.
Beweismittelerhaltung, Zumutbarkeit 699
Beweiswirkung 119
BGB-Bauvertrag 79 ff.
billiges Ermessen 213
Billigung der vertragsgemäßen Leistungen 134

Darlegungslast 452 ff., 521
deklaratorisches Schuldanerkenntnis 118
Detailpauschalvertrag 122
Dienstvertrag 97
Doppelte Zug-um-Zug-Verurteilung 502 f., 683
dringende Gefahr 725
Drittwiderklage 479
Druckmittel 354
Druckpotential 213
Druckzuschlag 318
Durchgriffsfälligkeit 148 ff.

Eidesstattliche Versicherung 722
Eigenbeseitigung der Mängel 583
Einbeziehung der VOB 80
Einbeziehungskontrolle 46, 84 ff.
einfache Streitgenossenschaft 419
einfache Zug-um-Zug-Verurteilung 496 ff.
einfacher Rechtsbegriff 450
einfaches Bestreiten 462
Einheitspreise 114
Einheitspreisvertrag 112 ff., 114 ff., 158, 238
Einigungsgebühr 29, 32
Einrede 460 ff.
Einrede der Verjährung 336
Einrede des nicht erfüllten Vertrages 70, 63 f.
Einreden 466 ff.
einseitiges Aufmaß 119, 180
einstweilige Verfügung 355, 364, 365 ff.
Eintragung der Vormerkung 365

Einwendungen 300 ff., 460 ff.
Einwendungen des Auftraggebers (Muster) 323
Einwendungen gegen die Prüfbarkeit 183
– Ausschluss der 184
Endgültige und ernsthafte Erfüllungsverweigerung 582, 601, 619
entbehrliche Fristsetzung 574, 582, 606, 619
Entbehrlichkeit der Abnahme 146
– beim gekündigten Bauvertrag 146
– grundlose Ablehnung 146
Entbehrlichkeit der Fristsetzung 539, 601
Entgangener Gewinn 617, 666
Entschädigung, angemessene 262, 265
Entschädigungsanspruch 267
erforderliche Aufwendungen 541, 584
Erfüllung 300
– teilweise 607, 659, 662
Erfüllungs- bzw. Nacherfüllungsanspruch 424
Erfüllungsanspruch 563, 592
Erfüllungsort 413
Erfüllungssorogat 300
Erfüllungsverweigerung 539
– endgültige und ernsthafte 582, 601, 619
Ergänzungsantrag 735
Ergänzungsantrag (Muster) 736
erhebliche Gebrauchsbeeinträchtigung 641
Erklärungsbewusstsein 213
Erlassvertrag 300
Ermöglichungshandlungen 277
Ersatz vergeblicher Aufwendungen 625
Ersatzanspruch, Bemessung 286
Ersatzvornahme, Zwangsvollstreckungsantrag (Muster) 689
Ersatzwohnung 617, 636, 648
Erscheinungen 521
Ersparnis von Aufwendungen 236 ff.
Erstellungshandlungen 277

Fälligkeit 187
– der Gegenforderung 307
– des Werklohnanspruchs 133 ff.
– von Abschlagszahlungen 141
Fälligkeitsvoraussetzungen 176, 176
Fehlen der vertraglich vereinbarten Beschaffenheit 647
Fehlen einer Baugenehmigung 109
Fehlschlagen der Mängelbeseitigung 539

# Stichwortverzeichnis

Fehlschlagen der Nacherfüllung 582, 601, 619
Fertigstellungsbescheinigung 143
Fertigstellungserklärung 172
Feststellungsinteresse 427
Feststellungsklage 427
Feststellungswiderklage 427
Fixgeschäft 539, 582, 601
fiktive Abnahme 143 ff., 172 f.
Folgeschäden am Bau 636, 648
Folgeschäden am Bauwerk 617
Form der Mängelbeseitigung 575
förmliche Abnahme 135 ff., 167 f.
– Aufhebung 136
– Vereinbarung 168
Formnichtigkeit 105
Freibeweis 395
freie Kündigung 235 ff., 247
– Abrechnung des Vergütungsanspruchs 236 ff.
– Schriftform 247
Fristsetzung 145, 250, 249, 255, 490
– angemessene 381, 538, 581, 601, 606, 619, 658
– entbehrliche 574, 582, 606, 619
Fristsetzung, Entbehrlichkeit der 539, 601
funktionale Leistungsbeschreibung 125
funktionale Zuständigkeit 406
funktionaler Mangelbegriff 511
Funktionstüchtigkeit 512

Gebrauchsbeeinträchtigung, erhebliche 641
Gebührenschuldner 9
Gegenantrag 733
Gegenantrag (Muster) 734
Gegenforderung 305 f.
– Verjährung 310
Gegennorm 460 ff., 466 ff.
Gegenstandswert bei Auflassungsklage 68 f.
Gemeinsames Aufmaß 179
Gemeinschaftseigentum 422 ff.
Generalübernehmervertrag 38 ff.
Generalunternehmervertrag 38 ff.
Gerichtsstandsvereinbarungen 414
gesamtschuldnerische Haftung 75
Geschäftsbesorgungsvertrag 76
– mit Dienstvertragscharakter 76
– mit Werkvertragscharakter 76
Geschäftsführung, unberechtigte 296

Geschäftsführung ohne Auftrag 233, 234, 291 ff.
Geschäftsgebühr 32
Gesetzesverstoß 106 ff.
Gestaltungsrecht 608
gewillkürte Prozessstandschaft 424
gewöhnliche Verwendung 513
gezogene Nutzung 534
Globalpauschalpreisvertrag 217
Globalpauschalvertrag 124
großer Schadensersatz 425, 623, 646 ff.
Grundbuchsperre 354

Haftung des Rechtsanwalts 11
Haftungsbeschränkung 13
Haftungsbeschränkungsvereinbarung nach § 51a Abs. 1 Nr. 1 BRAO (Muster) 14
Haupttatsachen 448
Hemmung der Verjährung 693
Herbeiführung aller öffentlich-rechtlichen Genehmigungen 261
Hinterlegung 300
Hinweispflicht 396, 482 ff.
Höhe der Zusatzvergütung 223
Höhe des Vergütungsanspruchs 272
höhere Gewalt 273
Hypothekenklage 371

Inbenutzungnahme 172
Individualisierungsangaben 392
Individualvereinbarung 46, 342, 362
Informations- und Kontrollinteresse 334
Inhaltskontrolle 46, 90 ff.
internationale Zuständigkeit 412 ff.
Interventionswirkung 432, 444

Kammer für Handelssachen, Zuständigkeit 407
Kaufvertrag 98
Kaufvertrag mit Montageverpflichtung 99
Kernbereichsrechtsprechung 91
Klageabweisung als derzeit nicht fällig 185
Klageänderung 193, 193
Klageerwiderung 460 ff.
Klageerwiderung (Muster) 436
Klageschrift 7, 447
kleiner Schadensersatz 426, 622, 643 ff.
körperliche Hinnahme 134
Körperschäden 639

Kosten, voraussichtliche 686
Kostenanschlag 241 ff.
– wesentliche Überschreitung 241
Kosten der Mängelbeseitigung 267, 576
Kosten der Nachbesserung 536
Kosten der Sicherheit 380
Kosten der Streitverkündung 446
Kosten der Zwangsvollstreckung 688
Kostenersatz 560
Kostenerstattung beim selbständigen Beweisverfahren 741 ff.
Kostenrisiko 25 ff.
Kostentitel 743
Kostenvorschussanspruch 587, 589
Kostenvorschusszahlung 685
Kündigung 194, 235 ff., 341, 347, 561, 571
– aus wichtigem Grund 246, 258
– außerordentliche 248 ff., 259, 264 ff.
– durch den Auftraggeber 235 ff.
– durch den Auftragnehmer 254 ff.
Kündigung bei wesentlicher Überschreitung 241 ff.
– Abrechnung 245
– Schadensersatz 244
Kündigung, freie 235 ff., 247
– Schriftform 247
Kündigung wegen Behinderung 253, 267
Kündigungsandrohung 262, 265
Kündigungserklärung 7, 384
Kündigungspflichtige Norm 266

Leistungen ohne Auftrag 197
Leistungsänderung 197, 214, 210 ff.
Leistungsanordnung 213
Leistungsbeschrieb, Änderung 214
Leistungsbestimmungsrecht 213
Leistungsidentität 150
Leistungsvertrag 112
Leistungsverweigerungsrecht 316 ff., 383, 468 ff.
Leistungsverzeichnis 114

Mahnschreiben mit Kündigungsandrohung § 648a BGB (Muster) 387
Mahnverfahren 389 ff.
Mängel 151, 347
Mängel, unerhebliche 609
Mangel, wesentlicher 641
Mängelanzeige, schriftliche 597

mängelbedingte Mehraufwendungen 636
mängelbedingter Minderwert 321
Mängelbeseitigung 525, 562 ff., 678 ff.
Mängelbeseitigung, Fehlschlagen 539
Mängelbeseitigung, Form 575
Mängelbeseitigung, Kosten 567, 576
Mängelbeseitigung, Kostenvorschuss, Klage (Muster) 550
Mängelbeseitigung, Unzumutbarkeit 539
Mängelbeseitigung, vorweggenommene 559
Mängelbeseitigungsanspruch, Verjährung 588 ff.
Mängelbeseitigungsaufwand 701 ff.
Mängelbeseitigungsklage, Klageerwiderung des Auftragnehmers (Muster) 557
Mangelfolgeschaden 615 ff., 647
mangelhafte Leistung 295
Mängelrechte, Verjährung 650 ff.
Mängelrüge 573
Mangelschaden 618 ff., 645
Mängelursachen 700
Mehraufwendungen, mängelbedingte 636
Mehrbetrag 612
Mehrheitsbeschluss der WEG 426
Mengenänderungen 197 ff., 205 ff., 208 f.
– beim BGB-Einheitspreisvertrag 205 ff.
– beim VOB-Einheitspreisvertrag 199 ff.
Mengenmehrungen 201 ff.
Mengenunterschreitungen 203
Merkantiler Minderwert 617, 636, 648
Minderung 426, 608 ff., 628, 650, 653
Minderung, Berechnung 610
Minderungsbetrag, Berechnung 631
Minderungsklage § 13 Nr. 6 VOB/B (Muster) 633
Minderungsklage §§ 634 Nr. 3, 638 Abs. 1 BGB (Muster) 613
Minderwert, mängelbedingter 321
Mitverschulden 535, 543, 555 ff., 570, 579, 586
Mitwirkungshandlungen 261, 277, 284 ff., 683
mündliche Verhandlung 488

Nachbesserung, Kosten 536
Nacherfüllung, Fehlschlagen 582, 601, 619
Nacherfüllung, Unzumutbarkeit 582, 601, 619

## Stichwortverzeichnis

Nacherfüllungsanspruch 529, 589
Nacherfüllungsanspruch, Umfang 531
Nacherfüllungsklage (Muster) 537
Nachfrist 321
– angemessene 384
nachgelassener Schriftsatz 487
Nachtragsangebot 213
Nebenleistungen 211
Nebenleistungen, nichtvergütungspflichtige 197
Nebenpflichtverletzung 655
Nebenunternehmer 47
Neuherstellung 525, 534
Nichterbringung von Mitwirkungspflichten 254 ff., 260
Niederschrift 169, 499
nichtvergütungspflichtige Nebenleistungen 197
Normative Tatbestandsmerkmale 451
Nutzungsausfall 617, 636, 648
Nutzungsersatz 603 f.

öffentliche Urkunde 496
öffentliche Zustellung 429
öffentlich-rechtliche Genehmigungen 261
Öffnungsklauseln 93
Ordnungsnummer 114
Organisationsverschulden 590, 652
Ort der Bauausführung 409
örtliche Zuständigkeit 408 ff.

Parteien 15
Parteifähigkeit 18
Parteivernehmung 17
Pauschalpreisvertrag 112, 121 ff., 159, 176, 181, 239
persönliche Unmöglichkeit 553
Pflicht zur Vernehmung aller Baubeteiligten 261
Pflichtverletzung 288 ff.
Planungsänderung 214
Positionspreis 114
Postelationsfähigkeit 470
praktische Unmöglichkeit 261
Privatgutachten 349, 691, 745
Prozessführungsbefugnis 421 ff., 425
Prozesshindernisse 394
Prüf- und Anzeigepflichten 517 ff.
prüfbare Abrechnung 176, 182

prüfbare Schlussrechnung 152 f., 183, 339
Prüfbarkeit 177, 182,
– Ausschluss der Einwendungen 184
– Einwendungen 183
Prüfung von Amts wegen 393

Qualifiziertes Bestreiten 462
Quasiunterbrechung 717

Rechnung 177
Rechnungskosten, unselbständige 313
rechtliche Einheit 105
rechtliches Interesse 705
Rechtsanwalt, Haftung 11
Rechtsanwaltsgebühren 25 ff.
– Verfahrensgebühr 26
Rechtsbegriff 449
Rechtsbehelfe beim selbständigen Beweisverfahren 731 f.
Rechtshängigkeit 471, 478
Rechtskrafterstreckung 474
Rechtsmangel 522
Rechtsschutzversicherung 23 f.
Rechtswirkung des selbständigen Beweisverfahrens 737 ff.
regelmäßige Verjährungsfrist 340
reine Bauzeitänderung 213
Rücktritt 300, 425, 599 ff., 650
Rücktritt beim VOB-Vertrag 627
Rücktrittsrecht, Ausschluss 602
rügelose Verhandlung 397

Sachmangel 524
Sachverständigenablehnung (Muster) 721
Sachverständigengutachten 7, 546, 611, 632, 696, 719
Sachverständigenladung (Muster) 730
Sachverständiger, Vernehmung 729
Sachzusammenhang 480
Schaden 282 f.
Schadensersatz 614 ff., 634 ff., 651, 653, 660
– bei Behinderung 274 ff.
Schadensersatzklage § 13 Nr. 7 VOB/B (Muster) 649
Schadensersatzklage §§ 634 Nr. 4, 280, 281 BGB (Muster) 626
Schiedsgerichtsverfahren 398 ff.
– Nachteile 400
– selbständiges Beweisverfahren 400

- Vorteile 399
schlüsselfertiger Bau 36
schlüssige Abnahme 137, 166, 171
Schlüssigkeit 447
Schlüssigkeitsprüfung 447
Schlussrechnung 7, 172, 176, 186, 176, 326, 341
Schlussrechnung, prüfbare 152, 153, 189, 339
Schlussrechnungsreife 192, 192
Schlusszahlung 188, 187, 324 ff., 327
Schriftform 262, 265, 573
schriftliche Mängelanzeige 597
Schriftsatznachlass 485
Schuldnerverzug 264, 663
Schutzschrift 369
Schwarzarbeiterfälle 106
Schwieriger Rechtsbegriff 451
Sekundäre Behauptungslast 464
Selbsthilferecht 560
Selbstständiges Beweisverfahren 346 ff., 349 ff., 675, 690 ff.
Selbstkostenerstattungsvertrag 112, 161
Selbstvornahme 538, 580 ff.
- der Mängelbeseitigung 571
Sicherheit, Kosten 380
Sicherheiten 379
- beim Bauträgervertrag 53 ff.
Sicherung bauvertraglicher Vergütungsansprüche 346 ff.
Sicherungshypothek 353
Sicherungsmittel 7
sonstige Anordnung 213
Sowiesokosten 535, 543, 555 ff., 570, 579, 586
Stillschweigende Vergütungsvereinbarungen 129 ff., 216, 218, 224, 227
Stoffe und Bauteile 558
Störung der Geschäftsgrundlage 205 ff., 208, 209
Streitbeilegung, außergerichtliche 31 f.
Streitgegenstand 479
Streitgenossenschaft 18
Streithelfer, Verteidigungsmöglichkeiten 445
Streitverkündung 400, 430 ff., 713 ff.
- Kosten 446
- Schriftsatz 435
Stundenlohnarbeiten 160

Stundenlohnvertrag 112, 127, 160
Substantiierungslast 458 f.
Subunternehmer 40, 41 ff.
Subunternehmerbeauftragung 42 ff.
- beim BGB-Bauvertrag 42
- beim VOB-Bauvertrag 43
Subunternehmervertrag 45 ff.
- Parallelisierung der einzelnen Vertragsverhältnisse 46
Symptomtheorie 520 f., 530, 565, 573

Tatsachenbegriff 449
Tatsachenbezeichnung 718
Tatsachenfeststellung 350, 675, 690
tatsächliche Abnahme 166
technische Bauausführung 213 f.
Teilkündigung 229, 230, 235
teilweise Erfüllung 607, 659, 662
Terminsgebühr 27, 32

übliche Vergütung 129, 162
Umfang des Nacherfüllungsanspruchs 531
unberechtigte Geschäftsführung 296
unerhebliche Mängel 609
Unerlaubte Handlung 668 ff.
unerlaubte Rechtsberatung 111
ungerechtfertigte Bereicherung 234, 341
Unmöglichkeit 300, 551 ff., 568, 577, 60
Unmöglichkeit, praktische 552
unselbständige Rechnungskosten 313
unterlassener Vorbehalt 324 ff.
Unternehmereinsatzformen 38 ff.
unverhältnismäßige Kosten 578, 601, 619
unverhältnismäßiger Aufwand 554, 569
unvertretbare Handlung 681
unverzügliche Anzeige 232
unzumutbares Opfer 205 ff.
Unzumutbarkeit der Mängelbeseitigung 539
Unzumutbarkeit der Nacherfüllung 582, 601, 619
Ursachen eines Sachschadens 701

Veränderungsgefahr 698 ff.
Vereinbarung über die Verjährung 342
Vereitelung 319
Verfahrenstrennung 420
Vergütung, übliche 129, 162
Vergütungsanpassung 201 ff., 213, 561

# Stichwortverzeichnis

(Rest-)Vergütungsanspruch des Bauträgers gegenüber dem Erwerber (Muster) 65
Vergütungsanspruch, Höhe 272
Vergütungsanspruch, Verjährung 186
Vergütungsansprüche, Sicherung 346 ff.
Vergütungsvereinbarung 112, 113 ff., 157
- ausdrückliche 113 ff.
- stillschweigende 129 ff., 216, 218, 224, 227
Verjährung 472, 528
- der Gegenforderung 310
- der Mängelrechte 650 ff.
- des Mängelbeseitigungsanspruchs 588 f.
- des Vergütungsanspruchs 186
- Haftung des Rechtsanwalts 11
Verjährung, Vereinbarung 342
Verjährungsfrist, regelmäßige 340
Verjährungshemmung 351, 737 ff.
Vernehmung des Sachverständigen 729
Verrechnung 313, 468
Verrechnungstheorie 313
Verschulden 281, 491, 620, 642
verspätetes Vorbringen 489 ff.
Verspätung 471
Verstoß gegen die Handwerksordnung 108
Verteidigungsmöglichkeiten des Streithelfers 445
Verteidigungsvorbringen 471
Vertrag, Zustandekommen 94 f.
Vertragsgemäße Leistung 140
Vertrauensschaden 385
Vertretbare Handlung 681
Verweisungsantrag 416
Verwirkung 314 f.
Verzögerte Bauausführung 605, 657, 661, 664
Verzögerung 492 ff.
Verzögerungsschaden 624, 667
VOB/A 95
VOB/B 79 f., 90 ff.
VOB/C 79 f.
VOB-Bauvertrag 79 ff., 156
Vollmacht 9
- Verwalter 10
Vollmachtsurkunde 19
Vollstreckbarkeit 500
Vollstreckungsbescheid 389
Vollstreckungsfähiger Titel 500, 680

Vollstreckungsgegenklage 687
Vollstreckungsorgan 498
Voraussetzung des Bereicherungsanspruchs 297
Voraussichtliche Kosten 686
Vorbehalt, unterlassener 324 ff.
Vorbehalte 169
Vorbehaltsbegründung 332 ff.
Vorbehaltserklärung 330
Vorbehaltslose Abnahme 556
Vordersatz 114
Vorleistungsrisiko 373
Vormerkung 354, 364
- Eintragung 365
Vorschussanspruch 544
Vorschussanspruch, Abrechnung 548
Vorteilsanrechnung 535, 543, 570, 579, 586
Vorteilsausgleichung 555 ff.
vorweggenommene Mängelbeseitigung 559
vorweggenommene Tatsachenfeststellung 350, 675, 690

Wahrheitspflicht 463
WEG, Mehrheitsbeschluss der 426
Wegfall einzelner Leistungen 197, 229 ff.
- beim BGB-Bauvertrag 230
- beim VOB-Bauvertrag 229
Werkerfolg 96
Werklieferungsvertrag 103
Werklohnforderung 358
Werklohnklage bei Leistungsänderungen und zusätzlichen Leistungen beim VOB-Einheitspreisvertrag (Muster) 219
Werklohnklage bei Mengenänderungen beim VOB-Einheitspreisvertrag (Muster) 204
Werklohnklage beim BGB-Pauschalpreisvertrag (Muster) 155
Werklohnklage beim VOB-Einheitspreisvertrag (Muster) 195
Werklohnklage des Auftragnehmers beim gekündigten BGB-Pauschalpreisvertrag (Muster) 240
Werklohnklage gegen eine Bauherrengemeinschaft (Muster) 78
Wert einer Sache 701 ff.
Wertersatz 534, 603
wesentlicher Mangel 641

Widerklage 17, 476 ff.
Widerspruch 370
Wiedereröffnung der Verhandlung 486
wirksamer Werkvertrag 156
Wirksamkeitshindernisse 104 f.
Wohnungseigentumssachen 10

Zahlungsklage des Auftragnehmers bei ausbleibender Mitwirkung (Ansprüche aus § 9 Nr. 3 VOB/B sowie § 642 BGB) (Muster) 263
Zahlungsverzug 348
Zeuge 16
Zeugenbeschaffung durch Abtretung 17
Zeugenbeweis 719
Zeugenvernehmung 696
Zufahrtswege, Änderung 211
Zug-um-Zug-Verurteilung, einfache 496 ff.
Zulässigkeitsfragen 393 ff.
Zumutbarkeit der Beweismittelverhaltung 699
Zurückbehaltungsrecht 322
zusätzliche Leistungen 197, 220 ff.
– beim BGB-Einheitspreisvertrag 224 f.
– beim VOB-Einheitspreisvertrag 220 ff.
Zusatzvergütung, Höhe 223
Zuschuss 503
Zustand einer Sache 701 ff.
Zustandekommen des Vertrages 94 f.
Zuständigkeit der Kammer für Handelssachen 407
Zuständigkeitsfragen beim selbständigen Beweisverfahren 723
Zustandsfeststellung 261
Zustellung demnächst 390
Zustimmung des Gegners 696
Zwangsgeld 505
Zwangsgeld/Zwangshaft, Zwangsvollstreckungsantrag (Muster) 507
Zwangshaft 505
Zwangsvollstreckung 496 ff., 678 ff.
– ARGE 18
Zwangsvollstreckung, Kosten 688
Zwangsvollstreckung (Muster) 501
Zwangsvollstreckung bei der Abnahmeklage 504 ff.
Zwischenrechnung 347